国家社科基金
后期资助项目

"读书杂志派"
民族主义思想研究（1931—1945）

Research on Nationalist Thoughts of
Du Shu Magazine Faction（1931 - 1945）

霍贺 著

上海社会科学院出版社
SHANGHAI ACADEMY OF SOCIAL SCIENCES PRESS

图书在版编目(CIP)数据

"读书杂志派"民族主义思想研究:1931—1945 / 霍贺著. -- 上海:上海社会科学院出版社,2025.
ISBN 978-7-5520-4585-7

Ⅰ.D092.6

中国国家版本馆 CIP 数据核字第 2024FB7080 号

"读书杂志派"民族主义思想研究(1931—1945)

著　　者：霍　贺
责任编辑：张　晶
封面设计：霍　覃
技术编辑：裘幼华
出版发行：上海社会科学院出版社
　　　　　上海顺昌路 622 号　邮编 200025
　　　　　电话总机 021-63315947　销售热线 021-53063735
　　　　　https://cbs.sass.org.cn　E-mail:sassp@sassp.cn
照　　排：南京展望文化发展有限公司
印　　刷：上海龙腾印务有限公司
开　　本：710 毫米×1010 毫米　1/16
印　　张：22.5
字　　数：401 千
版　　次：2025 年 1 月第 1 版　2025 年 1 月第 1 次印刷

ISBN 978-7-5520-4585-7/D·737　　　　定价:108.00 元

版权所有　翻印必究

国家社科基金后期资助项目
出版说明

后期资助项目是国家社科基金设立的一类重要项目,旨在鼓励广大社科研究者潜心治学,支持基础研究多出优秀成果。它是经过严格评审,从接近完成的科研成果中遴选立项的。为扩大后期资助项目的影响,更好地推动学术发展,促进成果转化,全国哲学社会科学工作办公室按照"统一设计、统一标识、统一版式、形成系列"的总体要求,组织出版国家社科基金后期资助项目成果。

全国哲学社会科学工作办公室

序　言

欣闻霍贺的辛勤之作《"读书杂志派"民族主义思想研究(1931—1945)》即将由上海社会科学院出版社正式出版,我作为霍贺读博期间的论文指导老师,由衷地为他高兴。他用快递给我寄来了他的这部被列为国家社科基金后期资助项目成果的结项报告,并来电话希望我能为这部书稿写个序。最初,我有所迟疑,概因手上丛书编撰项目亟待完成,千头万绪,似有难以分身之感,加上近年来因关注重心转移至其他方面,对该著的中心议题渐感生疏,若草草作序,恐言不及义,有负所托。但仔细阅完其结项报告全文后,我倒是深有感慨。一方面是因为作者在这部书稿中所论述的史实,以及所做的一些论述和表达的一些观点,令我陡生共鸣;另一方面当然是欣慰于霍贺这几年来在学术上的长足精进,作为曾经的导师,焉有推辞之理,于是我不再犹豫,将写序的任务应允了下来,也将此作为自己的一个学习机会,与大家一起就该著中所涉及的一些重要史实和论题做一共同探讨。

从我跟霍贺的师生缘分谈起吧。2011年,霍贺从福建某大学考入南京大学历史学院攻读博士学位,从考分看该生基础不错,但来校后,我在从与他的交谈中得知,他本科专业为中国汉语言文学,是就读硕士研究生时才转向历史学的,但主攻方向在中国古代史,而今攻博的专业方向又转向了中国近现代史、中华民国史。尽管专业方向由古代史转为中近史的学生并不少见,但毕竟到了需要学有专精的攻博阶段了,起点就高,要顺利完成读博期间的各门课程的学习,并在一定期限内交出一篇史料扎实、方法严谨,且有新见的博士论文来,谈何容易?尤其是中国近代社会进入"千年未有之大变局"时期,做专业的不同于普通的历史爱好者,在对发生在近代的一系列重大历史事件的动因、背景的把控与了解,尤其是在对史料熟悉程度上,较之已在本专业领域摸索、耕耘多年的硕博学生来讲,无疑是有短板的,这必然会给他攻博阶段的学习带来一定的困难,尤其是论文的选题和写作。

我的担心不无道理,在进入读博阶段的论文设计时,霍贺果然陷入了一时的困顿,概因博士论文的撰写首要的一点就是要有新意,在选题上最好具有某种原创性。换言之,在选题时光有研究价值还不行,还要尽量选那些既具研究价值,但却出于种种原因,学界尚未予以足够关注或未做过多涉足的课题,这样做出的论文在原创性上就不会失分,写成的论文因而也更具研究意义。不过,要做到这一点并不容易,因为这需要对专业研究领域的研究现状和前沿动态有足够的了解。此外,对史料的熟稔程度也很重要,否则,对研究对象难有准确的把握。而这两点对其时的霍贺来说,恰恰是有所欠缺的。于是我和他就论文选题有过多次交流,作为研究生导师,在指导学生论文写作时,为达到扬长避短的目的,对学生的研究兴趣和长处所在要有充分了解;而作为学生,对自身能力也要有清醒评估,以便尽快为自己博士论文的写作找到一个既具研究价值,又能尽快上手去做的论文选题。可喜的是,在论文选题上,我们师生对有无研究兴趣都看得很重,因为有此共识,我们很快就不约而同地把关注目光投向了民国思想史研究领域。

为什么会把目光投向民国思想史研究领域呢?就研究现状而言,中近史研究中思想史研究可说是最为薄弱的一块。曾为中国社科院近史所思想史研究室主任的郑大华教授在他所著《民国思想史论》一书前言中,曾对大陆民国思想史的研究现状做过这样的叙述,他认为大陆的民国史研究虽然起步较晚,但发展还是很快的,取得了不少成果。然而,"检视这些成果,大多集中于民国政治史、经济史、军事史、党派史等方面,专门研究民国思想史的著作并不多,这不能不说是民国史研究的一大憾事"。原因何在呢?郑教授认为"原因是多方面的"。他认为做思想史研究要求研究者具有较强的抽象思辨能力,因而对研究者的学术素养有较高的要求。如"要求研究者有开阔的视野,广博的知识,不说精通古今中外的思想,但至少都要有所了解和涉猎"。正因为此,郑教授特别强调"思想史研究者一定要有思想"。在他看来,"如果有充足的时间,有新的材料,并有一定的文字表达能力,就有可能写出一篇精彩的政治史、经济史、军事史或其他什么史的文章,但不一定能写出精彩的思想史的文章,因为思想史文章的特点是分析和说理,它要求研究者本人要有思想。自己没有思想的人是写不好思想史文章的"。郑教授所言极是,我深以为然。

具体到霍贺同学,从他过往的求学经历上看,在主攻方向上曾有过两次大的转换,故客观上较之本科和攻硕阶段都以近现代史研究为主业的同学来讲,会有一些短板,但他的优点和长项在于肯动脑筋,具有较好的独立思考能力,过往的学历也让他较一般本科同学多了不少人文社科方面的知识积累,这正是做思想史研究者所需要的一些基本素养。而目前民国思想史研究的相对滞后,也就意味着可做开拓的方面很多,只要潜心去做,或许反能扬长避短、收化劣为优之效。于是,我将此想法和选题的利弊得失与霍贺做了交谈,没想到他的态度十分果决,表示很有兴趣,也愿意接受这个挑战。主攻方向一旦明确,下一步就是为自己的论文写作找一个具体的研究对象,以及备选课题的切入点了。

进入学术研究的门径,都是从一个具体的题目开始的,思想家是思想的载体,思想史研究离不开对思想家人物的研究,故以往从事思想史研究的多有从人物研究入手的。人物研究有从单个思想家人物考察入手的,但近些年来随着思想史研究领域学科体系的建立和完善,研究者在研究视野和手段上都极大地拓宽了。尤其是在近现代思想史研究方面,已从原先以单个思想家人物及其思想主张考察为主,转为对一些持有相近或相同思想特征的文化人群体的考察,思想史研究的主轴也因此从单个人物分析转向更为广阔的群体意识分析。思想史研究界近些年来在研究取向上的这一动向,也让霍贺在为他的博士论文确定重点研究对象时,把关注目光投放在了五四前后随着新思想的传播而大量涌现的新知识分子群体上。然而,五四时期的新知识分子群体是十分复杂的,由于新文化运动的启蒙作用,中国思想界有过一个空前开放的时期,但随着各种外来思潮的涌入,出现了鱼龙混杂、泥沙俱下的现象。

面对社会变乱动荡依旧,内忧外患仍在不断加深的现实,陷入迷惘中的中国知识界在面对"出路何在"问题时,经历了一个重新调整思考方向和进行深刻的分化组合阶段。由于路向选择上的不同,知识界的分化和分流成为普遍现象,其中最为典型的如"问题与主义"之争后《新青年》杂志内部的分化,进而导致了"李大钊派"与"胡适派"的分流。这一分流现象为近些年来思想史研究领域的不少研究者所关注,对这些因分化、分流而出现的在价值取向上迥然不同的学人群体的考察,成为一些思想史研究者选题时的热门。而其时的我正在学校为本科生开设一门叫作"20世纪中国政治文化思潮历史演进"的通识课程,该课程着眼于对20世纪在中国思想界具有重大影响的政治文化思潮发展脉络的梳理和讲述。故对20世纪不同历史阶段中在中国思想界具有重大影响力,并起到引领作用的三大思潮流派的旗帜性代表人物,以及聚集在这些人物周围的知识分子群体的研究,是我当时关注的重点。因此我发现就思潮代表性人物研究而言,由于五四后左翼激进思潮的一路高歌猛进,对其代表人物及其思想主张的研究一直是较受重视的内容。

改革开放后,基于对以往左翼激进思潮的反省和反思,对于力主"固本开新"的文化保守主义思想主张的代表人物的研究也多了起来。相比较而言,新文化运动以来,对始终高扬"民主、自由"旗帜的自由主义思潮代表人物及其思想主张的研究,反而一直是思想史研究中禁锢较多的内容。即便有研究,也主要集中在这一营垒中的领军人物胡适及其追随者身上,而对在影响力上并不亚于"胡适派"的"二张派"(以张君劢、张东荪为首的知识分子群体)的研究则相当不够。他们与"胡适派"这一群体有很大的不同,这不仅在于他们的"行动性"和"入世性",更在于他们既是"民主、自由"的信奉者,同样是"社会主义"的力倡者,不过他们所倡导的"社会主义"是德式的,而非俄式的。正是他们的这一始终不渝的"社会主义"诉求,我开始对自由主义知识分子中的"二张派"人物产生了特别的研究兴趣,尤其是对他们所力倡和践行的"中道"立国主张。为此,我还专门申请了学校的人文社科基金,我的两位博士研究生分别以张君劢和张东荪这两位"舆论巨子"作为研究对象,开始了他们博士论文的写作。而这时的霍贺面临着博士论文选题的问题,既然他的研究兴趣明显集中在思想文化史方面,能不能也在这一研究方向上再择一目前尚乏人研究,但本身却具有重大考察价值和意义的思想界人物来作为他博士论文的选题呢?

在我与霍贺讨论博士论文选题时,脑海里已经有了一个可供考虑的选项,这就是关于胡秋原与"读书杂志派"的研究。胡秋原这个名字,我们现在的人已很陌生,但他和聚集在其周围的一帮被称为"读书杂志派"的学人,在民国思想文化史上也曾是极具影响力的。近现代思想史上著名的关于"中国社会性质"和"中国社会史论战"的两场大讨论,就发生在以该派主要人物胡秋原、王礼锡等人为主笔的一份由神州国光社创办的《读书杂志》上。杂志是民国时期不少的著名学人群体阐述、表达和交流思想主张的前沿阵地,如同"二张派"群体在20世纪30年代是因创办《再生》杂志而出名,被称为"再生派"一样,胡、王等人也因担任《读书杂志》主笔,以及在该杂志上发表的一系列引起思想界高度关注的重要文章而被称为"读书杂志派"。我对胡秋原与"读书杂志派"的注意最初就是因对这两场大讨论的关注。

在对自由主义思潮代表人物及其群体考察时,我注意到了"二张派"对"社会民主主义"的推崇,与此类似,胡秋原以及聚集在他周围的学人群体也一直是以"民主主义"和"社会主义"两大主张为诉求的。不过,与"二张派"一以贯之的自由主义信念和立场不同,"读书杂志派"中有不少人曾一度被"俄式革命"所吸引,后虽回归自由主义,但由于受到过"俄式马克思主义"的话语浸淫,在自由主义营垒中,又由于"妾身不明",他们常被视为"异类"。我认为,这部分人虽然在对社会改造的主张上偏于激进,但将其思想底色归类于自由主义当属无疑,这也是他们虽曾与"俄化派"一度同路,却最终分道扬镳的根本原因。而在左翼激进派眼中,由于他们对"俄式革命"的最终背弃,他们又被视为革命的"背叛者"。正因为此,这一群体实际上同时受到了左、右两翼势力的排斥,他们的一些思想主张和历史上的活动轨迹也因此被忽略了。但若从思想史研究的角度去看,关于这一派的研究实乃思想文化史研究所不可或缺的内容。所以,在我看来,如果霍贺同学对此课题能有研究兴趣的话,这无疑是一个可作为博士论文选项的好题目。不过,博士论文选题至关重要,不仅要看研究价值和意义,还要视研究条件而定。

由于长期以来对这一派的认知一直以政治定调为依据,有关这一派人物的史料,以及刊有他们文章论著的报章刊物在大陆极难寻觅,台湾地区或许会有一些相关资料保存了下来,其时的大陆学界与台湾有关学术机构虽已恢复了学术交流和正常往来,但年轻学子能否有机会赴台去找资料却是一个未定之数。而既有研究,无论是大陆还是台湾,涉猎者都甚少,因此没有多少前人的研究可作借鉴。这就对有兴趣的研究者提出了较高的要求,不仅要有较为扎实的学养基础,还必须有一定的理论勇气,霍贺同学作为这一领域的初涉者,能否驾驭这一题材,他又是否有信心和能力去啃这块硬骨头呢?对此我是有担忧的,但在我与霍贺同学做了交流后,这一想法得到了他热烈的响应,他痛快地接下了这个课题,并立即付之以行动,开始了艰难的论文写作准备,其间遇到的困难是可以想见的。我记得很清楚,当时他的夫人生孩子,他回去后很快就返校了。其实肯下功夫还在其次,除广泛搜集、阅读、整理、消化史料外,增强问题意识,把握精神,以及准确严谨地表述思想才是必须一步步过的关卡,但经过不断地攻坚克难,终于在攻博的最后一年,他交出了一份合格的答卷。

霍贺的博士论文以《从"自由的马克思主义"到"新自由主义"——胡秋原思想研究》为题,是一篇从思想史、文化史层面切入,对胡秋原这样一位曾经在五四新文化运动中受到了欧风美雨的影响,又为当时得到广泛传播的革命理论马克思主义所吸引,并一度卷入革命大潮,同路一阵后重又回归自由主义的人物之思想演进作为考察重点。由于该论文考察的对象是以往大陆史界研究的处女地,资料尤为零星分散,收集不易。加上人物本身思想的复杂性,所涉领域的广泛性,论文作者需具有多方面的理论学养,仅资料搜集一项,做到全面就不易。但霍贺同学不畏困难,不避挑战,从点点滴滴的史料搜集做起,利用赴台研习期间所有的空余时间,走访胡秋原的亲友故交,尽可能对胡秋原生平的主要著述和所办刊物做了全面的搜寻和整理,并广泛涉猎和参阅了一些相关人物的史料。在对史料全面消化的基础上,他进行认真解读,力争做到言之有理,引之有据,从而使论文基本做到了内容充实、新颖,评价客观、中肯,立论高屋建瓴。可以说,论文作者选择胡秋原这样一个曾经活跃在中国近现代文艺论坛和思想理论界,却长期被遗忘的"中间人物"并对其思想做研究,是作者具有鲜明问题意识的表现。

概因论文作者考察的对象的心路历程,既是胡秋原独特的个人经历,又是那个时代一大批怀抱改造社会、救国拯民之志,却对现实政治不满,彷徨、困惑于各种对立思潮的冲撞之间,苦苦求索的中国一代知识分子命运的写照。尽管他们身不逢时,在激进和保守两大势力的对立和博弈中,每每左右碰壁,但他们的理想与诉求,以及为国家发展所做的路径探寻并不是没有意义的。胡秋原经过深思熟虑而提出的"超越传统、超越西化、超越俄化,走中国自己发展道路"的主张,无疑也给当下中国现代转型和道路探索提供了有益的启示。正因为此,对霍贺的论文,我写下了这样的评语:"以往学界对在政治观点上与主流意识不相符合,甚至有过激烈论战的对立面人物,往往多取一言以蔽之的批判态度,甚少对他们持论中的合理因素和有价值的思想主张进行客观分析。尤其是对那些政治上的失意人和失败者,更少客观研究和评析。而霍贺同学的论文选择了胡秋原这样一个既具普遍性,又有典型性,但却长期被摒弃于大陆文史工作者研究视域之外的'中间人物'作为考察对象,应该说是别具慧眼和具有相当原创性的研究。这样的选题因甚少前人的研究成果可作参考,无疑具有开拓性的意义。"

霍贺在为博士论文交上了一份令人满意的答卷后,走上了教书育人的新岗位,成为一名思政课教师,博士论文的写作给了他很好的锻炼,不仅对他胜任教学工作大有裨益,也为他的进一步研究打好了基础。在2023年末时,我收到了霍贺的好消息,知道他在博士论文基础上又有新的开拓和精进,几年中又完成了一部长达数十万字的《"读书杂志派"民族主义思想研究(1931—1945)》的大作,还由此申请并获得了国家社科基金后期资助,将交由上海社会科学院出版社正式出版。作为导师,听到此消息,我深感欣慰。仔细阅读了全文,即将付梓的这部书稿,较之原来的博士论文又多了很多亮点,大致可以从以下三个方面去做评价:

一是从研究视野和方法探讨的创新意义上去看,较之博士论文的写作又进了一大步。霍贺的博士论文是从研究胡秋原单个思想家人物,及其思想主张的形成轨迹入手的。而现在这一研究成果则以把对单个思想家及其思想主张的考察扩大到了对"读书杂志派"这个著名文化人群体的研究,这就把研究的主轴从对个别思想家人物的分析考察扩大到了更为广阔的群体意识分析。一般而言,单个思想家的思想只能代表他自己,他的活动也只是一种个体的活动,在分析和说明其思想产生的原因时,因没有比较,研究视野受局限,以致很难从整体上窥见社会思想的全貌,因此也很难对其不同时期的思想与当时社会历史的有机联系做出准确的揭示。但当把对人物思想的研究延伸到对一定历史时期中一群具有相同思想特征和政治文化取向的文化人及其同类思想进行剖析时,不仅能从根基上揭示思想主张的渊源,更深入地去揭示和把握个别思想家人物及其思想主张在群体中的地位和意义,还可以对这一人物思想主张所代表的思想在时代思潮中所达到的具体高度和深度进行极好的比照,这无疑是作者在近现代思想史研究领域已取得长足进步,并不断走向深入的表现。

二是从开掘和还原真实历史的价值和意义上去看,本书让"失语者"也有了发声的机会。霍贺的这部著述是对"读书杂志派"同人群体民族主义的思想研究,但考察的进路却兼顾了学理探讨和史实梳理两大方面。就学理探讨而言,该著着重对"读书杂志派"民族主义思想主张的来源、他们的自由主义诉求与民族主义救亡情怀是通过什么样的理论形态打通,以及有着怎样的内在联系做出了探索和揭示。更为可贵的是,作者在做出这些理论探索时,还将对"读书杂志派"思想脉络的梳理置于中国 20 世纪三四十年代日本发动侵华战争,中华民族面临生死存亡,亟谋应对之策的历史场域之中加以系统考察。在叙述和探索"读书杂志派"建构独立自主的民主国家发展观的同时,还通过一系列历史史实的开掘和叙述,还原了很多以往历史记载中未曾提及,被有意无意屏蔽的重要内容和被忽视的历史细节。其中如国难当头时,"读书杂志派"本着其一以贯之的民族主义诉求,不仅率先捐弃前嫌,与中共方面建立联系,而且直接参与了《八一宣言》的起草和修订,在推动促成"全民抗日"上,"读书杂志派"实有首倡之功,也是"抗战建国"口号的最早提出者。至于一些历史上有争论的问题,如发生在"读书杂志派"与"左联"之间的那场争论和冲突,在前似已有结论,但却是经不起历史拷问的,因为其后的历史已证明"左倾关门主义"是行不通的,"读书杂志派"的口号似更符合其时团结一切抗日力量,共赴国难的救亡要求。在 20 世纪 40 年代《中苏友好同盟条约》签订时,"读书杂志派"坚持和维护民族独立和国家主权完整的立场,不乏先见之明地指出"这是美、苏争夺世界霸权,损害中国利益的产物,是丧权辱国的行为",力倡"自由和平"的外交立场和政策。所有这些与"读书杂志派"有关的重要史实,因受长期以来"左"的思想禁锢,不是被误判就是被遮蔽了,而"读书杂志派"因其为历史的"失败者",在当下的历史记载中也就此成了"失语"或"失踪"的一方。历史学从根本上来说乃挖掘史实真相的学问,对历史上发生过的很多重要史实,包括一些因与主流意识形态不符,但在历史上曾对国家民族做出有益贡献的人,如果将他们的功绩一笔勾销,其实是对历史的不尊重,而霍贺的研究和著述公正地为这些"失语者"的历史功绩记下了重要的一笔,为还原部分历史真相做出了一定的贡献。

三是从纠正认知误区和寻求民族复兴与国家未来发展思想理念和政治诉求上去看,鉴于近现代历史的复杂性和阶级对立、新旧政权更迭的历史现实,在国共两党之争中持"中间立场",提倡走"中间路线"的势力从来就是被批判的对象,更不用说"读书杂志派"这一曾为共产党的同路人,却又在途中分道扬镳的群体了。然而,"读书杂志派"究竟是怎样的一伙人,他们究竟有着怎样的诉求,又应用怎样的眼光去对"读书杂志派"的政治诉求和行为逻辑做出评判呢?这个问题既是霍贺博士论文问题意识所在,同样是霍贺这部关于"读书杂志派"民族主义思想研究著述要通过考察用历史史实加以回答的问题。对此,霍贺通过自己的独立研究对"读书杂志派"的性质提出了自己的认知和判断。在他看来,"读书杂志派"多为受新文化运动影响且热衷于政治的青年知识分子,他们以"国家兴亡,匹夫有责"自命,带有某种自命不凡、舍我其谁的学究气,其内部情况比较复杂,但这并不奇怪,这也是在那个大时代中很多以学人为主的知识分子群体存在的内部实态。

可以肯定的是,"读书杂志派"一应人物,无论处在历史的哪个阶段,其地位、处境和所扮演的角色有何不同,他们对国事都会加以一以贯之的关注,并保有救国拯民的热切情怀与自觉担当。可以这么说,无论是五四时期一度为"苏俄道路"所吸引,还是此后因价值取向的不同而与左翼激进势力的分道扬镳,及其后对"自由、人道的马克思主义"的倡导和以"超越俄化和西化",走"中道之路"为诉求,以及日本侵华时,投身民族救亡,为全民族共同抗战而奔走呼号,及至抗战胜利后,为实现民族独立,建设现代民族国家对致力于融合民族主义与自由主义的路径探索,提出"构建中华新文明"和"文化建国"的主张,其实都离不开他们对民族复兴和国家未来负责的思考。尽管他们在寻求出路时,会走弯路,会有曲折,但有一点始终没有变,那就是建立现代民族国家,实现民族复兴的拳拳情怀和爱国之心。

从霍贺的博士论文和这部即将出版的著述中,我们都不难看出,"读书杂志派"一应人物是一批活得很认真的知识人。他们对"入世"抱积极态度,在关乎国家命运和发展的一系列重大问题上,无论是政治,还是外交,抑或国共关系、土地改革,甚至国家发展的经济模式,他们都提出了自己的思考和见解,也发出了自己的声音,其中不乏真知灼见。他们的见解中有不少是建立在对世界的了解和开阔的视野,以及冷峻的思考之上的,其关注面之宽、议论范围之广,几乎涉及所有领域。对马克思主义理论也一样,就当初那场以他们为首发起的"中国社会性质"讨论和"中国社会史论战"来说,尽管不能说他们的思考和见解就是正确的,但可以肯定的是他们的质疑精神。"读书杂志派"成员中的胡秋原、王亚南、王礼锡等人是中国为数很少的真正认真研读过马克思、恩格斯主要原著的人,同时也是不少马克思经典原著和不少有关社会主义著作的最早译者和传播人。更为可贵的是,他们尽管也为马克思主义所吸引,但却没有像某些教条主义者那样生吞活剥地照搬,而是认真做了追根溯源的研究,并试图从学理出发进行认真的认识和重估,这其实是把马克思主义作为科学来对待所需要的态度。他们所做的一切,不仅是马克思主义在中国传播史上的重要一页,也为当下深入认识和研究马克思主义提供了有益的启示。书中肯定了"读书杂志派"的质疑精神,包括对他们走"中间路线"这一政治诉求的某种合理性的肯定,并通过对"读书杂志派"一应人物思想发展脉络的梳理,揭示了其各个时期的思想行为逻辑,对其在不同阶段针对国家出路的思考和现实政治的批判所提出的重大理论观点和见解做出了客观公允的审视和解读,这是需要一定理论勇气的,也是一种对历史负责任的态度。

尽管有以上价值和意义,从这部著述中也能看出作者在这几年来在史学理论修养和学业精进上所取得的长足进步,但从严格要求来说,该著作中还存在一些问题,如内容略显庞杂、语言尚缺严谨,整部书稿在结构安排,以及理顺逻辑关系和叙述条理清晰上有待进一步修订和改进,因此还有更进一步深入考察和继续开掘的余地和拓宽内容、深化理论研讨的空间。但总的来说,此著实不失为一部成功的、具有极大的开拓意义的创新之作。作为霍贺曾经的老师,我深为他能在短时间内在学术精进上取得如此成绩感到喜悦和欣慰,希望以后还能看到霍贺有更多的佳作问世!为了赶上霍贺同学大作的早日付梓,匆匆作以上序,似意犹未尽,不当之处,望谅!

申晓云
2024 岁末于南京鼓楼南秀村居所

目　录

序言／申晓云 ·· 1

第一章　绪论 ·· 1
第一节　选题缘起与研究意义 ································· 1
一、研究对象 ··· 1
二、选题缘起 ··· 1
三、研究意义 ··· 3
第二节　学术史回顾与分析 ······································ 4
一、大陆地区 ··· 4
二、港台及海外地区 ·· 12
第三节　当前的不足与本书的创新 ························· 14
第四节　研究思路与研究方法 ································ 16

第二章　"读书杂志派"思想透视 ······························ 19
第一节　《读书杂志》的创办、宗旨与社会影响 ······ 19
一、《读书杂志》筹办背景 ···································· 19
二、《读书杂志》的创办宗旨 ································ 21
三、《读书杂志》的社会影响 ································ 25
第二节　"读书杂志派"思想倾向分析 ····················· 30
一、"读书杂志派"透视 ·· 32
二、"读书杂志派"思想倾向 ································· 44
第三节　"读书杂志派"对马克思主义的认识与传播 ··· 48
一、对马克思主义的研究与思考 ···························· 48
二、"自由的马克思主义"的提出和阐述 ················· 52

第三章 抗日救亡思潮下"读书杂志派"的应对策略 … 64
第一节 "读书杂志派"与十九路军的渊源 … 64
一、陈铭枢与十九路军的历史沿革 … 64
二、"读书杂志派"与十九路军的互动 … 69
第二节 "读书杂志派"与"左联"的分歧 … 72
一、在争夺中国"著作者抗日会"领导权上的分歧与冲突 … 73
二、是为民族斗争而联合抗日,还是以工人运动为先? … 78
第三节 "读书杂志派"对抗日救亡的初步思考 … 90

第四章 "读书杂志派"对中国社会发展路径的理论探讨 … 98
第一节 "中国社会史论战"缘起 … 98
一、大革命失败后中国思想界对社会性质的认识 … 99
二、《读书杂志》成为中国社会史论战的主战场 … 103
第二节 "读书杂志派"的社会史观 … 106
一、"读书杂志派"对中国社会发展路径的思考与探索 … 106
二、对马克思关于人类社会发展路径的评价 … 125
三、对"读书杂志派"的中国社会发展路径探索的评析 … 130

第五章 "福建事变"与"读书杂志派"的民族主义诉求 … 138
第一节 "读书杂志派"与"福建事变" … 138
一、《读书杂志》被禁与"福建事变"发生的背景 … 139
二、"读书杂志派"在"福建事变"中扮演的角色 … 143
第二节 "读书杂志派"与"第三党"的思想分歧 … 146
一、"第三党"的改革主张及其实践 … 147
二、"读书杂志派"与"第三党"的思想分歧 … 150
第三节 对"读书杂志派"探索中国出路的评析 … 157
一、"读书杂志派"受到批判的原因探析 … 157
二、对"读书杂志派"探索民族国家出路的审视 … 160

第六章 "读书杂志派"的抗战建国思想 … 164
第一节 "读书杂志派"抗战建国的价值理念 … 164
一、政治诉求 … 164
二、全民抗日的主张 … 167

第一章 绪　　论

第一节　选题缘起与研究意义

一、研究对象

"读书杂志派"是20世纪30年代初以《读书杂志》为主阵地,组织和推动有关中国社会性质的讨论和中国社会史论战的一批知识分子群体,其成员主要有王礼锡、胡秋原、陆晶清、梅龚彬、王亚南、彭芳草等人。他们是受新文化运动影响且热衷于政治的青年知识分子,怀有对国家前途的担忧。面对民族危机日益严峻、社会矛盾不断加剧的现实,在当时高扬党派和阶级意识的思想语境中,他们始终秉持抗日救亡的民族主义理念,坚守中立立场,兼容并包各种思潮,开辟可供各派公开讨论的"战场",营造自由活动的政治文化空间,试图通过学理上的思想论辩和理论探讨,达成对中国出路的共识。尽管该派在思想文化界颇为活跃,颇具影响,他们谋求"中间道路"的愿景却在当时左右两翼的夹击下处于不断的碰壁之中。然而,在抗日救亡、维护国家利益、探索建设现代民族国家、民族复兴等方面,该派与中共异曲同工,殊途同归,和左翼理论家共同构成了当时普遍追求民族独立思潮的民族主义共同体。以往学界受宏大叙事革命史观影响,像"读书杂志派"这样立场暧昧不明的"中间人士"、政治上的失意人和失败者,被摒弃在历史研究者的视野之外,即便有所涉及,也是受到批判的负面人物,被简单地否定和贬斥,其在中国传播和研究马克思主义、抗日救亡的诉求、探索建设现代民族国家、实现民族复兴等方面所扮演的角色和积极作用被严重遮蔽,对其思想价值缺少客观公正的评说,也影响了对其进行更为精确、可信的诠释,因此有重新研究的价值。

二、选题缘起

近代以来,西方列强依靠坚船利炮强行打开古老中国的大门,中国被迫卷入西方资本主义体系之中,"国家蒙辱、人民蒙难、文明蒙尘,中华民族遭受了前所未有的劫难"。① 面对日益深重的民族危机,知识分子向西方学习,寻求解决民族危机的出路。然而,巴黎和会牺牲中国权益与苏俄十月革命后发表对华友好宣言形成鲜明对比,中国知识分子寻求中国向何处去的视线由"以西方为师"转向"以俄为师",对社会主义充满向往。受新文化运动洗礼,怀有自由民主理念且寻求富强的"读书杂志派"被传播到中国的激进思潮所吸引,投身革命洪流。然而,大革命的失败使他们开始质疑苏俄革命道路,思考中国问题,对马克思主义进行深入研究,提出经济工业化、政治民主化,而建设独立自主的现代民族国家、实现民族复兴的立国之道成为其矢志不渝的追求。故此,本书以"读书杂志派"思想演变的进路作为研究选题。

五四运动后,寻求富强的中国知识分子在不同程度上带有社会主义情怀。"读书杂志派"不仅不反对社会主义,而且向往社会主义,他们和左翼知识分子的分歧在于实现方式。学界以往研究多集中在信奉苏联革命的马克思主义知识分子,而对追随马克思主义并提出"自由的马克思主义"的"读书杂志派"有所忽视。追随苏俄革命道路的知识分子更多地注重革命和政治实践,相较之下,"读书杂志派"注重从思想和学理上对马克思主义进行深入研究,对马克思主义在苏俄的流变进行梳理分析,重估其价值。从研究马克思主义的本源层面,有必要对"读书杂志派"进行系统研究。

大革命失败后,中国应走什么样的革命道路,中国向何处去,成为亟待回答的时代课题。"读书杂志派"为中国革命前途担忧,既对国民党失望,又不理解当时"左"得出奇的政治纷争,更不赞同以阶级斗争为主要形式的暴力革命和武装斗争。作为当时处于国共两党之间的"边缘势力",他们高扬民族主义旗帜,试图站在激进与保守之间的中间立场,通过学术论辩解答"中国向何处去"的问题,达成对中国革命道路的共识,寻求一条中立的立国之道。"福建事变"失败后他们流亡期间,站在民族文化立场上,将中国置于世界变动的大背景下,通过对中、西、俄不同地区和国家不同发展路径的观察、思考和比较研究,在思考民族国家出路时,他们开始自觉摆脱不是"西化"就是"俄化"的思维方式,提出"超越传统、超越西化、超越俄化而前进"的主张。

全民族抗战爆发后,他们投身于抗日救亡之中,呼吁全民抗日,主张发

---

① 习近平:《在庆祝中国共产党成立100周年大会上的讲话》,《人民日报》2021年7月2日第2版。

展民族资本,抗战建国,建设经济工业化、政治民主化、独立自由的现代民族国家,实现民族复兴。他们主张建设现代新文明,既不是西方文明,也不是苏维埃文明,更不是中华传统文明之复活,而是立足中华文明,通过会通中西,超越三种文明,再造中华新文明。他们的民族主义思想诉求与中共异曲同工,殊途同归,共同构成当时普遍追求民族独立思潮的民族主义共同体。他们对中国革命道路的探索与国共两党有何不同?其民族主义思想在近现代中国思想文化谱系中如何定位?他们提出的建设现代新文明对以中国式现代化全面推进中华民族伟大复兴,创造人类文明新形态有何启示?有何价值?无论是研究中国近代知识分子在追求民族独立、国家富强时的不同思想理念和多元化路径,还是审视中国近现代民族主义思潮,抑或是透视其为构建中国现代新文明有何当代价值,都需要进行系统梳理和全面分析。

"读书杂志派"对"超越之路"的探求不断碰壁,作为立场暧昧不明的"中间人",他们被视为"异类",受到批判,学界对其关注和研究相当薄弱,而对其历史作用和思想价值也缺少公正客观的评价,这是笔者以"读书杂志派"民族主义思想研究为选题的主要原因。本书尝试以"读书杂志派"为个案研究,以探索中国向何处去的思想演进作为切入点,梳理分析其思想史发展脉络,对其思想价值予以深入透视和重新认知,呈现普遍追求民族独立思潮的民族主义共同体的多重光谱。

三、研究意义

"读书杂志派"以"自由主义"为思想底色,长期以来既与国共两党保持若即若离的关系,又试图超越左右两翼探索中国出路。就研究意义而言,希冀在学术价值、思想价值和现实意义等方面有所裨益。

目前学界对"读书杂志派"的研究较为薄弱,就研究内容而言,除人物传记外,没有研究著作,现有研究也存在诸多不足。第一,以往研究多集中在胡秋原、王礼锡、王亚南等人与左翼理论家在中国社会性质和中国社会史方面的论战,对他们在抗日救亡的应对策略、文化危机和社会发展路径的思考、抗战建国等方面的贡献缺乏关注。第二,他们和左翼知识分子一样都追随马克思主义,信奉唯物史观,但在抗日救亡策略和中国革命道路问题上,为何双方分歧如此之大?为何他们没有成为马克思主义者?通过梳理分析,不仅可以丰富思想史研究的内容,而且为重新认识马克思主义提供了思想价值方面的借鉴,可以为更全面研究马克思主义提供有益启示。第三,对"读书杂志派"的思想定位不够准确。由于受自由主义、马克思主义和民族主义等思潮的影响,该派在中国近现代思想谱系中难以准确定位。本书试图将"读书杂志派"思想进路置于当时的历史场域中,通过比较研究,诠释其思想价值。

对"读书杂志派"思想进路的研究不仅具有学术价值,还富有现实意义。20世纪80年代以来,从对传统文化的辨析到对现代化道路的重新建构,从对苏联社会主义模式的反思到重新认识马克思主义等问题的热烈讨论,"读书杂志派"都触及过。无论从历史还是现实角度来审视,对"读书杂志派"思想的研究都有价值和必要,可以为理论上的误区提供有益启示。我们应将"读书杂志派"思想置于当时的历史场域中,拓宽研究视野,沿着历史发展脉络,重新审视其思想进路和探索中国出路的路径的思想价值,为构建普遍追求民族独立思潮的民族主义共同体的多重光谱,为以民族复兴、建设现代文化强国、构建中国新文明、创造人类文明新形态提供新的思考维度。

第二节 学术史回顾与分析

在"读书杂志派"知识分子群体中,胡秋原、王礼锡、王亚南、梅龚彬等人一生徘徊于学术与政治之间,颇有建树。他们的思想跨越中西,纵横古今。受意识形态和政治立场影响,他们在中国近现代思想史上是被遮蔽的历史人物,因此研究成果并不多,直到近年来才得以改变。以下将通过综合海峡两岸的学术研究,对有关"读书杂志派"的研究状况进行综述。

一、大陆地区

大陆学界(即不包含港澳台地区)对"读书杂志派"的研究主要是关于胡秋原、王礼锡、王亚南、梅龚彬等人物的个案研究,作为一个知识分子群体的整体研究目前还没有。据知网和维普等数据库检索统计,现有相关论文共100余篇。传记和资料集汇编主要有《胡秋原传》《王礼锡传》《爱国女作家陆晶清传》《陆晶清诗文集》《胡秋原学术思想研究》《王礼锡文集》《作家战地访问团史料选编》《王礼锡诗文集》《王礼锡研究资料》《梅龚彬回忆录》《王亚南文集》等。博士学位论文中,还没有以"读书杂志派"知识分子群体为选题的,[①]

[①] 韦曙林:《中国市场经济发展的制度障碍探源——王亚南经济思想的启示》,厦门大学博士学位论文,2004年,该文吸收王亚南研究封建制度的经济思想成果,从源头上认识现有"制度从何而来",以指明中国的"制度往何处去";毛剑:《"左联"时期马克思主义文艺理论的引进与发展研究》,山东大学博士学位论文,2006年,该文涉及胡秋原对普列汉诺夫的研究及其对庸俗社会学的批判;谢远笋:《胡秋原思想初探——以历史哲学为中〔转下页〕

硕士论文主要是以胡秋原、王礼锡,以及中国社会史论战为选题。①

在中国近现代思想文化史、马克思主义史学史和现代学术史上,"读书杂志派"核心成员胡秋原、王礼锡是以"反马克思主义者"的形象示人的。在中国社会性质和中国社会史论战中,他们与左翼理论家的论争被定性为"敌我斗争",他们主张的社会发展路径的观点被批判了半个多世纪。20世纪80年代以来,伴随着重新认识马克思主义的研究热潮,"读书杂志派"对中国社会发展路径的探索开始出现在研究者的视野,研究领域逐渐扩展到政治、文化、历史、马克思主义、民族主义等诸多方面。

1. 中国社会史论战

20世纪30年代初的中国社会史论战,在中国近现代思想文化史上具有重要地位。相关论著较少关注推动并参与论战的"读书杂志派",一般是对他们在论战中的观点进行批判,将其视为"反马克思主义者"。② 温乐群、陈峰等人对学术史梳理进行了相关评述,③但其评述是从宏观上进行的,对

〔接上页〕心的思考》,武汉大学博士论文,2010年,该文以胡秋原的历史哲学为中心进行考察;介江岭:《胡秋原现代化思想研究》,武汉大学博士论文,2014年,该文主要研究胡秋原的现代化思想;霍贺:《从"自由的马克思主义"到"新自由主义"——胡秋原思想研究》,南京大学博士论文,2014年;安然:《1912—1949年中国旅欧游记中的欧洲形象》,上海大学博士学位论文,2018年,该文将王礼锡作为左翼知识分子代表,考察其眼中的欧洲形象。王礼锡虽欣赏欧洲文化,但不赞同欧洲资本主义是中国和未来世界的出路。他和20世纪30年代的许多"亲苏者"一样,先入为主地观察苏联,不自觉地为苏联道路的正确进行辩护,其观点带有强烈的乌托邦色彩。

① 梁银妹:《政治·学派与学术——20世纪30年代"亚细亚生产方式"的论争》,华南师范大学硕士论文,2007年;曹顺发:《平生肝胆照天地,旷代文章振聩聋——中国现代作家王礼锡事迹考略》,西南师范大学硕士学位论文,2001年;伍利亚:《陆晶清生平与创作简论》,西南师范大学硕士学位论文,2002年;刘端生:《反省与重建——胡秋原文化思想研究》,湖北大学硕士学位论文,2012年;陈妍:《王礼锡文学创作与文学著作研究》,西南大学硕士论文,2013年。姜辉:《出版与救国——神州国光社研究》,山东师范大学硕士学位论文,2015年;冯鲁希:《王亚南〈中国经济原论〉及其对当代中国经济学研究的启示》,厦门大学硕士学位论文,2017年;高倩:《漂泊与成长——白族女作家陆晶清文学创作研究》,云南师范大学硕士学位论文,2018年;叶翠:《王礼锡的抗战主张与实践》,赣南师范大学硕士学位论文,2021年。
② 高军编:《中国社会性质问题论战(资料选辑)》,人民出版社,1984年,该书未对《读书杂志》进行太多关注。周子东等编:《三十年代中国社会性质论战》,知识出版社,1987年,该书专门提到并中肯评价了《读书杂志》,但也只是一笔带过。
③ 温乐群、黄冬娅合著:《二三十年代中国社会性质和社会史论战》,百花洲文艺出版社,2004年,该书将胡秋原列入中间派,在论述时基本上是罗列胡秋原的观点。陈峰:《民国史学的转折——中国社会史论战研究(1927—1937)》,山东大学出版社,2010年,该书对《读书杂志》的创办进行了简要介绍,但对于胡秋原的观点也仅仅是一笔带过。彭卫、杨艳秋:《马克思主义史学思想史》第3卷,中国社会科学出版社,2015年,该书在讨论亚细亚生产方式、奴隶社会等问题时提到胡秋原、王礼锡的观点。

"读书杂志派"较少涉及。

何刚认为社会史论战是"从简单的'革命'叙述,逐渐发展到研究视野日益多元,还原研究对象丰富立体的历史面相的可贵进步"。① 乔治忠认为"在整个中国社会性质和中国社会史的论战中,都呈现为政治性占主导地位,学术因素受政治观念的制约,故不能剥离政治性来研讨社会史论战的史学影响"。② 徐义华认为这场论战是"外来史学理论与中国党派、学派相结合","带有学术和政治双重属性"。③

20 世纪 80 年代以来,许多学者都不赞同用"五种生产方式理论"这一单线进化论解释中国历史,因为这是在佐证革命理论的正确性,带有明显的政治语境下的意识形态色彩。通过将中国与希腊罗马奴隶产生的途径进行比较研究,有学者认为"战争、工商业、公民制很大程度上促使希腊、罗马社会形成和维持了奴隶制"。而落后的中国农业社会很难形成普遍的奴隶制,也没有形成奴隶社会,中国历史上不存在奴隶社会的观点已成为众多学者的共识。④ 对封建社会问题的讨论直到近年来才形成研究热潮,⑤他们"反对不加分析、削足适履地把中国社会近代以前的漫长历史纳入西欧封建主义'普世化'的框架内,认为西周是中国封建社会的起源而秦是封建主义历史的正式终结,是中国中央集权专制主义时代的开始"。⑥ 许小年认为秦到

---

① 何刚:《"革命"与"学术"的双重变奏——中国社会史研究 80 年》,《党史研究与教学》2011 年第 2 期。陈峰:《中国社会史论战学术定位再认识》,《山东大学学报》2009 年第 1 期。
② 乔治忠:《20 世纪 30 年代中国社会史论战问题探实》,《天津社会科学》2014 年第 5 期。
③ 徐义华:《中国古史分期问题析论》,《中国史研究》2020 年第 3 期。
④ 参见徐义华:《中国古史分期问题析论》,《中国史研究》2020 年第 3 期;张广志:《中国古史分期讨论的回顾与反思》,陕西人民出版社,2003 年。
⑤ 近年来学界掀起对封建社会的热烈讨论,比如:《社会形态与历史规律再认识笔谈》,《历史研究》2000 年第 2 期。法国学者马克·布洛赫的经典著作《封建社会》于 2004 年由商务印书馆出版中译本,见《马克·布洛赫〈封建社会〉中译本出版笔谈》,《史学理论研究》2004 年第 4 期;冯天瑜:《"封建"考论》,武汉大学出版社,2006 年;《秦至清社会形态再认识笔谈》,《湖北社会科学》2007 年第 1 期;《封建译名与中国封建社会笔谈》,《史学月刊》2008 年第 3 期;2007 年 10 月,中国社会科学院举办"封建社会名实与马列主义封建观"学术研讨会;中国社会科学院历史研究所等编:《"封建"名实问题讨论文集》,江苏人民出版社,2008 年;叶文宪、聂长顺:《中国"封建"社会再认识》,中国社会科学出版社,2009 年;2010 年 5 月,《文史哲》编辑部举办"秦至清末:中国社会形态问题"专题学术研讨会;《"秦至清社会性质研究的方法论问题"笔谈》,《史学月刊》2011 年第 3 期。2022 年 5 月 7 日,《文史哲》编辑部以"亚细亚生产方式与中国道路"为题,举办了第十次《文史哲》杂志人文高端论坛。还有很多学者纷纷撰文,参与这种讨论,不再一一列举,这些都极大地推动了学界对中国封建社会问题进行更深入的研究。
⑥ 荣剑:《论"中国封建主义问题"——对中国前现代社会性质和发展的重新认识与评价》,《文史哲》2008 年第 4 期。

清是封建社会,是"中国历史最大的冤假错案","两千年的(君主)专制王朝,硬被张冠李戴地定性为封建社会,致使天下以讹传讹,谬误流行至今"。①

刘志琴认为"'自由主义的马克思主义'与视马列主义为正统的中共以及托派有区别,但也是国际共产主义运动内部不同派别……应当承认那些因强调中国社会特殊性等特征而长期受到批判的论者所揭示的某些特点,他们的观点正是马列主义史学家留下的许多矛盾和薄弱环节"。②"唯物史观派学术史叙事的最大缺略,也是这一学术史叙事革命史化的最集中表现,就是将那些曾经一度信从过唯物史观的人完全排除在外。"③基于此,信奉唯物史观的胡秋原、王礼锡、王亚南等人的思想价值被忽视了。

作为"读书杂志派"思想灵魂的胡秋原,④在论战中提出从秦到清是"专制主义"社会的观点,该观点近年来受到学界重视。冯天瑜认为胡秋原是少数跳出西欧历史模式的学者,"言说较接近于中国历史的自身状态,也较为切合卡尔·马克思的封建原论和东方社会史论"。⑤ 周建伟、陈金龙认为用专制主义来指代亚细亚生产方式,"并非东方国家所独有,而是人类社会所共有"。⑥ 而朱慈恩认为胡秋原、王礼锡等人机械地援引苏联学者拉狄克等人的理论解释中国历史,"走向了马克思主义的对立面"。⑦

李洪岩认为王礼锡与胡秋原主办的《读书杂志》避免了意识形态色彩、采取了兼容并包的自由主义立场,形成了"读书杂志派"。⑧ 金敏、罗新慧指出了各派理论取向与缺陷。⑨ 鞠新泉认为神州国光社为陈铭枢的反蒋事业提供了舆论支持,为知识分子提供了学术讨论的空间。⑩ 张晓东认为"福建事变"的政纲和宣言,沿袭了胡秋原、王礼锡、王亚南等人在中国社会史论战

---

① 许小年:《自由与市场经济》,上海三联书店,2009年,第427、428页。
② 刘志琴:《请为"封建社会理论研究"松绑!》,《读书》2009年第6期。
③ 王学典:《唯物史观派史学的学术重塑》,《历史研究》2007年第1期。
④ 霍贺:《1930年代初"第三种人"对中国出路的探索——以胡秋原与神州国光社为中心的考察》,《江汉论坛》2014年第2期。
⑤ 冯天瑜:《"封建"考论》,中国社会科学出版社,2010年,第243、244页。
⑥ 周建伟、陈金龙:《亚细亚社会理论在中国社会史论战中的命运及启示》,《华南师范大学学报》(社会科学版)2008年第4期。
⑦ 朱慈恩:《波克洛夫斯基与中国史学》,《俄罗斯学刊》2012年第3期。
⑧ 李洪岩:《从〈读书杂志〉看中国社会史论战》,中国社会科学院近代史研究所编:《中国社会科学院近代史研究所青年学术论坛》(1999年卷),社会科学文献出版社,2000年,第273—296页。
⑨ 金敏:《〈读书杂志〉与中国社会史问题论战》,《浙江学刊》2007年第5期;罗新慧:《读书杂志与社会史大论战》,《史学史研究》2003年第2期。
⑩ 鞠新泉:《论神州国光社的政治意图与文化策略(1930—1933)》,《历史教学》(高校版)2009年第2期。

中的观点。① 朱伯康认为应对"读书杂志派"在推动中国社会性质和中国社会史论战上做出的贡献给予肯定。② 甘民重肯定了王亚南对社会五形态递嬗程式的批判,提出王亚南否定中国古代社会存在过一个划时代的奴隶制社会,认为将人类社会历史发展都纳入单线性的五形态图式是教条化、简单化、公式化,并指出了王亚南对亚细亚生产方式历史考察的意义。③

周英才、蒋建农梳理陈铭枢、王礼锡与神州国光社的关系,④陈铭枢、俞巴林、邢天生为"神州"回忆提供史料。⑤ 陈峰认为中国社会史论战徘徊于学术与意识形态之间,论战具有强烈的现实诉求,目的在于解答"中国向何处去"的问题。⑥ 谢宝成认为论战存在简单化、公式化问题。⑦ 徐义华认为中国社会史论战"是外来理论对中国历史适用性的讨论。……从概念出发,考察中国社会的契合度"。"很难达成共识"。⑧ 陈民镇认为"'五种社会形态'理论……是否适用于中国历史,要从世界文明的比较研究及中国古代社会的实例出发"。⑨ 邢占国、陈峰等人对国内学界的研究进行检讨,提出要多方位、多角度获取问题资源研究方向。⑩

2. 对"读书杂志派"人物的个案研究

"读书杂志派"研究主要集中在胡秋原、王礼锡和王亚南三人身上,而对陆晶清、梅龚彬等人的研究较为薄弱。"读书杂志派"的文化观、历史观、经济学思想很丰富,对马克思主义的研究和民族主义思想的坚守贯穿其一生,目前学界对这些方面的研究比较薄弱。

---

① 张晓东:《中国社会性质问题论战与福建事变》,《福建论坛》(人文社会科学版)1988年第2期。
② 朱伯康:《王礼锡与社会史论战》,《档案与史学》1994年第3期。
③ 甘民重:《王亚南对社会五形态递嬗程式的批判及其对亚细亚生产方式历史考察的意义——纪念王亚南诞生90周年》,《中国经济问题》1991年第6期。
④ 周英才:《王礼锡与神州国光社》,《文史精华》2004年第9期;蒋建农:《陈铭枢与神州国光社》,《百年潮》2002年第5期;蒋建农:《神州国光社与十九路军》,《史学月刊》1992年第3期。
⑤ 民革中央宣传部编:《陈铭枢纪念文集》,团结出版社,1989年;朱宗震、汪朝光:《陈铭枢回忆录》,中国文史出版社,1997年;俞巴林:《关于神州国光社的情况》,《古旧书讯》1981年第3期;邢天生:《神州国光社回忆片断》,《编辑学刊》1995年第2期。
⑥ 陈峰:《在学术与意识形态之间:1930年代的中国社会史论战》,《史学月刊》2010年第9期。
⑦ 谢宝成:《学术史视野下的社会史论战》,《学术研究》2010年第1期。
⑧ 徐义华:《中国古史分期问题析论》,《中国史研究》2020年第3期。
⑨ 陈民镇:《奴隶社会之辩——重审中国奴隶社会阶段论争》,《历史研究》2017年第1期。
⑩ 邢占国、张静:《略论德里克的"中国社会史论战"研究》,《历史教学》2005年第10期;陈峰:《马克思主义史学研究的海外视角——评〈革命与历史:马克思主义历史学的起源1919—1937〉》,《史学理论研究》2006年第2期。

对胡秋原的研究主要集中在其中西文化观上,胡治洪认为胡秋原揭露西方文化危机的目的,在于矫正中国西化派崇西贬中的心态,表达"超越西化"具有不可忽视的现实意义。① 李维武认为胡秋原"不是文化保守主义者,更不属于现代新儒家人物,但他对儒学的现代意义与现代价值持积极认肯(原文如此)的态度"。② 对王礼锡的研究主要集中在其抗战思想上,贾植芳指出受长期"左"倾错误影响,王礼锡对中国抗战的贡献被忽视了,应"全面地认识王礼锡,从而全面地恢复他应有的历史地位"。③ 潘颂德认为王礼锡的《战时日记》记录了"一·二八事变"期间中日战争的全过程,为后人提供了淞沪抗战日寇侵华史实和中国人民反抗日寇侵略英勇事迹的第一手资料,彰显了王礼锡在民族危难期间有关国家民族前途的思想及其强烈的爱国主义情怀。④

钟俊昆认为王礼锡的抗战思想源自"从关注底层社会到探索社会发展轨迹"的观念,通过主持神州国光社和《读书杂志》出版社会科学书籍,组织论战,支援十九路军淞沪抗战,流亡欧洲期间对国际援华抗日活动进行宣传组织,王礼锡的抗战思想逐渐成熟。归国后,出于爱国情感,王礼锡身体力行地积极投身抗战,试图通过舆论宣传争取国际社会对中国抗战的同情与支持。带领作家战地访问团这支"笔部队"宣传抗战,是其抗战思想实践的具体体现。王礼锡撰写的海外随笔和抗战日记是"具有亲身体察与深刻反思的文化人类学文本"。⑤ 王礼锡在抗战中提出"抗日反帝是唯一出路""抗日战争必须争取国际上的帮助""建立抗日民族统一战线"等抗战思想,并以前瞻性的视野思考中国的前途命运,呼吁国人团结抗战,坚信抗战必胜。⑥ 郑豫广、方殷、王建平高度评价了进行"笔游击"的王礼锡,认为他率领"作家战地访问团"留下来的日记,真实记录了其践行"文章下乡""文章入伍"的心路历程,为研究中国文学史、中国近现代史提供了珍贵资料。⑦

---

① 胡治洪:《超越西化——论胡秋原的西方文化观及其意义》,《齐鲁学刊》2010年第5期。
② 李维武:《胡秋原哲学思想的心学特征》,《孔子研究》2011年第1期。
③ 贾植芳:《平生赤血卫中华——应当全面地认识王礼锡》,《党史纵横》1999年第2期。
④ 潘颂德:《一部生动记录"一二八"战争的散文集——读王礼锡〈战时日记〉札记》,《绥化师专学报》1993年第3期。
⑤ 钟俊昆:《论王礼锡的抗战思想与实践》,《江西社会科学》2014年第12期。
⑥ 叶翠、钟俊昆:《王礼锡抗战思想的形成和影响》,《江西广播电视大学学报》2020年第2期。
⑦ 郑豫广:《王礼锡与〈王礼锡日记〉》,《河北图苑》1994年第4期;方殷:《写在〈王礼锡日记〉前面》,《新文学史料》1982年第2期;王建平:《王礼锡抗日前线的"笔游击队长"》,《文史春秋》1999年第2期。

潘颂德、王谦、周英才等学者高度评价了王礼锡在欧洲组织的国际援华抗日活动，称为争取国际社会支援中国抗战做出了重要贡献，是杰出的国民外交家。① 汪大钧、强剑衷、晓歌、周英才、谢琰等学者对王礼锡的生平事迹和政治活动进行了梳理分析。② 陈维裕、石蕴玉对王礼锡呈现出来的爱国主义思想进行了考察和评述。③ 史承钧、王锦厚考察了王礼锡与郭沫若、老舍的交游情况。④ 潘颂德等人对王礼锡的文学创作进行了考察，认为其文学遗产不容忽视。⑤ 有些学者对陆晶清的文学创作、生平事迹及交游进行了梳理。⑥

对王亚南的研究主要集中在其经济学思想上，杨继国认为王亚南提出"站在中国人的立场来研究经济学"，既不充当西方经济学理论的"传声筒"，又不"成为外国资本为实现本国利益而输出文化和意识形态的工具"。这种思想主张是"一次方法论的巨大革新"，表现出"中国人的理论自信和文化自信"。他将马克思主义政治经济学原理和方法与中国历史和文化实际相结合，创作的《中国经济原论》是"马克思主义经济学中国化的开山之作"，为建立中国特色社会主义经济学提供了思想理论资源。⑦ 陈克俭、张晓流、洪永淼、付文军等学者通过研究王亚南的经济学思想，认为"用马克思经济学的'壳'装西方经济学的'实'……要避免让马克思主义经济学陷于

---

① 潘颂德：《读王礼锡〈在国际援华阵线上〉(1939)》，《绥化师专学报》1995年第1期；王谦：《杰出的国民外交家王礼锡》，《钟山风雨》2007年第1期；周英才：《王礼锡在国际援华阵线》，《党史文苑》2008年第5期。

② 汪大钧：《王礼锡论》，《江西师范大学学报》1990年第4期；强剑衷：《夫妇作家王礼锡和陆晶清》，《民国春秋》1995年第5期；晓歌：《风火锻炼真豪杰——王礼锡生平事略》，《党史纵横》1999年第2期；周英才：《诗人战士——记王礼锡先生》，《文史精华》2000年第11期；谢琰：《殉职在抗日前线的诗人王礼锡》，《炎黄春秋》2003年第9期。

③ 陈维裕：《秉承庐陵气韵谱写爱国诗篇的王礼锡》，《兰台世界》2006年第21期；石蕴玉：《论王礼锡的爱国主义精神——纪念爱国诗人王礼锡诞辰一百周年》，《鄂州大学学报》2001年第2期。

④ 史承钧：《老舍和王礼锡、陆晶清夫妇》，《上海师范大学学报》2003年第1期；王锦厚：《王礼锡与郭沫若》，《郭沫若学刊》1994年第3期。

⑤ 潘颂德：《夫妇作家 比翼齐飞——王礼锡与陆晶清生平和创作道路述略》，《东疆学刊》1992年第3期；潘颂德：《王礼锡的诗论》，《东疆学刊》1993年第3期。

⑥ 马绍玺、高倩：《陆晶清文学年谱简编》，《新文学史料》2020年第2期；卓光平：《白族作家陆晶清、陆万美姐弟与鲁迅的交往考》，《上海鲁迅研究》2019年第1期；黄华、郭琳波：《受创的个体生命体验——陆晶清诗歌创作论》，《中国诗歌研究》2016年第1期；熊辉：《陆晶清：新诗史上不该被忘记的白族女诗人》，《民族文学研究》2009年第2期；熊辉、刘丹：《论白族女诗人陆晶清诗歌的感伤情结》，《云南师范大学学报》2007年第4期；陈思清：《中国现代文学史上的白族女作家——陆晶清》，《云南民族学院学报》1999年第4期。

⑦ 杨继国：《"以中国人的资格来研究政治经济学"辨析》，《中国经济问题》2022年第1期。

失语、失踪和失声的不利局面"。①

聂志红指出王亚南对近代中国半殖民地半封建社会经济运行的分析批判,以及对官僚资本的批判思想,在马克思主义经济思想发展史上留下了浓墨重彩的一笔。② 邱士杰认为王亚南在 20 世纪 30 年代的学术研究和思考探索,及其对主流经济学界的商榷和批判,是"中国马克思主义者中少见的战斗",是其经济思想的"轴心时代",为 20 世纪 40 年代经济学思想的成熟奠定了坚实的理论基础,锚定了理论进向。③ 有些学者对王亚南的高等教育思想进行研究,认为其教育思想对建设现代高等教育强国和"双一流"建设提供了有益的启示。④ 也有一些学者对王亚南的生平事迹进行了考察。⑤

胡秋原、王礼锡、陆晶清、王亚南、梅龚彬的传记或回忆录,⑥以及研究资料论文集等,⑦为研究"读书杂志派"知识分子群体奠定了基础。在这些

---

① 陈克俭:《"以中国人的资格来研究政治经济学"——王亚南对〈资本论〉的学与用》,《福建论坛(经济社会版)》1984 年第 3 期;张晓流:《王亚南:以中国人的资格来研究》,《社会科学学报》2011 年 7 月 21 日第 3 版;洪永淼:《站在中国人的立场上,用现代方法研究中国问题,用国际语言讲述中国故事》,《经济研究》2017 年第 5 期;付文军:《论"中国人的资格"与新时代中国特色社会主义政治经济学》,《贵州师范大学学报(社会科学版)》2020 年第 3 期;邱士杰:《〈中国经济原论〉研究方法的形成》,《中国经济史研究》2021 年第 4 期。
② 聂志红:《半殖民地半封建社会经济运行的思想——以王亚南的〈中国经济原论〉为主线》,《政治经济学研究》2021 年第 2 期;聂志红:《20 世纪 40 年代官僚资本批判思想勘析——以王亚南先生的研究为主线》,《理论月刊》2018 年第 9 期。
③ 邱士杰:《王亚南与 20 世纪 30 年代中国经济学界的互动》,《开放时代》2022 年第 5 期。
④ 董泽芳、纪平:《王亚南的高等教育思想及对高等教育强国建设的启示》,《华中师范大学学报(人文社会科学版)》2020 年第 3 期;张继平、翟方:《王亚南的大学之道及对"双一流"建设的启示》,《华中师范大学学报(人文社会科学版)》2020 年第 3 期;郑刚、姜澄、叶文:《王亚南的教育强国思想及其现代启示》,《教育研究与实验》2021 年第 2 期;董泽芳、张继平、张尧:《从"象牙塔"启航——论王亚南与中华大学的学术情缘》,《教育研究与实验》2022 年第 1 期。
⑤ 周元良、胡培兆:《王亚南传略》,《晋阳学刊》1980 年第 3 期;甘ц重、林其泉:《王亚南传略》,《党史教资料与研究》1987 年第 4 期;林坚:《王亚南:传播马克思主义的壮丽人生》,《中国高等教育》2021 年第 20 期;李月华:《郭大力、王亚南与〈资本论〉第一个中文全译本的诞生》,《百年潮》2021 年第 7 期。
⑥ 张漱菡:《胡秋原传》,湖北人民出版社,2007 年;裴高才:《台海"破冰"第一人:胡秋原全传》,中国文联出版社,2008 年;谢远笋:《胡秋原》,陕西师范大学出版总社,2017 年;顾一群等:《王礼锡传》,四川大学出版社,1995 年;王士权:《爱国诗人王礼锡传》,江西人民出版社,1996 年;王士权、王世欣:《爱国女作家陆晶清传》,江西人民出版社,2002 年;蒋夷牧、王岱平:《生命的辙印》,海峡文艺出版社,1986 年;林坚:《王亚南传》,厦门大学出版社,2021 年;梅龚彬,梅昌明整理:《梅龚彬回忆录》,团结出版社,1994 年。
⑦ 《王礼锡日记——记"作家战地访问团"1939 年 6 月 18 日—8 月 12 日》,《新文学资料》1982 年第 2 期;王礼锡:《王礼锡诗文集》,上海文艺出版社,1993 年;王礼锡著,王士志、王元理编:《王礼锡文集》,新华出版社,1989 年;潘颂德编著:《王礼锡研究资料》,知识产权出版社,2010 年;廖全京、文天行、王大明编:《作家战地访问团史料选编》,四川省社会科学院出版社,1984 年;陆晶清著,潘颂德、王效祖编:《陆晶清诗文集》,四川大学〔转下页〕

人中,胡秋原留下的资料最为丰富,由于 1949 年后,胡秋原离开大陆赴台,因此大陆有关资料并不多,更多地留在台湾。在"读书杂志派"中,胡秋原也是唯一离开大陆的知识分子,在台湾他依然继续研究马克思主义,思考和探索民族国家的复兴之路。

胡秋原、王礼锡、王亚南的欧洲之行使他们的思想逐渐发生分化,①尽管他们立足民族立场,在共同抗日上意见一致,但王礼锡和王亚南赞叹苏联社会主义五年计划成就,而胡秋原确立起反俄化、反西化和反传统,归结为文化民族主义的立场。肖宝凤认为胡秋原的"文化民族主义立场"使其思想"掺杂了民族主义和重估传统文化的自由主义","民族主义的主张有可能局限自由主义思想伸展的可能性"。②何卓恩认为胡秋原由政治到文化再深化到学术层面,构成逐步追问"中国向何处去"的民族主义思想历程,这种民族主义有其局限。③马俊山认为胡秋原是"较早地提出中国要现代化,而不是要西化或苏化的自由主义思想家"。④

大陆学界对"读书杂志派"的研究主要集中在中国社会史论战,对其他方面的研究比较薄弱,现有史料和研究成果为本书提供了较为扎实的学术积累。他们的民族主义思想,对马克思主义的研究,中西文化观等多方面的内容都有待深入研究。"读书杂志派"思想多变且杂糅,自由主义、马克思主义、民族主义等都对其产生影响。现有研究缺乏从总体上的宏观透视,甚至有误读其思想的倾向,资料的缺乏限制了对"读书杂志派"的深入研究。

二、港台及海外地区

港台地区对"读书杂志派"知识分子群体的研究也不多,主要集中在中国社会史论战方面。其中对胡秋原的研究相对较多一些,主要有传记、⑤纪念文集、⑥

〔接上页〕出版社,1997 年;李敏生主编:《胡秋原学术思想研究》,社会科学文献出版社,1996 年;梅向明、梅昌明、梅建明:《父亲梅龚彬的革命生涯》,《湖北文史资料》2000 年第 2 期;石雪峰:《隐蔽战线上的卓越战士梅龚彬》,《湖北文史》2013 年第 2 期。

① 霍贺:《海内外胡秋原研究综述》,《民国研究》2017 年第 1 期;霍贺:《胡秋原的"苏俄经验"与思想调整》,《兰台世界》2016 年第 7 期。
② 肖宝凤:《自由之轭:从胡秋原参与的两次论战说起》,《汕头大学学报》(人文社科版)2009 年第 1 期。
③ 何卓恩:《胡秋原民族主义论的三个面相及其评析》,《江苏社会科学》2010 年第 6 期。
④ 马俊山:《现代自由主义作家与新文学人文合法性》,《文艺理论研究》1999 年第 1 期。
⑤ 张漱菡:《胡秋原传》,皇冠出版社,1988 年。
⑥ 《中华杂志》编辑部编著:《胡秋原先生之生平与著作》,学术出版社,1981 年;钱江潮等合编:《胡秋原先生八十·九十寿辰纪念文集》,海峡学术出版社,2001 年;毛铸伦编:《人格的自由与学问的尊严:中国当代民族主义思想家胡秋原先生逝世周年纪念文集》,海峡学术出版社,2005 年。

以及研讨会论文集。① 对王礼锡、梅龚彬和王亚南等人则疏于关注，几乎没有什么研究成果。

台湾对社会史的研究注重学理分析和资料梳理。郑学稼认为论战是不同政治思想的争论，而胡秋原具有多方面的理论素养。② 赵庆河认为论战"未能引出自由、民主、人道的马克思研究，反而阻断了社会主义研究的多元化倾向"。胡秋原、王礼锡等人的主张，"在当初曾被救亡心切的中国知识分子指责为迂阔不切实际"，苏联解体后"却又隐约透露出若干程度的正确性"。③ 在逯耀东看来，论战"初次把马克思的思想和理论，应用到中国历史解释体系上来"。"马克思的发展规律的公式和中国历史资料配合的问题"，既是论战各方争论主因，又是长期困惑中共史学的重大理论问题。④ 吴安家认为胡秋原等人是较少摆脱五种社会形态论的影响，建立更合理的马克思主义研究的人。⑤ 郑学稼、严灵峰等人的回忆具有史料价值。⑥ 这些成果中回忆介绍多，兼有理论反思，但也受到意识形态的影响，缺乏客观公正的评析。港台学者的研究还需要进一步深化。

孟德声认为胡秋原是"文化民族主义"论者，"这是一种哲学的、文化的、人道的、普遍的民族主义"。⑦ 姜新立认为胡秋原超越意识形态的羁绊，对马克思主义持续70年的研究呈现出深刻的学理性。⑧ 何庆华、王英铭和胡秋原的门生诠释了其学术思想及其政治主张，⑨但简单介绍多，深入分析少。

海外学者对"读书杂志派"的研究寥寥无几。日本学者佐治俊彦对胡秋

---

① 毛铸伦、刘国基合编：《志业中华——胡秋原学术思想研讨会论文集》，海峡学术出版社，1996年。
② 郑学稼：《社会史论战简史》，黎明文化事业股份有限公司，1978年，第120页。
③ 赵庆河：《读书杂志与中国社会史论战·序》，稻禾出版社，1995年，第16页。
④ 逯耀东：《中共史学的发展和演变》，时报文化出版事业有限公司，1979年，第45、50页。
⑤ 吴安家：《中国社会史论战之研究，1931—1933》，台湾政治大学东亚研究所博士论文1986年，第386页。
⑥ 郑学稼：《中国社会史论战五十周年感言》、炎炎：《社会史论战五十周年访严灵峰先生》，《中华杂志》1981年10月号。
⑦ 李敏生主编：《胡秋原学术思想研究》，第124、153页。
⑧ 毛铸伦、刘国基合编：《志业中华——胡秋原学术思想研讨会论文集》，海峡学术出版社，1996年。
⑨ 《中华杂志》编辑部：《胡秋原先生之学问思想及其意义》《胡秋原先生与当代十六种思潮》《五十年来胡秋原先生的政治主张》，《中华杂志》编辑部编著：《胡秋原先生之生平与著作》，学术出版社，1981年，第319—427页；何庆华：《胡秋原先生生平事略》，《传记文学》第85卷第2期，2004年8月；王英铭：《论胡秋原之思想》《访亲历20世纪百年的思想家——胡秋原》，钱江潮等合编：《胡秋原先生八十·九十寿辰纪念文集》，第217—235页。

原做出了评价,认为"在对革命的理解上,他缺乏阶级观念,不了解继承战斗的唯物论传统的马克思主义,只是把马克思主义看成一种解释学"。① 在美国学者德里克看来,胡秋原、王礼锡论"专制主义论"源自苏联学者,"夸大了其理论分析的原创性和独特性"。马克思"支持多元演进的历史观","中国马克思主义者将'普世的'模式强加于中国历史,结果是对理论概念和中国历史解释的双重简化"。② 德国学者罗梅君认为论战在"政治上是回答现实问题,确定革命的未来发展",论战者"不是职业历史学家,而是热衷政治的知识分子"。③ 奥尔加·博罗赫(Olga Borokh)认为王亚南对中国经济科学概念进行了诠释。④ 叶认为民主革命时期,王亚南运用马克思主义政治经济学原理,批判西方资本主义经济,提出了研究中国经济的方法论。⑤ 卢江、葛扬认为王亚南对《资本论》蕴含的广义政治经济学思想研究,是解决社会发展进程之谜的关键。⑥

第三节　当前的不足与本书的创新

在"读书杂志派"中,胡秋原、王礼锡、陆晶清、梅龚彬、王亚南等人游走于学术与政治之间,长期以来,受意识形态影响,学界从政治立场上对其进行定性和价值判断,将胡秋原、王礼锡视为"反马克思主义者"。随着政治环境的宽松和学术研究的深入,此前被忽视的思想价值、脸谱化的评价方式被逆转。《胡秋原传》《王礼锡传》《陆晶清传》《王亚南传》《梅龚彬回忆录》按照历史发展脉络,对不同时期的政治活动和思想进行叙述,提供了不少史料。

以往对"读书杂志派"知识分子群体的研究,主要关注中国社会史论战,

---

① [日]佐治俊彦:《记胡秋原——胡秋原与三十年代文艺》,[日]伊藤虎丸、刘伯青、金川敏编,《日本学者研究中国现代文学论文选粹》,吉林大学出版社,1987年。
② [美]阿道夫·德里克著,翁贺凯译:《革命与历史:中国马克思主义历史学的起源,1910—1937》,江苏人民出版社,2005年,第168、190、191、199页。
③ [德]罗梅君著,孙立新译:《政治与科学之间的历史编纂——30和40年代中国马克思主义历史学的形成》,山东教育出版社,1997年,第71、78页。
④ Olga Borokh, "Wang Yanan and the Concept of Chinese Economic Science", *Far Eastern Affairs*, Volume 45, Issue 002, 2017, pp. 59-75.
⑤ S Ye, "Wang Yanan's Economic Thought During the Period of Democratic Revolution", *Review on History of Economic Thought*, 2007(1).
⑥ Lu Jiang, Ge Yang, "Das Kapital and Political Economy in the Broad Sense: A Review on Wang Yanan's Research", *China Political Economy*, 2018(1): 1, pp. 130-135.

而对其抗日救亡、中西文化比较、社会发展路径、抗战建国等民族主义思想都缺乏深入系统研究。他们留下的史料比较丰富,但运用的史料相对匮乏,简单介绍较多,深入诠释较少。在考察"读书杂志派"思想演进的内在理路时,学界对其追求民族主义、人道主义和自由民主的价值诉求缺乏深入研究,对其在思想论战、中西文化观、抗日救亡和抗战建国策略等问题上,与左右两翼的分歧背后的原因缺乏深入分析,对其文化民族主义思想的价值理念和学理诠释有待深化。我们应打破内容碎片化、视角单一化、价值二元化和非此即彼的研究范式,运用整体性、多维度、多视角进行比较、综合分析,揭示隐含在复杂历史表象背后的真实面貌。

综上所述,学界对"读书杂志派"的研究,宏观论述较多,深入诠释较少。"读书杂志派"思想演进背后的价值取向、理念、诉求等需要系统分析。他们捍卫言论出版自由,揭露西方文化危机,批判将马克思主义教条化的倾向,扬弃中国传统文化,思考知识分子在抗日救亡中的作用,探索建设政治民主化、经济工业化的现代民族国家等问题,都是有待深入研究的课题。

在现有研究基础上,我们对以"读书杂志派"为代表的这类知识分子群体,在国共两党之外探索第三条革命道路进行深入分析,重新审视其思想价值,通过对其民族主义思想求索过程的梳理,彰显中间知识分子在追求民族独立的心路过程,以及多元化思想理念和探索路径,呈现普遍追求民族独立思潮的民族主义共同体的多重光谱。

在借鉴现有研究成果基础上,以"读书杂志派"的政治活动及其思想进路为主线,重新审视民族主义思想诉求,寻求新突破。

第一,转换评价尺度。将"读书杂志派"的思想演进置于当时的历史场域中,从思想文化史、学术史等多个维度进行深入诠释。突破视角单一化、评价脸谱化,勾画出"读书杂志派"民族主义思想完整的发展脉络,并分析其学术思想与政治立场转向的依存关系,这也有助于深入理解政治立场转向的思想渊源。以往学界关注 20 世纪 30 年代初的"读书杂志派"对中国社会发展路径思想的考察,对抗战建国思想疏于关注。基于此,本书从整体上进行综合研究。

第二,突出问题意识。通过梳理分析"读书杂志派"对马克思主义的深入研究,比较分析他们与左翼知识分子在中国社会发展路径、抗日救亡策略等问题上存在分歧的根本原因,凸显他们在传播马克思主义上发挥的积极作用。

第三,运用比较分析。将"读书杂志派"置于 20 世纪 30 年代初的历史场域,通过与左右两翼,以及中间知识分子进行比较分析,诠释"读书杂志派"探索中国出路的思想价值,呈现探索民族独立的多元化路径。

第四节 研究思路与研究方法

在中国知识分子对马克思主义不同的回应中,"读书杂志派"这类知识分子既不同于完全教条式的迎合,又不同于排拒的态度,而是超越左右纷争,通过深入思考和理论研究揭示出马克思主义在苏俄的流变,及其对中国产生的影响,又在比较中西俄三种文化的基础上,提出超越传统、超越西化、超越俄化而前进的道路,构建中国现代新文明。

"读书杂志派"知识分子群体是要"由学问求一个中国应有的将来",[①]寻找"中国之出路与前途,亦即中国向何处去,亦即中国立国之道"。[②] 本书的基本研究思路是:(1)沿着历史发展脉络,考察梳理"读书杂志派"民族主义思想演进脉络,凸显其复杂思想背后的多个面相。(2)不以现有研究随意裁剪史料,运用"读书杂志派"留下的原始资料,考察其寻求中国出路论述背后的问题意识,反思现有研究的不足。(3)通过比较分析,立足当时的历史场域,将其与左右两翼知识分子进行比较,彰显"读书杂志派"追求民族独立、建设现代民族国家的独特思想价值。

本书采用个案、跨学科和思想史的研究方法。"新思想史研究,应该回到历史场景,在知识史、思想史、社会史和政治史之间,不必画地为牢。"[③]思想史研究唯有回到当时的历史场景和思想场域,考察当时不同派别、不同社会思潮的相互激荡,穿透文本才能尽可能接近思想者的真实面貌。在诠释"读书杂志派"民族主义思想时,应注重当时社会思潮激荡背景,考察其对西化、俄化、传统思想的吸收、批判和超越,审视其思想理念,呈现追求民族独立的多元化路径。故此,本书尽力祛除对"读书杂志派"知识分子群体先入为主的价值判断,在运用原始史料基础上,保持价值中立,追寻其民族主义思想演进背后的深层原因,重构价值谱系和思想源流,勇于面对曾经被遗忘且无法回避和拒绝的思想遗产。

本书还采用国际化视角进行诠释。"读书杂志派"的自由民主理念,对马克思主义的追随,对苏俄革命的马克思主义的思考,都与国际化思潮联系紧密。他们对欧美和苏联的观察体验、深入思考和比较研究,是立足于当时

---

① 胡秋原:《八十年来——我的思想之来源与若干心得》,《中华杂志》1990年7月号。
② 《中华杂志》编辑部编著:《胡秋原先生之生平与著作》,学术出版社,1981年,第539页。
③ 葛兆光:《道统、系谱与历史:关于中国思想史脉络的来源与确立》,许纪霖、朱政惠编《史华慈与中国》,吉林出版集团有限责任公司,2008年,第380页。

国际大环境下各种思潮的相互激荡之中而来,"这一时代的所有大事都具有国际的层面"。①

在资料运用上,笔者已收集海峡两岸"读书杂志派"资料,为全面透视其思想奠定史料基础。在研究取向上,本书摆脱意识形态下"非此即彼"的二元化研究范式,避免"被重新发掘"的炒作。基于此,本书将"读书杂志派"置于当时的历史场景和思想场域中,追寻其在探索中国出路时的心路历程和思想演进脉络,探讨其民族主义思想的价值。运用背景分析、文本诠释、比较分析等方法,以"理解之同情"回到现场,重新审视其民族主义思想的价值取向、现实观照等多方面的学术意义。

就研究框架而言,本书共分七章,以"读书杂志派"的政治活动和思想演进轨迹为研究进路,力图进行全景式展呈。第一章为绪论。第二章考察《读书杂志》筹办和发行的历史背景、办刊宗旨和社会影响,以及"读书杂志派"各人的出身、教育程度、成长经历、聚到一起热衷于探讨中国革命的原因,揭示其思想倾向、民族情怀和政治诉求。他们在思想上接受"明道救世"、自由主义、马克思主义,审视其调和自由主义与马克思主义的思想和价值取向,由此凸显出该学派在中国传播和研究马克思主义的独特贡献与历史地位,也对重新认识和深入研究马克思主义提供了启示。第三章是对"读书杂志派"与十九路军渊源的考察,探讨支援十九路军淞沪抗战期间,在争夺中国"著作者抗日会"领导权、是联合抗日还是以工人运动为先等一系列问题上,该派与"左联"产生思想分歧的深层原因,进而审视该派抗日救亡的诉求,及其民族自觉意识和价值取向。第四章通过考察"读书杂志派"创造自由活动的政治文化空间,组织和推动中国社会史论战的原因,诠释该学派试图通过对中国社会发展路径的思想论辩和理论探讨,达成对中国出路的共识,揭示其理论渊源和思想内涵,进而审视其探索现代民族国家发展路径的思想价值。第五章通过考察"读书杂志派"在"闽变"中扮演着引领舆论、宣传鼓吹和理论指导的地位和作用,探讨该派与"第三党"在"闽变"中的思想分歧,从而揭示出怀有民族情怀和文化自强意识的"读书杂志派"对国家出路的思考,并重新审视其思想的独特价值。第六章主要探讨"读书杂志派"的抗战建国思想。面对抗日救亡的民族危机,"读书杂志派"站在民族自觉和文化自强的立场,提出抗战建国的价值理念和政治诉求。将中国置于世界变动的大背景下,通过比较研究中、西、俄不同国家的不同发展路径,寻求中国文化复兴和现代社会转型,提出"超越传统、超越西化、超越俄化而前进",建设

---

① [美]柯伟林:《中国的国际化:民国时代的对外关系》,《二十一世纪》1997年总第44期。

现代民族国家。第七章主要探讨"读书杂志派"的民族主义思想诉求、历史影响和当代价值,彰显近代知识分子寻求民族独立和国家富强过程中多元化的思想理念和探索路径,也对当下中国社会现代化转型和实现民族复兴提供可以借鉴的思想价值和理论资源。

第二章 "读书杂志派"思想透视

大革命失败后,游离于国共两党之外的中间知识分子,经历了理想的幻灭和革命热情的消沉,怀有忧国忧民情怀的他们为中国前途担忧。他们既不满国民党通过不断强化一党专制权威主义政治要求的党治文化,又对共产党的激进主张不满,纷纷从"政治人"转向"文化人",试图通过理论探讨达成革命道路的共识。20世纪30年代初,在外有日寇强敌入侵导致民族危机日益严峻、社会矛盾不断加剧,内有国共两党内争的背景下,对独立人格的追求和对自由理念的痴迷使胡秋原、王礼锡、陆晶清、王亚南、梅龚彬等知识分子,以神州国光社(以下简称"神州")为依托,创办《读书杂志》等,以思想自由和独立姿态宣扬抗日救亡思想,出版翻译传播新思想的社会科学书籍。他们以《读书杂志》为主阵地,组织和推动中国社会性质讨论与中国社会史论战,形成颇具影响力的"读书杂志派"。在高扬党派思想和阶级斗争的思想场域中,他们的思想倾向何方?站在什么样的政治立场上思考中国出路?

第一节 《读书杂志》的创办、宗旨与社会影响

1931年4月,《读书杂志》依托"神州",在上海创刊发行。王礼锡、胡秋原先后主持"神州"和《读书杂志》,担任总编辑,陆晶清、王亚南、梅龚彬、彭芳草等人参与编辑,形成依托"神州"的颇具影响的"读书杂志派"。《读书杂志》虽存在短短两年多时间,但以此为阵地形成的"读书杂志派",无论是在中国近现代思想文化史,还是学术史和马克思主义传播史上都具有无可替代的思想价值。

一、《读书杂志》筹办背景

大革命失败后,革命政治热情退却,失望消极愤懑之情弥漫,国家民族的出路在哪里?陷入空虚苦闷中的知识分子重回书斋,希望通过理论研究

寻找革命新道路。据王凡西自述:"不少知识分子被迫从积极活动中退出来,从街道回进书斋","痛定思痛",思考革命前途。① 1928年起,国共两党的理论家开始对中国社会性质和中国革命前途问题进行讨论。由国共的政见之争扩展到思想文化领域,进而转向学术探讨。在这种思想场域中,既不满国民党,又不认同共产党,致力于探寻革命前途的王礼锡、胡秋原等人也参与其中。他们以独立、自由的思想者与行动者的姿态,站在超越左右的中间立场,为各派提供思想争鸣的舞台,积极诠释其主张,凝聚共识。《读书杂志》依托"神州",由此创刊发行。

神州国光社是1901年由邓实、黄节等人创办于上海,出版的书籍主要有《神州国光集》等,推崇"民族大节"。在新文化运动中,该社受到批判,且经营不善,不得不转手抛售。"'神州'出版物大量滞销,业务一蹶不振,终于不得不走'招盘一途'。"②1930年,黄节等人商议以40万元转让给广东省主席陈铭枢,③接办"神州"有"挽救中国文化"意蕴,继承"学问经世的抱负和民族主义"之传统。④

陈铭枢具有"全国性的视野和人际关系广泛",⑤"嗜好和思想都复杂,平日爱谈新思想、新政治,想做学者圣贤,又想做英雄和政治家"。⑥ 据他自述:"我在国民党从中央到地方,交游甚广,但在政治上我是独来独往,自己有自己的主张,从来都不是被动的。"⑦"一向爱好文学艺术,且喜欢同文人往来。"⑧他不仅结交文化人,接受新思想,而且将"神州"视为营造舆论的阵地,以此作为构建文化权势网络的舞台。"神州"成为"十九路军的文化与宣传基地,它所创办的杂志,相当程度地反映了十九路军诸领导人的政治见

---

① 王凡西:《双山回忆录》,东方出版社,2004年,第164页。
② 朱宗震、汪朝光编:《陈铭枢回忆录》,第137、139页。
③ 陈铭枢(1889—1965),字真如,广东合浦(今属广西)人。从1925年国民革命军东征至1931年宁粤分裂,陈铭枢都是蒋介石的追随者和拥护者。1931年,他调和宁粤,代理行政院院长、行政院副院长兼任交通部长和京沪卫戍区司令,达到其个人政治顶峰。因不满蒋对日妥协和"剿共"政策,为实现其政治抱负,他于1933年发动"闽变"。抗战期间,他从事抗日民主运动。1948年,加入中国国民党革命委员会任中央常委。1949年后,任中央人民政府委员、人大、政协常委等职。1965年病逝于北京。
④ 梅方义:《回忆〈神州国光社〉与〈时代周报〉》,《中华杂志季刊》1993年12月号。梅方义是梅龚彬的侄子,时任"神州"校对,抗战时任胡秋原主办的《时代周报》编辑,抗战胜利后入重庆大学,1949年后先在财政部任职,后在同济大学等校任教。
⑤ 吴振声:《国民政府时期的地方派系意识》,文史哲出版社,1992年,第103页。
⑥ 蒋君章:《爱国老人丘念台先生(二)》,《传记文学》第26卷第2期,1975年2月。
⑦ 朱宗震、汪朝光编:《陈铭枢回忆录》,第116页。
⑧ 民革中央宣传部:《陈铭枢纪念文集》,第84页。

解"。① "神州"在民国文化史、出版史上颇具影响,依托该社的《读书杂志》是影响深远的中国社会史论战的"主战场","读书杂志派"由此声名鹊起。该社因出版大量左翼书籍,在马克思主义传播史上具有不容忽视的作用。

随着政局演变,陈铭枢与蒋介石的矛盾激化,"十九路军对蒋介石的长久统一与抗日期望的彻底破灭"②是其从拥蒋转向反蒋的根本原因。③ 据他自述:"接办神州,当然与此有密切关系。同时因我担任广东省政,与各方面的接触比较广泛,且有条件接办像神州这样规模的企业",④并延揽文化人到"神州"旗下。1927年,陈铭枢与王礼锡相识,"为他的言论风采倾倒,由于思想气味相投,大家从此便成莫逆之交"。聘请王礼锡为"神州"总编辑,"因不满现状,亟欲另开政治局面,同时也意识到文化事业对政治的作用"。⑤ 梅龚彬对此评价道:"陈铭枢涉足文化事业,无非是为他在政治上独树一帜造舆论和招募智囊。"⑥

从王礼锡担任总编辑伊始,"当局对文化正在加紧箝(原文如此)制",将"神州"办成"一个为争取起码的民主而斗争的书店"成为其初心使命。⑦ 于是他开始"招兵买马",创立《读书杂志》《动力杂志》《文化评论》等。此时,在日本留学的处于穷困,且倾心马克思主义研究的胡秋原翻译的《艺术社会学》,被王礼锡纳入"神州"出版计划之中,此举使他们倍加珍惜彼此的感情,随后胡秋原扮演起该社的思想灵魂人物。1930年12月,王礼锡赴日本筹办《读书杂志》,"为各种立场的人开一个公共的战地,我们是为读者介绍一切精炼(原文如此)的学问与一切不同的主张"。⑧ 王礼锡到东京后与留日青年交游,决定通过《读书杂志》"研究中国社会的性质,寻求中国社会的前途"。⑨ 还邀请留日学生中以学问和文章知名的胡秋原、王亚南、梅龚彬等人一起商谈刊物的计划、名称、宗旨、内容、组织、编辑等。

二、《读书杂志》的创办宗旨

王礼锡尽管是国民党人,但由于对国共两党皆不满,对马克思主义研究

---

① 赵庆河:《读书杂志与中国社会史论战(1931—1933)》,第105页。
② Hu Chow-yuan,"The Nineteenth Route Army", *Amerasia: A Review of America and the Far East*, vol.1, no 3 (May 1937), p.129.
③ 参见肖自力:《十九路军从拥蒋到反蒋的转变》,《历史研究》2010年第4期。
④ 朱宗震、汪朝光编:《陈铭枢回忆录》,第139页。
⑤ 民革中央宣传部:《陈铭枢纪念文集》,第85页。
⑥ 梅龚彬著,梅昌明整理:《梅龚彬回忆录》,第79页。
⑦ 顾一群等:《王礼锡传》,第54页。
⑧ 王礼锡:《年终的话》,《读书杂志》第1卷第9期,1931年12月。
⑨ 顾一群等:《王礼锡传》,第60页。

颇有兴趣,"急于对中国前途问题有一自信答案","最关心的是中国社会的经济性质问题"。① 要获得中国社会前途问题的答案,"必须从中国历史上的经济的演变与世界经济的联系,阐明其规律性并挡住其特殊性"。② 胡秋原回忆说:"根据马克思主义,必须确定中国社会现阶段性质,才能决定中国社会前途。"中共受斯大林对中国社会性质判断的影响,认为"中国社会是封建成分占优势,所以主张土地革命"。"如果中国是资本主义社会,中国可以直截了当实行社会革命;如果不是,便要'过渡'。怎样过渡,马克思没有说。"据斯大林的理论,应通过"土地革命过渡"。③ 这是在中国社会史论战中,胡秋原等人与左翼理论家争执的焦点问题。

胡秋原在翻译苏联文艺理论家弗里契(佛理采)的论著《艺术社会学》时,通过比较中西文艺与社会,根据马克思"亚洲社会"之论,认为"鸦片战争前中国社会,自非封建社会",而是相当于西洋史上的"专制主义社会"。马克思的"亚洲社会"应为"专制主义社会",至于中国的将来,"自应走社会主义之路,但社会主义不可无自由,所以社会民主主义是可行的"。④ 胡秋原敏锐地提出不可机械地理解马克思主义,要在中西历史比较研究中了解中国社会发展的特殊性。据王礼锡自述:"关于中国社会的历史上的阶段问题,从前和很多人讨论过,总得不到相同的意见,不料秋原却早已和我相同的见解,因此我们决定再长期的下一番精审的研究,去充实我们的见解。不过在事实上发现我们错误的时候,我们不恤拖弃我们的意见。"⑤ 这是王礼锡服膺胡秋原的起点。

王礼锡在解释使用《读书杂志》时坦言,由于国内正在为中国社会究竟是什么性质的问题而激烈争执,唯有弄清这个问题,才能确定革命前途。他们就办刊宗旨达成一致,推选胡秋原、朱云影主持文艺专栏,介绍西方文艺思想和文艺动态,王亚南、王洪法负责经济专栏,上海的彭芳草和张竞生负责国际政治和心理学,由此形成"神州"函授学会的雏形。⑥ 1931年4月,《读书杂志》创刊,由"神州"出版发行,王礼锡在发刊告白中指出:"中国目前是思想极复杂的时代,不过缺少诱发的导线,我们无偏袒的发表各方面的

---

① 胡秋原:《两个谈政治的朋友》,《民主潮》第11卷第4期,1961年2月。
② 王礼锡:《中国社会史论战序幕》,《读书杂志》第1卷第4、5期合刊,1931年8月。
③ 胡秋原:《两个谈政治的朋友》,《民主潮》第11卷第4期,1961年2月。
④ 胡秋原:《〈在唐三藏与浮士德之间〉及其他》,胡秋原自刊本,1962年,第5页。
⑤ 王礼锡:《中国著述界消息·萩原不详》,《读书杂志》第1卷第2期,1931年5月。
⑥ "神州"函授学会的会长是王礼锡、教务主任是徐翔、国文科主任是陆晶清、国际经济政治科主任是彭芳草、日文科主任是方天白、文艺科主任是胡秋原。参见《神州读书会总章·神州国光社函授学会》,《读书杂志》第3卷第1期,1933年1月。

批评,来做诱发思想争斗的导线。""我们公开这园地给一切读书的人,公开耕种,公共收获,公共享用";"我们的研究,不限于一个国度,不限于学术的一个门类,不限于几个人主观的兴趣,我们希望能够适用客观的需要的一切。""我们不主观地标榜一个固定的主张,不确定一个呆板的公式去套住一切学问。……我们这里尽管有思想的争斗,但编者不偏袒争斗的那一方面以定其取舍。……我们这里不树立一个目标,而为读者忠实地摆出许多人们已经走过,正在走着,或正想去走的许多途径。"①《读书杂志》的立场充满自由主义的精神,但纵观其此后的编辑方针,以马克思主义、唯物史观的论述较多,而自由主义派的论述相对较少。出现这种现象既与《读书杂志》的编辑群体即"读书杂志派"的研究兴趣密不可分,也体现出当时思想理论界和出版界的潮流。有论者评价道:"拓宽思想视野、注重现实问题、探索发展道路是该刊的主要办刊宗旨。"②

从"神州"和《读书杂志》的编辑、作者和内容来看,虽然政治倾向各异,但他们钟情于理论研究的情怀使各种思想汇聚一起,保持自由中立立场,为各派提供思想交锋的平台。参与《读书杂志》组织的中国社会史论战的作者有时用的是笔名,甚至连编者都不清楚,其中假名太多,考证不易。据台湾学者赵庆河考证,郭沫若、刘梦云(张闻天)等属于中共干部派,李季、严灵峰等人属于托派,孙卓章、王宜昌、胡秋原等人立场中立,属于中间派但倾向马克思主义,陶希圣、王礼锡等人属于支持国民党而立场较为鲜明。③ 事实上,王礼锡虽是国民党人,但对马克思主义比较感兴趣,思想上倾向自由主义。参与社会史论战的作者观点各异,甚至相互对立。在当局加紧意识形态管控,强化舆论,一律围剿左翼刊物之际,"神州"和《读书杂志》的思想独立、言论自由的风格,自然受到当局的"倍加关切"。

《读书杂志》将"中国社会史论战"推向高潮。胡秋原因"九一八事变"激发的民族危机改变政治冷淡态度,放弃赴日留学,留在上海,主张思想自由,积极宣传抗日,与王礼锡一起主持"神州"和《读书杂志》,成为社会史论战中颇具影响的"第三种势力",被誉为"思想界的骄子"。④ 王礼锡、胡秋原等人敏锐而又适时地把握和认识到社会史论战的意义,王礼锡以国民党左翼社会活动家身份,为组织社会史论战提供了方便。他们"以阵地提

---

① 王礼锡:《读书杂志发刊的一个告白》,《读书杂志》创刊号,1931年4月。
② 张越:《中国马克思主义史学的形成与社会史论战》,《近代史研究》2021年第5期。
③ 赵庆河:《读书杂志与中国社会史论战(1931—1933)》,第131页。
④ 何干之:《中国社会史问题论战》,生活书店,1937年,第201页。

供者的中间立场有意识地积极组织和推动论战",①参与论战。贾植芳评价道:"王礼锡作为这场论战的发动者和组织者,为推动这场论战,作出了巨大贡献。"②

王礼锡对唯物史观颇感兴趣,主持"神州"伊始,出版了很多介绍马克思主义经典作家论述唯物史观的书籍。他"用唯物史观的方法来整理中国的文学史",③"中国社会史的论战各方都是以唯物的辩证法做武器"。④ 受时代思潮影响,王礼锡将马克思主义作为分析中国社会的工具。王礼锡、胡秋原与加入党派的激进马克思主义者不同,对"社会主义发生兴趣乃是潮流所趋"。⑤ 他们追随马克思主义的同时,思想上依然固守自由主义,排斥阶级斗争和无产阶级专政。他们认为马克思主义包含思想自由和人道主义,试图调和马克思主义和自由主义。虽然他们在思想论战中不无激烈的言辞,但并未出现舆论一律的党派意图,"神州"和《读书杂志》呈现出鲜明的左倾自由主义色彩。1932年9月,王礼锡、胡秋原、梅龚彬、王亚南和彭芳草等人创办《文化杂志》,由"神州"出版。在《创刊之辞》中,他们将该杂志定位为"纯粹的研究学术的刊物","公开的自由的研究刊物,在执笔诸人中既无一定的成见或统一的思想,也不希望有这种东西。我们纯粹站在自由的,客观的立场,以真实科学方法,介绍,批评。我们的目的,只是真理之爱护与追求"。⑥ 这与《读书杂志》的办刊宗旨一脉相承。

他们秉持"自由的马克思主义"思想,将唯物史观作为擦亮"神州"和《读书杂志》的"金色名片"。王礼锡在《读书杂志》的声明中指出:"我们这个刊物,不是为一个思想所独占的,也不拒绝那一个思想。我们要打破文化界帮口的独占,要反抗文化界的任何 Facist(法西斯主义)倾向。任何派别以及一切无帮口的个人,我们这里把仅有的篇幅贡献给他们。各种各色的言论与思想,读者都可以在这里找到。"⑦胡秋原宣称:"本志创刊之时⋯⋯确定⋯⋯'民主主义'"的出版方针。"不管文章的倾向如何,也不管作者如何。"⑧在《文化评论》创刊号中,胡秋原宣称:"我们是自由的智识阶级,完全

---

① 李洪岩:《从〈读书杂志〉看中国社会史论战》,中国社会科学院近代史研究所编:《中国社会科学院近代史研究所青年学术论坛》1999年卷,第273—274页。
② 贾植芳:《王礼锡传·序》,顾一群等:《王礼锡传》,第3页。
③ 王礼锡:《李长吉评传·序》,神州国光社,1930年,第1页。
④ 王礼锡:《中国社会史论战序幕》,《读书杂志》第1卷第4、5期合刊,1931年8月。
⑤ 李敏生主编:《胡秋原学术思想研究》,第181页。
⑥ 《文化杂志·创刊之辞》1933年4月再版。
⑦ 编者:《卷头语》,《读书杂志》第2卷第1期再版,1932年1月。
⑧ 编者:《关于读书杂志》,《读书杂志》第3卷第5期,1933年5月。

站在客观的立场,说明一切批评一切,我们没有一定的党见,如果有,那便是爱护真理的信心。"①"自由人""自由主义"的思想、观点和立场,不仅是"神州"和《读书杂志》的态度,而且成为把国共两党之外的知识分子凝聚到"神州"旗下的理论基础,更重要的是成为此后能够与"左联"等左翼文化团体分庭抗礼、对峙和冲突的政治文化力量。

这种兼容并包、不拘一格的办刊方针,为"一些有抱负、有作为的进步人士提供研究园地和活动场所",②为社会史论战呈现争鸣激烈、观点纷呈的特色奠定了基础。据王凡西自述:"他(王礼锡)每尝以蔡元培自况,故作家中自陶希圣等起,中经斯大林派,一直到我们托派,他都一视同仁。"③20世纪30年代初,社会上涌现不少相对自由的文化人,他们既不满当时中共"左倾盲动主义",又不赞成国民党的内外政策。相较于左翼组织浓厚的宗派主义、政党化色彩,"神州""自由的学术姿态,近于'以文会友'的结交方式,也确实给有意规避政治的知识分子提供了施展才华与发泄思想幽闭的空间,给苦于生存的文人提供了著述谋生的机会,从而为之储备了广泛的撰稿人队伍"。④

三、《读书杂志》的社会影响

王礼锡、胡秋原等"读书杂志派"知识分子群体的自由、中立的办刊理念,并非垄断话语权,反而赢得各方尊重,产生重要影响。王礼锡指出:"不少的'让虫鼠去批判'的意见公开给读者去批判,这也许是这一辑在十天内销行两版的理由吧?"⑤据陈铭枢回忆:"神州""因此由一个暮气沉沉的古老书店,一变而为一个声势浩大的新书店,在当时出版界中,确算一个创举"。随着《中国社会史论战特辑》的出版,《读书杂志》一时"洛阳纸贵","销路按月大增,至1932年底,订户达二万册,各地分销处均感到分配数过少,要求增加。从创刊号起,每期都有再版,这是当时出版界少有的现象"。⑥据参与论战的朱伯康回忆,"受到社会欢迎,……引起日本学者的重视,销路突增"。社会史论战专号第一辑就再版三次,"一个月中竟售出十余

---

① 文化评论社:《真理之檄》,《文化评论》创刊号,1931年12月。
② 梅龚彬著,梅昌明整理:《梅龚彬回忆录》,第79页。
③ 王凡西:《双山回忆录》,第165页。
④ 鞠新泉:《论神州国光社的政治意图与文化策略(1931—1933)》,《历史教学》2006年第4期。
⑤ 王礼锡:《第三版卷头语》,王礼锡等编辑:《中国社会史的论战》第1辑,神州国光社,1932年。
⑥ 朱宗震、汪朝光编:《陈铭枢回忆录》,第145、149页。

万册。日本田中忠夫将此辑提要介绍于日本还有其他日本学者拟全译以饷其邦人"。①

《读书杂志》两年出版中国社会史论战四个专辑,是当时全国思想理论界关心和讨论的热点、焦点,"就此展开了当年各党各派、无党无派的个人关于中国社会性质的百家争鸣,各抒己见。中国共产党的理论家张闻天也用笔名参加了这一论战"。《读书杂志》每期约20万字,而"论战特辑,篇幅加倍,定价不增,因内容丰富,定价低廉,销路大增。第一辑初版五千本,一个星期就被抢购一空,第二版印五千本,也马上卖完了,即加印第三版一万本,也销完了。每一特辑预定和零售合计都在二万册以上。当年各党各派、无党无派的个人,各有研究,各有论证,百花齐放,洋洋大观,国内外影响甚大"。② 甚至引起西方汉学界的注意,"最早的外国报道,有美国太平洋学会的调查报告《中国现代社会科学文献史》,费正清的东方社会论亦由此而来"。③

胡秋原指出:"五光十色的议论……在中国杂志史上真是空前的破天荒的壮举。"④在他接任主编后,《读书杂志》"最少的销到两万,多的五万"。⑤即便无意卷入党派之争的"左翼"人士不再供稿,⑥加之遭受当局查禁,也"有最低限度的一万读者"。⑦ 较之"市场上的许多刊物,销售两千份的已算很少",《读书杂志》销售量较大,以至于河南的一个钱庄学徒、一个地坑里的电线工人、神州国光社的小伙计都成为读者,并给《读书杂志》投稿,⑧其广泛的影响力可见一斑。此外,王礼锡、胡秋原等人将《读书杂志》定位为"学术探讨",让读者"看到一个思想的正面与反面"。⑨ 与有党派背景且声称引领革命思潮的刊物区别开来了。那些刊物往往被很多人视为具有党派立场,可信度大打折扣,甚至令人抱有恶感。《读书杂志》不偏不倚的立场成为其吸引更多人的原因之一。罗家伦等人评价道:"读书杂志过于迎合读者

---

① 朱伯康:《王礼锡与社会史论战》,《档案与史学》1994年第3期。
② 朱伯康:《往事杂忆》,复旦大学出版社,2000年,第169—170页。
③ 张漱菡:《胡秋原传》,第461页。
④ 胡秋原:《中国社会史论战第一辑出版以后·通信九》,《读书杂志》第1卷第6期,1931年10月。
⑤ 编者(胡秋原):《关于读书杂志》,《读书杂志》第3卷第5期,1933年5月。
⑥ 例如,陈望道、茅盾、郁达夫各发表一文后就不再供稿。陈望道:《对于上海事变的感想》;郁达夫:《沪战中的生活》,《读书杂志》第2卷第4期,1932年4月;茅盾:《小巫》,《读书杂志》第2卷第6期,1932年6月。
⑦ 胡秋原:《读书杂志社声明》,《读书杂志》第3卷第7期,1933年9月。
⑧ 王礼锡:《年终的话》,《读书杂志》第1卷第9期,1931年12月。
⑨ 编者(王礼锡):《卷头语》,《读书杂志》第2卷第1期再版,1932年1月。

的心理和时代潮流。"①胡秋原回忆说,在两大阵营之间,《读书杂志》"有异军突起之势。几期'社会史论战',销路常一二万册,这在当时是惊人的"。②

"神州"还以"神州读书会"名义刊发《读书与出版》,"'神州'还出版有《意识形态月刊》、《徽音月刊》、《文化评论》等刊物,大部分都是由胡秋原主编的"。"'神州'还代'苏俄评论社'印行过《苏俄》评论。"这是此后在"左"倾教条主义统治下的中共中央将"读书杂志派"定性为向马克思主义进攻的原因之一。"神州"承担的这些出版业务,其目的是扩大"神州"的社会影响。在"神州"的各项业务中,以《读书杂志》为主阵地掀起的中国社会史论战是"最为突出的政治思想论战,它反映了当时各政治派别与思想界的动态,同时也反映了'神州'本身的倾向,由此也可以看出它后来必然要走的道路"。③ 无论是此后支援十九路军"一·二八"淞沪抗战,还是积极投身于抗日反蒋的"福建事变",都是其政治诉求和民族主义思想的具体体现。

随着"神州"和《读书杂志》的崛起,"读书杂志派"声名鹊起。左翼理论家感受到挑战,认为他们是在争夺话语权,因而危机感日益增强。张闻天等人参加中国社会史论战,阐述当时"左"倾教条主义统治下的中共立场,但对"神州"和"读书杂志派"的自由的学术姿态予以否定,尤其认为"读书杂志派"的理论探讨是反马克思主义,并将其视为敌人予以批判。以至于此后很长时间在对胡秋原等人的评价上,延续了这种敌我矛盾的定性。事实上,"神州"曾与中共联系。据唐宝林研究,因当时中共"关门主义"错误,使这种联系无果而终。"神州"遂与"托派"取得联系,严灵峰、李季等"托派"既在《读书杂志》上发声,又在"神州"出版大量论著。与之相比,当时中共声音相当微弱,而"托派"队伍也得以迅速壮大。④

"神州"出版有关马克思主义的书籍和《读书杂志》主张抗日、"自由的马克思主义"立场,引起国民党的注意。据陈铭枢回忆说:"出版的书刊和王礼锡本人,都不自觉地带有社会民主主义倾向,有人说它是'社会民主党'的机关。在国民党元老派中有人则说'神州'同共产党有联系。"胡汉民、林森等人对陈铭枢说:"'神州社'是受了共产党的骗。"即担心"神州"和《读书杂志》宣传赤化,被共产党利用。"蒋介石的特务机关报《大陆晚报》,首先载

---

① 王礼锡:《年终的话》,《读书杂志》第1卷第9期,1931年12月。
② 胡秋原:《〈在唐三藏与浮士德之间〉及其他》,第6页。
③ 民革中央宣传部:《陈铭枢纪念文集》,第96页。
④ 唐宝林:《中国托派史》,东大图书股份有限公司,1994年,第133—184页。王凡西的回忆证实了"神州"与"托派"的密切关系。"在1930年初期,他(王礼锡)跟反对派特别接近些,刘仁静、李季、王独清、彭述之、杜畏之、彭桂秋、吴季严等都和他来往甚密。"参见王凡西:《双山回忆录》,第165页。

文说王礼锡在神州国光社搞社会民主党。"①国民党上海市党部认为,神州国光社是"社会民主主义在上海之出版机关","由陈铭枢在国华银行续拨十万,一二八沪战时,又拨十万,其先后数次拨款,共计达四十万元,该社乃得大印杂志,到处分送,而一部分无出路之知识分子,亦复群集其门下,一时在出版界颇具特殊势力"。②"神州"和《读书杂志》自由办刊的态度,与国民党执政当局的一个主义,一种思想,禁止言论出版自由的政策发生冲突。国民政府以其违反出版禁令为由,对其总部与全国各分部的出版物全部实行查禁。

王礼锡的告白揭示出"神州"和《读书杂志》在左右夹击下的处境。他被迫离开前宣称,《读书杂志》"在百业不景气,公私交困,左右夹攻的状态"下奋斗了两年。"虽然谣诼交至,狂吠四起,妄加以某某党某某团之目,而在我们的公开的自由的篇幅之展开,读者都能明了其为公开的战场。而这公开的战场中的混乱,编者并没有任何的主观意见想左右战场使为己用。""要说有政治目的,那只是普遍的争取言论自由,起码的民主斗争。""我们虽然受一般恶魔的毒辣的攻击,以至于体无完肤然而我们还有应战的勇气。""这'起码的民主斗争'的编辑方针,在中国这黑暗所笼罩下的社会,还可以适应若干年。""在黑暗所笼罩下的一隅,本志竟成为不必检查即普遍没收之品。"③他表达出强烈不满,正是这种限制言论自由的政治形态逼着他们走上反蒋抗日之路。

"神州"和《读书杂志》被查禁,笔者以为主要有以下几方面的原因。首先,王礼锡、胡秋原等人所持"自由的马克思主义"立场,自由的、民主的社会主义理念,既为国民党实施的文化专制主义所不容,又与共产党奉行的革命理论不同,这就注定其思想和主张为国共两党所不喜,受到左右两翼的夹击也就不难理解了。其次,他们出版马克思主义等左翼书籍,刊登主张抗日、反对不抵抗主义的文章,与国民党反对马克思主义的意识形态发生冲突,认为他们倾向中共,攻击国策。再次,他们自由的、不拘一格的办刊方针,与国民党加强文化专制和严控思想言论自由的政策相矛盾,必然会受到查禁。最后,"一·二八"淞沪抗战时,王礼锡主张组织"市民抗日政府",国民党自然不会容忍建立新政权的企图。"神州"和《读书杂志》所依附的后台老板——十九路军领袖陈铭枢,此时也因与蒋介石争权,被逼出洋考察。失去

---

① 朱宗震、汪朝光编:《陈铭枢回忆录》,第118页。
② 陈瘦竹主编:《左翼文艺运动史料》,南京大学学报编辑部出版,1980年,第317页。
③ 编者:《编后》,《读书杂志》第3卷第3、4期合刊,1933年3月。

靠山,"神州"和《读书杂志》自然成为当局"严重关切"的对象,查禁在所难免。王礼锡被迫出洋考察,从1933年5月起由胡秋原接任总编辑。

胡秋原接任主编后声明:"自由研究之风气与深刻严谨的学风,我们以为才是可贵的。""本志是全国知识阶级的共同研究杂志,登载各方面的理论同时也是为全国知识分子服务,绝无成见,绝对公开的。"不论文章任何倾向,"只要持之有故,言之成理,在纯理论上立言的,本志'一视同仁',同样登载";"特别欢迎为任何门第所摒弃乃至无人介绍而实有内容之作。"其延续了此前自由中立的办刊立场。正是坚持学术立场,才使这场论战呈现出思辨色彩而未流于党派政治宣传。鉴于被查禁的教训,他声称:"不过露骨的政治宣传,则绝对避免。一方面绝对公开,同时过于明白的'拥护''打倒'(除了打倒帝国主义)之类,则只有割爱。""我们站在纯学术纯研究的见地,尊重各派学者的主张,凡以学者态度立言的,我们无不登载;自然,超出党国出版法的限度的文字,自然也是不得不避免的。"对"当头的国难",他表明"以匹夫的责任,自然也有不忍缄默"的态度。"至于我个人,从来在治学上是尊重一元论底(原文如此)历史观,而同时受自由主义影响乃至无政府主义也不浅的;个人从来研究学问不专,也实在是站在一种方法论上来发挥我个人所尊重的哲学见解而已。"①由此可见,自由、民主、中立、人道、超越左右两翼是"神州"和《读书杂志》一以贯之的思想理念,是反映国共两党之外的"第三种势力",试图调和自由主义和马克思主义,从理论上为探索中国出路而努力。

1933年9月,鉴于陈铭枢等人准备发动"闽变",为保护"神州"免遭再次查禁,胡秋原决定让《读书杂志》脱离"神州",独立出版发行。他在声明中表示:"在两种压迫之下办杂志,对于铁的现实,也不能不有所顾忌。""在这野蛮黑暗的国度,一个有理性有思想的人之自由,是极其有限的,在这限度以外,有丑恶的压迫横立。"他又解释说:"一部分自信是向光明突进的人,却以其过于敏感之头。""用和那极其黑暗的人同样的调子,对这杂志加以毒骂与陷害。""至于那少数乔装进步的竖子之侮辱,我们虽然可以原谅,然而毕竟也不能不感到愤怒与鄙夷。"②据他自述,宣告《读书杂志》脱离"神州",是有意在香港出版,不致连累"神州",但计划并未实现。③ 国民党上海市党部宣称:"最近闽变发生,该社乃即销声敛迹,宣告收歇。"④由于"闽变"

---

① 编者(胡秋原):《关于读书杂志》,《读书杂志》第3卷第5期,1933年5月。
② 胡秋原:《读书杂志社声明》,《读书杂志》第3卷第7期,1933年9月。
③ 陈铭枢遗著:《〈神州国光社〉后半部史略》附录6,《中华杂志季刊》1993年3月号。
④ 陈瘦竹主编:《左翼文艺运动史料》,第317页。

失败,"神州"再次被查封,"从此进入了一个非常艰苦的时代",直至1954年并入上海新知识出版社,得到"善终",结束其历史征程。① 著名诗人柳亚子曾赋诗赞美"神州"发扬民族精神的功绩:"国魂终达奠神州,亿地劳民倡自由(原文),民主风潮撼大地,支撑文化岂风流。"②"倡自由"和"民主风潮"是指王礼锡和胡秋原主持"神州"社务的这段时期,也被陈铭枢称为"确是'神州'后半部史有声有色的时代"。③

《读书杂志》在国民党当局压迫下被迫停刊,此后再无期刊愿意成为公共"战场"了。"上海习惯,凡在或一类刊物上投稿,是要被看作一伙的。"④"同在一个刊物上做文章当编辑",被认为是"意见一致的志同道合者"。⑤因此,在国共两党看来,"读书杂志派"和"神州"同人是"一伙"的,其思想和政治主张均与国共不同,被视为"第三种势力"。事实的确如此,陈铭枢正是通过"神州"和《读书杂志》网罗了很多处于国共两党之外的自由的知识分子,为其日后发动"闽变"提供了人才资源。随着"闽变"的爆发,这批知识分子因认同陈铭枢抗日反蒋的主张,投入到"闽变"的革命实践之中,并扮演着智囊的角色,将其救国理念付诸实施,揭起"第三条革命道路"的序幕。

第二节 "读书杂志派"思想倾向分析

"读书杂志派"是20世纪30年代初以《读书杂志》为主阵地,组织和推动中国社会史论战的一批青年知识分子,其成员主要有王礼锡、胡秋原、陆晶清、梅龚彬、王亚南、彭芳草等人。⑥ 学界对"读书杂志派"的研究疏于关

---

① 朱宗震、汪朝光编:《陈铭枢回忆录》,第156、158页。上海新知识出版社后来并入现在的上海人民教育出版社。"神州"在1933年至1954年的历史,详见《陈铭枢回忆录》,第156—158页。
② 邢天生:《神州国光社回忆片断》,《编辑学刊》1995年第2期。邢天生回忆说,1911年"神州"诞生,与大多数人回忆的1901年不符,故其回忆有误。
③ 朱宗震、汪朝光编:《陈铭枢回忆录》,第145页。
④ 《鲁迅全集》第13卷,人民文学出版社,2005年,第546—547页。
⑤ 谭四海:《"自由智识阶级"的"文化理论"》,《中国与世界》第7期,1932年1月。
⑥ 彭芳草(1903—1987),出身于破落的封建官僚家庭,先后就读于平民大学和北京大学。学生时代热衷于政治运动,兼有国共党籍,1930年后脱党,成为无党派人士,从事于新闻出版工作。曾任北平《世界日报》总主笔,上海神州国光社编审科长,负责《读书杂志》国际政治专栏,并进行文艺创作等。1940年后,在大学任教。1950年起在河南大学任教。1987年病逝。

注,且语焉不详,大都提到胡秋原、王礼锡二人,①甚至有学者将孙倬章、王宜昌视为"读书杂志派"。② 笔者查阅王礼锡主办《读书杂志》的大量原始资料,考察孙倬章的经历,③发现他既不是神州国光社的成员,未参与《读书杂志》的创办,又在《读书杂志》上撰文攻击胡秋原"不是一位信任真理的学者,只是一个依附势力的势利之徒"。④ 在中国社会史论战中,各派内部尽管观点并不完全相同,但一般不会内部自我相互攻击,如果孙倬章属于"读书杂志派",则就不会出现攻击胡秋原的一幕,胡秋原也不会予以还击。基于此,笔者以为将孙倬章视为"读书杂志派"违背历史事实。通过查阅相关资料,中国社会史论战期间,王宜昌并未参与《读书杂志》的创办,只是在《读书杂志》上发表文章,参与了论战,当时被认为是托派的代表人物,将其视为"读书杂志派"是不正确的,吴敏超通过查阅资料将其界定为"纯粹的学者身份"。⑤ 此外,笔者在本部分中以胡秋原、王礼锡、陆晶清、王亚南、梅龚彬等人为中心进行考察,主要基于以下考虑。在"读书杂志派"中,胡秋原、王礼锡、王亚南参与了中国社会史论战,并代表该派的思想倾向和论战主张,而陆晶清帮助王礼锡编辑了《读书杂志》。尽管梅龚彬没有撰文参与论战,但他在"读书杂志派"和"神州",以及随后在上海"著作者抗日会"和"福建事变"中扮演着重要角色,故此将他一并加以考察,而其他成员虽参与《读书杂志》和"神州"的编辑工作,并在《读书杂志》上撰文,但他们大多并未参与论战,故此,本部分并未将他们列入对"读书杂志派"的考察之中。

---

① 长期以来,"读书杂志派"未受到学界的重视,高军主编的《中国社会性质问题论战:资料选辑》(人民出版社,1984年)和周子东等人编著的《三十年代中国社会性质论战》(知识出版社,1987年)只是提到《读书杂志》,但并未引起重视,更未对"读书杂志派"进行分析。近年来才有学者开始关注,但大都是从《读书杂志》与"中国社会史论战"的关系进行研究。"读书杂志派"仅仅提到胡秋原、王礼锡,对其他人则语焉不详。参见鞠新泉:《论神州国光社的政治意图与文化策略》,《历史教学》2009年第4期;金敏:《〈读书杂志〉与中国社会史问题论战》,《浙江学刊》2007年第5期;罗新慧:《〈读书杂志〉与社会史大论战》,《史学史研究》2003年第2期;李洪岩:《从〈读书杂志〉看中国社会史论战》,《中国社会科学院近代史研究所青年学术论坛》1999年卷,社会科学文献出版社,2000年等。
② 郑大华、谭庆辉:《20世纪30年代初中国知识界的社会主义思潮》,《近代史研究》2008年第3期;左玉河:《中国社会史论战与马克思主义史学的崛起》,《历史研究》2022年第2期。
③ 周广礼:《孙倬章》,《巴乡村》1992年第1期。
④ 孙倬章:《秋原君也懂马克思主义吗?》,《读书杂志》第2、3期合刊,1932年3月。对于孙倬章的攻击,胡秋原予以回应。《略覆孙倬章君并略论中国社会之性质》,《读书杂志》第2、3期合刊,1932年3月。
⑤ 吴敏超:《"中国经济派"考》,《近代史研究》2010年第6期。

一、"读书杂志派"透视

胡秋原(1910—2004),湖北黄陂人,原名曾佑,曾先后用未明、石明、冰禅等笔名。据他自述,出身于"小地主家庭"。① 其父对他的思想自由、视野开阔、人生道路产生了深远影响。"乃父而兼师,我做人读书为学的基础,都是在父亲的影响和指导之下奠定的,即今日的许多思想,也是由父亲来的。"②"不宗一家之言,虽然不能分析新文化运动以来的各种思想争论,但大略了解双方的论点,而不随便盲从。"③在倾向苏俄革命狂潮中,他"对此尚无狂热之感",④保持理性和质疑。这种不盲从、理性的治学态度与其家庭教育密不可分。"因受家庭学校影响,可说是一种民族主义自由主义的思想,经世致用的思想,崇拜科学的思想倾向。"⑤

胡秋原进入中学读书后,其父和文史老师所推崇的明末诸儒经世致用之学深深植根在其心灵之中。据他自述:"在我最初要求在思想上有所启发之时,给我影响的,是明末诸儒。"⑥"是我们读书为学的山斗或模范,而当时思想也就是经世致用的思想。"⑦"明道救世这四个字,是对我有终身影响的,我之'立志'自此始。"⑧后来,他还专门撰文继承这种精神,以此建设新文化,⑨由此可见这对其走向民族主义思想产生了重要影响。中学时期,他接受了从西方传播到中国的许多新思想,"在中学念书时,接受了唯物史观的理论。"⑩"知道'新思潮'……是极粗浅的。"⑪但他在思想上并未独尊马克思主义,"在中外自由思想影响之下的,后来听到尼采和马克思之名……尤其是后者,几乎和我有十二年之蜜月"。⑫

胡秋原于1924年加入国民党,1925年考入武昌大学(武汉大学的前

---

① 《胡秋原自记》,《读书杂志》第3卷第1期,1933年1月。
② 胡秋原:《家庭教育与学思之始》(上),《民主潮》第9卷第14期,1959年7月。
③ 胡秋原:《家庭教育与学思之始》(二),《民主潮》第9卷第15期,1959年8月。
④ 胡秋原:《综论北伐到九一八时期》(一),《民主潮》第10卷第3期,1960年2月。
⑤ 胡秋原:《说我的思想》,《祖国》第17期,1939年6月1日。
⑥ 胡秋原:《世纪中文录》,今日大陆社,1955年,第601页。
⑦ 胡秋原:《家庭教育与学思之始》(二),《民主潮》第9卷第15期,1959年8月。
⑧ 胡秋原:《八十年来——我的思想来源与若干心得》,《中华杂志》1990年7月号。
⑨ 胡秋原:《宋元学案明儒学案节补》,中央周刊社,1944年;《伟大的爱国者和思想家黄梨洲》,《顾亭林之生平及其思想》,《中华杂志》1967年6、7月号;《复社及其人物》,学术出版社,1968年。
⑩ 胡秋原:《唯物史观艺术论:朴列汗诺夫及其艺术理论之研究·编校后记》,神州国光社,1932年,第1页。
⑪ 胡秋原:《世纪中文录》,第601页。
⑫ 胡秋原:《〈在唐三藏与浮士德之间〉及其他》,第1—2页。

身),加入中国共产主义青年团,担任湖北省国民党机关报《武汉评论》的编辑。《新青年》等介绍马列主义与中国革命的相关书刊宣扬"世界各国都不好,只有俄国好。中国都不行,只有共(产)党对……这些话不能尽信,但想他不至于乱说"。在研读《朱执信全集》时,其中给他留下最深刻印象的是"做人为学对自己应学尼采,对社会应学马克思",①这句话几乎成为他"安身立命的格言",②"这使我心动……而最入迷者是唯物史观"。③ 他因不赞同武装革命,不愿"走上街头"参加游行示威活动,愤而退出"共青团",脱离国民党,辞《武汉评论》编辑。国共分裂后,1927年12月,桂系"西征军来清共了,白色恐怖扩大到青年身上"。他表示,"我对这两种局面都很厌恶。我想如果政治要杀人,还是不理为是"。④ 在这种捕杀进步青年的恐怖氛围中,胡秋原幸免于难,逃往上海,进入复旦大学中国文学系就读。思考"如何用唯物史观来解释文艺的性质、起源、发展与社会间的关系"问题时,他发现"普列汉诺夫用唯物史观讲文学与思想的'上层建筑',最有成就"。不懂日文,不能读普氏日文版著作,成为他"发愤去日本读日文的主要动机"。⑤ 1929年3月,他赴日留学,进入早稻田大学攻读政治经济学,通过研究被誉为"苏俄马克思主义之父"的普列汉诺夫,进而对马克思主义进行追根溯源的研究,并通读当时日文版的《马克思恩格斯全集》⑥,提出"自由的马克思主义","马克思主义的方法论,自由主义的价值观"。⑦

"九一八事变"爆发后,因怀有强烈的民族主义情感,胡秋原自动放弃学业,留在上海以文报国,宣传抗日。1932年,因主张"文艺至死是自由的、民主的",以"自由人"为标榜,与"左联"进行论争,拉开"文艺自由论辩"的序幕。又因与王礼锡等人主办《读书杂志》,组织和推动了中国社会性质的讨论和中国社会史论战。1933年10月,因主张抗日和参与联共反蒋抗日的"福建事变",在失败后流亡欧美,他在海外继续传播抗日救亡思想。1934年12月,受中共驻共产国际领导人的邀请,赴莫斯科帮助中共编辑《救国时报》和《全民月刊》,呼吁全民抗日,成为中共的朋友。1936年8月,他在巴黎起草并发表《告海外同胞书》,号召海外华人团结起来一致抗日,成立"全欧华侨抗日救国联合会"。1937年全面内战爆发后,胡秋原由美国归国,投

---

① 胡秋原:《家庭教育与学思之始》(四),《民主潮》第9卷第17期,1959年9月。
② 胡秋原:《说我的思想》,《祖国》第17期,1939年6月1日。
③ 胡秋原:《世纪中文录》,第601页。
④ 胡秋原:《世纪中文录》,第782页。
⑤ 胡秋原:《世纪中文录》,第601页。
⑥ 胡秋原:《文学与历史》,东大图书股份有限公司,1994年,第191页。
⑦ 胡秋原:《古代中国文化与中国知识分子》,学术出版社,1988年,第13页。

入抗日救亡运动之中，先后在武汉、重庆创办杂志，主张全民抗日。1939年，他重新加入国民党，试图通过办报呼吁各党派放下成见，团结起来，以民族利益为重，全民抗日，这是那个时代有志于抗战建国的文化人共同的愿望。进入国民党体制内后，他在学术思想上转向自由的民族主义立场，投身于现实政治，撰写了大量的时评文章，"成为活跃一时的舆论界知名人物"，①也是20世纪40年代最重要的理论宣传家之一。

1939年，胡秋原任国防最高委员会秘书。1943年，任《中央日报》副总主笔。1945年，当选国民党中央候补委员，因公开声明反对《中苏友好同盟条约》牺牲外蒙古及东北利益，被免去《中央日报》副总主笔、国防最高委员会秘书。1948年，当选立法委员。1949年，离开内地，南下香港，思考中国出路。1951年赴台，游走于政治与学术之间，思考民族国家的出路。1963年8月，创办《中华杂志》，提倡人格、学术、民族"三大尊严"，主张从学术上探讨中国前途。在海峡两岸意识形态尖锐对立的时代，1969年中苏间珍宝岛事件爆发后，他不畏权势，站在民族主义立场上声援大陆同胞，呼吁两岸进行和平统一谈判，并认为这是中国人的立场和出路。1973年，呼吁两岸统一，召开国民会议，制定统一新宪法。1979年，主张海峡两岸"通思想通观念"，召开国民大会，研究中国统一宪法草案。1988年访问大陆，被誉为"两岸破冰第一人"。在被国民党开除党籍后，他表露心迹："秋原一介老儒，平日服膺横渠四为之教，提倡三大尊严，八十老翁，除中国之富强、同胞之幸福之外，尚复何求？"②他多次呼吁海峡两岸进行和平统一谈判，③这些活动和言论是他强烈的民族主义立场的真实写照。1992年7月，他赴香港参加"两岸和平统一讨论会"，再次赴北京访问，讨论统一问题。2004年，因病在台北去世。

王礼锡（1901—1939），字庶三，笔名王抟今等，江西安福人，出身于具有深厚传统文化滋养的地主官僚家庭，可以称为书香世家。他幼年丧父，受国学有相当造诣的祖父影响，具有强烈的爱国主义情怀。"性颖异，复承家学。"④据他自述："曾经沉潜于哲学，曾经为整理国故而埋头于故纸堆中。"⑤对于二十四史，"自己用了不少的功夫，满纸单铅的代价，支付过自己

---

① 涂月僧：《我所知道的胡秋原》，《黄陂文史》第1辑，1988年，第163页。
② 张漱菡：《胡秋原传·附录三》，第1172页。
③ 胡秋原：《民主统一与国家再建》，学术出版社，1988年。
④ 陆晶清：《王礼锡先生遗像与传略》，《文艺月刊》第3卷第10、11期合刊，1939年9月16日。
⑤ 《王礼锡小传》，《读书杂志》第3卷第1期，1933年1月。

幼年的精力"。① 他于 1917 年考入江西第七师范学校,1919 年五四运动爆发后,"狂热地参加过五四的爱国运动",阅读大量讨论新思潮的新书刊,接受新思想的洗礼,信仰民主与科学,形成反帝爱国思想。1922 年,他因参加并领导青年学生反封建礼教、反军阀的爱国运动和要求革新教育被开除。经同乡介绍转入省立第三师范学校学习,毕业后考入江西最高学府南昌心远大学。"生活极为艰苦,常以红薯充饥。"1923 年,他在课余之际为南昌《新民报》编辑《作新民》副刊,这是他编辑杂志之始。受革命思想影响,他开始从事农民运动。1924 年以前这段时期,据他回忆说:"我的行动与思想都非常杂乱。"②

王礼锡"出自田间,知民间疾苦,复懔民族忧危"。1924 年,国民党改组后,他投身革命,1925 年离校后先后担任过记者、编辑、中小学教师,积极参与政治活动,在此期间加入国民党,担任国民党江西省党部农民部秘书,这是其"从事农民运动之始"。③ 而后,他参与段锡朋在江西组织的 AB 团,并成为骨干成员。④ 因不得人心,被江西省政府羁押,两次被驱逐出境。⑤ 1926 年底,国民党中央农民部筹办农民运动讲习所,他是八名筹备委员之一,担任马列主义教员,提出"首先是要农民有了革命理论"的观点,这与毛泽东关于农民革命运动路线的观点相契合。1927 年 1 月,他当选为国民党江西省农民部部长。"与毛泽东陈克文等在武汉筹备中央农民运动讲习所,因意见不合而离开武汉,那时还迷信国共合作可以完成国民革命的阶段。一九二七年参加国民党中央农民运动委员会,在南京领导过多次的农民反豪绅的斗争。"此时,他结识在南京任总政治部副主任的陈铭枢,过从甚密并成为莫逆之交,国民党清党后,王礼锡因对"整个局面失望",⑥随十九路军入闽,担任秘书。

1928 年初,王礼锡赴上海参加《中央日报》的编辑工作,2 月 2 日,与田汉共同主编的《中央日报》的文艺副刊《摩登》创刊,在发刊词《摩登宣言》中宣称:"《摩登》之发刊,本摩登精神以为新时代的先声。摩登精神者,自由的怀疑的批判的精神也。"⑦宣告对于不同政见、不同流派的文艺作品兼收

---

① 王礼锡:《战时日记·停战中的损失》,《读书杂志》第 2 卷第 4 期,1932 年 4 月。
② 王礼锡著,王士志、王元理编:《王礼锡文集》,第 2 页。
③ 陆晶清:《王礼锡先生遗像与传略》,《文艺月刊》第 3 卷第 10、11 期合刊,1939 年 9 月 16 日。
④ 戴向青、罗惠兰:《AB 团与福田事件始末》,河南人民出版社,1996 年,第 10 页。
⑤ 殷育文:《发生在江西的国民党党派纷争内幕》,《党史苑》2000 年第 2 期。
⑥ 《王礼锡小传》,《读书杂志》第 3 卷第 1 期,1933 年 1 月。
⑦ 潘颂德编:《王礼锡研究资料》,第 7 页。

并蓄,这实际上是他后来主办《读书杂志》不拘一格的先声。同年春,他在上海南国艺术学院任教,开始尝试运用唯物史观对中国古代文学史进行整理和研究。1929年他任河北省党部委员,赴北平办平民学校,领导学生和工人运动。同年秋,结识北平《民国日报》副刊编辑、鲁迅的学生陆晶清,因政治见解和志趣相投而相知相爱。回北平后,因领导工人运动,反对镇压工农运动而受到"政治打击","南回后,感到过去的凌乱的运动的无谓,决心从事理论的研究"。① 大革命的失败不仅未使他成为国民党右派,反而让他和许多国民党左派一样相信马克思主义,同时又具有自由主义知识分子的品质。这是他后来组织和推动中国社会史论战、尊奉马克思主义、身处国民党之中思想却"左"倾的根本原因。

1930年,陈铭枢接办神州国光社,邀请王礼锡任总编辑,他致力于文化运动,翻译出版马克思主义与社会主义的译著,以及世界新文艺理论书籍。1930年6月,王礼锡赴日本,在东京与陈铭枢会晤商谈编辑事宜。王礼锡向陈铭枢提出为左翼作家提供出版园地,翻译介绍社会主义的书籍和办定期刊物的方针。他与胡秋原、梅龚彬、王亚南等人相识,商讨"神州"编辑计划,主办了《读书杂志》,1931年4月,该杂志创刊号在上海由"神州"出版,其中刊发不同政治观、经济观和思想观的文章,观点相异甚至尖锐对立,引发社会关注。4月,王礼锡在东京与陆晶清结婚。为从理论上探讨中国革命的性质、中国出路等社会关注度高的问题,他们在《读书杂志》上组织和推动中国社会史论战,为各界提供自由争鸣的论坛主战场,成为思想理论界关注的焦点,将论战推向高潮。这引起国民党执政当局的恐慌,将其视为共产党暗中所为,杂志一出租界即被没收。

"一·二八事变"发生后,王礼锡与胡秋原等人组织发表文章,发行出版《抗日战争号外》,鼓舞抗日斗志,提出全民族共同抗战到底的主张。他们又发起组织中国"著作者抗日会",支援十九路军抗日,积极宣传抗日。"神州"大量出版左翼作品和马克思主义著作,触犯了国民党当局的出版禁令。1933年3月,王礼锡因被国民党通缉而被迫与陆晶清一起流亡欧洲,同年10月回国参与"福建事变",与胡秋原负责起草新政府的重要文件,失败后再次流亡欧洲,从事文化交流、抗日救亡和世界和平运动。在《救国时报》和《全民月刊》上,他都发表过抗战救国的文章。1935年,王礼锡应邀出席在巴黎举办的第一届国际作家文化代表大会,代表中国作家代表团发言,负责起草世界和平运动大会宣言。1936年初,他赴莫斯科,与胡秋原一起参加

---

① 《王礼锡小传》,《读书杂志》第3卷第1期,1933年1月。

王明、康生和陈铭枢的会谈。

1937年全民族抗战爆发后,王礼锡在欧洲积极投入国际反侵略援华运动,在伦敦创办《抗战日报》,发起抵制日货运动。在欧洲流亡期间,为抗日援华运动做了大量工作,"成为杰出的反法西斯战士和人民外交家"。① 胡秋原评价称,他"对于国际抗日宣传,非常努力"。1938年12月,他和夫人一起回国,以写诗来鼓动全民族抗战。1939年6月,王礼锡任作家战地访问团团长,为抗战尽力,跨越川陕晋豫四省抗日前线去访问抗日战士。西安市国民党党部书记在款待时宣称要破坏抗日民族统一战线,攻击共产党,王礼锡予以驳斥,退席以示抗议。胡秋原评价称,他是"一个说做就做的人,他组织作家战地访问团到战地观察和收集材料。他以非常的豪情壮概,作这一次的旅行,炮火中归来"。② 他回国后参加抗日救亡运动,"不图名利,更不想做国民党的官,只希望马上奔赴战地当一名普通战士,竭尽绵薄"。在收到国民党的恐吓信,警告他不要"甘心受共产党利用",如果不"悬崖勒马",难免"有去无返"时,他不为所动,一笑了之。③ 因长途跋涉,积劳成疾,王礼锡在8月26日病故于洛阳。

胡秋原在纪念王礼锡的文章中评价道:"他不安现状,追求真理,他厌恶各种的平凡,追求一切的新鲜,他以无限仁恕之心,忍受一切的艰辛危难,想为国家社会献其能力。从他求学时代之风尘漂泊,到最后之酷暑长征,都充满诗的,传奇的性质。""强烈的生命力,不倦的创造精神,这是礼锡最大的特点。"他"从事农民运动,从事民众运动,从事国际反侵略运动",目的是"希望造成一个自由平等的中国,一个自由平等的世界"。他在"外国日夜为故国奔走呼号,抗战以后回国,即冒险入中条山,希望参加真正的战斗,他有无限的雄心,无限的勇气。在我们十年之交游中常作竟日之谈,除了天下国家大事以外,很少为个人遭遇容心"。"以他的才能与活力,天假以年,一定有更大的成就,然在事业发轫之日,彗星似的,客死于征途。出师未捷身先死,长使英雄泪满襟。英才无命,此千古之所同悲。"④其中,既道出对老友同道者真挚的感情,又梳理了王礼锡对中国革命事业的贡献,这是他一生的真实写照,也是那个时代有志于探索中国革命道路知识分子的共同愿望。

陆晶清(1907—1993),原名陆秀珍,笔名小鹿、梅影等,云南昆明人。她

---

① 王士权:《爱国诗人王礼锡诞辰一百周年纪念集·前言》,王士权、王世欣:《爱国女作家陆晶清传》,第336页。
② 胡秋原:《记王礼锡先生》,《祖国》第23期,1939年9月15日。
③ 王礼锡著,王士志、王元理编:《王礼锡文集》,第6页。
④ 胡秋原:《怀王礼锡先生》,《祖国》第48、49期合刊,1941年11月。

出身于小商人家庭,其父爱好古典诗词和历史,这激发起她的兴趣,对其后来从事诗词创作和研究产生影响。五四运动前夕,她考入云南女子初级师范学校,在五四文学革命运动中开始创作新诗。受新文化运动影响,她冲破校内外保守势力的阻挠,参加云南学生响应五四运动的爱国运动。开明进步的家庭环境为其成长提供了自由空间。1922年毕业后,她又考入北京女子高等师范学校(以下简称"女高师"),"五四的狂飙和反帝反封建思想的熏陶,培养了她追求自由、敢于斗争的叛逆性格"。① 她还主编了《晨报副刊》附印的《妇女周刊》。1926年前后编辑《蔷薇周刊》,为妇女解放、自由平等思想奔走呼喊。她的思想活跃,在女高师学潮中,因积极参加反对校长依附北洋军阀,推行奴化教育,野蛮压迫学生的斗争而受到留校察看的处分。她在1926年的"三一八"惨案中受伤,在《京报》上撰文痛斥反动军阀屠杀学生的丑恶罪行,表现出革命家的无畏精神。她是李大钊的得意门生,鲁迅的入室弟子。受孙中山救国救民思想影响,女师大毕业后,她经李大钊等人介绍加入国民党。此后离开北京,"先到江西,继到武汉,那正是革命的高潮热得使人发狂的时候,几乎说吃饭或上厕所都要带上革命的字眼才不至于被目为'反革命'"。② 1927年,陆晶清到汉口国民党中央妇女部部长何香凝处任秘书,参加妇女部工作,宣传男女平等、婚姻自由等。1927年国民革命失败后,她因挺身而出保释共产党身份的总工会一位领导即将分娩的夫人,被国民党列入"准共"黑名单,愤然脱离国民党。1928年赴京再入女师大学习,同年秋,主编《河北民国日报》副刊,随后在女师大附中任教。

1931年,陆晶清协助编辑《读书杂志》。1933年"福建事变"失败后,她和王礼锡一起流亡欧洲,在欧洲从事抗日宣传工作。尽管她是国民党早期党员,但追求进步,有不少共产党朋友,思想上更倾向中共。"她的政治思想,还是属于自由主义的"。③ 她主张国共合作,反对国民党的极权统治。1939年初回国,参加作家访问团,赴前线访问。1945年,以记者身份参加在巴黎举办的世界第一次妇女代表大会,就联合国首次大会、巴黎和会和纽伦堡国际军事法庭审判进行报道。她将这些信息迅速且准确地传回国内,受到好评。1948年回国后,她先后在暨南大学、上海财政经济学院任教,同时担任民革上海市委常委,出席了全国第一届妇女代表大会。1957年,她被错划为右派分子,1965年退休。"文化大革命"中,她因复杂的历史关系,又

---

① 卫元理:《爱国女作家陆晶清传·序》,王士杈、王世欣:《爱国女作家陆晶清传》,第1页。
② 陆晶清:《市生草·陆序》,王礼锡:《王礼锡诗文集》,第567页。
③ 赵清阁:《陆晶清逝世周年谏》,《新文学史料》1994年第3期。

遭重劫,被抄家批斗,受尽凌辱,冒死保存王礼锡遗稿《笔征日记》,为后人留下珍贵的抗战史料。"文化大革命"后,她关心教育事业和祖国统一大业,担任民革上海市副主委、中央监察委员会委员。1988年,胡秋原来大陆访问期间,曾到上海拜访陆晶清,40多年后老友相见,悲喜交加,他们谈论最多的问题是两岸统一。1993年3月,陆晶清因病去世。

王亚南(1901—1969),字渔邨,湖北黄冈人,出身于破落的地主家庭,父母早逝。长兄是进步青年,他在兄长帮助下完成高小学业,又在姐姐资助下以优异成绩进入武昌第一中学。在"教育救国"口号的感召下,1922年,王亚南考入武昌中华大学教育系。因兄姐无力资助,他依靠担任家庭英语教师的收入,作为"在大学的最低生活费用",半工半读完成大学学业,立志"教育救国"。据他自述:"我是带着家庭经济负担进中学的,自然,更是带着家庭的经济负担进大学的。"当时,中国与世界的局势动荡不安,"疮痍满目,破碎支离的,但却又满伏着再度大屠杀之危机的新局面"让人感到忧心忡忡。充满忧患意识的青年不能"浑浑噩噩的(原文如此)过着不识不知的生活","五四运动的怒潮,正在向着全国各地汹涌"。伴随着西方新思潮和现代意识传播到中国,全国有识之士不再安于现状,而是"把救国的责任加担在自己肩上了"。在谈到救国该从何处着手的问题时,他认为"把启蒙的工作放在第一位","要全国人民都有了知识,都知道救国的重要,才能大家一致起来,担当起救国的任务"。① 教育是"启蒙运动的有效工具之一","把农民大众教育起来,使他们共同担当救国任务,那恰好和五四运动前后的一般想法相配合"。基于此,他从教育启蒙着手,利用课余和假期,组织开展民众识字教育等运动,并扩展到社会教育。

1926年,他大学毕业后在武昌担任私立中学教师期间,结识董必武,受到进步思想的影响。1927年,经同乡地下党员介绍投笔从戎,奔赴长沙参加北伐军,并在学生军教导团任政治教员,这成为其一生中首次的"准政治生活",就此,他投身于激烈斗争的革命浪潮之中。大革命失败后,辗转于上海、杭州,在思考青年前途和国家命运之际,他结识了嗣后多年引为至交的毕业于上海大夏大学的郭大力。在大动荡之际,他在揭示青年思想和苦闷的心态时指出:"轰轰烈烈的启蒙运动中,农村运动中,爱国运动中",敏感的却又是更多病态的青年,"经历过,或预感到,那些运动的不免失败",因而,从异常积极转向异常消极。随着民族危机加剧和阶级矛盾激化,"中国向何处去"成为关心国家前途和民族命运的知识分子共同的话题。他们二人经

---

① 王亚南:《记得我在大学的时候》,《公余生活》第3卷第4、5期合刊,1945年8月。

过激烈讨论,一致认为要探索中国革命道路,就要研究马克思主义理论。他们志趣相投,决心共同从事《资本论》的翻译,与"神州"签订译书协约。此时,王亚南已开始研究马克思主义政治经济学,寻求挽救民族危机的救国之道。"这是他运用唯物主义历史观道路的关键的第一步,而这一步是在中国革命处于低潮时期跨出的,因而就更显得可贵。"①

1929年,王亚南赴日本留学,研读资产阶级的古典经济学,翻译大卫·李嘉图的《政治经济学及赋税原理》,轰动学界,被认为是学术上的一个重大贡献,②他还翻译了亚当·斯密的《国富论》等经济学著作。在东京,他与王礼锡、胡秋原、梅龚彬结识,相似的经历使他们关心社会变革、民族危亡和国际国内时局,因志同道合,惺惺相惜而成为好友,一起筹划创办《读书杂志》,并负责经济学专栏。他和胡秋原在东京成立"白沙社",所翻译的丛书由"神州"出版。1931年"九一八事变"后,为表示对日本侵略东北的抗议,他回到上海,在"神州"旗下从事进步文化活动,据梅龚彬回忆:"王亚南当时也是神州国光社的重要成员。"③在中国社会史论战中,他撰文论证了左翼接受的大都是苏联有关中国社会史分期的观点。他是"西周封建论"的著名学者,与王礼锡和胡秋原一起成为名噪一时的"读书杂志派"的核心骨干。

王亚南不是坐而论道、关在书斋里做学问的理论家,而是关注国家前途和民族命运的人,在他的笔锋下,流露出对日寇侵华造成民族危机加剧的激愤之情。1932年淞沪抗战期间,他在翻译英国克赖士博士(Dr.Keynes)的著作《经济学绪论》时坦陈:"全书大部分是在炮声隆隆的惨黯光景下译成的。那时,爱国男儿在前方杀敌效死,血性学者亦在后方奔走呼号。我虽冷冷伏居斗室,从事不急之务,但时则狂喜,时则盛怒,时则深忧。"④他进行理论研究的目的是探索救国道路,积极投身于抗日反蒋的革命斗争之中。1933年11月,他与"神州"同人一起参与"福建事变",任福建人民政府文委会委员、新政府的机关报《人民日报》社长,负责报社日常事务,报道新政府的各项工作。"福建事变"失败后,他受到通缉,被迫经香港流亡欧洲,在德国和英国考察资本主义世界并进行经济学研究。

1935年,王亚南经日本回国,在上海与郭大力正式合译《资本论》。1937年全民族抗战爆发后,他积极投身于抗日救亡运动之中。1937年11月,上海沦陷后,他赴武汉任国民政府军委政治部设计委员会委员,从事民

---

① 甘民重、林其泉:《王亚南传略》,《党史资料与研究》1987年第4期。
② 《中国著作界消息》,《读书杂志》第1卷第2期,1932年5月。
③ 梅龚彬著,梅昌明整理:《梅龚彬回忆录》,第79—80页。
④ [英]克赖士著,王亚南译:《经济学绪论·译者序》,民智局书,1933年,第2—3页。

众抗日救亡宣传活动。同年,在硝烟弥漫的抗战烽火中,"在迫切需要马克思主义滋润的中国干涸的土地上",《资本论》的中译本在上海读书出版社出版,这是中国学界最早的《资本论》三卷全译本,中国人民从此"能够全面、系统地了解和学习这部工人阶级的'圣经'了",①由此为马克思主义经济学在中国的传播和发展提供了理论指南。在经济学研究方法论上,他不赞同把马克思主义教条化,按图索骥似地简单套用公式,并反对削足适履地解释中国历史。他大力提倡站在中国人的立场上研究经济,首倡建立"中国经济学",以摆脱对苏联经济学的依赖。实际上,他提出了马克思主义政治经济学中国化的重大命题,其著作被评价为"中国的、实践的、批判的三大特色",对中国经济学的创立和发展做出了重要贡献。流亡欧洲的游学经历,使他具有融汇中西文化的开阔视野,通过对资本主义的深入考察和体验,尤其是对《资本论》的翻译,他坚定了"改变社会现实必须从经济制度入手"的理念,成为马克思主义的忠实信徒和理论研究者。1943年,英国著名的中国科技史学者李约瑟赴广东拜访王亚南,纵谈世界历史和社会经济问题,就中国官僚政治问题进行商讨。抗战胜利后,王亚南在厦门大学任教。他在1948年出版的《中国官僚政治研究》是对李约瑟问题的答复,1950年,他任厦门大学校长,从1954年开始连续三届当选全国人大代表,1955年当选中国科学院学部委员,1957年加入中共,1969年病逝于上海。

　　梅龚彬(1900—1975),字电龙,湖北黄梅人,出身于破落的地主家庭。"幼年时受的是封建书香门第的家庭教育",1917年到武昌读中学,"交的朋友多了,接触社会广了,思想也就日渐活跃"。父母给他起名为电龙,寓意为望子成龙,长大后他"不仅没有为梅家光宗耀祖,反而成了封建地主阶级的叛逆者"。② 1919年,他参与五四运动的游行示威和演讲,被捕入狱后获释。这是他"生平第一次参加实际斗争,在斗争中体会到团结就是力量"。1921年,梅龚彬考入日本东亚同文在上海设立的东亚同文书院,享受公费待遇。据他自述,该校"实质上是日本帝国主义在中国建立的文化侵略据点",用日语教学,"校方企图用繁重的功课和保送学习尖子留日的诱饵使学生就范,老老实实读书,不闻窗外的国家大事。他们想用潜移默化的方法培养和造就亲日的文化汉奸"。随着中国共产党成立后在各高校传播马克思主义,"真理的声音冲进了东亚同文书院的窗户,激起我的革命热情"。梅龚彬由于成绩优异成为校方重点培养对象,并被暗示毕业后保送到京都帝国大学

---

① 蒋夷牧、王岱平:《生命的辙印》,第49页。
② 梅龚彬著,梅昌明整理:《梅龚彬回忆录》,第43页。

进一步深造。1923年秋,他赴日本参观,在日本东亚同文会举办的欢迎会上,受到该会会长近卫文麿的"勉励",这显然是校方破格的待遇安排。据他自述:"不管校方如何优待我,我始终没有忘记从甲午战争到'二十一条'我们国家蒙受的奇耻大辱。拉拢和诱惑对我丝毫不起作用,相反,回国后我就在党的领导下投身于工人运动,积极支持沪西日资纱厂的工人罢工斗争。"①

1923年冬,梅龚彬加入国民党。1924年夏,被国民党中央上海执行部聘为宣传委员会委员。1924年秋,加入中国社会主义青年团,并担任徐家汇团支部第一任书记。1925年2月,加入中国共产党,投身于学生运动,接受革命洪流的洗礼,任中共上海徐家汇支部首任书记,以全国学联负责人身份参与领导五卅运动。1926年3月,大学毕业后在中共的安排下任国民党上海特别市党部青年秘书。同年秋,担任国民党上海特别市党部秘书长,兼任市党部中共党团书记。据他自述,赴上海求学时,他是"抱着寻找个人出路的目的",走出校门时"已是自觉献身于伟大共产主义事业的革命战士。"②大革命失败后,他参与了1927年八一南昌起义,同年12月受中共中央委派赴浙江工作,任中共浙江省委宣传部长,参与组织发动浙东和浙西的农民暴动。失败后被调到上海,以从事左翼文化宣传工作的身份作为掩护,在国民党上层社会进行周旋。

1929年8月,梅龚彬受中共中央派遣,以特派员身份赴日执行共产国际的秘密任务,并调解中共东京特别支部的纠纷,在东京执行任务时因日共联络点被破坏而被捕,在监狱关押16个月。据胡秋原回忆:"他虽信共产主义,人本忠厚。在中共政策日益盲动化以后,在狱中很久以后,思想上情绪上自起了一些变化。"③他经同乡胡秋原介绍结识王礼锡,进而与"神州"建立关系。据梅龚彬的子女回忆说:"胡秋原建议他回国后为上海神州国光社撰稿","通过胡秋原的关系经常参加神州国光社的活动",同陈铭枢等十九路军领导人交往。④据梅龚彬的夫人龚冰若女士回忆:"龚彬与神州国光社来往甚密(编写稿件),自然与陈铭枢也有来往,因此,龚彬把工作重点放在推动反蒋抗日工作上,也与王礼锡、林崇墉、胡秋原等经常往来。"同时,"龚彬与胡秋原在神州国光社还出版了一份文化评论刊物,宣传抗日。这个刊

---

① 梅龚彬著,梅昌明整理:《梅龚彬回忆录》,第44—45页。
② 梅龚彬著,梅昌明整理:《梅龚彬回忆录》,第48页。
③ 胡秋原:《两个谈政治的朋友》,《民主潮》第11卷第4期,1961年2月。
④ 梅向明、梅昌明、梅建明:《父亲梅龚彬的革命生涯》,《湖北文史资料》2000年第2期。

物,确能起到推动十九路军抗日的作用"。①

1931年6月,梅龚彬从日本回国后,时任中共江苏省委书记的陈云为其恢复组织关系,依据其在日本被捕入狱的契机转为秘密党员,要求其以"灰色"文化人的政治面目在上海文化界活动。"为了能在白色恐怖笼罩下的上海便与(原文如此)活动,党组织允许"梅龚彬以"'脱离共产党'的假象来迷惑敌人",只能单线与党组织委派的潘汉年联系。要他"利用各种关系广泛接触国民党上层人士,了解他们的动态,在适当时机对他们中可以争取的力量做统战工作"。"九一八事变"和"一·二八事变"相继发生后,他以"灰色"文化人的面貌出现,"同国民党上层人士频繁交往,为的是了解民族矛盾日益加剧的局势下国民党上层出现的分化。"由于工作需要,他还同上海文化界人士和进步人士打交道。据他自述:"30年代初在上海时,我所接触的文化界朋友有神州国光社的胡秋原、王礼锡、王亚南、刘叔模"等,"还有积极从事抗日救国运动的左派民主人士沈钧儒"等人。梅龚彬以大学教授、作家和"神州"成员身份作掩护,从事中共早期组织活动,与十九路军将领进行广泛接触,并将其作为统战的主要对象。1932年"一·二八事变"爆发后,梅龚彬积极参与和发起组织上海文化界抗日救国运动,支援十九路军抗日。淞沪停战后,十九路军被调往福建"剿共"前线与红军作战,梅龚彬利用十九路军与蒋介石不断加深的矛盾,帮助十九路军与中共建立联系,为此后双方的停战谈判奠定基础。1933年,梅龚彬参与"福建事变",据他回忆:"此后,我不再扮演'灰色'文化人的角色,而是以倾向进步的'民主人士'的面貌出现。"②他在福建人民政府中担任文委会委员,兼任文委会民运处长和干部政治训练班主任。

"福建事变"失败后,梅龚彬逃到香港,1934年主办《大众日报》,建立抗日救国宣传阵地。1935年,因不赞同组建既没战斗力又没号召力且"独树一帜"的政党,他协助陈铭枢组织更广泛的抗日反蒋阵线,组建"中华民族革命同盟",任宣传处长,赴广州领导学生运动。据他的学生评价称,其"有理论修养,有实际工作经验,平易近人,健谈善诱,一个职业革命家的形象"。③梅龚彬在香港创办带有理论性的刊物《民族战线》,宣传抗日民族统一战线。全民族抗战爆发后,他投入抗日救国的洪流之中。1948年1月1日,梅龚彬当选为中国国民党革命委员会中央执行委员,主持起草响应中共"五一"号

---

① 梅龚彬著,梅昌明整理:《梅龚彬回忆录》,第28页。
② 梅龚彬著,梅昌明整理:《梅龚彬回忆录》,第74、75、77页。
③ 梅龚彬著,梅昌明整理:《梅龚彬回忆录》,第22页。

召的声明。1949年4月，时任中共中央统战部部长的李维汉告知梅龚彬，他的组织关系转到中央统战部，"作为中央统战部派往民主党派工作的一个不公开的共产党"。由于统战工作需要，他仍以民主人士的身份出现。① 1949年9月21日至30日，梅龚彬应邀参加第一届中国人民政治协商会议。历任第二三届全国人大常委，民革中央委员会常委兼中央秘书长。"文化大革命"中受到错误批判，1975年病逝。梅龚彬是中共秘密战线上的"抗日三杰"中的领军人物，国民党右派视其为灰色文化人，知识分子认为他是倾向共产党的民主派，而在中共眼里，他是国民党内的民主派。梅龚彬逝世后，中共虽认为他是职业革命家，但因统战需要，至死都称其为民主人士。

二、"读书杂志派"思想倾向

考察"读书杂志派"的经历，旨在了解他们对当时政治的不满及其思想倾向。按照许纪霖将20世纪中国知识分子进行代际划分的方式，他们都属于"后五四"时代的知识分子。"读书杂志派"中，1910年出生的胡秋原年龄最小，在这一代知识分子中，胡秋原处于兼跨第一批（1895—1910年间出生）和第二批（1910—1930年间出生）之间。② 五四运动爆发时，王礼锡、梅龚彬、王亚南在大学或中学读书，而胡秋原还在小学就读。他们大都出身于没落的地主或官僚家庭，幼年接受的是传统教育，学生时代接受新式教育。受五四新文化运动的洗礼，他们的思想倾向也有差别，梅龚彬接受马克思主义，虽然此后以民主人士的面貌出现，但他跟随共产党，坚定思想信仰和政治立场。王亚南很早在各种思潮中服膺马克思主义，以译介和宣传马克思主义为一生志向。王礼锡、胡秋原等人则不同，在欧风美雨的冲击下，接触到传播至中国的西方自由主义思想，这成为他们追求自由民主的精神灵魂。他们怀着变革社会秩序和探索救国之路的梦想，参与并从事学生运动或工人运动，卷入大革命的洪流之中。大革命失败后，他们和大多数知识青年一样陷入对国家前途的迷茫、苦闷和彷徨之中。类似的家庭出身背景和经历，决定了他们后来的人生轨迹和所走的革命道路相对有更多的理性色彩，尤其是对大革命中激进行为的反思。如果说王礼锡和梅龚彬更多的是从事革

---

① 梅龚彬著，梅昌明整理：《梅龚彬回忆录》，第122页。
② 许纪霖：《许纪霖自选集·自序》，广西师范大学出版社，1999年。许纪霖将20世纪中国知识分子按照代际划分为6代：晚清一代、五四一代、后五四一代、"十七年"（1949—1966)一代、"文革"一代和"后文革"一代。五四一代是指生于1880—1895年间领导五四运动的那代人，后五四一代指生于1895—1930年间，直接参与过五四运动或接受过五四新文化运动洗礼的一代。

命实践,有丰富的政治经验,那么,胡秋原和王亚南更多的则是从理论上进行探索和思考中国出路。

受时代思潮影响,他们不仅接受马克思主义,而且纷纷投入革命洪流之中,积极参与革命实践活动。1927年,国民党"清党"和中共武装革命,对他们产生极大影响。大革命中,胡秋原及其家庭都遭受过国共两党的冲击,桂系西征军在武汉屠杀进步青年时,他因被视为共产党几乎丧命。工农革命中的过激行为与其人道主义理念发生冲突,使他对国共都不抱希望,转而投身于"象牙塔"之中,进行马克思主义理论研究。王礼锡在国民党的政治斗争中多次碰壁,让其意识到自己只不过是政治大潮中的一枚棋子,随时可能成为牺牲品。理论的欠缺促使他们从政治斗争的前台转向"文化幕僚"的后台角色,于是致力于从理论上探讨中国出路。据胡秋原自述:"他(王礼锡)是纯粹国民党人,在国民党活动甚久。初在江西,所见共(产)党情形……所以那时他反对共(产)党,或较我更甚。他后在华北参加许多国民党活动,对于国民党现状,亦有不满。他也如若干左派国民党一样,相信马克思主义。他急于对中国前途问题有一自信答案。"梅龚彬早年为国民党做过很多事情,国民党的内争、腐败,以及国家纷乱的政治局势让他对国民党寒心,认为国家应该进行变革,他怀着爱国的热忱,转而对共产主义产生很大的期望,以为共产主义才是救国的希望,然而,当时"左"倾盲动主义错误和武装革命下过激的行为又让他心情消沉。1928年,王亚南因对政局失望,东渡日本学习,致力于资产阶级古典经济学和马克思主义经济学的理论研究。

王礼锡到东京筹办《读书杂志》,成为他们聚在一起畅谈的契机。类似的经历、理想的破灭、思想上受马克思主义吸引、对国家前途的关注使他们走到一起,热衷于研究中国社会性质,探讨中国革命的出路。在谈到和王礼锡同游热海,商谈创办《读书杂志》,以及中国社会性质和中国社会史问题时,胡秋原坦言:"东京我有一位同乡喜欢研究中国革命与前途问题。回东京后,我介绍梅兄与他相识,两人出身的国共背景不同,但因国民党改组后有共同语言之故,所以他们一见,就谈起中国革命的前途、主力、路线、策略这一套话来。我没有很高兴趣,而他们却谈得津津有味。"胡秋原对有关中国革命的话题没兴趣,原因如他所言:"16年(1927)两种恐怖以及以后家庭遭遇,使我对政治发生一种冷感症。"更重要的是他认为:"要谈政治,干政治,不但要对中国问题提出一个目标,一个主张,而且要有实行的方案,开步走的计划。而这不但要了解社会情形,还要了解各种既成政治势力、团体、人物的行情。而我既无经验,又无朋友,自然无从谈起。"从年龄上看,王礼锡、梅龚彬比胡秋原大10岁,不仅人情世故更有经验,而且"在政治上活动过乃至多少得意过,各与国共两党曾有广泛接触。如果说梅兄有'政治癖',则礼锡兄,更具有政治雄心或野心,亦即政治抱负"。王礼锡交游广泛,与国民党各派人物均有交往,在其引介下,胡秋原与他们相识。"照他(王礼锡)看来,如果有一个健全合理的主张,在政治上是有作为一番希望的"。受"九一八事变"影响,胡秋原放弃赴日留学,留在上海参与政治活动,而为他"打一点底子的是这两位朋友","九一八后我们一起办杂志,讨论,也发起和参加一点政治性运动"。① 他后来解释道:"杂志指《读书杂志》和《文化评论》,政治运动指发起上海著作者反日会议,发表反日宣言。"②

据梅龚彬自述:"1931 年春,我在东京时就同神州国光社的胡秋原和王礼锡有过接触。"尽管"胡、王二人的政治观点与我不完全相同,但是,同为炎黄子孙,观点的差别没有影响我们愉快交谈。特别是胡秋原,性格开朗,思想活跃,常提出一些颇有启发性的见解,我和他很谈得来"。在谈到日本社会大众党与共产党的密切合作时,胡秋原认为"目前中国也有可能出现与中国共产党合作的政治力量",梅龚彬认同胡秋原的意见,并对神州国光社产生兴趣。他欣然应允王礼锡邀请其为神州国光社即将创刊的《读书杂志》撰稿一事,成为该社的撰稿人,并逐渐成为其核心骨干。此后,王礼锡、胡秋原等人经常与梅龚彬一起商讨问题,为陈铭枢在政治上反蒋抗日出谋划策。梅龚彬正好利用这些机会"因势利导,通过神州国光社积极开展争取十九路军的统战工作"。③ 王亚南利用在日本所学,按照约定计划,在《读书杂志》创刊号上开辟《世界经济学名著讲座》,发表相关论文,产生一定影响。正当他准备回国之际,也就是"九一八事变"爆发后,东北军采取的"不抵抗主义"政策使其感到不可思议,对日本产生极大的厌恶感,有立刻逃离之意。他在致郭大力的信中表示强烈不满:"在此时,我更加思念你,思念国内的一切。我烦闷极了,哪里也不想去。民族主义的愤慨情绪笼罩着我,我决计走了。……我别为他恋。"④

尽管他们的观点不尽相同,但对抗战救国等具体问题的看法上却很容易就达成了一致。1939 年,胡秋原在怀念王礼锡的文章中指出:"使我们友谊日密者,是他广博的趣味,与雄健的谈锋。""虽然我们意见不一定相同,然而同总多于不同。这相同之点,在当时便是民族主义民生主义马克思主义的倾向,以及多少对民族国家尽点微力的志愿。""即使意见不同而能尊重对

---

① 胡秋原:《两个谈政治的朋友》,《民主潮》第 11 卷第 4 期,1961 年 2 月。
② 梅龚彬著,梅昌明整理:《梅龚彬回忆录》,第 13 页。
③ 梅龚彬著,梅昌明整理:《梅龚彬回忆录》,第 80 页。
④ 蒋夷牧、王岱平:《生命的辙印》,第 22—23 页。

方意见,这种朋友是不多的。""九一八事变"这种"国难与国耻对我们的刺激很深,我们更常谈到政治问题。""一·二八事变"又"给我们一大兴奋,如同撤兵之夜一同尝味爆竹之后的惨淡的悲愤。"①据胡秋原自述:"其间聚散不常,大体上一道奔走逃难,凡十年之久。""逃难"是指1933年"福建事变"失败后,作为重要参加者,胡秋原、王礼锡、王亚南流亡欧洲,梅龚彬奔赴香港。不完全相同之点主要是"关于土地革命问题,关于中国资本主义问题。最重要的是对于国民党与共产党的态度。最初,礼锡兄是倾向国民党较多,而反对共产党较甚的。梅兄对双方保持同等态度,而且都不辞往来。我是二者都拒绝,而在思想上,拒绝国民党尚较共产党为甚。抗战一开始,我倾向于支持国民党,而礼锡兄则对共产党态度颇有转变"。直到抗战初期聚首重庆,"时常辩论,这辩论有根本出发点之不同,因时我已经坚信中国必行资本主义,而礼锡兄则又已坚持社会主义"。尽管意见不同,他们却彼此相互尊重。"虽不同意,但甚欣赏",在抗战建国的实际问题上,他们的看法一致。之后,胡秋原在重庆办报宣传抗日,王礼锡率领作家前线访问团,"笔征"华北,因病在洛阳去世,梅龚彬在抗战后期前往广东。在他们三人中,胡秋原表示,王礼锡和梅龚彬的"才能和长处,刚刚是我所缺乏的。我可以想,可以谈,然不惯于起而行;一不高兴,我便自己关在书斋中算了。而他们两人不但能锲而不舍地起而行,而一个有泼辣的活力,一个有谨慎的耐心"。②1988年和1992年,胡秋原两度访问大陆,在北京特意拜访梅龚彬的夫人龚冰若女士,1992年返回台北后,从龚冰若送的《团结报》上刊载《梅龚彬回忆录》中得知梅龚彬始终与中共保持联络,并非如他所想,早脱离中共。胡秋原又得知《读书杂志》的另一老友王亚南加入中共,并对梅龚彬和王亚南的处境与"文化大革命"中受到的迫害既震惊又深表同情。

在当时国共两党对峙的现实政治背景下,"读书杂志派"是受新文化运动影响而成长起来的新一代,是热衷于政治的青年知识分子,怀有对国家前途和民族命运的担忧。胡秋原、王礼锡等人作为"正在彷徨歧途,不知所向的小资产阶级的青年们",③也和大多数人一样经历了理想的幻灭和革命热情的消沉。他们属于既对国民党不满,又不赞同共产党的革命青年,既对国民党失望,也不理解当时"左"得出奇的政治和文坛纷争,因而从"政治人"转向"文化人"。他们自称是"独立探求国家出路的人,在一定意义上,他们

---

① 胡秋原:《记王礼锡先生》,《祖国》第23期,1939年9月15日。
② 胡秋原:《两个谈政治的朋友》,《民主潮》第11卷第4期,1961年2月。
③ 蓝玉光编:《第三党讨论集》,黄叶书局,1928年,第4页。

可称为新自由派。不过由于马克思主义流行,他们多使用马克思主义的语言"。① 有论者评价称,他们"在政治上是资产阶级的自由主义者,在思想理论上属于灰色的动摇的一时的马克思主义者"。② 换言之,他们的思想中既有自由主义理念,又受时代思潮影响一度信奉马克思主义,但同时却又排斥阶级斗争学说。这就使他们成为"第三种势力",他们通过创办《读书杂志》,为国民党、中共、托派、自由主义知识分子等各派提供了一个论战平台,组织和推动了有关中国社会性质的讨论和中国社会史论战,主张从学理上进行思想论辩,达成中国出路问题的共识,在随后的革命实践活动中,他们将思想理念付诸实践,可视为对其政治诉求的宣示。

第三节 "读书杂志派"对马克思主义的认识与传播

"读书杂志派"通过对马克思主义追根溯源的研究,提出了"自由的马克思主义"和"人道的马克思主义",并试图从学理上思辨和重估马克思主义的价值。

一、对马克思主义的研究与思考

"读书杂志派"因不满现状而钟情于传播到中国的马克思主义,成为其追随者,并对苏俄社会主义充满憧憬。他们开始研究马克思主义,并对中国革命前途进行思考。

1. 马克思主义的追随者

第一次世界大战的爆发及其造成的巨大灾难,令西方文化的固有弊端暴露无遗,并陷入空前的危机之中,十月革命的胜利使社会主义成为影响巨大的社会思潮。胡秋原评价十月革命对中国的影响时指出:"十月革命不只是一政治革命,一经济革命,一个国际生活上之重大变革",而伴之出现的是"沙皇的,农奴制的,西欧半反动势力之尾闾的俄罗斯,变为苏维埃的,工业化的,世界和平砥柱之一的联邦,是20世纪最伟大的创造之一"。这伟大的创造不仅"解放了一万万七千万的人民",而且为"全世界人类,带来喜悦,

---

① 胡秋原:《关于一九三二年文艺自由论辩》,《中华杂志》1969年1月号。
② 李洪岩:《论中国马克思主义史学的建立与形成》,冷溶主编:《中国社会科学院马克思主义研究论丛(史学编)》,社会科学文献出版社,2007年,第639页。

光明与力量"。中国人民对"苏联之革命自始抱有热烈之爱护与同情,二十几年来没有一个国家像苏联这样引起中国人民之兴趣的"。苏联发表对华友好宣言,"废除沙俄时代的不平等条约,对于中国民族运动不仅表示热烈的同情,而且给予宝贵的援助",①这激发了青年知识分子对社会主义的向往和对苏联革命的兴趣。大革命失败后,共产党虽政治上失意,但马克思主义却成为最时髦的思潮,"终使其在青年中保持其强大影响,并在思想界保持其不衰之势"。②

胡秋原、王礼锡、王亚南、梅龚彬、陆晶清受时代思潮影响,在新文化运动的"洗礼"下成长起来,从欧美传播到中国的自由主义思想成为胡秋原、王礼锡等人追求西方自由民主的精神食粮。新文化运动将向西方学习的潮流推向高潮,他们为求民族独立,开始从欧风美雨的"西化"中寻求中国出路。而王亚南、梅龚彬则向往苏联的社会主义,"以俄为师"探索中国出路。十月革命胜利后,他们以反对西方帝国主义为己任,以构建社会主义理想国的蓝图自命。与此同时,一些西方资本主义国家却因面对欧战危机时束手无策而深陷战后政治、经济和社会文化的多重危机之中。这种态势使包括西方国家的知识分子在内的很多人对资本主义深感失望,转而对苏俄社会主义充满向往和期待。在巴黎和会上,西方牺牲中国利益和苏俄发表对华友好宣言形成强烈对比,使中国知识分子因失望于"西化"而转向"俄化"道路。

在社会主义思潮高涨之际,"读书杂志派"与大多数关心国家前途和民族命运的知识分子一样,被从苏俄传播到中国的崇尚革命的马克思主义吸引。王礼锡"对马克思也是很崇拜,对他的唯物辩证法是很赞同的"。③ 胡秋原早年因追溯如何用唯物史观来说明文艺思潮的变迁,成为普列汉诺夫的信徒和马克思主义的追随者,并认为"马克思主义中的唯物史观,是一种最好的学问和方法"。④ 胡秋原在日本留学时,恰逢"当时日本在马克思主义高潮中",因而"十分入迷"地通读了当时日文版《马克思恩格斯全集》。⑤ 据他自述:"虽然我始终与各时期左倾文化运动无缘,我曾爱好马克思主义11年之久,特别对于普列汉诺夫发生兴趣。"⑥ 王亚南阅读了大量的马克思

---

① 胡秋原:《致苏联友人书》,《祖国》第39期,1940年11月30日。
② 胡秋原:《综论北伐到九一八时期》(二),《民主潮》第10卷第4期,1960年2月。
③ 顾一群等:《王礼锡传》,第54页。
④ 胡秋原:《六十年来我的重要著作和主张》(上),《中华杂志》1990年12月号。
⑤ 胡秋原:《世纪中文录》,第782页。
⑥ 胡秋原:《说我的思想》,《祖国》第17期,1939年6月1日。

和恩格斯的著作,翻译出版了《资本论》,成为著名的马克思主义经济学家。梅龚彬也同样信奉马克思主义,对社会主义充满期待。

胡秋原认为"马克思主义中的唯物史观,是一种最好的学问和方法,然对社会与人生的态度,应该保持自由主义"。① 大革命中种种行为使他们在思想上"保持马克思主义,却更坚持人道主义和自由主义"。② 他们认为真正的马克思主义并非不讲人道、忽视人权。大革命中的行径与其思想中的人道情怀和自由理念发生冲突,这种思考使他陷入不知所措的苦闷心态之中。

2. 普列汉诺夫的信徒

胡秋原读中学时对唯物史观产生兴趣,因年龄小,"自然当时之所知,极其有限"。随着阅读更多相关书籍,"已略知唯物史观之原理,读书偶有所获,即力索其社会原因"。在武汉大学时,因"一般马克思主义教养之水准的低落,我们的钻研依然没有什么结果而终"。随着其兴趣从科学转向文学,他开始阅读西方文学和俄国文学,如何以唯物史观诠释文艺思潮之变化成为其思考的问题。通过阅读《苏俄文艺论战》,他了解到最先研究这个问题之人是普列汉诺夫,"增高对于科学的文学论与普列汉诺夫的兴趣",③这成为他研究普氏之始。据他自述:"因阅读了一篇谈他的文章,影响我几乎十年之久。"④"这一篇文章,竟是促成我研究普列汉诺夫的动机。文章影响之大,于此亦可见一斑。"⑤他赴日留学"专门开始搜集朴氏著作的译本,以及关于他的著作"。⑥ 王礼锡对唯物史观具有浓厚兴趣,在主持"神州"伊始,就出版介绍唯物史观的理论著作,他还"用唯物史观的方法整理中国的文学史"。⑦ 他希望通过撰写《物观文学史丛稿》来抛砖引玉。在《中国社会史论战序幕》中,他说:"中国社会史的论战各方都是以唯物的辩证法做武器。"⑧他们是马克思主义唯物史观的重要提倡者和传播者,不同于站在政治立场上的左翼阵营,他们是站在学术立场上认识普列汉诺夫的文艺理论和唯物史观的。

胡秋原在日本留学期间,研读西方研究马克思主义的相关书籍,将其与苏俄革命的马克思主义,以及在中国革命中的行为进行比较和思考。因普列汉诺夫对唯物史观进行系统化的研究,胡秋原开始研读当时日文版的《马

---

① 胡秋原:《六十年来我的重要著作和主张》(上),《中华杂志》1990年12月号。
② 胡秋原:《北伐时期》(下),《民主潮》第9卷第22期,1959年11月。
③ 胡秋原:《唯物史观艺术论:朴列汗诺夫及其艺术理论之研究·编校后记》,第1、2页。
④ 胡秋原:《综论北伐到九一八时期》(二),《民主潮》第10卷第4期,1960年2月。
⑤ 胡秋原:《〈在唐三藏与浮士德之间〉及其他》,第2页。
⑥ 胡秋原:《我对于文艺理论研究的一片断》,《读书杂志》第3卷第1期,1933年1月。
⑦ 王礼锡:《李长吉评传·序》,神州国光社,1930年,第1页。
⑧ 王礼锡:《中国社会史论战序幕》,《读书杂志》第1卷第4、5期合刊,1931年8月。

克思恩格斯全集》,进而对马克思主义进行追根溯源的探究。从思想来源上审视,胡秋原是通过研究普列汉诺夫,进而研究并接受马克思主义理论,这与从苏联传播到中国革命的马克思主义是不一样的。在收集与阅读普氏著作和《马克斯恩格斯全集》等著作后,他撰写了《唯物史观艺术论》。自此,"知道朴列汉诺夫(即普列汉诺夫,因译名不同所致。——作者注)是'俄国马克思主义之父',列宁等皆其后学"。① 他"不仅觉得自己是一社会主义者,而且以马克思主义者自命了"。② 这进一步加深了他调和马克思主义与自由主义的信念,同时了解了普氏和列宁的分歧。③ 在日本系统研究马克

---

① 胡秋原:《哲学与思想·自序》,东大图书股份有限公司,1994年,第12页。
② 胡秋原:《"自由主义的马克思主义"之形成》,《民主潮》第10卷第13期,1960年7月。
③ 普列汉诺夫是俄国和国际工人运动著名的活动家、马克思主义理论家和宣传家。普氏主张进行资产阶级民主革命,通过议会斗争,建立各党派联合的自由民主制度。列宁主张武力革命,阶级斗争,一党专政,没收一切财产,跳过资产阶级民主革命,直接进行社会主义革命。1999年11月30日,俄罗斯《独立报》发表了一组所谓普列汉诺夫"政治遗嘱"的文献,在俄罗斯引起很大反响。围绕"遗嘱"的真伪问题,俄国学者展开了热烈讨论,各执一词,众说纷纭。2000年3月1日,《独立报》刊载加·哈·波波夫的文章《格·瓦·普列汉诺夫和他的政治遗嘱——分析的深度是证明遗嘱真实性的主要论据》,该文认为有一系列重大证据可以充分证明遗嘱是真实的。3月4日,《独立报》刊载加·彼得连科等人联合撰写的《真有这个"遗嘱"吗?》,认为不可能存在这样的"遗嘱"。俄罗斯《自由思想——21世纪》杂志编辑部邀请多年潜心研究普氏的学者,就"政治遗嘱"的真伪进行讨论考证,编辑部将文章汇编为《普列汉诺夫的遗嘱是编造的,还是划时代的文献》,刊载在该杂志2000年第6期上。
中共中央编译局马列部主办的《马克思恩格斯列宁斯大林研究》2000年第2期,以《普列汉诺夫的政治遗嘱》为题全文刊载。编者按中说:"关于'遗嘱'的真实性,目前还缺乏确凿证据,尚有争论,还需要历史学家和政治学家作进一步考证。'遗嘱'中对列宁和布尔什维克及十月革命的攻击,同普列汉诺夫晚年的思想是一致的,也是我们不能赞同的。"《格·瓦·普列汉诺夫和他的政治遗嘱——分析的深度是证明遗嘱真实性的主要论据》《真有这个"遗嘱"吗?》,这两篇文章均翻译为中文,刊载在《马克思恩格斯列宁斯大林研究》2000年第3期上。《普列汉诺夫的遗嘱是编造的,还是划时代的文献》翻译成中文,刊载在《马克思恩格斯列宁斯大林研究》2001年第2期上。此后,"遗嘱"真伪问题引起国内学术界的关注和热烈讨论。
一些学者认为"遗嘱"是伪造的,参见何宏江:《俄罗斯〈独立报〉刊登普列汉诺夫的"政治遗嘱"》,《国外理论动态》2000年第4期。翟民刚:《俄学者彼得连科等认为普列汉诺夫的"政治遗嘱"是编造的》,《国外理论动态》2000年第6期。王丽华:《是历史真实,还是后人假托?——俄罗斯关于普列汉诺夫"政治遗嘱"真伪问题讨论综述》,《当代世界与社会主义》2001年第1期。王丽华:《普列汉诺夫真留有"政治遗嘱"吗?》,《国外理论动态》2006年第6期。欧阳向英:《普列汉诺夫"政治遗嘱"真伪辨》,《马克思主义研究》2013年第7期。也有一些学者认为"遗嘱"确系普氏所立,并称赞这是"先哲"的远见卓识,参见述笅:《先哲的遗言——介绍普列汉诺夫的政治遗嘱》,《随笔》2005年第3期。靳树鹏:《我看普列汉诺夫的政治遗嘱》,《二十一世纪》网络版2003年8月号。安立志:《不是未卜先知,而是历史必然——重读普列汉诺夫的〈政治遗嘱〉》,https://www.aisixiang.com/data/65266.html。黄宇甫:《普列汉诺夫〈政治遗嘱〉的启示——苏联解体的政治文化缘由》,《中国浦东干部学院学报》2013年第1期。

思主义之际,胡秋原将普列汉诺夫与列宁主义,以及德国社会民主主义进行比较,倾向于普氏和民主社会主义理论,这为其后提出"自由的马克思主义"奠定了思想理论基础。胡秋原因编辑出版普氏著作,被日本学界誉为"中国之普列汉诺夫",①"当代中国的马克思主义研究家"。② 此后,他形成"对己,应本自由与人道立场;对于社会现象,应用唯物史观的分析方法"这一理念。③ 王礼锡和梅龚彬赞同胡秋原的主张,王亚南不赞同左翼知识分子对马克思主义的解释权,对马克思主义政治经济学进行追根溯源的研究,开始着手翻译《资本论》。他们仍相信社会主义,关注对苏俄马克思主义的讨论。对国内学界将马克思主义教条化的倾向,他们有共同的体认,于是提出了"自由的马克思主义"思想。

二、"自由的马克思主义"的提出和阐述

十月革命后,从苏俄传播到中国的马克思主义成为最时髦的思潮,被激进的知识分子认为是正统的马克思主义。大革命失败后,许多知识分子回到书斋重新思考救国之道,他们从理论上思考苏俄的革命道路是否适合中国?经历大革命的"读书杂志派",尤其是扮演该派思想灵魂的胡秋原,决心对马克思主义进行追根溯源的探索,并提出"自由的马克思主义",受到该派的普遍认可。

1. "自由的马克思主义"提出的背景

马克思主义传播到中国后,和西方其他思潮一样,在中国都有各自的受众,五四前后,它逐渐成为时髦的社会思潮。相较于巴黎和会时西方列强牺牲中国权益的行为,苏俄在十月革命后发表对华友好宣言,使苦苦求索中国出路的国人深切感受到马克思主义的力量,由此,马克思主义成为救国救民的思想理论武器。"十月革命一声炮响,给我们送来了马克思列宁主义。"④这形象地说明了苏俄革命的马克思主义的巨大影响。

王亚南描述了当时出版界的演变倾向,为我们了解马克思主义在中国的传播和影响提供了不同的观察视角。据他自述:"1926年国民革命的怒潮汹涌的当时,很少有作为革命行动指导原理的科学论著出版。"除孙中山的《三民主义建国大纲》外,"流行长江中部一带的,我记得还有一本《唯物史观解说》,一本布哈林的《共产党的ABC》,一本漆树芬的《帝国主义铁蹄

---

① 胡秋原:《〈在唐三藏与浮士德之间〉及其他》,第9页。
② 裴高才:《台海"破冰"第一人:胡秋原全传》,第48页。
③ 胡秋原:《"自由主义的马克思主义"之形成》,《民主潮》第10卷第13期,1960年7月。
④ 《毛泽东选集》第4卷,人民出版社,1991年,第1471页。

下的中国》,李季的《马克思传》"。随着国民革命怒潮退去而清醒过来的人们,"有的固觉前此'左翼小儿病'的失常,有的亦认'右翼老大弊'的非当",于是,"由过去的清算与批判,引起对于世界社会科学名著名论翻译介绍的迫切要求"。从1927年到1930年,上海新生命、南强、昆仑、现代等书局所出版的杂志书籍,"强半带有那种'时代'性质。当时为大变动怒潮捲(原文如此)落下来的斗士们,固然有志有闲从事那种翻译介绍工作,即在朝的国民党中的有研究兴趣的学者,亦颇想由理论研究找到动荡时代中的归宿"。周佛海的《三民主义理论之体系研究》似乎"把三民主义体系化了,深化了新生命杂志上的许多论文,亦表现了前进的倾向",而胡汉民和戴季陶合译的《资本论解说》,"尤表示国民党先进在进步理论研究介绍上并不后人"。一时风气如此,"有关唯物辩证法的基本论著,特别是关于马克思主义著作的译本,乃如雨后春笋般的(原文如此)呈现于出版市场。即马氏的被称为'无产者三部曲'的《资本论》,亦有人在进行翻译",故此,"中国关于进步的社会科学的翻译介绍,可以说在这个时期立下了基础"。①

在革命年代,如何生存和发展成为中共亟待解决的问题,但对理论缺乏深入思考和认真研究。中共早期领导人张国焘揭示出理论研究不足的现实:"急进的学者和青年,开始仰慕俄国革命,倾向社会主义。……对于马克思列宁的学说既无研究,更无所谓信仰;他们对于苏联的共产国际的理论和实际,也是一知半解……他们心目中所憧憬的,是一个独立自由和富强之中国。"②十月革命胜利后,"俄国人影响和介入中国革命的过程,恰恰是列宁主义逐渐从西方移向东方,在最适宜其生长的条件下生根、开花、结果的过程"。③列宁主义对中国革命的影响由此可见一斑。胡秋原指出:"对资本主义不求甚解,对社会主义实亦道听途说,尤其是对俄国社会主义历史,更为盲然。只是听人宣传,并宣传他人之宣传,目为最新潮流。""不知俄国的历史,布塞维克主义真相。""对俄国一套宣传无判断之能力,不能提出中国民族自主命运之道路。"④

国民党实行联俄联共后,苏俄革命的马克思主义成为中国思想文化界的时髦思潮。胡秋原指出:"渴求民族地位平等的中国,愤慨于英法,失望于

---

① 王渔邨:《中国出版界最近十年的几个演变倾向》,《大众论坛》第1卷第1期,1936年11月。
② 龚楚:《龚楚将军回忆录·张(国焘)序》,明报月刊社,1978年。
③ 杨奎松:《"中间地带"的革命:国际大背景下看中共成功之道》,山西人民出版社,2010年,第53页。
④ 胡秋原:《家庭教育与学思之始》(三),《民主潮》第9卷第16期,1959年8月。

美国,希望于苏俄。""列宁去世后,《东方杂志》且谓威尔逊'骗人',列宁才是'救星'。"苏俄以"全中国民族配合其世界政策,以中共为主体、国民党及其他各派为同路人组织",逐步将中国纳入其世界革命的轨道。"百年来外人经营中国之成功,遂无如苏俄之巨矣。"① 在此背景下,国共两党是"以俄为师",但由于理论不足,大革命遭遇失败。

就理论而言,"国民革命"是资产阶级民主革命。由于理论不足,共产党对革命的复杂性认识不足,提出超越"国民革命"的实践要求。中共实行以"减租减息"和"限制田租"为主的土地政策,农民在农会领导下,纷纷起来打倒土豪劣绅和不法地主,建立农民的政权和武装,做到"一切权力归农会",开展轰轰烈烈的群众运动。李宗仁的回忆揭示出工农运动的过激行为:"过激的作风,早已引起军中官兵的疑虑。到十六年夏季,两湖军队愤懑的心情,已到无可压抑的境地。因当时中、下级军官多为中、小地主出身。其父母或亲戚在故乡都横遭工会、农会的凌辱,积愤已久。而各级党部竟视若无睹。"② 随着农民运动迅猛发展,"其攻击的矛头,开始指向农村的富裕阶层,大批军官家属不免陷入恐怖之中,影响到相当一批军官开始对农民运动发生不满"。"进入1927年春天前后,侵犯军官士兵财产的情况也就愈发多了起来,并且一发不可遏止。"③

在大革命中,"农会便成了唯一的权力机关,真正办到了人们所谓'一切权力归农会'。……农会在乡村简直独裁一切,真是'说得出,做得到'"。④ 由于马克思主义理论不足,革命者中又"充满中国农民暴动思想",中国经济和文化的落后使得革命者"自然没有一些人文主义的教养"。⑤ 由于均分土地、均分财产等,"引起了小资产阶级小地主尤其是军人之剧烈反动",加剧了农村革命的尖锐性和混乱性。"这些纠纷已引起极严重的政治问题",当时中共中央政治局紧急通过决议,明令"切实矫正"一切"幼稚行动","已没收之军人产业一概发还",除非"革命军官中立"和"左派群众及领袖"能够支持,否则即使对大地主的土地也暂时不宜没收,而"现时农民革命运动之主要点"是"建立乡村政权"。⑥

---

① 胡秋原:《家庭教育与学思之始》(二),《民主潮》第9卷第15期,1959年8月。
② 唐德刚:《李宗仁回忆录》,华东师范大学出版社,1995年,第349页。
③ 杨奎松:《国民党的"联共"与"反共"》,社会科学文献出版社,2016年,第240、242页。
④ 《对于湖南运动的态度》,中央档案馆编:《中共中央文件选集》第3册,中共中央党校出版社,1991年,第136—137页。
⑤ 《毛泽东选集》第1卷,第14页。
⑥ 郑学稼:《第三国际史》,商务印书馆,1977年,第1073、1364页。

胡秋原等人对这些过激行为深表不满,且因不愿参加飞行集会①,被视为反革命,愤而退出共青团和国民党。胡秋原对武汉国民政府寄予厚望,然而混乱与内争让其深感失望。据他自述:"我更不会想到共(产)党之盲动与国民党之内争,造成一极可怕局面,毁灭无数生命,而我几受池鱼之殃。"武汉国民政府在左派支配下,以土豪劣绅之名杀人。桂系西征军进入武汉,以清党为名大肆屠杀左翼进步青年,屠杀无辜。对此,胡秋原评价道:"这是一个滥杀世界。想到这一切,我对国家观念变了。国家不爱我,我何必爱他?我更觉得政治可怕。从前有人说'吃人的礼教',现在是'吃人的政治','吃人的革命'。"由此,他对政治的态度由冷淡转向厌恶,"目击武汉时代两种恐怖的体验而来",从而决心走进"象牙之塔"。"自此对国共两党敬远,然而却未失去心理平衡。我虽对国事消极,保持马克思主义,却更坚持人道主义,自由主义。"②正是由于目睹并体验了大革命中各种非人道的过火行为,他对苏俄革命的马克思主义产生了怀疑,决心对马克思主义进行追根溯源的研究。

胡秋原在谈到社会主义对其影响时坦陈:"自1925年以来,我已经传染了一点社会主义思想,有一漠然的社会主义观念在我心中。这社会主义观念,又继因我浸淫于唯物史观以及俄国文学而逐渐浓厚。但实际上不过人云亦云,我并未认真的去想他。即令我重视他,是其代表正义与反抗精神。"③他认为"社会主义代表正义与反抗精神",是探索中国出路的"良方"。随着阅读更多相关书籍,在开阔视野的同时,他对西方学界将苏俄与德国视为社会主义左右两翼的观点产生兴趣,进而对马克思主义进行追根溯源的研究,通过研究,他坦陈"社会主义才在我心中有一个稳固的地位。我想,我是社会主义者了"。他"将社会主义看作一种新的文化形态,一个更高的人道之内容的东西,而认为亦必须如此,他才有存在的理由与价值"。由此可见,他相信的社会主义,并非是苏俄式的,而是包含自由、民主、公正、人道等价值的。正是在这种价值理念的基础上,他"想使马克思主义和自由主义结合",④探索并提出了自己独立的思想——"自由的马克思主义"。

2. "自由的马克思主义"的内涵

大革命失败后,虽然中共在政治上陷入低潮,但马克思主义在思想文化

---

① 经查阅资料发现,飞行集会从1926年至1937年长达11年之久时常举行,1930年"左"倾冒险主义领导中共中央期间,飞行集会达到最狂热的程度。胡秋原在其自述中表示不愿参加飞行集会。

② 胡秋原:《北伐时期》(下),《民主潮》第9卷第22期,1959年11月。

③ 胡秋原:《由上海到东京》,《民主潮》第10卷第12期,1960年6月。

④ 胡秋原:《说我的思想》,《祖国》第17期,1939年6月1日。

界成为最时髦的思潮,唯物史观和阶级斗争成为分析中国社会的理论工具。在 1928 年的"革命文学论争"中,胡秋原撰文驳斥革命文学的党性、阶级性等观点,运用唯物史观对文艺理论进行系统研究。"对文艺取一种自由主义的态度人道主义的目标,以及唯物史观和心理学的分析方法。"① 由此可见,胡秋原最先运用"自由的马克思主义"思考文艺问题。胡秋原"将社会主义看作一种新的文化形态",② 其在思想上将自由主义和马克思主义并存,"一个是自由主义,这自由主义也就是人道主义。二是马克思主义,主要是唯物史观";"对己,应本自由与人道立场;对于社会现象,应用唯物史观的分析方法"。③ "我自称为'自由主义的马克思主义'",④ 并将其作为思想上的压舱石,以冷静、客观、理性来看待世界。

胡秋原在研究普列汉诺夫时,无意间了解到苏俄思想文化和革命运动历史发展进程,又通过对马克思主义进行追根溯源的研究和比较分析,指出"马克思主义与自由主义是可以而且应该合作的"。⑤ 此时,马克思主义还是胡秋原"思想上的'情人'",但并未"'专宠'他一家之言"。"唯物史观很好",但"辩证法太呆板,无产者革命之说更可疑。他应该与自由主义合作,他应该'修正'"。⑥ 经过深入思考,他反对将马克思主义机械化、教条化,质疑阶级斗争,提倡"马克思主义的方法论,自由主义的价值论"。⑦ 他主张二者合作,试图运用社会主义来弥补个人主义的弊端,用自由主义来预防马克思主义的暴力革命,主张人道主义。

1930 年,胡秋原在家乡所在的革命根据地目睹了过激行为,极为不满。认为"将地主杀死或驱逐",事实上是"用富人的田,买穷人的命",甚至"杀人放火,意在制造恐怖"。⑧ 种种过火的非人道行为,激发了胡秋原的道义情感共鸣,使其更加坚信马克思主义和自由主义务必合作的主张,他对国共两党的革命道路表达出强烈不满。据他自述:"我的确还没有自己的路……我只谈谈自由主义的马克思主义。他们说这是理论,不是实行。……没有发现一条可信的正当之路之前,宁可研究,休息,而不能盲人,瞎马,随人乱

---

① 胡秋原:《始逃上海卖文记》(上),《民主潮》第 10 卷第 9 期,1960 年 5 月。
② 胡秋原:《由上海到东京》,《民主潮》第 10 卷第 12 期,1960 年 6 月。
③ 胡秋原:《"自由主义的马克思主义"之形成》,《民主潮》第 10 卷第 13 期,1960 年 7 月。
④ 胡秋原:《哲学与思想·自序》,第 12 页。
⑤ 胡秋原:《八十年来——我的思想之来源与若干心得》,《中华杂志》1990 年 7 月号。
⑥ 胡秋原:《世纪中文录》,第 602 页。
⑦ 胡秋原:《古代中国文化与中国知识分子》,第 13 页。
⑧ 胡秋原:《回乡记》,《民主潮》第 10 卷第 16 期,1960 年 8 月。

走,但他们似乎等不得。"①由此可见,他反对盲人瞎马和急于步他人后尘,主张将各种思想理论与中国革命实践结合起来进行研究,认为这样才能找到正确的革命道路。在将苏俄革命理论教条化和注重革命实践的潮流中,他呼吁进行理论研究的声音被忽视了。

在马克思主义传播到中国的历史进程中,追捧的人中既有追求时髦思潮者,又有食洋不化者,呈现良莠不齐、鱼龙混杂的景象,由此导致各取所需、误读马克思主义,其中的根本原因在于缺乏深入的理论研究。正是这个原因,幼年的中共出现多次"左"倾和右倾错误。据瞿秋白自述:"秋白是马克思主义的小学生","我这幼稚的马克思主义理论里,可以有许多没有成熟的、不甚正确的思想"。②毛泽东在20世纪40年代初公开承认:"我党在幼年时期,我们对于马克思列宁主义的认识和对于中国革命的认识是何等肤浅,何等贫乏。"③

1930年秋,胡秋原再次赴日留学,将更多时间用于研读当时日文版《马克思恩格斯全集》,"从头到尾都涉猎过"。④他与王礼锡、梅龚彬、王亚南等人结识,成为好友。据王礼锡自述,他和胡秋原"一见面觉得性情很相投","从中国的政治文化界的近况谈到中国社会的结构,得到许多相同的见解"。⑤

他们相聚在一起,就马克思主义与中国前途展开讨论,交换意见,胡秋原向他们诠释其主张的"自由的马克思主义"的内涵。据他自述:"自由主义与马克思主义应该合作,这可以使自由主义和马克思主义都进一步人道主义化,也可以使马克思不致变成一个反自由的暴力的理论。"⑥"自由主义应该采用马克思主义的分析方法,同时马克思主义亦必须不背自由主义原则。否则,即不成为马克思主义。"⑦"关于马克思主义,我倒是下过一番功夫研究过。在我看来,真正的马克思主义,其实是人道的,而且应该是自由的。""社会主义原是自由、平等、博爱观念的发展。"他还批判中国学界缺乏深入的理论研究,导致"我们中国人所知道的马克思主义,只是苏俄的一套东西,所以才会有种种不合理的现象"。⑧胡秋原通过对马克思主义进行深入研究,并与苏俄革命的马克思主义进行比较,从学术思想上诠释其"自由

---

① 胡秋原:《上海往来》,《民主潮》第10卷第17期,1960年9月。
② 《瞿秋白文集·政治理论编》第4卷,人民出版社,1993年,第415—416页。
③ 《毛泽东选集》第3卷,第753页。
④ 胡秋原:《再到东京之读书生活》,《民主潮》第10卷第21期,1960年11月。
⑤ 王礼锡:《王礼锡诗文集》,第114页。
⑥ 张漱菡:《胡秋原传》,第334页。
⑦ 胡秋原:《两个谈政治的朋友》,《民主潮》第11卷第4期,1961年2月。
⑧ 张漱菡:《胡秋原传》,第341—342页。

的马克思主义",以此凸显其"马克思主义自然与他们不同"的意蕴。① 王礼锡、梅龚彬、王亚南都追随并深信马克思主义是救国理论,然而,大革命中各种过火的非人道行为又使他们陷入思想困惑和失望之中。胡秋原的"自由的马克思主义"的主张,引发了他们的情感共鸣。

王礼锡、梅龚彬等人在谈论如何运用"自由的马克思主义"来解决中国革命前途问题时,胡秋原给出的答案是:"民主主义加社会主义","民主社会主义"或"社会民主主义","真正的马克思主义应该是'真正的社会民主主义'";"一个有'自由主义的马克思主义'为思想基础的社会民主主义,则又有新的意义。""因中国资本主义不发展,中国并无自己的资产阶级,因此也就没马克思所说无产阶级。中国既无资产阶级民主政治基础;同样没有社会民主党基础。""社会民主运动,只能算是远景而已。""中国应该发展资本主义,但因马克思主义是肯定资本主义无前途的,这就造成马克思主义的中国革命论之'两难之局'。"②中国在资本主义发展方面远比西方落后,资产阶级和无产阶级人数较少,但并非不存在。他认为苏俄和中国都比较落后,不具备在资本主义工业化比较发达的情况下再步入社会主义的条件。基于此,他指出中国前途是"民主化和工业化,要迅速工业化不可不发展民族资本主义,但最后是社会主义"。③ 这种认识是根据马克思主义理论而来,且契合中国社会现实。

3. 对"自由的马克思主义"的评价

由"自由的马克思主义"的诠释可见,胡秋原、王礼锡等人对中国前途抱有"社会主义的信念,这大体上也是折衷(原文如此)的,即调和自由主义与马克思主义,折衷于欧美与苏俄之间的社会民主主义,而这也便是希望国共二者以外之前途"。④ 在思想理论上,他们是"学院"式的马克思主义,与共产党强调革命斗争实践的马克思主义,不仅在话语上不一致,而且在革命实践中必然会构成竞争和发生冲突。思想底色上是自由主义的胡秋原、王礼锡等人的思想,"并不一定意味反马克思主义……它仅仅指多少有些书卷气的学者的'一种态度'。这样的人以十分严肃的态度来接受马克思主义理论,但反对那种'遵照现行政策或者党的领导的迫切需要来判断一切'的倾向"。⑤

---

① 胡秋原:《两个谈政治的朋友》,《民主潮》第 11 卷第 4 期,1961 年 2 月。
② 胡秋原:《两个谈政治的朋友》,《民主潮》第 11 卷第 4 期,1961 年 2 月。
③ 胡秋原:《八十年来——我的思想之来源与若干心得》,《中华杂志》1990 年 7 月号。
④ 胡秋原:《一百三十年来中国思想史纲》,学术出版社,1983 年,第 133—134 页。
⑤ [美] 费正清、费维恺编,刘敬坤等译:《剑桥中华民国史》(下卷),中国社会科学出版社,2006 年,第 430 页。

在马克思主义研究多元化倾向中,"自由的马克思主义"带有鲜明的自由主义色彩。

他们信奉的马克思主义,正如胡秋原所言:"与苏俄官方、中共左翼不同……了解……俄共在马克思主义中的真正地位。"①"重视的是马克思主义方法论——唯物史观,不是其教条","从未承认其无产阶级专政说","中国将来倾向社会民主主义"。② 实际上,这揭示出当时整个国际共产主义运动的理论纷争,即是以无产阶级专政还是和平的议会斗争进入社会主义。西方学界提出"青年马克思主义"是人道主义,尤其是《1844 年经济学哲学手稿》的出版,使马克思的人道主义思想最终得以证实。

胡秋原、王礼锡等人自幼受传统文化中"明道救世"思想的熏陶,五四运动后接受自由民主思想,由此奠定了其思想上的自由主义底色。在追寻中国出路进程中,与当时大多数倾向于苏俄革命的马克思主义的左翼青年不同,他们追随并信奉马克思主义,不反对革命,反对的是在激烈的阶级斗争革命中的各种过火的非人道行为,是对一度信奉的主义进行质疑。于是,他们致力于对马克思主义进行追根溯源的研究,提出"自由的马克思主义",提倡人道主义。他们主张的人道主义是"自由之道,学问之道,和平之道"。③ 其中包括科学、民主、自由、人权等价值,凸显出他们的敏锐观察和深邃思考。这种理念不仅与其思想上的自由主义相契合,而且符合中国传统文化中的人本思想。在阶级斗争激烈的革命年代,他们试图把革命纳入注重人道主义、人权等价值的轨道之中,对实现马克思主义的人道主义的复杂性认识不足,既"政治不正确",又"不合时宜",是典型的"书生气十足"。

马克思的人道主义是"实践的人道主义","积极的人道主义"。④ 尊重人性人权,关心人的自由全面发展和人的真正解放,强调人的社会现实性是马克思的人道主义的立足点。改革开放以来,经过艰辛探索,尤其是经过"文化大革命"的沉痛教训,思想理论界最终认识到马克思主义的出发点是"人"而不是"阶级"。这种悲壮性的预见性,其思想及其价值维度,在市场化的当下显得尤为珍贵。胡秋原等人对马克思的人道主义的诠释,试图调和自由主义与马克思主义,对社会发展路径进行思考与探索,尽管有自相矛

---

① 胡秋原:《"自由主义的马克思主义"之形成》,《民主潮》第 10 卷第 13 期,1960 年 7 月。
② 胡秋原:《关于〈红旗〉对胡秋原先生的诽谤及文艺自由与统一救国等问题》,《中华杂志》1972 年 8 月号。
③ 胡秋原:《青年时代思想之回忆》,《民主潮》第 9 卷第 13 期,1959 年 7 月。
④ 马克思:《1844 年经济学哲学手稿》,人民出版社,2000 年,第 112 页。

盾和不完善之处,但提出的问题和见解仍不失思想价值,为我们更全面地理解马克思主义提供了有益的启示。

20世纪二三十年代,马克思主义在中国的传播呈现出蓬勃发展的态势,在中共及其外围组织之外,有不少受到马克思主义影响的知识分子。大革命失败后,他们也用马克思主义话语诠释其政治文化主张,在政治倾向上,他们并非完全认同共产党的领导及其革命理论。他们是从马克思主义阵营分化出去的一批中间知识分子,在思想底色上是自由主义,政治立场上不赞同左翼阵营的党性原则,处于国共两党之间。由于胡秋原、王礼锡等人,既对国民党不满又不认同共产党的主张,因此,"自由的马克思主义"蕴含无党无派之意。他们对传播到中国的苏俄革命的马克思主义,从学术思想源流上做真伪之辨,重估马克思主义的价值,探索中国革命道路,遗憾的是其主张被视为马克思主义的"异端"。

此时的"读书杂志派"正处在求索之中,尽管对马克思主义的认识不无偏颇,但真诚追随过马克思主义,相信社会主义是中国的前途。他们在中国传播和接受马克思主义,呈现出不同于以左翼阵营为中心的传播路径和理论形态,不能以非此即彼的简单化思维予以否定。如胡秋原所言:"我的马克思是他们祖宗那里来的真东西。不过,我既然是马克思主义者,当然是社会主义者。"①1931年,他们集聚上海,组织推动并参与中国社会史论战,形成名噪一时的"读书杂志派",在20世纪30年代的思想文化史和学术史上留下浓墨重彩的一笔。他们的思想底色是自由主义,同时追随马克思主义,试图调和二者,并提出"自由的马克思主义",正是由于信奉唯物史观,其思想呈现出非彻底的自由主义倾向。他们把唯物史观作为分析中国社会现实的方法论,不赞成阶级斗争,自由主义又使其未成为马克思主义者。正因为如此,他们注定不得不遭受左右两翼的夹击,由此决定了他们在中国近现代思想谱系上被忽视。20世纪30年代中期,他们"远游莫斯科,以亲身经历,即断言斯大林式的共产主义,绝对不合中国国情,但在当时,这被视为'落伍言论'"。② 这种思想穿透历史的迷雾和深度,越发显现出思想价值。

1949年,国民党败退,中国共产党成为胜利者并建立新政权,"读书杂志派"各自跟随不同的政党,走向不同的道路。除胡秋原于1950年赴台,其

---

① 胡秋原:《八十年来——我的思想之来源与若干心得》,《中华杂志》1990年7月号。
② 童清峰:《两岸知识界的传奇 展现读书人的良心与胆识——耿直敢言的胡秋原去世》,《亚洲周刊》第18卷第23期,2004年6月6日。

他成员大多留在大陆,参与新政权的建设。胡秋原在台湾仍然继续深入思考和研究马克思主义,①将思想舞台上的马克思分为青年、中年和老年三个时期,比西方学界将马克思主义分为两个阶段更合理。② 终其一生,他一直在思考研究马克思主义与中国问题的关系,分析马克思主义在苏俄的流变,其研究成果值得我们深思。

马克思主义是一个博大精深的思想理论体系,对其认识、理解和接受必然要经历一个由表及里、由片面到全面、由理论到实践的过程,正确理解需要通过实践来检验。由于受制于历史局限和自身认识等多种因素的影响,在理解中难免会出现谬误。在马克思主义在中国传播及其中国化、时代化的历史进程中,就曾出现过教条主义、机械主义和庸俗主义倾向的偏差。我们在接受马克思主义时,确实把其"视为绝对正确、完美无缺的"。真理标准的大讨论表明马克思主义的一些观点,"也必须经受实践的检验,而不能认为凡是本本写的东西都是正确的"。这是对马克思主义态度的一个重大转变,即"从视为绝对正确、必须句句照办转为以科学的态度对待马克思主义,要理直气壮地承认马克思主义本身也有时代的局限性,需要根据实践的进程不断加以检验发展"。与此相联系,"首先要重新认识马克思主义,这是马克思主义理论和社会主义实践发展的逻辑必然"。③

自马克思主义诞生以来,有关真假马克思主义的争论从来没有停止过。进入20世纪,尤其是从斯大林时期开始,苏联逐渐推行大党主义和大国沙文主义,以"最高发言人"和"正宗"自居,垄断对马克思主义的解释权。由

---

① 胡秋原:《马克斯唯物史观及其批评》(《中华杂志》1967年10月号),《马克斯之〈资本论〉》,《自我割让问题与当代思想》(《中华杂志》1973年2月号),《马克斯〈1844年经济学哲学手稿〉》(一、二,《中华杂志》1979年10、12月号),《论马克斯〈1844年经济学哲学手稿〉与外化超越论》(《中华杂志》1979年9月号),《马列主义之将来》(《中华杂志》1981年1月号),《马克斯死后百年之社会主义与马克斯主义》(《中华杂志》1983年12月),《论马克斯主义与中国问题》(上中下,《中华杂志》1987年3、9、10、12月号),《马克斯主义共产主义的总批评》(《幼狮学志》第7卷第1期,1968年1月)等文。(此处所写的马克斯即马克思,只是当时的译法不同。——作者注)
② 台湾学者郑学稼认为马克思的思想分为三个阶段,参见[德]卡尔·考茨基著,郑学稼译:《论无产阶级专政·再版序》,黎明文化事业股份有限公司,1975年。西方马克思主义者认为有两个马克思,即科学、革命的老马克思,他是社会主义的奠基人;哲学思维的、人道主义的青年马克思。卢卡奇、葛兰西、马尔库塞和萨特似乎走的是青年马克思的路线,而阿尔都塞和普兰查斯走的是老马克思的路线。[美]田辰山,萧延中译:《中国辩证法:从〈易经〉到马克思主义》,中国人民大学出版社,2008年,第82页。近年来,大陆学者张一兵等人对所谓"两个马克思的争论",以及西方马克思主义者的哲学批判进行了深入研究。参见孙伯鍨、张一兵主编:《走进马克思》,江苏人民出版社,2012年;张一兵主编:《当代国外马克思主义的哲学思潮》,江苏人民出版社,2012年。
③ 郑继江:《中国的马克思主义情绪探论》,光明日报出版社,2012年,第112、113页。

于缺乏科学正确的理解,动辄对持有不同意见者扣上"机会主义""修正主义"的大帽子,这也成为其他社会主义国家探索适合本国国情的建设道路的障碍,根本问题上是对马克思主义认识不清。

"什么是马克思主义、怎样对待马克思主义"的问题,是中国共产党人在任何时候都必须回答的根本问题,始终关系着党和国家的事业成败和前途命运。作为马克思主义执政党,中国共产党自然要高举马克思主义理论旗帜,而其前提是要搞清楚"什么是马克思主义"这一基本问题。但长期以来,我们恰恰在这个基本问题的认识上不是很清晰、准确,走过弯路,吃过苦头。"文化大革命"中"四人帮"等极左派,既把马克思主义神化为包罗万象的真理大全,把马克思主义个别字句神化为包治百病的灵丹妙药;又把"阶级斗争为纲""无产阶级专政下继续革命""贫穷社会主义"等错误观点附加到马克思主义名义之下。在把马克思主义教条化、绝对化的同时,又主观随意地解释马克思主义,结果歪曲了马克思主义的本来面目,致使思想混乱。

1984年6月,邓小平坦承:"什么叫社会主义,什么叫马克思主义?我们过去对这个问题的认识不是完全清醒的。"1985年8月,邓小平指出:"社会主义是什么,马克思主义是什么,过去我们并没有完全搞清楚。"1989年5月,邓小平再次指出:"多年来,存在一个对马克思主义、社会主义的理解问题。……在变化的条件下,如何认识和发展马克思主义,没有搞清楚。"①"文化大革命"结束后,又出现了"两个凡是"的错误观点,继续制造精神枷锁,因此,从理论上拨乱反正、正本清源,恢复马克思主义、毛泽东思想的"科学面目"成为当时的重中之重和社会共识。不如此,中国社会主义现代化事业就会被葬送,改革开放就会成为一句空话。因此,客观社会现实促使邓小平对传统的马克思主义进行重新审视和反思,促使他把长期"没有搞清楚"或"没有完全搞清楚"的问题搞清楚。习近平总书记也指出:"学习马克思主义经典著作,有利于从源头上完整准确地理解马克思主义,系统掌握马克思主义科学真理,也有利于深化对中国特色社会主义理论体系的理解和运用。"②中国共产党以马克思主义为指导的百年历史,正在向世界提供一个重新认识、反思和发展马克思主义的契机。完整准确地理解和深入研究马克思主义,既是时代呼唤,又是实践要求。

---

① 《邓小平文选》第3卷,人民出版社,1993年,第63、137、291页。
② 习近平:《做好新形势下干部培训工作》,《学习时报》2010年10月25日。

近年来,在完整准确地理解和重新认识马克思主义的研究潮流中,人的自由全面发展和人的解放是马克思主义的根本出发点和最终归宿。[①] 从学术思想史的角度来看,胡秋原对马克思主义的研究,是全球马克思主义研究的组成部分,是有其思想价值的。

[①] Adam Schaff, *Marxism and the Human Individual*, NewYork, McGraw-Hill Book Company, 1970; Robert C.Tucker, *Philosophy and Myth in Karl Marx*, Cambridge University Press, 1972; D.F.B.Tucker, *Marxism and Individualism*, Oxford: Blackwell, 1980.

第三章 抗日救亡思潮下"读书杂志派"的应对策略

"九一八事变"把中华民族推到了生死存亡的危急关头,民族主义思潮蓬勃兴起。"一·二八事变"爆发后,十九路军的英勇抗战激起了全国人民的爱国热情,支援十九路军抗战的呼声响彻全国,抗日救亡的民族主义思潮不断高涨。在支援十九路军的淞沪抗战上,"读书杂志派"知识分子群体与左翼阵营的策略不同,甚至发生冲突,原因何在?通过梳理分析抗日救亡思潮下"读书杂志派"的应对策略,本部分试图揭示其对中国革命根本问题的初步思考和探索的思想价值。

第一节 "读书杂志派"与十九路军的渊源

具有政治抱负的陈铭枢结交"读书杂志派"等知识分子群体,接受新思想并以新的姿态活跃于政治舞台,不仅使神州国光社实现了新生,由单纯的出版机构逐渐转向一个进步的文化团体和政治派别,而且也使他领导的十九路军发生思想嬗变。十九路军的政治军事力量为"读书杂志派"及其所属的神州国光社提供了政治庇护,"读书杂志派"和神州国光社集中反映了十九路军的政治态度,实现了"读书杂志派"与陈铭枢和十九路军的互动。

一、陈铭枢与十九路军的历史沿革

十九路军的前身和起点为孙中山亲手创建的粤军第一师,后来成为十九路领导人的陈铭枢、蒋光鼐、蔡廷锴等人在该军第一师第四团任职。1920年,陈铭枢任第四团团长,因训练严格精勤,成为全军的模范团。陈炯明叛变后,陈铭枢、蒋光鼐、蔡廷锴等人均受到重用和提拔。1923年,陈铭枢任第四团扩编后的第一师参谋长兼第一旅旅长。1925年7月,第一师扩编为国民革命军第四军,陈铭枢任该军第十师师长。1926年7月,国民革命军出师北伐,攻克武汉后第十师扩编为第十一军,12月,陈铭枢升任第十一军军长,并兼任武汉卫戍司令。1927年3月,宁汉分裂后,陈铭枢离开武汉国民政府,前往南昌,依附蒋介石。4月,赴南京任政治训练部副主任(吴稚晖名为主任但未到任,实际上由陈铭枢负责)。11月,重任十一军军长。1928年12月,陈铭枢任广东省政府主席,1929年1月,南京国民政府召开国军编遣会议,陈铭枢主动响应裁军缩编,十一军番号被撤销,经两次改编后缩编为六十师和六十一师。"从此有了广东地盘,同时并间接控制这两个师的武力作为后盾"。①陈铭枢辞去军职,与十一军已无统属关系,"虽然此后不再直接统率和指挥这支部队,但始终是它的政治领袖和最高的决策人",②"庇护者""精神导师"。③ 据蔡廷锴回忆:"陈铭枢从1927年冬迄1933年在政治上的一切活动",就是靠"十一军作为资本"。1930年5月,中原大战爆发后,陈铭枢指示旧部蒋光鼐、蔡廷锴率六十师和六十一师支援蒋介石,调往山东前线。8月,在济南六十师和六十一师扩编为国民革命军第十九路军,蒋光鼐任总指挥,蔡廷锴任军长,十九路军正式建制。自1927年起,到1932年淞沪抗日战争之间,十一军和十九路军一直拥护南京国民政府,"成为拥蒋的忠实有力工具"。④ 尽管如此,十九路军始终未被蒋介石视为嫡系,而是被视为地方势力。从北伐到"清共",蒋介石、陈铭枢都向右转,陈铭枢认为"当时中共领导下的工农运动""越轨过火",⑤蒋介石夺取国民党党政军大权后,实行军事独裁的野心日益暴露,"怀疑共产党人暗中挑动民众,制造倒蒋风潮",使其感受到权力失落和政治恐惧,于是决心背叛革命,逐渐暴露出清党反共的真面目,被国民党左派领袖和共产党人视为"昏庸腐朽分子",陈铭枢也因"不赞同左派主张"被挤走,⑥二人的结合带有强烈的政见色彩。

　　1929年陈铭枢任广东省政府主席,"从此有了广大地盘,同时并间接控制这两个师的武力作为后盾"。⑦ 尽管陈铭枢及十九路军长期拥蒋,但"貌

---

① 蔡廷锴:《回忆十九路军在闽反蒋失败经过》,《文史资料选辑》第59辑,中华书局,1979年,第72页。
② 朱伯康:《回忆十九路军与淞沪抗战》,邓一帆主编:《记忆中的淞沪抗战·一二八淞沪抗战》(上卷),上海科学技术文献出版社,2017年,第213页。
③ Donald A. Jordan, *China's Trial by Fire: The Shanghai War of 1932*, Ann Arbor: University of Michigan Press, 2001, pp. 5, 53; Hu Chow-yuan, "The Nineteenth Route Army", *Amerasia: A Review of America and the Far East*, vol.1, no 3 (May 1937), p.129.
④ 蔡廷锴:《回忆十九路军在闽反蒋失败经过》,《文史资料选辑》第59辑,第72、73页。
⑤ 朱宗震、汪朝光:《陈铭枢回忆录》,中国文史出版社,1997年,第47页。
⑥ 杨奎松:《国民党的"联共"与"反共"》,社会科学文献出版社,2016年,第182、186页。
⑦ 蔡廷锴:《回忆十九路军在闽反蒋失败经过》,《文史资料选辑》第59辑,第72页。

合神离",存在隐忧。陈铭枢曾明确表示"反对蒋集党、政、军三方面大权于一身的做法,写了很长的一封信给蒋,要求蒋只任一端,信内引用了'蒋家天下陈家党'一语,对蒋抨击颇烈"。① 陈铭枢"在政治上有了较高的地位之后,逐渐露出不愿久居人下之心。同时,十九路军内部始终笼罩着一种对蒋介石不满的情绪,这一切都是蒋介石所十分猜忌的"。②

随着陈铭枢与蒋介石发生冲突,十九路军被派往"剿共"前线。1931年2月,因约法之争,国民政府主席蒋介石将立法院长胡汉民软禁在南京郊外汤山别墅,史称"汤山事件",引发了国民党内以粤派为主的反蒋势力的大联合,最终酿成宁粤分裂与对峙的政局。1931年4月,陈铭枢被迫离粤。陈铭枢"一向把十九路军当作他自己的本钱,实际上陈还掌握了该军的大权"。③ 因陈铭枢拥护蒋介石,6月,被委任江西"剿赤"右翼集团军总司令,重新直接指挥十九路军。蒋介石委任陈铭枢的主要目的是要他率十九路军"围剿"江西红军,进而以"追剿"名义进入广东讨伐陈济棠,但陈铭枢早已与蔡元培、邓演达通过密函商定,利用此次出兵图粤之良机,由蔡元培领衔,陈铭枢、邓演达共同署名,"发表对时局宣言,呼吁和平,以停止内战、一致对外相号召;对宁粤双方则采武装调停办法,建立第三势力,以图控制整个局势"。陈铭枢认为其"有军事力量","蔡元培有政治威望,择生(邓演达)有群众基础",这一"三人合作计划实现,定可另开一新局面"。④ 因"九一八事变","外侮临头,内争住手,这一计划,才胎死腹中"。⑤

7月下旬起,长江流域发生了大水灾,哀鸿遍野。"九一八事变"的爆发震惊了整个中国。在内外交困、国难当头、全国民众一致要求团结抗日的呼吁下,宁粤双方由对峙走向合作。十九路军领袖陈铭枢凭借与双方的关系,自告奋勇担负起调停的任务。⑥ 据梅龚彬回忆说:"陈铭枢出面调停,其动机无非是想在政治舞台上表现自己。"⑦经调停,宁粤双方达成协议,蒋介石

---

① 何公敢:《"福建人民政府"和"生产人民党"断片》,《福建文史资料选辑》第1辑,福建人民出版社,1962年,第2页。
② 《政坛浮生录——林知渊自述》,中国人民政治协商会议福建省委员会文史资料委员会编印,《福建文史资料》第22辑,1989年,第48页。
③ 陈燕茂、黄和春:《十九路军史略》,中国人民政治协商会议广东省委员会文史资料研究委员会:《广东文史资料》第23辑,广东人民出版社,1979年,第61页。
④ 陈铭枢:《"宁粤合作"亲历记》,中国人民政治协商会议全国委员会文史资料研究委员会编:《文史资料选辑》第9辑,文史资料出版社,1960年,第55页。
⑤ 陈燕茂、黄和春:《十九路军史略》,中国人民政治协商会议广东省委员会文史资料研究委员会:《广东文史资料》第23辑,第62页。
⑥ 朱宗震、汪朝光:《陈铭枢回忆录》,第75页。
⑦ 梅龚彬著,梅昌明整理:《梅龚彬回忆录》,第78页。

下野,孙科任行政院长,未到任时由副院长兼任交通部长的陈铭枢代理。虽然十九路军在拥蒋的过程中立下汗马功劳,但鉴于蒋介石对陈铭枢不满,以及十九路军和陈铭枢与粤方的历史渊源,蒋介石仍将其视为异己的军事力量。尤其是陈铭枢在调和宁粤双方矛盾时,粤方要求将原驻扎在江西的十九路军调驻京沪,以保护粤方代表安全,"否则蒋介石绝不会让非嫡系军队卫戍京沪"。① 陈铭枢亲自以卫戍司令身份掌管十九路军,达到其个人政治生涯的顶峰,而这进一步加剧了蒋介石与陈铭枢之间的芥蒂。据时任京沪卫戍区司令长官公署机要参谋的邓世汉回忆,此时的陈铭枢"有些踌躇满志之态"。② 被时人誉为"黄马褂、左丞相、九门提督(卫戍司令)、邮传部尚书"。③ 他是调停的提倡者,也是最大的获益者,"在政治上逐渐形成一个小派系","当时有蒋、汪(精卫)、胡(汉民)、孙、陈五巨头的称谓,这当然更是蒋介石所不能容忍的"。④ 陈铭枢无论在国民党中央,还是国民政府中,都势倾朝野,其影响力由此可见一斑,自然会引起蒋介石的疑忌。此时,蒋介石已"深感陈铭枢的政治态度和活动已越出他所能控制和允许的范围,也不再是他手中一张可以用于对付异己的王牌,就把他撇在一边了"。⑤

此外,陈铭枢与第三党领袖邓演达的关系较为密切,"多次密函往来",商定在宁、粤之外另开新局,"建立第三种势力的政权"。⑥ 自此,双方成见加深,蒋介石自然会对陈铭枢加强压制和防范。据陈铭枢自述:"要不是十九路军三万余将士掌握在我的手中,我随时都会步邓演达的后尘",⑦不得不说,陈铭枢的说法是有可能的。1931年11月下旬,十九路军卫戍京沪,陈铭枢赴上海与蒋光鼐、蔡廷锴等会商决定支援马占山在黑龙江的抗战,陈铭枢让王礼锡起草通电电文,以蔡廷锴的名义向全国发出抗日通电。随着1932年"一·二八事变"的爆发,在抗日战争问题上,双方的认知和主张出现重大差异,双方矛盾逐渐加深,陈铭枢"感到政治上无出路,思想很烦闷,开始与神州国光社一批人接近,逐渐走上了反蒋的道路",⑧双方随之在政

---

① 李敖:《李敖新文集》(四),时代文艺出版社,1999年,第214页。
② 邓世汉:《京沪卫戍公署见闻》,邓一帆主编:《记忆中的淞沪抗战·一二八淞沪抗战》(上卷),第250页。
③ 翰青:《陈铭枢搞闽变的症结所在》,《春秋》(香港)1968年9月。
④ 《政坛浮生录——林知渊自述》,《福建文史资料》第22辑,第49页。
⑤ 朱伯康:《回忆十九路军与淞沪抗战》,邓一帆主编:《记忆中的淞沪抗战·一二八淞沪抗战》(上卷),第216页。
⑥ 樊振编著:《邓演达年谱会集》,中国言实出版社,2010年,第264页。
⑦ 朱宗震、汪朝光编:《陈铭枢回忆录》,第101页。
⑧ 陈碧笙:《我所想起的关于"闽变"的几件事》,中国人民政治协商会议福建省委员会文史资料委员会编辑室编:《福建文史资料选辑》第1辑,第23页。

治上分道扬镳。"十九路军抗日意识之形成,固然由于时局所促成,其间夹杂着剿共军事上的困顿,社会主义思想的影响及反蒋的心理意识,在当时实与中央政府的先安内后攘外的政策冲突。"①

"九一八事变"后,全国民众的各种抗日活动"风起云涌,全国沸腾,使十九路军认为民气可用,应将这股洪流引导到抗战上而不能加以阻遏",②这是十九路军将领对时局的普遍认识。十九路军被派往上海,抗日成为新"革命"的寄托,与蒋介石无意和日军决战的主张发生冲突。在不同的抗日认知下,十九路军和蒋介石各行其是,前者主张抗战到底,后者坐视不救或乘机打击十九路军。民众的抗日热情也不利于双方寻求共识,陈铭枢与蒋介石之间的裂痕急剧扩大。据陈铭枢自述:"这是蒋介石破坏抗战的最后一招,也是我决心同蒋介石决裂的开端。"③

"一·二八"淞沪抗战爆发后,十九路军将领极力主张团结一致,抗日到底,以死报国,表现出高昂的斗志和强烈的民族意识。"一·二八"淞沪抗战成为十九路军发展史上的声望顶峰,不仅全国人民和海外侨胞都热烈支援其抗日,而且中外舆论也高度评价其抗日壮举。上海《时事新报》的社论评价道:"十九路军……余月以来外侮所加之耻辱国际轻蔑之观戚民族垂纤之人格万众抑郁之心理一举而有扫荡之观。"④在中国出版的影响最大的英文日报——《字林西报》称赞十九路军"坚持不屈之精神,未尝一动毫发。既战则战而至予死。旦夕之间,其声名闻于全世界"。⑤十九路军誓死抗日赢得了国内外的盛赞与鼓舞,十九路军领袖成了民族英雄,这更加坚定了其抗日的决心,这种态度与蒋介石的南京国民政府"先安内后攘外"和"一面交涉,一面抗战"的政策形成鲜明对比。十九路军淞沪抗战好评如潮,对蒋介石的南京政府而言有功高震主之嫌,自然会受到当局嫉妒,甚至猜疑,双方关系由此日渐疏离。"十九路军受到了全国各界的同情和支持,虽然改变了原来的局面,但由此益加受到蒋的嫉恨,简直成了他的眼中钉。"⑥作为"十九路军的创造者",虽然陈铭枢不在十九路军,但"他的威德仍然统被全军"。⑦

---

① 赵庆河:《读书杂志与中国社会史论战(1931—1933)》,第78页。
② 丘国珍:《十九路军兴亡史》,文海出版社,1977年,第24页。
③ 朱宗震、汪朝光编:《陈铭枢回忆录》,第105页。
④ 《上海时事新报社论·举国皆在战线矣》,1932年2月30日。
⑤ 朱伯康、华振中:《十九路军淞沪血战史》,神州国光社,1933年,第576页。
⑥ 民革中央宣传部:《陈铭枢纪念文集》,第101页。
⑦ 翁照垣述,罗吟圃记:《淞沪血战回忆录》,邓一帆主编:《记忆中的淞沪抗战·一二八淞沪抗战》(上卷),第97页。

签署停战协定之后,1932年5月,蒋介石不仅下令撤销京沪卫戍区司令长官公署,迫使陈铭枢辞去交通部长职务,而且下令将十九路军三个师分割调往湖北、安徽、江西三省参加内战,"名为倚重,实图瓜分",①达到拆分肢解,将其淘汰于无形之中的目的。由于遭到十九路军将领的坚决反对,以及全国舆论的支持,经陈铭枢等将领力争,加之红军在闽西有燎原之势,蒋介石权衡利弊后将十九路军调往福建担负起"剿共"的任务。蒋介石此举旨在达到"一石三鸟"之效果,既可"除去京沪间的肘腋之患",也可"利用十九路军进攻苏区红军,使十九路军和红军在互斗中两败俱伤,既打击红军,又削弱十九路军",坐山观虎斗,通过这种借刀杀人之计,从而坐收渔人之利;又可"藉十九路军之力消灭福建地方力量,并牵制广东陈济棠的后方",②加深闽粤之间的矛盾,使其相互争斗,从而达到消除异己的数重目的。为回应蒋介石,陈铭枢向南京政府辞去本兼各职,并以"祸不可挽,挽则横流"公开表达对蒋介石的强烈不满。陈铭枢、蒋光鼐、蔡廷锴"三巨头"达成共识,十九路军"暂时维持原状,不卷入国民党派系斗争的漩涡,专心致力于整顿全闽,作为将来反蒋的基地"。③

二、"读书杂志派"与十九路军的互动

陈铭枢"全国性的视野和人际关系之广泛,在粤军同事中,鲜有出其右者"。④ 他通过接办"神州","邀集了一批颇有名望的学者,像王礼锡、胡秋原、王亚南等来办这个出版机构,在文化界、知识界相当有影响"。⑤ "以此为中心广为结纳国内外文化界人士,进行对社会科学及政治经济各项的研究"。陈铭枢结交王礼锡、胡秋原等人,被各种新思想所吸引,他"拉拢这些人"的目的在于"壮声势"。⑥ 他被称为"拥有从佛教到马克思主义这样广泛的知识",⑦其"嗜好和思想都很复杂,平日爱谈新思想、新政治,想做学者圣贤,又想做英雄和政治家"。⑧

---

① 民革中央宣传部:《陈铭枢纪念文集》,第101页。
② 《政坛浮生录——林知渊自述》,《福建文史资料》第22辑,第52页。
③ 朱宗震、汪朝光编:《陈铭枢回忆录》,第110—111、112页。
④ 吴振声:《国民政府时期的地方派系意识》,文史哲出版社,1992年,第103页。
⑤ 朱伯康:《回忆十九路军与淞沪抗战》,邓一帆主编:《记忆中的淞沪抗战·一二八淞沪抗战》(上卷),第210页。
⑥ 范汉杰:《"闽变"回忆》,全国政协文史资料委员会编:《文史资料存稿选编·十年内战》,中国文史出版社,2002年,第588页。
⑦ Hu Chow-yuan, "The Nineteenth Route Army", *Amerasia: A Review of America and the Far East*, vol.1, no 3 (May 1937), p.129.
⑧ 蒋君章:《爱国老人丘念台先生(二)》,《传记文学》第26卷第2期,1975年2月,第68页。

据陈铭枢晚年回忆:"我与蔡(元培)、邓(演达)等策划军事政变计划,即十九路军开入广东时,即占领东江,宣布起义。此事当时除蔡廷锴知道外,连我的秘书长孙希文也不知道,我当时对王的倚重是异乎寻常的。"①陈铭枢对梅龚彬也是深信不疑,1932年秋,陈铭枢被迫出国前曾到上海同梅龚彬见面,仅有王礼锡一人前往陪同。据梅龚彬自述:"出乎意料,初次交谈他就把发动军事反蒋的意图告诉了我,并邀我去福建为十九路军培训干部。真公如此信任我,自当效命。""1933年初我利用寒假空暇时间去漳州为十九路军总部举办的干训班讲政治课。我很卖劲,用一个多月的时间讲授按正常进度需半年的课程。"②

陈铭枢结交文人也有为自己网罗人才的目的,无论是接办"神州国光社",还是邀请王礼锡、胡秋原等人筹办《读书杂志》,都是将其视为营造舆论的阵地和网罗人才的舞台。在当时国民党查封共产党和反对国民党的政治派别主办的出版社时,神州国光社能够在新兴出版社中逆势崛起,"在所有新兴的书店中,以神州国光社的声势为最大"。③ 神州国光社被国民党视为"社会民主主义在上海之出版机关","一部无出路之知识分子,亦复群集其门下,一时在出版界颇具特殊势力"。④ 它获得文化上和经济上的成功,由单纯的出版机构逐渐转向一个进步的文化团体和政治派别,成为独立于国共两党之外颇具影响的政治文化力量,与其成为十九路军的政治文化机关的特殊地位密不可分。

王礼锡、胡秋原等人主持"神州"社务和《读书杂志》期间,为十九路军奔走呼喊,扮演着其政治代言人的角色。主要体现在以下几个方面:

第一,进行舆论宣传,扩大十九路军的政治影响。他们的基本政治倾向是既对国民党不满,又不赞同共产党以阶级斗争进行革命,同时也发表对时局的主张。王礼锡、胡秋原、王亚南等"神州骨干"和"读书杂志派"核心成员宣传十九路军的战绩,参与中国社会史论战,从理论上达成有关中国出路的共识,同时又通过设立神州函授学会,以辅导、评述等方式建立起与读者之间的关系,试图以此扩大"神州"和十九路军的社会影响,构建起良好的社会声誉,在诸多的政治思潮中营造其政治形象。

第二,为十九路军抗战鼓与呼,扮演着舆论宣传的"喉舌"角色。"九一

---

① 朱宗震、汪朝光编:《陈铭枢回忆录》,第145页。
② 梅龚彬著,梅昌明整理:《梅龚彬回忆录》,第81页。
③ 王凡西:《双山回忆录》,第165页。
④ 国民党中央宣传委员会:《文艺宣传会议录》(1934年3月),南京图书馆藏:MS/G121/4,第164页。

八事变"爆发后,"读书杂志派"十分关注时局,①无视国民政府"不许妄言抗日"的要求,依托其主办的《读书杂志》编辑,出版了《东北与日本》专号、②《反日民族战》专号、《1932年世界与中国》特刊,不仅公开斥责日寇罪行,而且抨击不抵抗主义,揭露日本侵华及旨在灭亡中国的国策和阴谋,旗帜鲜明地呼吁国人武装起来反抗日本侵略,宣扬十九路军抗日主张。1932年"一·二八事变"后,"读书杂志派"不仅出版《紧急号外》等出版物,而且刊登了十九路军将领的言论,撰文呼吁号召全民族团结起来共同支持十九路军抗战到底。神州国光社和《读书杂志》成为十九路军的文化宣传阵地,该杂志反映了十九路军领导人的政治见解。事实上,陈铭枢支持援助的"神州国光社"和《读书杂志》,成为十九路军淞沪抗日期间的"机关报"和"喉舌","读书杂志派"成为在支援十九路军抗战中的重要力量。十九路军的抗日壮举能够声名远播,"读书杂志派"在舆论宣传上扮演的角色无可替代。

第三,提出建立抗日反蒋民主政权的主张。在1933年十九路军领导人陈铭枢等人发动反蒋抗日的"福建事变"中,"读书杂志派"扮演着引导舆论、宣传鼓吹和理论指导的智囊角色。这一部分将在第四章展开分析,此不赘述。

从"一·二八事变"到"福建事变","读书杂志派"依托"神州",与十九路军一荣俱荣、一损俱损。正如有学者评价道:"十九路军出资接办神州国光社作自己的舆论工具;神州国光社则开动宣传机器为十九路军作舆论宣传,并在政治上为十九路军出谋划策。"③双方风雨同舟的良性互动,是既不满国民党又不赞同共产党主张的中间知识分子与主张抗日的国民党部队紧密结合,试图在国共两党之外探索中国革命新道路的真实写照。"读书杂志派"在此期间的理论探讨、宣传抗日和投身革命的实践活动,是其与十九路军互动的印证。

---

① 王亚南:《东三省事件之解剖与列强对日之态度》,《抗日旬刊》1931年第3期。王亚南在公开演讲中,对日本侵华政策进行分析,认为其目的在于吞并中国,揭露了列强对日妥协态度,呼吁全民族团结抗日。

② 彭芳草:《九一八前的远东国际形势》,胡秋原:《资本主义之"第三期"与日本暴行之必然性》《中国外交政策考》,《读书杂志》第1卷第7、8期合刊,1931年11月;胡秋原:《东北事变为中心的国际情势之变化》,《读书杂志》第1卷第9期,1931年12月。胡秋原从国际背景深入分析日本侵华原因,批评学界单纯的"反俄论"与"日美妥协论"两种论调,其目的是认清日本侵华的国内外背景,呼吁当局放弃对日不抵抗主义政策,坚决主张抗日。

③ 蒋建农:《神州国光社与十九路军》,《史学月刊》1992年第3期。

第二节　"读书杂志派"与"左联"的分歧①

"九一八事变"后，国民政府希望借助国联来调节中日关系的愿望落空，进一步助长了日本侵华的嚣张气焰，在进攻热河的同时，日本又在上海挑起事端。1932年1月28日，日军向驻守闸北的十九路军发动突然袭击，十九路军奋起抵抗，通电谴责日寇进攻和挑衅，激起国人对十九路军的热情支援。"神州"和《读书杂志》自然身先士卒给予支援，刊登了十九路军将领的电文，②成为其"喉舌"。在当时"许多抗日的机关，和国民党的报纸，都遵命封闭"的情况下，③为支持十九路军抗日，鼓舞士气和民心，战争爆发次日，胡秋原与王礼锡等人发起创办《抗日战争号外》，目的是对外揭露日寇在上海的滔天罪行，对内鼓舞抗日斗志，积极宣传全民族抗战到底的主张，并决

---

① 需要说明的是，"读书杂志派"与当时"左联"在"中国著作者抗日会"领导权的争夺、"一·二八"淞沪抗战时对十九路军的策略、"福建事变"时对福建人民政府联合抗日反蒋倡议的应对等一系列问题上具有不同看法、产生分歧与冲突，甚至上升到政治斗争和意识形态的高度，之所以出现这些错误，是因为当时正值王明为首的"左"倾教条主义错误路线逐渐从局部向全局蔓延，在上述事件中都有程度不同的反映，有些甚至还很严重。对这些关于"读书杂志派"的交际与认知上的"左"倾错误，1945年4月20日，中共中央在党的六届七中全会通过的《关于若干历史问题的决议》中，对1931年1月六届四中全会到1935年1月遵义会议，这个时期所犯的"左"倾错误从思想政治路线的高度进行深刻检讨反省，"这个错误，曾经给了我党和中国革命以严重的损失"。(《毛泽东选集》第3卷，1991年，第955页。)王明领导的"新的左倾路线在中国社会性质、阶级关系问题上，夸大资本主义在中国经济中的比重，夸大中国现阶段革命斗争中反资产阶级斗争、反富农斗争和所谓'社会主义革命成份'的意义，否认中间营垒和第三派的存在"。(《毛泽东选集》第3卷，1991年，第961—962页。)由此可见，当时"左联"、《新思潮》、福建地方苏维埃政权等团体、刊物、人物对"读书杂志派"的认知和言行有许多极"左"错误，主要就是因为王明领导的"左"倾教条主义路线。

党的六届四中全会后，新的"左"倾路线已在实际工作中得到具体运用和发展。1931年9月，以秦邦宪为首的临时中央，对"福建事变的政策上，左倾路线的错误也得到了完全的贯彻"。(《毛泽东选集》第3卷，1991年，第965、967页。)

新的"'左'倾路线更把反资产阶级和反帝反封建并列，否认中间营垒和第三派的存在，尤其强调反对富农。"九一八事变"以后，我党援助了"一·二八"战争，和福建人民政府成立了抗日民主的同盟，但由于当时"左"倾路线统治时期，"指导政策的错误，不能在实际上正确地解决问题"。中间阶层和一部分大地主、大资产阶级的地方集团已经发生了成为抗日同盟者的变化，这个变化却被第三次"左倾路线所忽视或否认，形成了自己的严重的关门主义"。"这个关门主义错误所造成的孤立和落后的状况，在遵义会议以前，基本上是没有改变的。"(《毛泽东选集》第3卷，1991年，第972—973、974页。)

② 参见陈铭枢：《沪战文献·密电八通》，《读书杂志》第2卷第4期，1932年4月。
③ 郁达夫：《沪战中的生活》，《读书杂志》第2卷第4期，1932年4月。

定"由《读书杂志》《文化评论》两社合作,钱由两个社的份子自己掏"。① 1月30日,"'紧急号外'散布在街上了",因与十九路军的关系能够获得内部消息,这份号外在大街小巷上广为传播,市民争相传阅,产生较大影响,然而,出乎他们意料的是这份激励抗日的报刊竟然遭到来自左右两翼的夹击。因南京国民政府通令内部严禁宣扬抗日,上海当局据此下令查禁,认为此举是"刺激友邦"。对此,陆晶清大声疾呼:"人为刀俎,我为鱼肉,猪被杀也要叫几声,我们被杀,连叫几声的权利都没有,成何世道?"②左翼也予以反对,"五天以后,号外遭了风波,原因简单,有人要劫夺而去,理由是'应该归他们办'。"③这里的"他们"是指"左联"主导的罢工委员会,为争夺《号外》主办权,他们与"读书杂志派"之间爆发了激烈的对抗与冲突。

一、在争夺中国"著作者抗日会"领导权上的分歧与冲突

"一·二八事变"期间,在当时"左"倾教条主义者领导下的中共中央号召工人罢工以向南京国民政府表达抗日诉求的指示下,受"左"倾错误影响的"左联"在上海鼓动罢工,神州印刷所不赞同罢工并要求工人正常上班,为印刷出版抗日宣传和报道提供保障,工人罢工势必影响其宣传。罢工委员会派人到工厂宣传罢工,工运者提出年关将近,对工人宣传向资本家要求"年关双薪",以此为由进行罢工,"神州"工人不予理会,并认为在日本侵略下,当前的主要任务是支援十九路军抗日而不是罢工。在王礼锡看来,"罢工应当是政治的意义超过经济的意义,'反日'的口号下可以集中一切力量,罢工也应当在这口号之下行动";"我们是为抗日而罢工,不是罢抗日的工"。④ 从主办《抗日战争号外》的宗旨来看,胡秋原、王礼锡等人是为了宣传十九路的抗日壮举,而且他们也不是资本家,何来向资本家要双薪?工运者鼓动"神州"工人罢工不成,竟用刀将工人的手刺伤,并扬言:"我给你们谋利益,你们还不肯去吗?贱东西!"这种"左手一个画饼,右手一口宝剑,不接受画饼的,就是一剑"的做法,就是"做工人运动的法斗"。据王礼锡的《战时日记》记载:"校对部中两个工运者又裹着头来向我哭诉,说工人打了我们。"⑤作为"左联"外围刊物的《文艺新闻》报道此事时则是另一番景象,

---

① 王礼锡:《战时日记·沪战爆炸第一声》,《读书杂志》第2卷第4期,1932年4月。
② 王士杖,王世欣:《爱国女作家陆晶清传》,第75页。
③ 芳草:《沪战期中的感受》,《读书杂志》第2卷第4期,1932年4月。
④ 王礼锡:《战时日记·罢工抗日与罢抗日的工》,《读书杂志》第2卷第4期,1932年4月。
⑤ 王礼锡:《战时日记·工人的血》,《读书杂志》第2卷第4期,1932年4月。

神州罢工工人"被厂方及工厂雇用流氓破坏、并打伤数人、场内外亦被暴徒把守"。① "罢工工人被厂方及工头雇用流氓殴打",罢工委员会发出的宣言对该社"厂方之欺骗行为、并多暴露",宣誓打倒帝国主义及资本家,与之奋斗到底。② "左联"主导的罢工委员会打着维护工人利益的旗号,将"神州"视为资本家,并将其与帝国主义并列为要打倒的对象,双方立场不同,也是宣传上双方各执一词、互不相让的根本原因所在。

多年后,胡秋原回忆说:"左"派"煽动工人罢工……工人拒绝,竟殴打工人。工部局干涉,逮捕凶手数名,其中两三人,是神州工人"。③ 另据时任"神州"校对的梅方义回忆:"当时左派没有想通,不仅有'打倒十九路军'的口号,并由罢工委员会要印刷工人罢工,不印《抗日战争号外》。工人不肯,罢工委员会用刀杀伤工人的手。工人还手,校对中又有人帮助罢工委员会的人,工人又将校对打伤。他们闹到巡捕房。"④校对中帮助罢工委员会的人是周立波,他是"神州"工人中"最活跃的分子之一",时任"印刷所罢工委员会的委员长,在工人中积极进行宣传鼓动和组织罢工的活动"。⑤ 他因盲目参与暴力罢工被巡捕房逮捕入狱,当时"左联"领导人之一的周扬是其叔叔。据周扬晚年自述:"他是我带出来的,比我小一岁……在上海我供他……后来到神州国光社当校对,又搞运动,又被捕,坐牢两年半。"由于这种深厚的个人感情,周扬带着与胡秋原在武大有同学情谊的杨邨人进行拜访,请求释放周立波。周扬认为"胡秋原是神州国光社的总编辑,周立波是你的一个小校对,你保他救他,总是可以的"。⑥ 其求助遭到拒绝,根本原因在于"来煽动罢工的正是周扬"。⑦ 胡秋原还质问周扬等人为何要打倒十九路军,一言不合,无果而终。这种干涉言论出版自由的行为,与胡秋原的自由主义的思想理念发生冲突,他自然会拒绝其请求,这也是周扬对胡秋原不满的原因之一,此后杨邨人也表达不满,撰文批评胡秋原是社会民主党。

当罢工委员会准备接收《抗日战争号外》时,胡秋原气愤地说:"你们以

---

① 《神州国光社二号起罢工》,《文艺新闻·战时特刊》1932年2月3日。
② 《神州被打工人宣言坚决斗争到底》,《文艺新闻·战时特刊》第2号,1932年2月4日。
③ 胡秋原:《〈唐三藏与浮士德之间〉及其他》,第7页。
④ 梅方义:《回忆〈神州国光社〉与〈时代日报〉》,《中华杂志季刊》1993年12月号。
⑤ 胡光凡:《周立波评传》,湖南文艺出版社,1986年,第33页。
⑥ 张大明:《坚持舆论一律 保留个人风格——〈周扬文集〉札记》,《文艺评论》1985年第3期。此时胡秋原担任"神州"的编辑,总编辑是王礼锡,周扬的回忆不准确。胡秋原的回忆证实了周扬不满胡秋原的说法。参见胡秋原:《〈唐三藏与浮士德之间〉及其他》,胡秋原自刊本,1962年,第7—8页。
⑦ 胡秋原:《论鲁迅并说到周扬》,《中华杂志》1982年11月号。

什么资格来接收这号外?"王礼锡也质疑罢工的总机关"所包办的工作仅是罢工呢?还是一切抗日工作?"若是前者,"号外的接收既没有必要,也无权接收"。若是后者,"前敌打仗的工作是不是也由你们接收?"①鉴于此,为避免不必要的麻烦,胡秋原与王礼锡商定后决定停刊。"紧急号外就寿终正寝了。事实是:并不是号外非短命不可,而是我们愿意将他掐死,这正如秋原君所说,在任何世界中,一个自由人办个自由刊物,不能被别人干涉的。"②对此,当时负责"左联"党团工作的楼适夷指责王礼锡和胡秋原反对他们提出的反法西斯纲领,胡秋原回应说其实哪有这回事,并驳斥道:"当时十九路军在上海血战,神州国光社办了一张小型战报,有人来鼓励工人罢工,终使报纸停刊。这便是适夷兄所说的'反法西斯'!"③大敌当前,胡秋原、王礼锡等人对"左联"指责其转移阶级斗争为民族斗争的做法极为不满,道不同不相为谋,他们宁愿停办刊物也不愿屈服在"左联"的干涉之下。

十九路军的抗战引发作家共鸣,他们应积极支援抗战。事实上,1931年春,陈望道等人就曾提出发起著作人协会,争取言论出版自由的主张,"左联"赞同其主张,但希望由陈望道等人出面组织。"九一八事变"后,陈望道等人再次提出动议,"左联"支持并参加,希望以此争取中间派。1932年1月11日,陈望道在《文艺新闻》上发表《关于著作者协会》的文章,提出具体建议。④ 1月17日,"中国著作者协会"在大世界旁边的青年会三楼举行正式发起会,到会35人中既有左翼,又有中间知识分子。冯雪峰在回忆录中指出,陈望道召集发起会对组织宗旨、纲领、筹备会人选等问题进行激烈争论,包括"我们同胡秋原、王礼锡等之间,大概在当天也有争论"。"我们(左翼文化界)也参加进去争取领导权并准备在内部对王礼锡、胡秋原等人进行揭露和斗争的一个团体。"⑤发起会从下午2时开始至6时30分结束,其间的各种争论和路线斗争的激烈程度由此可见一斑。在推举10人中,施存统(施复亮)、冯雪峰、邓初民、孙师毅、胡秋原、王礼锡、陈望道7人当选为筹备会人选。⑥"著作者协会"汇集了各方力量,不同政治立场的著作者都位列其中,无论是共产党还是"读书杂志派"等中间知识分子,都希望通过统战策略来建立文化界的统一战线,以争取自由,共同反对日本帝国主义。上海文

---

① 王礼锡:《战时日记·罢工抗日与罢抗日的工》,《读书杂志》第2卷第4期,1932年4月。
② 芳草:《沪战期中的感受》,《读书杂志》第2卷第4期,1932年4月。
③ 胡秋原:《关于第三种人之类》,《祖国》第38期,1940年5月1日。
④ 陈望道:《关于著作者协会——一个具体而简要的意见》,《文艺新闻》第44号第3版,1932年1月11日。
⑤ 冯雪峰:《冯雪峰全集》第9卷,人民文学出版社,2016年,第191页。
⑥ 《中国著作者协会发起纪》,《文艺新闻》第46号第1版,1932年1月25日。

化界抗日反帝联合战线由此初步形成。

据乐嗣炳自述,1月29日,"陈望道同胡秋原到我家里来,谈到日本帝国主义侵犯上海的暴行,无不义愤填膺。陈望道建议上海文化界组织一个'著作者抗日会',以便更好地投入抗日救国活动"。陈望道、胡秋原、王礼锡、乐嗣炳积极联络,1932年2月7日,他们邀约上海文化界思想进步和富于爱国心的著作家,在徐家汇附近某中学内成立上海"著作者抗日会",讨论文化界如何抗日问题。胡秋原、王礼锡等"神州"同人虽然"知道在著作者抗日会内有党团员和左翼作家在活动,但为了争取文化界广大爱国知识分子支持十九路军抗日,他们也积极参加抗日会的活动。以王礼锡、胡秋原、梅龚彬为核心,他们发动了与他们观点比较接近的著作家二三十人参加抗日会,王礼锡当选为著作者抗日会的宣传部长"。① 据胡秋原自述:"事变发生之初,我与龚彬兄便主张'建立各派联合战线',参加那会的目的,即在这主张的实现与扩大,也就是望道先生所谓之'共同点之求得'者。"②抗日会要"争取出版言论自由集会之绝对自由",③"在'反日战线'之下,应当可以把许多意见不同的知识分子,作一时的战斗的集合。于是这'联合战线'的会就在这样自由相约的情况之下形成了"。④

作为当时最具有革命性的中共,自然希望其参加的各种组织扮演领导作用。"左联"在当时中共中央宣传部的指示下,"应当更有系统地参加一般的革命斗争的民众团体",⑤并获得领导权。文委书记冯雪峰每天都与中宣部联系,传达中央指示精神。⑥ 为加强对"著作者抗日会的领导","左联"领导人冯雪峰派"35个党团员、左翼作家参加,这是1927年大革命失败后,党第一次以公开的身份参加群众运动"。⑦ "左联"则因在"神州"工人罢工问题上与胡秋原、王礼锡等人心存芥蒂,因此并不十分支持,而且,"左派因为误会神州国光社是社会民主党的组织,不愿意由神州同仁'领导'"。⑧ 然

---

① 上海社科院历史研究所编:《"九·一八"——"一·二八"上海军民抗日运动史料》,上海社会科学院出版社,1986年,第493、494页。
② 胡秋原:《红哭之余》,王礼锡:《战地日记》,神州国光社,1932年,第318页。
③ 《中国著作者协会发起纪》,《文艺新闻》第46号第1版,1932年1月25日。
④ 王礼锡:《战时日记·著作者的抗日集会》,《读书杂志》第2卷第4期,1932年4月。
⑤ 《关于左联目前具体工作的决议》,《秘书处消息》1932年3月15日。
⑥ 在是否宣传十九路军将领抗日问题上,胡秋原、王礼锡与"左联"意见相异。受当时中共中央对十九路军将领的定性影响,"左联"认为"真正抗日的是十九路军的士兵和上海的民众"。冯雪峰:《冯雪峰全集》第9卷,人民文学出版社,2016年,第159页。
⑦ 上海社科院历史研究所编:《"九·一八"——"一·二八"上海军民抗日运动史料》,第494页。
⑧ 梅方义:《回忆〈神州国光社〉与〈时代日报〉》,《中华杂志季刊》1993年12月号。

而，大多数著作者主张应对国难有所表示，于是在抗日的前提下，形成了知识分子的联合战线。据胡秋原自述，大家一起讨论"当前的民族危机，左翼也参加，我们主张一致对外，他们则仍勇于对内，口头辩论多次，他们都失败"；讨论了几个原则之后，"2月10日，这集会以绝大多数通过我起草的《中国著作者为日军进攻上海屠杀民众宣言》，否决了左派的异议和修正，他们也终于只好签名。这是中国文化界第一次的团结，也是左翼第一次失去他们所谓的'领导权'"。不久，"丁玲在其主编的《北斗》上说当时她'恨不得向那几个反动分子扑过去'"。① 一方强调自由，另一方要求获得领导权，双方明显思路不合拍，这为日后爆发冲突埋下隐患。在"左联"看来，与他们意见不同的胡秋原等人是"反动分子"，这就注定双方在随后"著作者抗日会"的活动中必然会进行激烈斗争。

参加会议的共有45人，选出胡秋原、王礼锡、陈望道、丁玲、严灵峰等15名执行委员。据王礼锡《战时日记》记载："左联方面当选的，有丁玲等，托派方面当选的有严灵峰等，无组织的最多，亚南、秋原、龚彬、望道等和我都当选。"很多人"以为知识劳动者的组织，必受某党某派操纵，因为那天的情形实在使一班中立分子望而生畏"。陶希圣等人以奇怪的理由被否决了，"奇怪的理由"是指他们与国民党走得很近，但随后他们也在宣言上签名。由此看出，"实际上知识分子是不容易操纵的，因为他们有知识又爱自由又有其清流式的洁癖。就这次选举的情形就可以看出来了"。② 据丁玲回忆："当时，有些人抛开了'左联'成立了'著作界抗日协会'，参加这个组织的有'神州国光社'的人、有'第三种人'、有'托派'，还有国民党员"；"他们把陈望道先生抬出来主持'协会'，作为缓冲"；"'左联'决定由我、沈起予、姚蓬子去参加'协会'。"③无论是王礼锡当时的记载，还是丁玲后来的回忆，都证实"左联"在"著作者抗日会"中是少数派，在公开选举出来的执委会领导者中也并没有居于领导核心地位。任协会秘书长的陈望道、负责总务部的戈公振、组织部的乐嗣炳、宣传部的王礼锡等人均属于中间派知识分子，即便是设立的经济、民众运动、编辑、国际宣传等委员会的组成人员也同样如此。④

《中国著作者为日军进攻上海屠杀民众宣言》揭露了日寇罪行，抨击不

---

① 胡秋原：《关于一九三二年文艺自由论辩》，《中华杂志》1969年1月号。
② 王礼锡：《战时日记·著作者的抗日集会》，《读书杂志》第2卷第4期，1932年4月。
③ 丁玲：《"九·一八"和"一·二八"期间我在上海参加的几次抗日救亡活动》，《党史资料丛刊》1983年第3辑。
④ 《著作家一致抗日》，《申报》1932年2月11日第7版。

抵抗主义,颂扬十九路军抗日壮举,呼吁"反对一切帝国主义宰割中国!全国民众武装起来一致抗日!反对一切对日妥协及无抵抗政策!"①这既是一篇战斗檄文,也是一个抗日行动纲领,发出了文化界乃至全国人民抗日救亡的呼喊。该宣言的签名者达129人,几乎涵盖了上海文坛的各派著名人物,"左联"中除鲁迅、瞿秋白、茅盾等人没有签名外,冯雪峰、周扬等也都签名。在"一·二八事变"期间,"著作者抗日会"是规模最大、声势最为浩大的文艺界抗日组织。据乐嗣炳自述,"为了抗日这个共同目标,应尽可能组织和扩大知识分子的抗日统一战线"。基于此,在组织上,"除了公开的国民党员和封建文人拒绝吸收外,对一切愿意抗日的著作者,我们都去积极发动和联合,因此,抗日会内部的斗争必然存在。读书杂志派和党团员、左翼作家之间的分歧和斗争有时很激烈,他们认为陈望道和我是中间派,常常利用我们起调节作用"。② 整个抗日会包括了国民党各派、"左联"、托派与中间人士,可以说是具有广泛的代表性的著作者抗日集会。这表明"读书杂志派"的主张赢得了各派的共鸣,也是他们在与"左联"在争夺文化运动的领导权中获得支持的根本原因。"著作者抗日会"高举抗日救亡的大旗,勇立文化抗战潮头,尽其所能,积极开辟抗日文化宣传阵地,发表一系列抗日宣言,表达坚定的爱国立场和强烈的民族主义。该宣言还被翻译成各种外文,向海外揭露日寇侵华、大肆屠杀中国人民的滔天罪行,呼吁全世界各国人民支援中国抗战。

二、是为民族斗争而联合抗日,还是以工人运动为先?

面对日寇侵略行径,"左联"和"读书杂志派"都主张共同抗日,但策略不同。"左联"秉持当时"左"倾关门主义错误主导下的中共中央坚持阶级斗争的革命理念,而"读书杂志派"认为中国革命是民族革命,其中心任务是反帝。尽管各派都参加了"著作者抗日会",但围绕其间的领导权问题,以及究竟是为民族斗争而联合抗日,还是以阶级斗争为先的问题,引发了"左联"与胡秋原、王礼锡等人的斗争。沪战爆发后,王礼锡就提出:"一、武装全国民众作持久的抗日战;二、全市罢市罢课罢工,反日暴行,威胁各帝国主义在上海的统治;市民自动组织市民抗日政府。"③前两点与共产党的主张似

---

① 王礼锡:《战时日记·著作者的抗日集会》,附录《中国著作者为日军进攻上海屠杀民众宣言》,《读书杂志》第2卷第4期,1932年4月。
② 上海社科院历史研究所编:《"九·一八"——"一·二八"上海军民抗日运动史料》,第495页。
③ 王礼锡:《战时日记·天赋真理》,《读书杂志》第2卷第4期,1932年4月。

无不同,"所谓市民抗日政府正是企图一个新的政权起来",这与共产党主张建立起来的工农革命政权不同。事实上,对于市民抗日政府能否建立起来,连王礼锡也存在疑问。在当时的民族资产阶级和无产阶级力量都很薄弱的情况下,"哪一个阶级来支持市民抗日政府?市民将以哪一个阶级为内容?"这"不过是梦呓而已",表现出"孤立的知识分子的悲哀"!① 尽管如此,其言论还是引起了"某党的一个小报"刊发题为《请看王礼锡的政治主张》的批判:"主战非诚意,为的要转移阶级斗争为民族斗争。罢工也非诚意,为的是欺骗工人。市民政府的主张也非诚意,为的是要打到某某的政府,建立某某的政府。"这种将真理只限于自己方面,而将别人的主张视为谬误的做法,在王礼锡看来,是"主张无罪,罪在是我而非他","天赋真理应该属于他们,我无罪,天没有赋我以真理的特权其罪"。② 实际上,这揭示出了党派垄断政治话语权的目的。

据乐嗣炳回忆:"民众运动委员会是著作者抗日会的活动中心,丁玲任主任,她的活动能力很强,该委员会有委员35人,其中党团员和左翼作家占了大多数,所以战斗力很强。"③据代表"左联"参与"著作者协会"的丁玲自述:"我虽然缺乏社会经验,但在原则问题上好争、好斗";"我是'著作界抗日协会'民众运动委员会的负责人,既然要搞群众运动,就要提出具体方案,即使'协会'的其他成员不同意,我还是坚持己见,他们认为我太厉害了";"由于我是'左联'的代表,在会议上总要提出和坚持'左联'的一些主张,所以同其他方面的人就很少有共同语言"。④ 丁玲在哪些问题上"好争、好斗"呢? 王礼锡的《战时日记》给我们提供了明确的答案,"会中为些小问题争吵得很厉害"。⑤ 有关"神州"罢工事件,在抗日会上"竟讨论五个钟头之久",⑥这种无关痛痒的琐事自然令王礼锡等人反感。关于协会名称、内容等方面未达成一致意见,争论不休,这也可从陈望道《关于著作者协会》一文中看出。⑦ 梅龚彬与王礼锡谈到民众运动委员会的事情时,"龚彬因不同意

---

① 王礼锡:《战时日记·孤立的悲哀》,《读书杂志》第2卷第4期,1932年4月。
② 王礼锡:《战时日记·天赋真理》,《读书杂志》第2卷第4期,1932年4月。
③ 上海社科院历史研究所编:《"九·一八"——"一·二八"上海军民抗日运动史料》,第495页。
④ 丁玲:《"九·一八"和"一·二八"期间我在上海参加的几次抗日救亡活动》,《党史资料丛刊》1983年第3辑。
⑤ 王礼锡:《战时日记·著作者的抗日集会》,《读书杂志》第2卷第4期,1932年4月。
⑥ 王礼锡:《战时日记·民族斗争中高潮中的小斗争》,《读书杂志》第2卷第4期,1932年4月。
⑦ 陈望道:《关于著作者协会——一个具体而简要的意见》,《文艺新闻》第44号第3版,1932年1月11日。

他们的办法,辞了罢工委员会主任职"。①丁玲"同其他方面很少有共同语言"也就不难理解了,因她代表"左联",故再次证实了"左联"当时在"著作者协会"的地位,以及其他各派对"左联"的态度。不仅如此,"同其他方面很少有共同语言"还表现在工人运动上和争夺文化运动的领导权上。

在工人运动问题上,在沪战爆发初期,王礼锡等人认为:"所谓武装民众很明显的是土匪流氓,这些没有生产背景的武力是很危险的";最好"组织一个前敌战地政治委员会,将战区附近的农民工人商人武装组织起来,这倒是一个新政权的基础"。由于目睹工人罢工委员会在"神州"煽动罢工不成又行凶的真相,王礼锡发出"平时不烧香,急时抱佛脚"的感叹。他认为"这些工运先生们只配在他们掌握政权时,用皇皇的诏令去指挥罢工"。难道这就是"无产革命的前途"吗?② 当"著作者抗日会"成立后,王礼锡指出:第一,"本会的意义是政治的,而神州工潮完全因工运者宣传要求加薪引起经济的意义,因为他们斗争的口号是要求加薪,年关双薪"。第二,"神州罢工事件,是工人与工运者的对立,这是由于工运者工作的不成熟,而不是资方压迫工人。因此,即或要援助经济性的罢工,我们对国光社罢工事件,也无援助理由"。第三,"就工人这方面看来,神州根本没有罢工这回事"。他并质疑,"本来民运会,第一个重要工作是怎样联络上海各团体建立一个民众反日的总机关,和怎样援助士兵,而他们故意提出一个反日斗争以外的问题来回避工作,真不知是何居心"。王礼锡曾与国共两党在江西、湖北和华北组织过工人运动,在遭遇失败后才决定潜心于文化运动,然而"在文化运动中所得的痛苦的教训又不少了,反日斗争是一次新的教训"。③《文艺新闻》的报道中也揭示出"著作者抗日会对于援助神州国光社印刷所工人罢工事讨论颇为激烈,最后决定(一)援助罢工及失业工人,(二)慰劳前线将士,(三)联络各抗日团体等"。④ 民众运动委员会在神州国光社印刷部发动援助工友罢工,"引起有两种意见之争论,丁玲、何畏等主张绝对援助,王礼锡等则以为神州之罢工,仅日常之经济斗争的劳资纠纷"。双方明显不合拍,处于激烈对抗之中。最后"由王礼锡向神州资方交涉,释放被捕工人及接受工人条件"。⑤

---

① 王礼锡:《战时日记·大战前恐怖的静默》,《读书杂志》第2卷第4期,1932年4月。
② 王礼锡:《战时日记·十九路军的历史就以这民族战结束了吧?》,《读书杂志》第2卷第4期,1932年4月。
③ 王礼锡:《战时日记·社会民主党》,《读书杂志》第2卷第4期,1932年4月。
④ 《著作者抗日会慰劳战士援助工人》,《文艺新闻·战时特刊》第12号,1932年2月16日。
⑤ 《著作者抗日会援助罢工失业工友》,《文艺新闻》第48号第2版,1932年3月28日。

在"著作者抗日会"内设的经济委员会募来的捐款分配问题上,"左联"主张"以二分之一援助罢工工人,以十分之一援助反日士兵。由民众运动委员会募来的捐以三分之二援助工人,二十分之一援助士兵"。①《文艺新闻》报道中指出著作者抗日会准备发出宣言,"援助罢工工人及失业工人(尤其是与文化界有密切关系之神州国光社问题)",在实际方面,该会"经济三分之一援助罢工工人,另外组织募捐队以募得三分之一慰劳十九路军抗日兵士、三分之一援助罢工工人、三分之一救济失业工人"。②"著作者抗日执委会"未接受"左联"经济分配主张,却受到民众运动委员会警告其怠工的指责。王礼锡认为"本来他们的调子太高了,现在是士兵以血肉在和日本帝国主义的武力拼命的时候,而我们的会的名义也标明'抗日',顾名思义,我们的经济应当全用在抗日上才对,为什么要把大多数的经济分配到援助罢工上,而以极少数中的极少数来援助前敌士兵呢?这样高调实在行不通的"。在民族危机加剧之际,这种主张是本末倒置,完全忘记了工作的重心和轻重缓急。"现在就工人也还很热心地掏出血汗钱来援助士兵呢!"在讨论《致全世界被压迫民众书》时,因号召被压迫民众起来革命及文中使用"帝国主义"的名词等问题,引发"左联"人士的反感,王礼锡不禁发出感叹:"'高调'高过于抗日,'低调'又低到不敢说帝国主义,于是不高不低的'抗日'意义,在这样夹攻之下消失了。"③正因为如此,王礼锡等人"动员民族资产阶级捐款、捐募物质(原文如此),并直接送到蔡廷锴军部"。④ 面对日寇的侵略,上海民众自发支援十九路军的抗日壮举,使王礼锡深切感受到自发的反日群众运动的爆发,"能有目的与领导与组织,它将成为如何的伟大的运动!假使能使这些赤城(原文如此)的反日民族武装起来,他们将真能成为民族斗争的前锋!呵!反日民众中蕴蓄着何等伟大的一个力量呵!"⑤

在王礼锡看来,这些都表明当时的"左联"人士对于争取民众工作幼稚的认识和态度,"第一,他们不懂目前要注重什么斗争才可以调动群众;第二,他们的办法只是机械的(原文如此)把持一切,用命令行使其一切可以插足的组织,不了解'社会影响'的重要"。⑥ 时人曾揭示上海战争期间,战争导致数千万工人失业,工人运动致使许多工人没有工作和收入,以至于"他

---

① 王礼锡:《战时日记·民族斗争中高潮中的小斗争》,《读书杂志》第2卷第4期,1932年4月。
② 《文化界抗日会将援助罢工工友》,《文艺新闻·战时特刊》第10号,1932年2月14日。
③ 王礼锡:《战时日记·过高调与过低调》,《读书杂志》第2卷第4期,1932年4月。
④ 上海社科院历史研究所编:《"九·一八"——"一·二八"上海军民抗日运动史料》,第496页。
⑤ 王礼锡:《战时日记·民族战的尾声》,《读书杂志》第2卷第4期,1932年4月。
⑥ 王礼锡:《战时日记·民族斗争中高潮中的小斗争》,《读书杂志》第2卷第4期,1932年4月。

们的孩童面有饥色,啼饥号寒"。在这种情况下仍要他们罢工,"工人的自信心这样的低落","如何能够叫他们去为夺取政权起而暴动?""假使中国共产党不奉第三国际的命令,作许多冒险的暴动;假使他们有正确的政策,其结果将是怎样呢?""在城市中的势力不会如今日这样的削弱,以致在很多城市是等于零"的后果。① 这就从一个层面为我们提供了了解当时工人运动的另一个侧面。

在争夺"著作者抗日会"领导权的问题上,"左联"表现得更为积极。"左联准备以全副精力应付著作者抗日会,并积极去领导他"。②"左联"人士认为王礼锡和"望道存统秋原龚彬太活动了,而且有社会民主主义的倾向。且先借国光社的罢工事件给王礼锡和龚彬秋原一个打击,给中间份(原文如此)子一个榜样"。参加"著作者抗日会"的"左联"党团,讨论了关于"著作者抗日会民众运动委员会的准备",主张打击"读书杂志派";并指出"我们当前的敌人是社会民主主义的倾向,王某是否有这个组织,我们且不管他,我们把他当做(原文如此)这个倾向的标准打。干部派说我们和王某勾结,我们为表示我们的态度起见,应当首先给他打击"。因为这种关系,"左联"党团准备"在民众运动会上争先提出神州国光社的罢工事件"。"著作者抗日会是社会民主党领导的,我们应该破坏他。秋原在会场太活动了,只是'破',想不到一点'立'的工作,诚如此,则真是道地的'取消派'了!"③"某刊物说龚彬是工贼,某人说秋原在会场太活动了,应当给他一个打击。"④据胡秋原自述:"左派有一误会……神州国光社即是社会民主党。莫斯科要对第二国际斗争,所以他们要对王礼锡和我斗争了。但他们辩论不过我们,他们愈斗愈孤立,愈失败。"他还记得丁玲说过这样的话:"他们的同志们眼睛瞪着几个社会民主党,恨不能扑过去"。⑤

"左联"对以"自由人"著称且用马克思主义话语的胡秋原始终保持警惕,中共文委书记冯雪峰指责胡秋原"真正显露了一切托洛斯(原文如此)基派和社会民主主义派的真面"!⑥ 王礼锡在《战时日记》指出,《战旗报》在骂过了前敌血战的十九路军将领之后,攻击"王礼锡的社会民主党",被朋友调侃为又"报上有名"了! 王礼锡表示"近来在小报上受够了攻击了"。

---

① 镜园:《沪战中生活之回忆》,《读书杂志》第2卷第4期,1932年4月。
② 王礼锡:《战时日记·又一个箭靶》,《读书杂志》第2卷第4期,1932年4月。
③ 王礼锡:《战时日记·社会民主党》,《读书杂志》第2卷第4期,1932年4月。
④ 王礼锡:《战时日记·民族斗争中高潮中的小斗争》,《读书杂志》第2卷第4期,1932年4月。
⑤ 胡秋原:《〈唐三藏与浮士德之间〉及其他》,第7页。
⑥ 洛扬(冯雪峰):《"阿狗文艺"论者的丑脸谱》,《文艺新闻》第58号第1版,1932年6月6日。

对这种谣言,王礼锡回应道:"他们是属于一个'国际的党',而我是一个无组织的个人——匹夫。以一个国际的党倾全力来攻击一个匹夫,他们未免太重视我了。"陆晶清劝王礼锡"不要在文化界活动了,没有帮口的活动是吃亏不讨好的"。对此,王礼锡表示:"我要怕干涉,神州国光社的许多书早因为政府的干涉而出不来了,读书杂志也编不成了。我是无论那(原文如此)一面的好都不讨的。我是不怕吃亏的。生存一天我就得活动一天。"没有足够的证据,就先入为主把胡秋原、王礼锡视为组织社会民主党,这种做法让胡秋原、王礼锡等人真切体会到"没有帮口就没有力量,在社会上是要左右碰钉子的"。① 连主持"著作者抗日会"的陈望道也认为:"他们这样狭小的行为将来会使一切无帮口的人,感觉到非帮口无以自存,而社会民主党这样的党派终有以浩大的声势而出现的一日。"②丁玲的回忆也证实陈望道对"左联"的不满:"陈望道走在马路上向冯雪峰提出意见,说我们太过火了,弄得他难以掌握会议。冯雪峰没有接受这个意见,同他争了起来。"③

对于"左联"指责胡秋原、王礼锡组织社会民主党,他们始终未承认该党的存在,并多次辩诬。王礼锡驳斥道:"近来为着几方面的共同造谣,我的社会民主党的帽子似乎是戴定了。其实在我的意思倒以为社会民主党在中国没有产生的必要,就可能也很少,虽然现在已经有这样的倾向。"社会民主党不仅是"资本主义发展到很高度的国家",而且是"资本主义依自然程序成长的国家,才用得着这缓冲的东西,才用得着这在议会里讨点便宜的东西"。在他看来,在资本主义高度发展的国家,资产阶级与无产阶级之间的对立非常尖锐,资产阶级需要社会民主党这种调和性的党来缓和无产阶级之间的斗争。"中国虽然阶级的对立不能不说是一个严重的问题,而帝国主义的压迫的问题,更严重于阶级对立的问题。"因此,"中国的路惟(原文如此)有非资本主义的路,而非资本主义的路是要由解除帝国主义的束缚,及准备社会主义社会的条件的方针下去"。他还表示,"我是不主张社会民主主义的"。④ 通过对资本主义高度发展的国家与中国的比较,他认为社会民主党是调和阶级矛盾而生,中国最重要的问题是民族矛盾,而不是阶级矛盾,应该解除帝国主义的束缚,实现民族独立,为向社会主义发展奠定基础。

另据王礼锡自述,在《读书杂志》上组织和推动社会史论战来探讨革命

---

① 王礼锡:《战时日记·社会民主党》,《读书杂志》第2卷第4期,1932年4月。
② 王礼锡:《战时日记·民族斗争中高潮中的小斗争》,《读书杂志》第2卷第4期,1932年4月。
③ 丁玲:《"九·一八"和"一·二八"期间我在上海参加的几次抗日救亡活动》,《党史资料丛刊》1983年第3辑。
④ 王礼锡:《再生派批判》,《文化杂志》创刊号,1933年4月再版。

的理论,然而,"有对于理论的公开讨论感到不便者,诬我组织社会民主党,实则,我还在学习中也"。① 国民党上海市党部也指责"神州"组织社会民主党,"在整个策略上要联合取消派,是社会民主主义者的总出版机关";②并在其主办的《社会新闻》上诬陷王礼锡、胡秋原等人为AB团成员。③ 在20世纪30年代,在国民党肃杀氛围下,无论是共产党,还是托派,抑或是社会民主党,国民党都按共产党处置,因此,他们自然为国民党当局所不容。不管是"左联"还是国民党上海市党部,都将"读书杂志派"和"神州"视为"社会民主党",这自然会给其带来祸端,使他们遭到国民党当局的追杀。胡秋原表示:"用什么'党''派'之类的名称来陷害他人,这阴谋实在近于残酷。"④他甚至公开宣称:"这般小红帽天天说这个是AB团,那个是社会民主党,在今日,只有畜生反对布尔什维克,只有畜生组织社会民主党。"⑤如此看来,国共两党皆不喜欢他们,胡秋原、王礼锡等人陷入左右的夹击之中,从思想倾向上看,他们代表的是中间知识分子的"第三种势力"。

"左联"指责"读书杂志派"组织社会民主党,是要实现第二国际的主张,以苏联为首的第三国际及其下属支部的中国共产党自然要与"神州"和"读书杂志派"进行争斗,直到第三国际改变策略,转而建立抗日联合战线之后,"读书杂志派"又成了其盟友。王礼锡、胡秋原等人受第二国际学者的影响,有类似德国社会民主党的言论、主张和观点,被"左联"误解甚至指责也就不足为奇了。此后,胡秋原又驳斥对其诬陷,"至于'社会民主党'之称,那是社会新闻主笔朱其华又名朱新繁者之'创作'"。⑥ 他在王礼锡去世后的追忆文章中再次声明并予以驳斥,"若干年来,若干人将社会民主党与礼锡及我们的朋友相连,直到最近,敌国还有此类记载。我曾声明几次,社会民主党为善为恶另一问题,但与我们无任何关系,过去我们亦不知有此组织。即使现在有此名号,亦与我们无涉。"⑦此后,胡秋原多次进行辩诬,晚年在台湾时也都极力否认。胡秋原回忆说:"在上海,'社会民主党'的谣言一时甚嚣尘上,实际上只是东京谈话传到上海之余波,根本从

---

① 《王礼锡小传》,《读书杂志》第3卷第1期,1933年1月。
② 陈瘦竹主编:《左翼文艺运动史料》,第316页。
③ 《左翼作家的失节》,《社会新闻》第2卷第8期,1933年1月22日。据胡秋原回忆,《社会新闻》曾对"神州国光社作人身攻击",应是指这个报道。胡秋原:《〈唐三藏与浮士德之间〉及其他》,第6页。
④ 胡秋原:《浪费的论争——对于批判者的若干答辩》,《现代》第2卷第2期,1932年12月。
⑤ 胡秋原:《"第三种人"及其他》,《读书杂志》第3卷第7期,1933年9月。
⑥ 胡秋原:《关于第三种人之类》,《祖国》第38期,1940年5月1日。
⑦ 胡秋原:《记王礼锡先生》,《祖国》第23期,1939年9月15日。

无此事";①"我及我的朋友当时根本没有社会民主党的组织,当时在中国,也根本没有这种组织"。② 后来,"福建事变"中的"生产人民党"也是应政治需要由陈铭枢组建,胡秋原起草的党纲,与此无关。

在此期间,"左联"的朋友曾来和王礼锡商议组织义勇军的事,宣称他们"不号召则已,一号召万人可以立集"。王礼锡回应说:"我想事情有点玄虚,主张他们有勇气有办法就动日本区域",即便做不到,也可以在后方援助十九路军,但"他们不听"。③ 这种抗日主张被"左联"误会,"他们认为支委会要发出的告前敌士兵书是捧十九路军"。丁玲等人以此为由"一致没有出席""著作者抗日会",以示抵制,④导致"著作者抗日会"最终走向解体。丁玲等"左联"对"读书杂志派"、"神州"同人和十九路军的态度,与当时"左"倾中央领导人对陈铭枢等十九路军将领抗日要求的判断和定性直接相关。

面对日寇侵华引发的民族危机,十九路军在上海的抗日壮举得到了全国各界的拥护。但当时"左"倾教条主义者仍然宣传保卫苏联的口号,坚持"左"倾关门主义错误,全盘否认中间营垒的抗日要求,猛烈抨击十九路军将领是反动的、反革命的国民党军阀,"为了要在'抗日'的招牌之下,利用兵士与民众的反日斗争,欺骗革命的士兵与革命的民众,造成马占山那样的'民族英雄'的美名,来侵吞民众的捐款,来向帝国主义投降出卖,使革命战争失去领导而失败"。⑤ 只承认十九路军士兵抗日,却否定其爱国将领的抗日要求,鼓动士兵杀死军官投奔红军。当时"左"倾中央的一系列决议认为,陈铭枢等人的"抗日活动"是"弄各色各样的把戏来愚弄劳苦群众,消灭他们的革命运动,以便更进一步的出卖中国",其反蒋是因"分赃不均"。⑥ 对于他们"绝对不应有丝毫的幻想",并要"夺取这一战争的领导"权。⑦

---

① 胡秋原:《两个谈政治的朋友》,《民主潮》第11卷第4期,1961年2月。据胡秋原回忆,1931年在日本东京,胡秋原与王礼锡和梅龚彬谈起他的"自由主义的马克思主义"思想,应用到政治上是社会民主主义。王礼锡建议发起社会民主党运动,胡秋原指出中国缺乏工业资本,资本主义发展不足,则没有成立社会民主党的基础。
② 胡秋原:《关于一九三二年文艺自由论辩》,《中华杂志》1969年1月号。
③ 王礼锡:《战时日记·天赋真理》,《读书杂志》第2卷第4期,1932年4月。
④ 王礼锡:《战时日记·过高调与过低调》,《读书杂志》第2卷第4期,1932年4月。
⑤ 《请看!!! 反日战争如何能够得到胜利?》,中央档案馆编:《中共中央文件选集》第8册,中共中央党校出版社,1991年,第142页。
⑥ 《中国共产党中央为上海事变第二次宣言》,中央档案馆编:《中共中央文件选集》第8册,第97页。
⑦ 《中央为上海事变给各地党部的信》,中央档案馆编:《中共中央文件选集》第8册,第111、113、114页。

"一·二八事变"爆发后,当时"左"倾教条主义影响下的《红旗周报》刊文,宣称对十九路军的将领"绝对不应有丝毫的幻想",揭露其"假抗日,真出卖"的阴谋,①在争取十九路军兵士工作时组织兵士委员会,将兵士同军官区别开来,"在政治军事上,一切长官的命令,必须经过兵士委员会的许可,方能执行";"号召士兵群众,反对投降,妥协于退却的军官",甚至"逮捕、审判与枪决这类'卖国贼'"。事实上,这种过"左"的政策,连当时的"左"倾中央也意识到了,承认其内部存在"完全的关门主义,不参加任何反日运动"。② 正如有论者所言,当时"左"倾中央"兵运工作推行'要兵不要官','支兵不支官'的错误策略,它不仅对支前工作带来很大的损失,而且在社会上造成很坏的影响"。③ "左"倾中央要求想尽一切办法渗透到十九路军,争夺抗日宣传的领导权。④ "一·二八事变"前后,"左"倾中央与十九路军处于对峙状态,"读书杂志派"及其依托的"神州",自然成为"左"倾中央及其领导的左翼文化组织在舆论场域批判的对象。在"著作者抗日会"中,"左联"与"读书杂志派"在许多问题上的争执根源即在于此。

在当时的宣传工作中,"左"倾中央指示上海反帝大同盟在实际行动上,"揭穿国民党及其他各反革命派别的'反日''反帝'的假面具";"目前反日反帝运动的一切宣传及行动,必须与武装拥护苏联"密切结合。⑤ "左"倾中央认为:"中国革命是世界革命的一部分",帝国主义利用中国作为战场,"作进攻苏联的根据地以扑灭无产阶级的祖国苏联"。因而呼吁利用"现成的书店刊物"和群众组织进行宣传,"在群众面前提出拥护苏联的口号",以便扩大党的影响。"绝对不能容许","为了公开宣传,降低或修改党的政治口号,或放弃党的一部分口号不敢在群众中宣传",并批评"许多同志还感觉

---

① 《怎样取得民族革命战争的彻底胜利》,《红旗周报》第30期,1932年2月15日。
② 《中央为上海事变给各地党部的信》,中央档案馆编:《中共中央文件选集》第8册,第120、114页。
③ 金立人等:《王明"左"倾冒险主义在上海》,远东出版社,1994年,第102—103页。
④ 毛泽东在总结"左"倾中央错误路线时明确指出,尽管十九路军代表"民族资产阶级、上层小资产阶级、乡村的富农和小地主"的利益,"同红军打过死仗",但"后来又同红军订立了抗日反蒋同盟。他们在江西,向红军进攻;到了上海,又抵抗日本帝国主义;到了福建,便同红军成立了妥协,向蒋介石开起火来。无论蔡廷锴将来的事业是什么,无论当时福建人民政府还是怎样守着老一套不去发动民众斗争,但是他们把本来向着红军的火力掉转去向着日本帝国主义和蒋介石,不能不说是有益于革命的行为"。毛泽东:《论反对日本帝国主义的策略》,《毛泽东选集》第一卷,第145—146页。由此可见,毛泽东明确赞扬第十九路军在上海的英勇抗战,赞扬他们联合红军共同抗日,并对"左"倾中央反对红军与福建人民政府合作的立场观念作了辛辣讽刺。
⑤ 《中央致上海反帝大同盟党团的一封信》,中央档案馆编:《中共中央文件选集》第8册,第107、108页。

拥护苏联的口号有些说不出口"。① 陈铭枢的抗日爱国的举动固然有壮大自己声势之目的,但完全否定其抗日功绩,在"公开宣传"中依然"有些说不出口"。政治口号在公共空间中没有完全按照"左"倾中央的要求,在实际宣传中还是变了形,《文艺新闻》仍有正面报道十九路军将领的新闻。②

随后,《文艺新闻》在"左"倾中央指示的压力下,改变中立态度。1932年4月间抨击"神州",指责胡秋原等人创办的《国际评论》由"'革命外交家'陈某每月津贴一千五百元"来赞助。他们"一面谈马克思主义,一面反对苏俄及中国革命","读书杂志文艺理论家胡某,近忽(原文如此)多言,今日说某文学家被捕,明日宣传某思想家被枪毙,其用意何在,殊难令人捉摸",③还称"神州"又将要把抗战文艺奖金颁发给主张"民族主义文艺"的黄震遐,猜想评委为"王礼锡、陆晶清、胡秋原、彭芳草"等。④ 尽管后来也刊登胡秋原澄清事实的来函,但此时《文艺新闻》倾向"左联"批判胡秋原等人的态度已十分明显。此外,《中国与世界》在沪战爆发后攻击胡秋原、梅龚彬和《读书杂志》,称帝国主义者瓜分中国、屠杀中国反帝群众,"为的就是要进攻苏联消灭苏联。瓜分中国和进攻苏联,难道能像梅龚彬胡秋原两位分离开来说吗?"⑤"读书杂志,在表面上他也谈革命,谈谈马克司(马克思),甚至列宁,史大林都谈";"读书杂志的态度是卑污! 欺骗!! 读书杂志的本质是反苏联! 反对中国劳动群众革命!"⑥他们把帝国主义进攻中国视为"进攻苏联消灭苏联",进而批判梅龚彬、胡秋原的"异见"。显而易见,他们将"读书杂志派"视为敌人的看法,与中共中央提出的"拥护苏联"、抨击十九路军抗日领袖,并将"读书杂志派"定性为"假冒的马克思主义和公开仇视革命马克思主义的派别"一脉相承。⑦

"左联"攻击"读书杂志派"的做法,引起集中国"著作者抗日会"秘书长、《文艺新闻》赞助人、"神州"函授学校教授三种身份于一身的陈望道的

---

① 《宣传工作决议案》,中央档案馆编:《中共中央文件选集》第5册,中共中央党校出版社,1991年,第254、260页。
② 《宁为枪下鬼 不作亡国奴——十九路前敌激励士兵》《决不停止民族解放的斗争》等文,有对十九路军将领和十九路军抗日的正面报道,《文艺新闻·战时特刊》1932年2月3日。
③ 《每日笔记》,《文艺新闻》第49号第2版,1932年4月4日。
④ 《"神州奖"预测》,《文艺新闻》第50号第2版,1932年4月11日。
⑤ 章天赐:《激变中我们应当做些什么?》,《中国与世界》第9期,1932年2月5日。
⑥ 曼吾:《读书杂志的反日》,《中国与世界》第9期,1932年2月5日。
⑦ "中央认为,在目前加紧于思想和理论斗争的战线上,向一切假冒的马克思主义和公开仇视革命马克思主义的派别进攻(如'读书杂志派'等),这一切任务比任何时候都要迫切。"参见中共中央文献研究室、中央档案馆编:《建党以来重要文献选编(1921—1949)》第10册,中央文献出版社,2011年,第124页。

批评。他高度评价十九路军的抗日壮举,批评有些人要"门面一致","总想束缚别人的手不能动,封闭别人的口不能说,一部分糊涂的新闻记者也有这倾向",实际上是不点名批评"左联"和《文艺新闻》。他认为若要想达成一致意见,"只有一个方案,就是让各种不一致的意见都有发表的机会,就在种种不一致中去求一个一致可行的策略"。①

"读书杂志派"与"左联"在政治、文化运动问题上的分歧因联合抗日而搁置,但"政见"不同最终导致联合战线分裂乃至抗日会解体。据《文艺新闻》报道,"著作者抗日会""因援助反日罢工工人事,会员间意见分歧"。一方面,何畏、楼适夷等力主援助,另一方面,王礼锡等则竭力反对,"以致会务停顿",最近"呈无形解散状态"。秘书长陈望道"以屡次召集大会不成,对于会务前途,颇表示消极"。②《文艺新闻》因是"左联"外围刊物,自然倾向"左联",这种报道难免有失公允。事实上,"左联"过分强调工人运动和阶级斗争,争夺"著作者抗日会"领导权,与"读书杂志派"放弃成见、联合抗日的主张有冲突。他们认为"民族战是中国目前的唯一出路",③这种呼吁建立联合战线,进行共同抗日民族战的主张,使"神州"同人赢得众多爱国和民族主义思想的中间知识分子的好感,却受到"左联"的攻击,认为他们是要"取消革命"。"左联"攻击"读书杂志派"是为给中间知识分子一个"榜样",丁玲回忆说:"同其他方面的人就很少有共同语言。"④"其他方面的人"实际上是包括"读书杂志派"在内的具有爱国主义、主张思想言论自由、追求民主、反对暴力革命的中间知识分子,他们是当时国共之间试图走"第三条道路"的"第三种势力"。由于胡秋原、王礼锡等人有过历史经历,对武装革命带来的流血和混乱极为反感。这次与"左联"之间的争执和冲突使他们有了更深切的体会,也增加了他们对"左联"乃至革命党的不满。

"读书杂志派"认为"著作者抗日会的发起,本来没有党派的畛域","他们却牺牲力量于内部的无聊的冲突,回避我们当前的民族革命斗争"!⑤ 胡秋原、王礼锡等人认为在民族斗争和反帝成为社会共识之时,"他们偏偏要披上反日的民族革命斗争的外衣,做非当务之急的工人反对资本家的斗争运动,斗争失坠了重心。于是到处寻些小斗争以自娱或自骗"。在这种情况

---

① 陈望道:《对于上海事变的感想》,《读书杂志》第2卷第4期,1932年4月。
② 《陈望道表示消极著作者抗日会既进且停》,《文艺新闻》第51号第2版,1932年4月18日。
③ 王礼锡:《战时日记·大战前恐怖的静默》,《读书杂志》第2卷第4期,1932年4月。
④ 丁玲:《"九·一八"和"一·二八"期间我在上海参加的几次抗日救亡活动》,《党史资料丛刊》1983年第3辑。
⑤ 王礼锡:《战时日记·社会民主党》,《读书杂志》第2卷第4期,1932年4月。

下,"神州"成为"左联"要打击的箭靶,胡秋原、王礼锡自然就成为被打击的重中之重。但在"读书杂志派"看来,"左联"通过强制插手一切组织,"剥夺其自由至于无余"。① 在民族存亡之际,这种"残酷斗争,无情打击"的做法,必然会遭到抵制,这既是胡秋原、王礼锡等人赢得多数文化界人士支持的根本原因,也是导致"著作者抗日会"最终解体的根源。

时任中共中央政治局常委、中宣部部长的张闻天注意到胡秋原与神州国光社及十九路军的密切关系,曾指示文委书记冯雪峰"对胡秋原做团结、争取工作",通过他来"做十九路军的工作"。② 冯雪峰在回忆中谈到争取胡秋原时也曾坦诚出于政治上的考虑,因胡秋原"与陈铭枢有较深的关系,在十九路军将领面前能够说上话,我们想争取他做些统战工作"。③ 由于胡秋原与"左联"在文化理念和抗日策略上意见不同,当时"左"倾中央和"左联"通过胡秋原对十九路军进行统战的想法落空也就再自然不过了。

据胡秋原自述,"一·二八事变"后,"左"倾中央"竟以'阶级观点'反对十九路军抗战,并说'民族主义的口号是欺骗'"。④ 这种错误主张是由当时"左"倾中央的盲动主义路线决定的,有人批评王礼锡的《苦学与深思》是"麻醉青年",《中国社会史论战序幕》的态度是"学院派,是取消了革命"。在王礼锡看来,"他们以为研究是行动的障碍",并引用列宁的名言"没有革命的理论,就没有革命的行动",一再批判盲动主义。呼吁他们"不要在时代中'盲'人骑瞎'马'闯到'此路不通'!"⑤胡秋原也指出:"中国'内乱'之尖锐,独裁政治之强化,盲动主义之急进与败北。"⑥此时党中央已认识到并批判李立三的盲动主义,但继之而起的王明主导的"左"倾教条主义错误路线依然是"读书杂志派"予以批判的。由以上分析可以看出,联合抗日成为"读书杂志派"与"左联"的最终交集,但"左联"要求领导权,认为在党派激烈冲突的时代,革命的知识分子没有思想言论自由的可能,必须在非此即彼的站队中做出选择,没有成为"第三种势力"的可能。这便构成了"读书杂志派"开辟可供公开、自由讨论的文化空间的障碍。上海著作者抗日会随着淞沪抗战宣告停战而终结,尽管存在时间短,但在"一·二八"抗战中成为文化界抗战的战场,为宣传抗日发挥了独特作用,做出了重要贡献。值得注意

---

① 王礼锡:《战时日记·民族斗争中高潮中的小斗争》,《读书杂志》第2卷第4期,1932年4月。
② 程中原:《张闻天与新文学运动》,江苏文艺出版社,1987年,第173—174页。
③ 陈早春、万家骥:《冯雪峰评传》,人民文学出版社,2003年,第123页。
④ 胡秋原:《文学与历史》,东大图书股份有限公司,1994年,第193页。
⑤ 王礼锡:《年终的话》,《读书杂志》第1卷第9期,1931年12月。
⑥ 胡秋原:《阿狗文艺论——民族文艺理论之谬误》,《文化评论》创刊号,1931年12月。

的是,"著作者抗日会"尽管存在分歧,但在实践中为文化界抗日统一战线的形成与发展进行有益的尝试,成为文化界抗日统一战线历史上的先行者,其历史贡献不容抹杀。

在淞沪抗战期间,面对日本侵略,胡秋原、王礼锡等"神州"同人和其他中间知识分子一起奔走呼号,通过创办《抗日战争号外》、起草《中国著作者为日军进攻上海屠杀民众宣言》,力主抗日。亲身经历过淞沪抗日战争的洗礼,以及与"左联"在一系列问题上的争执和斗争,他们的民族意识和革命意识得到进一步升华。尽管与"左联"在革命理念上存在差异,但"读书杂志派"带有明显的"左翼"色彩的"自由"理念、兼收并蓄包容各派政见的主张和态度始终没有改变。以后见者的眼光来看,"读书杂志派"主持"神州"和《读书杂志》,的确起到了为陈铭枢网罗文化人的作用,在十九路军的淞沪抗战中,也扮演着引领舆论和文化宣传的角色。陈铭枢实际上也成为"读书杂志派"政治网络中的保护伞。对此,"左联"作家也指出:"人家怕官,他们有官做后台老板,所以人家不能谈的话,他们能够公开畅谈。"① 当陈铭枢被迫出洋考察后,"神州"和《读书杂志》同时遭受到国民党的封锁。这些都证实"读书杂志派"背靠大树好乘凉,一旦靠山倒塌,也就自然受到冲击。陈铭枢等将领发动"闽变",竖起抗日反蒋的大旗,"读书杂志派"不仅加入这种革命实践,而且扮演着引领舆论、宣传鼓吹和理论指导的角色,福建"中华共和国人民革命政府"具有社会主义色彩的宣言和政纲,都是由以胡秋原为代表的"读书杂志派"起草的。中共对胡秋原、王礼锡、陈铭枢态度的改变,是随着共产国际建立反法西斯统一战线,中共与国民党建立抗日民族统一战线策略的改变而改变的。在此情况下,1935年,胡秋原应中共驻共产国际代表团的邀请,赴莫斯科帮助中共宣传全民抗日,王礼锡和陈铭枢也到莫斯科与中共代表团协商建立抗日民族统一战线。

第三节 "读书杂志派"对抗日救亡的初步思考

"九一八事变"把中华民族推到了生死存亡的危急关头,民族主义思潮蓬勃兴起。"一·二八事变"爆发后,十九路军的英勇抗战激起了全国人民的爱国热情,支援十九路军抗战的呼声响彻全国,团结统一、共赴国难、抗日图存的民族主义思潮不断高涨,成为时代强音。淞沪抗战爆发伊始,"读书

---

① 曼吾:《读书杂志的反日》,《中国与世界》第9期,1932年2月5日。

杂志派"就以各种形式积极投入支援十九路军的抗日救亡运动之中。1932年9月,十九路军少校参谋朱伯康和少将高级参谋华振中共同撰写的《十九路军抗日血战史料》,真实记录了十九路军抗日救亡的实录,为后人留下了客观史料,具有很高的史料价值。王礼锡和胡秋原既是十九路军淞沪抗战的支援者、参与者,又是见证者、记录者。他们用其笔墨记录下了当时的真实情况,所撰写的《战时日记》发表在《读书杂志》等期刊上。战后又分别以《反日战的回忆与展望》《上海事变之意义与教训》为题为《十九路军抗日血战史料》作序,梅龚彬撰文表示抗日反帝是中国生存之道。他们高度评价了十九路军抗日救亡的壮举,呼吁全民团结统一,共同抗战,他们对中国抗战态度的分析鞭辟入里,呈现出"读书杂志派"对抗日救亡的初步思考。

面对"九一八事变"引发的民族危机,梅龚彬批判国民党"外交当局的依赖主义与喊冤主义的外交,呼求国际联盟,而国联对于东北问题之解决终无具体办法。呼求九国公约与非战公约签字国,而两约签字国对于日本制裁,终于是一种形式的外交空文"。他盛赞"九一八事变"后,"中国群众的抗日反帝运动,几普遍发展于全国各大都市。""'一·二八'后十九路军四十余日的英勇抗日战争,莫不是上述民众反帝情绪昂扬之反映。"他指出中国争取生存必然的坦道,"既不是改善外交策略(如继续呼吁国联与直接交涉等),亦不是促进政府之觉悟,彻底实行其一面抵抗一面交涉之政策,更不是单祈待美俄诸国与日本武装冲突为我收复领土的时候了。吾人除了以全国民众武装的力量自动抗日反帝及其御用者之外,实别无他道,十九路军'一·二八'部分的胜利,便是我们的榜样!"①

梅龚彬分析认为资本主义国家的经济恐慌日益扩大化和深刻化,从而激化了社会矛盾,为转嫁危机而加紧侵略殖民地半殖民地国家,进一步加剧了国际政治矛盾。作为西方列强殖民地半殖民地体系中的一环,中国首当其冲,日本发动"一·二八事变",武力进攻吴淞,十九路军誓死抵抗,英美诸国暗中阻挠。国联调停中日关系,因英法诸国袒护日本,期望国际联合制裁"不出几种外交上之形式公文","东北问题不经过第二次世界大战是不能得最后解决的"。②热河失陷后,"国际战争之危机是因远东局势之转变而更加迫切了",在此局势下,"吾国除以铁血抗日,以求民族的生存外,将无以自处。"③梅龚彬批评国民党的不抵抗主义,揭示外交上依赖国联主义的病

---

① (梅)龚彬:《"九·一八"一周年》,《文化杂志》创刊号,1933年4月再版。
② 梅龚彬:《世界政治的回顾与展望》,《新中华》第1卷第1期,1933年1月。
③ 梅龚彬:《热河失陷后之远东政局》,《新中华》第1卷第6期,1933年3月;梅龚彬:《德法政变与欧洲政局》,《新中华》第1卷第4期,1933年2月。

象,通过对国际局势和远东局势的演变分析,说明铁血抗日是民族生存和民族独立的唯一道路。

王亚南认为1840年鸦片战争以后的中国外交史"实际就是帝国主义侵略中国之史事的写实"。自1919年以后,"帝国主义者对中国的压迫,虽未根本停止,而中国之反帝国主义运动,却已渐渐抬头"。帝国主义的入侵使中国的独立主权支离破碎,中国的出路是打倒帝国主义。日本侵华导致的"东北问题是反帝国主义运动与帝国主义侵略之大冲突,是国际间一切对立矛盾关系之总暴露"。①王亚南从国际关系的视角,揭示国民政府依赖国联调节中日关系的希望注定会落空。"世界各大国对于东北问题,既互存观望,不肯硬作主张,日帝国主义者就利用此对立观望的形势,不住的扩大其军事占领范围,东三省占领了,不够,又侵略上海,最近且夺去山海关,以为其侧攻热河,进犯平津的根据地。各国的忍让与日本的狂暴,恰好是一个对照了。"尽管国际联盟的章程规定得冠冕堂皇,但实际上是几个大国,特别是英法两国所操纵。"英法对东北问题的态度,既是不肯干涉日本,甚且左袒日本,那么,想依赖国际联盟来主张公理抑制强权,就显得无希望了。"②他敏锐地预言世界大战即将由中日东北问题而爆发,"虽似神经过敏,但这个问题确有增大世界严重危机的作用,则为一般人所公认"。③他观察欧洲政局演变态势后指出:"独裁政治对外仇视友邦对内镇压赤化,同时,更思以国家利益为前提,而统制国内经济。这种政治经济的动向,恰好构成最近法西主义(Fascism)运动的核心。"因此,"东北事件发生以来,世界法西主义运动的怒潮,就如野火般的向各资本主义国家伸展。法西主义的国际化,规模更大,更惨酷,更多伤亡损害的世界战争,便要急速的爆发起来"。他将中日关系置于世界局势演变中进行审视,"中国的东北三省,势将成为国际战争火药库巴尔干半岛的替身,这未来战争无论如何配列,日本帝国主义者总是要扮演一个主要角色的。战争是强权的伸展,战争亦是强权的裁判。日本军阀现刻之踌躇满志,得陇望蜀,不是过于乐观了么?"④他还发表国际时评,揭示西方列强打着各种旗号侵略包括中国在内的其他国家的本质,⑤呼吁国人团结抗日,扫除帝国主义,实现民族独立,认为这是中国出路的必然

---

① 王亚南:《现代外交与国际关系》,中华书局,1933年,第187、193页。
② 王亚南:《现代外交与国际关系》,第203、204页。
③ 王亚南:《现代外交与国际关系》,第209页。
④ 王亚南:《现代外交与国际关系》,第211—212页。
⑤ 王亚南:《军缩会议与军备竞争》,《新中华》第1卷第7期,1933年4月;王亚南:《旧华盛顿会议与新华盛顿会议》,《新中华》第1卷第10期,1933年5月。

选择。

在王礼锡看来，要回答"解救中国民族危机"这个问题就必须确定中国社会的性质。他进而指出"现代中国是由专制主义社会转变为半殖民地社会的国家"，"地主、商人、官僚就都做了帝国主义的工具，做了买办组织的三个大支柱，而半殖民地社会亦就以这三个支柱撑起了可耻的场面"。因此，"中国唯一的生路在解除帝国主义的束缚……武装抗日……废除中日间一切不平等条约及债务"。抗日是"中国走上社会主义的开始"。①

胡秋原高度评价十九路军淞沪抗战的壮举，认为"十九路军英勇抗战，揭开民族斗争之序幕"。他呼吁"全民族的热血应与十九路军的血合流，由上海的战争而变为全国的抗日战争"。他进而指出"上海的战争一方面是伟大的民族战争，一方面又是国际反帝战争之一幕。这个战争不是以国家作界限的，在我国内，有帝国主义的奴才，在外国内，也有反帝的叛逆。只有更广大的国际的革命神圣战争，消灭那反革命的强盗战争，才有中国人民的出路"。帝国主义侵华给我们留下了血腥的教训："不反帝尤其是反日，一切问题无从谈起。帝国主义，买办阶级，军阀三位一体的统治，陷中国于准奴隶的境遇。这一个秩序的延长，便是纯奴隶的归结。只有建立革命大众的抗日战线，才是中国革命的起点，凡背叛或回避这任务者，便是民族之敌人与赘瘤。"并希望"看到继十九路军之血迹而展开的更伟大的反帝抗日战争"的早日到来。② 此时的胡秋原对中国国情和革命形势的认识颇为中肯，难能可贵的是他已认识到反帝，尤其是抗日是中国革命的主要任务，提出了广泛发动民众参加革命，建立革命的联合战线问题。唯如此才能取得革命胜利，这是中国人民的出路。这种可贵的理论洞见与中共对中国革命的认识是一致的。

他在为《十九路军淞沪血战史》撰写的序言中指出："上海战争，一方面是一个对外的战争，一方面也是一个国内的轧轹不和，即抗日与不抗日的不和。"换言之，是"一个民族的战争，又是一个阶级的战争！"③胡秋原提出的"抗日与不抗日的不和"是指国民党内不抵抗主义者不支持十九路军的抗日壮举，而"阶级的战争"是指当时中共在"左"倾教条主义指导下开展的阶级斗争。"读书杂志派"与"左联"的争执和思想分歧正是阶级斗争的具体体现，他因身在其中，有深切的感受和体会，故此发出这种论调。事实上，无论

---

① 王礼锡：《反日战的回忆与展望》，《读书杂志》第 3 卷第 1 期，1933 年 1 月。
② 胡秋原：《红哭之余》，王礼锡：《战地日记》，神州国光社，1932 年，第 320、321 页。
③ 朱伯康、华振中：《十九路军淞沪血战史·胡秋原序》，神州国光社，1933 年，第 2 页。

是当时的世界还是中国,民族斗争和阶级斗争都交织在一起,构成了民族斗争与阶级斗争的二重奏。面对日本帝国主义的侵略,胡秋原认为抗日救亡应该成为全民族的头等大事,民族战争压倒一切,关系到中华民族的生死存亡,因此,他高扬民族主义思想的大旗,呼吁全民团结统一、共同抗战。

在日本帝国主义的武装侵略面前,胡秋原认为:"全民众的武装抗帝战争是中国民族唯一解放之路,而十九路军的上海抗争,是中国近几十年来第一次的武装抗帝战争,伟大的民族战争。"事变爆发伊始,他和"读书杂志派"其他成员以实际行动积极支持十九路军淞沪抗战,同时也热情讴歌所有支援十九路军的各阶层民众。"直接与日本帝国主义肉搏者,是革命的十九路军,积极参加义勇军作战者是工人与革命学生,热烈援助这次抵抗者,是海外华侨。"概而言之,"对于日帝国主义者的暴行抱痛心的反抗者,是一切被压迫的大众"。他既猛烈抨击国民党执政当局"坐视乃至障碍十九路军孤军血战,不顾国家安危","答应日本屈辱条件,解散民众义勇军,压迫民众抗日运动";又无情鞭笞那些秉持"外安攘内"人生哲学的各种买办主义、卖国的资产阶级和不赞成抗日的所谓"高等华人"的丑恶行径。①

针对国民党执政当局的不抵抗主义政策和资产阶级在淞沪抗战前后的态度,胡秋原不由得发出"这次事变充分表现中国统治者的面目……然而中国的资产阶级也是无祖国的"感叹!他进而指出这次十九路军淞沪抗战"充分证明中国资本主义没有发展的前途",民族资本发展不仅缓慢,而且遭受到帝国主义的压迫和摧残。在日本侵华步伐不断加快的背景下,"日本帝国主义不仅是中国无产阶级、小资产阶级的第一巨敌,也是中国资产阶级不共戴天之仇"。然而,在日本帝国主义直接威胁之下,由于中国民族资产阶级的"脆弱与懦怯","还有人梦想他有发展之可能么?"因此,"中国经济之健康的复兴,只有在打倒帝国主义以后,以国家的力量实行社会主义的统制经济"。②

在这次事变中,中国的资产阶级表现得"平凡而无力","实在没有半点反抗帝国主义的勇气与决心",这充分证明中国资产阶级"只是一种殖民地的买办资产阶级"。而国际帝国主义成为"中国的最高支配者","中国资产阶级只是他们的经理"。他们之所以不反抗帝国主义,一方面"在主观上自然是不敢以卵敌石",另一方面是"客观上他们要维持其统治势力"。他们既要"靠封建剥削关系"维持其军事势力,又要"依赖帝国主义巩固其后

---

① 朱伯康、华振中:《十九路军淞沪血战史·胡秋原序》,第4、8、9页。
② 朱伯康、华振中:《十九路军淞沪血战史·胡秋原序》,第8、10页。

盾"。因此可以说"中国社会实在是一个半殖民地化的半封建的专制主义底社会",这就明确提出了中国社会之性质。"帝国主义的经济侵略通过中国买办资本与军阀统治,一面剥削工钱劳动者,一面掠夺最后被剥削的农民。中国的统治者是与帝国主义者一体的。"因此,"中国革命问题实在是一个反帝问题。只有中国被压迫的革命的工农革命的商学兵才有反帝的决心",也只有他们才能"担负中国革命的使命"。这里胡秋原实际上提出了全民抗战的主张。所以,"彻底反帝就是中国革命的方针"。如果这次淞沪抗战能够"积极抗战到底",也是一条通往"革命成功之路"。如此不仅可以"粉碎帝国主义在华的统治,而中国统治的经济基础——公债与租税也就要瓦解了"。基于上述分析和认知,他再次指出"这次上海战争不仅是一个民族战争,又是一个阶级战争"。并将淞沪抗战置于当时的国际环境下进行审视,"一面是国际帝国主义与中国在朝在野的汉奸,一面是世界被压迫阶级与中国革命军士与众"。①

"读书杂志派"依托的"神州"表面上是打着"左翼"招牌的"文化出版组织",实际上是"一种形式松散的政治集团"。②"读书杂志派"使用马克思主义话语,被"左联"视为与其争夺正统马克思主义话语权,自然会受到批判。胡秋原、王礼锡等人更多强调的是自由主义的立场和态度,是"学院"式的马克思主义,与共产党强调的革命斗争实践、阶级斗争的马克思主义,势必会发生冲突。"一·二八事变"期间,在对民族危机的认识上和支持十九路军抗战的问题上,"读书杂志派"与"左联"构成了或明或暗的对峙与冲突就是双方认知差异的具体体现。"读书杂志派"认为抗日救亡是革命的中心问题,为了集中力量反对日本帝国主义,就要建立抗日的联合战线,进行全民抗日,民族革命压倒一切,阶级斗争要让位于民族斗争。

从当时的历史场景和思想视域来审视,"左联"对"读书杂志派"的政治批判受到当时"左"倾教条主义的影响是不争的事实。在当时王明的主导下,"左"倾中央处于为"更加布尔赛维克化而斗争"这种错误思想的指导下,"左联"坚持王明的"左"倾关门主义错误路线,武断地上升到政治层面以此对"读书杂志派"进行政治定位。尽管"读书杂志派"与左翼阵营都信奉马克思主义,但在理解上存在分歧。在"左联"看来,"读书杂志派"是在与其争夺正统马克思主义话语权和诠释权,不仅未将其视为同路人,反而将

---

① 朱伯康、华振中:《十九路军淞沪血战史·胡秋原序》,第11、12、14页。
② 吴述桥:《神州国光社与"自由人"论争——从〈鲁迅全集〉的一条注释重新谈起》,《文艺争鸣》2016年第10期。

其视为应当警惕的论敌,正统马克思主义的敌人。批判"读书杂志派"就是捍卫正统马克思主义,双方之间的争斗被无限放大为敌我之间的斗争,要在马克思主义理论框架中宣判"读书杂志派"的死刑。在当时险恶的政治环境和残酷的阶级斗争的背景下,"左联"高扬政治化思维和党派意识,不容许外来的批评或"异见",自然不会受到"读书杂志派"的认同,相反却导致双方的对峙和冲突。"读书杂志派"对中国革命的正确认识,抗日救亡背景下高扬民族革命的旗帜,呼吁全民抗日的主张,不仅得不到坚持"左"倾关门主义错误路线的中共中央的回应,反而受到非难和攻击,被定性为阶级敌人。

1938年1月29日,"一·二八事变"爆发六周年之际,胡秋原在《巩固统一抗战到底以纪念一·二八》一文中指出:"中国军队第一次予日军以巨创,此役国民革命军第十九路军及第五军奋起尽军人天职,在全国声援之下,为保护淞沪而战争,在世界及中国永远留下光荣的记忆。""一·二八"淞沪抗战伟大光荣的意义,"不仅在向全世界表示了中国民族抗日自卫的意志与决心,特别表示了中国民族的抗日自卫的勇气与力量"。这次淞沪抗战"特别是提高了中国民族的自信心,说明了中国对于日寇不仅必抗,而且可抗"。胡秋原运用大历史的视野将此战置于近代以来中国反抗外来侵略的历史中进行评价,"自从甲午以后,中国就没有作过御外战争,而除了北伐之役,除了马占山将军的嫩江之战以外,只有不幸的内争。而在此役,我国竟以四万之众,抗敌八万之师,血战三十余日之久,虽然未竟其功,然全世界以及全国的观感从此一变"。在无论是外国人,还是中国人都不看好的情况下,中国军民奋勇抗战,不仅振奋了国人士气,也使外国人不得不重新审视中国抗战的决心。"以前许多外国人以为全中国两百万大军,不值两三万外国军队之一击,日寇也以为占领上海不过几点钟的事件,就是许多中国人也害了一种劣感症,对日寇有一种莫大恐惧心理。而这一战争,世界上一致认定中国不可侮,而全国上下也从此认定日寇为死敌,而且必须准备大抗日寇。没有因这一战恢复中国民族的自信心,恐怕这几年的中国历史会大不同。"他不仅将"一·二八"淞沪抗战视为"中国民族抗日神圣视野的牛刀小试",而且也将其视为全面抗战爆发后"更伟大的抗日战争的序幕"。① 1940年1月,"一·二八事变"爆发八周年之际,胡秋原撰文再次指出,这一仗证明"日寇可抗","向世界戳穿日寇的纸老虎,而证明中国之不可侮",但"这只是中国抗战的试验而已"。其伟大意义是"鼓舞了中国民族抗战的信心和

---

① 胡秋原:《肃奸与惩贪》,时代日报社,1938年,第80—81页。

决心",这一仗是"中国民族独立战的序幕"。①

1939年1月25日,"一·二八事变"爆发七周年之际,王礼锡指出:"世界大战开始于1931年,'九一八'是不宣而战的世界大战开始的日子。""'一·二八'是中国四十年来第一次对外战,同时是这次世界大战中第一个抵抗的炮声。"②无论是国际还是中国政界和理论界大都将中日战争视为局部战争,王礼锡明确指出中日战争是"世界大战中第一个抵抗的炮声",这是极为难得的远见卓识。毛泽东认为:"中国人民的抗日战争,是在曲折的道路上发展起来的。这个战争,还是在1931年就开始了。"③改革开放以来,历任中共中央总书记在纪念抗战暨世界反法西斯战争胜利大会上的多次讲话,都把1931年"九一八事变",作为中国抗日战争的起点。中国史学界将第二次世界大战追溯到"九一八事变"作为起点,"十四年抗战"成为共识,得到国内外学界和社会各界的广泛认可。王礼锡的抗战观点穿过历史隧道,跨越沧桑岁月,最终得到认可,其主张历经弥坚,更加彰显其思想价值。

概而言之,无论是王礼锡还是胡秋原,在评价"一·二八"淞沪抗战时,不约而同地将中国置于世界历史和当时不断变动的国际环境之中,思考抗日救亡的策略,彰显其深邃的世界史眼光和宽广的全球视野。他们在对中国社会各阶级的剖析,对民族资产阶级"两面性"的分析,对日本是中国各阶级共同敌人的认识,对中国经济复兴的思考,对资本主义在中国没有发展前途的主张,对中国半殖民地社会性质的定性,对彻底反帝是中国革命的根本方针、呼吁停止内战、一致对外、工农商学兵全民抗战的主张和对社会主义前途的期望,以及他们主张枪口一致对外,以民族战争驱逐日寇,发动广大民众,站在民族立场进行反对帝国主义的民族革命战争,探索中国出路等一系列中国革命根本问题上,与中国共产党关于中国革命的一系列问题的主张和社会主义前途是一致的。这既反映出他们在抗日救亡思潮背景下对应对策略的思考,也呈现出他们对中国革命问题和中国社会主义前途的主张。

---

① 胡秋原:《"一二八"八周年》,《祖国》第32期,1940年1月31日。
② 王礼锡:《"一·二八"七周年论世界大战》,《全民抗战》第50号,1939年1月25日。
③ 《毛泽东选集》第3卷,第1034页。

第四章 "读书杂志派"对中国社会发展路径的理论探讨

爆发于20世纪30年代初的中国社会史论战是中国近现代思想史、学术史上影响深远的一次论战,"其影响范围之广泛、参加论战的派别之复杂、论战过程之激烈,在中国近代思想史、学术史上均属少有,而论战中所反映的现实与历史、政治与学术之间的错综关系,更使得这场大论战显得异常曲折复杂"。① 《读书杂志》成为论战的主阵地并非偶然,该刊主办者"读书杂志派"以自由独立的办刊宗旨,以超越左右两翼的立场为参战各方提供论战平台,试图通过论战达成对中国社会发展前途的共识。在运用马克思主义理论解释中国历史发展的问题上,他们与左翼理论家为何产生巨大分歧?他们在论战中的观点是否合理?有何价值?在对当时中国社会性质的判断和中国社会史论战上,"读书杂志派"立足民族立场,将中国历史置于世界历史发展中,来透视中国社会发展及其特殊性,试图通过对中国社会发展路径的思想论辩和理论探讨,达成对中国出路的共识。社会史论战既是学理争鸣,也是政治分野。通过比较分析该派与国共两党在理论渊源和思想内涵上的异同,我们可以审视其探索现代民族国家发展路径的思想进路及其价值。

第一节 "中国社会史论战"缘起

中国社会史论战的产生,与大革命失败后的时代背景和思想潮流紧密相连。有学者指出"中国社会史论战"产生的背景有二:一是"因中国社会问题亟待解决,解决当前,不得不对于以往有深切的认识";二是"因新思想

---

① 张越:《社会史大论战与中国马克思主义史学建立论析》,《陕西师范大学学报(哲学社会科学版)》2015年第4期。

及新方法之输入,对于中国社会,及思想有重新估价之需要"。① "新思想及新方法"即马克思主义和唯物辩证法。十月革命的胜利和新文化运动的兴起,对马克思主义在中国的传播起到推波助澜的作用。苏俄革命的马克思主义逐渐成为思想界的思潮,经过"问题与主义"和"社会主义论战"成为最时髦的思潮。在这种思想背景下,五四启蒙思潮开启的民智和饱受西方列强压抑的民族意识,交融汇合成一股亲苏俄、向往社会主义的潮流,苏俄先后两次发表对华友好宣言,使很多中国知识分子倾向苏俄革命道路。1923年,北京大学在25周年纪念日进行的一次民意测验,其中第五题是"俄国与美国谁是中国之友?为什么?"结果显示亲俄心理十分普遍。认为"苏俄为中国之友者占……59%",美国"只占13%",原因在于苏俄"为社会主义国家,以不侵略为原则","其为被压迫民族,与中国情形相同"。苏俄宣称"为反帝国主义国家,中国正好与之联合,抵抗英美"。② 在这种语境下,学校、报刊和出版社纷纷相继跟风,马克思主义和社会主义成为时代的"宠儿"。时人称之为"社会主义在今日的中国,仿佛有'雄鸡一鸣天下晓'的情景",③被形容为"一阵社会主义的狂飙"。④

一、大革命失败后中国思想界对社会性质的认识

由于国共合作是在"以俄为师"的旗帜下进行的,合作伊始在组织和动员工农大众,进行民族革命时,对于很大程度涉及阶级斗争等问题,双方存在着原则性的分歧。统一战线的建立并未消除这些分歧,相反,随着北伐的开展,这种分歧愈加明显,国民党的"清党"正是这种矛盾的集中体现。国共两党的理论冲突主要体现在民族主义和民生主义两个方面,尤其是民族主义的冲突,它成为此后中国社会史论战的主要伏线。一些中立的知识分子,强调中国有其特殊的国情和历史背景,不能仅靠背诵马克思主义公式来进行革命。

共产国际为国共合作制定的统一战线政策,是基于将中国革命视为国民党领导下的资产阶级民主革命。大革命失败迫使苏联和共产国际不得不重新定性中国革命性质,引发托洛茨基与斯大林对中国问题的争论。大革命时期,国共合作和分裂与共产国际对中国革命的指示密切有关,对于中国社会性质和革命前途的论争,自然与共产国际内斯大林和托洛茨基之间的

---

① 郭湛波:《近三十年中国思想史》,大北书局,1933年,第298页。
② 李云汉:《从容共到清党》,及人书局,1987年,第89、90页。
③ 潘公展:《近代社会主义及其批评》,《东方杂志》第18卷第4号,1921年2月。
④ 李云汉:《从容共到清党》,第81页。

争论有关。他们"关于中国的每一次争论——政治的或学术的——都附加了政治爆炸力"。① 共产国际有关中国问题的政治争论以斯大林的胜利而告终,由此断定中国革命是"既反对封建残余又反对帝国主义的土地革命,土地革命是中国资产阶级民主革命的基础和内容"。② 斯大林把"反帝""反封建"和"土地革命"确定为中国革命的任务和内容,共产国际的争论自然影响到中共党内对中国社会性质的争论。两种政治派别的"政见在苏联闹了好几年……又传播到中国来";③"苏联上层领导人斯大林与托洛茨基之间公开的争论与斗争,确是引发中国发生论战的最重要的因素";④社会史论战的分歧,"完全是对共产国际内部争论的响应"。⑤

中国知识分子亟须解析中国社会和革命性质问题的答案,这是中国社会史论战的内在动因。但论战理论、思想和研究方法等,均受苏联和共产国际有关中国问题论断的影响,苏联内部政治和学术派别的争论,使中国社会史论战打上了鲜明的意识形态的烙印。他们从世界革命和国际阶级斗争的宏观视角,评析中国社会革命的现状,投射到中国历史之中。苏联和共产国际把源自局部的理论和方法提升到具有"普世性"规律的高度,本身就具有教条主义的错误。初学马列主义的中国知识分子,尤其是倾向苏俄革命道路的左翼理论家,把来自"国际"的理论、方法奉为"放之四海而皆准"的真理,以此来裁量中国历史。受斯大林和共产国际有关中国问题论断的影响,1928年,中共六大决议案确定中国是半殖民地半封建社会,中国革命性质是"资产阶级性的民权革命","推翻帝国主义及土地革命"是当前革命的根本任务。⑥ 肇始于中共党内的争论逐渐在思想界引起激烈反响,并不断深入。有学者评价道:"虽然中国社会史大论战,初次把马克思的思想和理论,应用到中国历史解释体系上来。但中国社会史大论战同时也反映了当时共产国际与中共内部权力和革命路线的激烈斗争。唯如此,才能对中国社会史论战的纷乱的战局,得到一个较清晰的认识和了解。"⑦

大革命失败后,中国向何处去成为时人最为关心的首要问题。当时严

---

① [德]罗梅君著,孙立新译:《政治与科学之间的历史编纂——30和40年代中国马克思主义历史学的形成》,第67页。
② [俄]斯大林:《中国革命和共产国际的任务》,人民出版社,1954年,第29页。
③ 何干之:《中国社会性质论战》,生活书店,1937年,第39页。
④ 乔治忠:《20世纪30年代中国社会史论战问题探实》,《天津社会科学》2014年第5期。
⑤ 李勇:《"中国社会史论战"对于唯物史观的传播》,《史学月刊》2004年第12期。
⑥ 《中国共产党第六次全国代表大会·政治决议案》,中央档案馆编:《中共中央文件选集》第4册,中共中央党校出版社,1991年,第298—299页。
⑦ 逯耀东:《中共史学的发展和演变》,时报文化出版事业有限公司,1979年,第45页。

峻的政治形势,中共、各政治派别不得不重新思考中国出路究竟走向何方,中国是否还要继续革命,是什么性质的革命,迫切需要对中国社会性质和革命前途做出科学判断。有些知识分子由战争前线退回到书斋中,从理论上对中国问题进行检讨,试图从中得出一个合乎中国革命实际的结论。王亚南指出:"近年来革命碰壁,致使一般人怀疑革命。"①"政治活动的路碰了壁,于是有许多人就转到学术思想的路上来。"②这揭示出当时不少知识分子从"政治人"转向"文化人"的心路历程。

随着更多知识分子回到书斋进行理论研究,翻译出版介绍西方著作成为出版界的时代潮流。"九一八事变"导致一系列失地丧权辱国的惨痛事实,"使一向不大关怀国事的一般大众,都自觉的(原文如此)发生保障民族生存,争取民族独立自由的要求,他们在苦闷中,渴望知道如何挽救民族危亡的方针与途径,渴望知道他们祖国究与世界有怎样的关联"。总之,"他们要求理解中国,理解中国的敌人,理解世界"。"中国人民大众一致起来护卫民族生存,表现民族抗争力量,而要求增加他们对于中国与世界的理解。"基于此,出版界"由介绍翻译一般进步的社会科学,而理解世界一般的进步法则,在实践的意义上,不过是作为理解中国社会发展法则,从而作为改革中国社会的手段,由一般的社会法则的研究,移到关于中国社会发展法则的研究,虽是最自然的顺序,但没有当时的客观环境的要求与促进,也许这种倾向要延缓些时才能显露出来"。③

大革命失败后,共产主义理论"或深入或浅出地活现于文化市场,尤其是大都市。在这个时期,市场上的各种社会科学书籍,几无不以用唯物辩证法为工具或马克思主义为骨骼"。"当时虽是共产主义事实在中国失败之时,却是共产主义理论在中国获得胜利之时。这是共产主义思潮在中国登峰造极之时"。④ 在时代背景下,唯物史观成为独占鳌头、最时髦的思潮,像旋风一样席卷了整个思想文化界。王礼锡指出:"谁把握了正确的唯物辩证法,谁就能解答中国社会形式的史的发展如何? 中国现在是怎样的一个社会,并且还可以解答'中国革命的路向如何? 我们应当怎样走?'"⑤据何兹全回忆,当时"是马克思主义、唯物史观独步天下的时代"。⑥ 郑学稼回忆

---

① 王亚南:《封建制度论》,《读书杂志》第 1 卷第 4、5 期合刊,1931 年 8 月。
② 谭辅之:《最近的中国哲学界》,《文化建设》第 3 卷第 6 期,1937 年 3 月。
③ 王渔邨:《中国出版界最近十年的几个演变倾向》,《大众论坛》第 1 卷第 1 期,1936 年 11 月。
④ 刘炳黎:《最近二十年国内思潮之动向》,《前途》第 5 卷第 7 期,1937 年 7 月。
⑤ 王礼锡:《论战第二辑序幕》,《读书杂志》第 2 卷第 2、3 期合刊,1932 年 3 月。
⑥ 何兹全:《我所认识到的唯物史观和中国社会史研究的联系》,《高校理论战线》2002 年第 1 期。

说:"三十年代初的上海知识分子,把马克思主义作为思想上的大情人,因此大家对它有研究热。"①美国学者德里克认为:"1927年的诸多事件使得国民党和共产党都失去了权威性,却丝毫没有减弱……广大青年知识分子对社会革命目标的热忱信奉。"②这道出了社会主义和唯物史观在当时盛行的根本原因。

共产国际与中共内部有关中国社会性质的论战,在中国社会各阶层知识分子中引发极大反响。尤其是"九一八事变"前后的中国社会,"正是中国天灾人祸交相煎逼的时期。在大旱灾大洪水大内战与苦重的捐税压力下展开的赤区扩大活动,使一般关心那种活动的知识分子社会活动家,企图从理论的研究,来推论那种活动的前途。"在这种要求下,"当然要把中国社会史当作中心问题来研究,因为那种活动是在农村方面扩展着的,在理论的分野上,支持农村方面的扩大活动,是认定中国社会现阶段是由封建势力占着上风",但持反对意见的知识分子,"以为中国现社会阶段是由资本主义势力行驶(原文如此)支配,而中国现社会阶段究竟是封建主义的,抑是资本主义的,又非从中国历史发展过程上来确定其究竟不可"。"一个显然而又显然的殖民地的现实问题,竟导来了一种汇为洋洋大观的历史的争吵。"③

在内忧外患、天灾人祸交织在一起的困境之中,"中国向何处去"的问题迫使各界给出答案。为探索中国出路,回应共产国际有关中国社会和革命性质的论断,各派知识分子从历史纵向发展的视角来阐发中国社会史演变脉络的不同观点,引爆了思想界的社会史论战。王礼锡、胡秋原等人趁机而起,以神州国光社为基地,创办《读书杂志》,以"中国社会史论战"为主题,向当时不同政治学术权威——顾孟余、陶希圣、梅思平、陈独秀、郭沫若等人发起挑战。之所以选择向这几个人挑战,是因为他们是"左中右各派的理论权威……向权威挑战,可以提高杂志本身身价"。④

王礼锡在《中国社会史论战序幕》中指出:"关于中国经济性质问题,现在已经逼着任何阶级的学者……非解答这问题不可。""要研究现在中国经济的性质,其结果自然得涉及中国革命的性质,这个问题所以严重与普遍在此,所以能诱发思想界斗争的兴趣与活气亦在此,因为这不仅是书呆子书斋

---

① 郑学稼:《我的学徒生活》,帕米尔书店,1984年,第17页。
② [美]阿里夫·德里克著,翁贺凯译:《革命与历史:中国马克思主义历史学的起源,1927—1937》,第30页。
③ 王渔邨:《中国出版界最近十年的几个演变倾向》,《大众论坛》第1卷第1期,1936年11月。
④ 朱宗震、汪朝光编:《陈铭枢回忆录》,第118页。

中的事业。"研究中国经济性质,必然"从流动中去理解中国经济的结构,必须从中国历史上的经济的演变与世界经济的联系,阐明其规律性并扭住其特殊性"。中国社会性质问题的讨论由此发端,其试图解决的是两个极具现实革命实践的问题:"中国现在社会究竟是封建社会,还是资本主义社会?""经过 1927 年失败以后的中国革命究竟是资产阶级革命,还是无产阶级革命?"①"中国社会已经走上了一个什么阶段?"②这就不得不将此问题投射和追溯到中国历史之中。

二、《读书杂志》成为中国社会史论战的主战场

1928 年,国共两党在上海文化界展开对中国社会性质的论争,被有的学者称为"中国社会史论战"的"前哨战"。③ 20 世纪 30 年代初,《读书杂志》宣称以自由中立的立场,成为各派论战的战场,将论战推向高潮。论战主要是在"新生命派""新思潮派""动力派"之间展开。④ 以胡秋原、王礼锡、王亚南等为主要代表的"读书杂志派",在这场中国思想文化界聚焦的大论战中颇具影响,成为当时舆论界的骄子。他们"代表自由马克思主义者观点的一派,可称为是论战中的'第三种势力',政治上处于国共两党之间,时而以中共同路人的面目出现,时而以国民党内自由主义者的面目出现"。⑤ 由于阶级、政治立场和意识形态不同,观点各异,论战内容广泛,主要涉及历史、现实和社会理论等,尽管《读书杂志》并非最早介入论战,但依然是论战的中心战场、主阵地和"最重要的舞台"。"当时各派论争的舞台,主要是上海神州国光社刊发的《读书杂志》,新生命及其他书局亦在这前后刊行了一些有关中国社会史的读物。"⑥

《读书杂志》成为中国社会史论战的主战场,不拘一格的办刊宗旨是关键原因。正如王礼锡所言:"为了确立革命的理论起见,在所主编的读书杂志上提倡'中国社会史论战',使一切有党派无党派之意见,皆得与社会相

---

① 王礼锡:《中国社会史论战序幕》,《读书杂志》第 1 卷第 4、5 期合刊,1931 年 8 月。
② 王礼锡:《第三版卷头语》,王礼锡等编辑:《中国社会史的论战》第 1 辑,神州国光社,1932 年,第 1 页。
③ 郑学稼:《社会史论战简史》,黎明文化事业股份有限公司,1978 年,第 14 页。
④ 这三个派别是以《新生命》《新思潮》《动力》杂志为名划分的,"新生命派"包括周佛海、戴季陶、陈邦国、陶希圣等人,"新思潮派"有潘东周、王学文、张闻天等,"动力派"有严灵峰、任曙、刘仁静等人。
⑤ 李洪岩:《论中国马克思主义史学的建立与形成》,冷溶主编:《中国社会科学院马克思主义研究论丛(史学编)》,第 638 页。
⑥ 王渔邨:《中国出版界最近十年的几个演变倾向》,《大众论坛》第 1 卷第 1 期,1936 年 11 月。

见,任读者自由抉择。"①这还与当时中共在上海所办《新思潮》等刊物遭到国民党当局的查禁和封杀有关。在国共两党之外的中间知识分子,由于没有"帮口",《读书杂志》这种自由中立的立场为他们提供了发表论说的平台。据王礼锡自述:"在过去,这个论争为几个'帮口'所垄断,自然,某一集团的刊物没有发表他人意见的义务,于是许多无帮口的'试解',只好'让虫鼠去批判'。"②《读书杂志》打破"帮口"界限,兼容并包的办刊风格赢得各派知识分子的青睐,自然成为各派参加"中国社会史论战"的主阵地。

《读书杂志》成为社会史论战的主战场,与创办该刊的"读书杂志派"对中国社会性质和中国社会史论战的关注密切相关。在《读书杂志》创刊号上,他们明确表达对中国社会性质和中国社会史问题的关注意图。"中国社会的性质是一个很重要的问题,如果没有真(原文如此)确的认识,很难确定中国政治的前途。所以本志特为这个问题,设一个'论战'。"③他们主张通过考察"史的生成",开展学术讨论来认识中国社会性质,"理解整个的历史"进而认识当前社会。为对中国社会性质有更深入的了解,必然会将论战推向整个中国历史,"中国社会史的论战,现在已引起各方面的兴趣"。④

王礼锡组织和推动中国社会史论战,与其对思想界"怀疑"和苦闷的氛围,以及对社会现状和革命前途的认识有关。他认为"革命的狂潮将许多青年卷入狂热的战斗,高潮过去了,退伍的战士都感到一种怅惘的空虚。这样就造成了这时期青年的苦闷"。在革命的高潮中用几个口号对旧的思想进行猛烈破坏之后,却又"要能沉潜能精细的向各方面去检视,重新考虑前时期留下来的问题,并将前时期所建下的轮廓去充实内容。现在各方面在思想上作细微的分辨,就是这趋向的表现。这些细微的分辨,在前时期谁都忽略过去不看成问题的"。他指出,"如果认识了这趋向,那就不会苦闷了",因此呼吁青年知识分子要"苦学与深思",⑤进而从理论上探索中国出路。"现在是盲目的革命已经碰壁,而革命的潜力又不可以消泯于暴力的镇压之下,正需要正确的革命理论指导正确革命的新途径的时候。"⑥在这种情况下,"中国社会史的问题,遂逼着各阶级各党派的学者为着他以斗争的姿态在思想的战场上出现。""为着各阶级的畸左畸右,形成许多不同的意见。"⑦

---

① 《王礼锡小传》,《读书杂志》第3卷第1期,1933年1月。
② 王礼锡:《第三版卷头语》,王礼锡等编辑:《中国社会史的论战》第1辑,神州国光社,1932年。
③ 《编者的话》,《读书杂志》第1卷特刊号,1931年4月。
④ 《编者的话》,《读书杂志》第1卷第3期,1931年6月。
⑤ 王礼锡:《从青年的烦闷谈到苦学与深思》,《读书杂志》创刊号,1931年4月。
⑥ 王礼锡:《第三版卷头语》,王礼锡等编辑:《中国社会史的论战》第1辑,神州国光社,1932年。
⑦ 王礼锡:《中国社会史论战序幕》,《读书杂志》第1卷第4、5期合刊,1931年8月。

针对代表各阶级"畸左畸右"的不同意见,《读书杂志》的编者"希望这论战不是无结论的争辩","希望论战的各方,要以客观决定主观,不要以主观决定客观,去思考,去求证,去试解,去写作","希望读者要以客观决定主观,不要以主观决定客观去读,去了解,去批判",更要"跳出其阶级意识的牢笼之外,加以纯客观的体认……然后才可得到有价值的批判"。①

参与论战的各派学者,尽管政治立场各异甚至尖锐对立,学术观点或对立,抑或相互交叉,但其思想方法和理论根据大致是相同的,即马克思主义的唯物史观。"'辩证唯物论'这个名词,近年来已成为中国思想界一个最流行的时髦名词了。治社会科学的人,无论懂与不懂,总喜欢生吞活剥的把这个时髦商标贴在自己的货色上,以求兜揽顾客。"②由此呈现出"唯物史观又像怒潮一样奔腾而入"蔚为壮观的态势和前所未有的冲击力。③ 事实上,当时的论战者由于对马克思主义理论的研究还处于低水平阶段,断章取义者比比皆是,无非是为其涂脂抹粉,夸大其理论色彩。

王礼锡在评价中国思想界的相互争鸣时指出:"在思想界的领域像煮沸了的水一般的颇有百家争鸣的气象。"各派都像"这沸水中喧腾的泡沫,一方面表示这时代思想的凌杂,另一方面却表示这时代思想的活跃"。"中国现在已经踏进了一个非常危险的时代,大家应当一点不固执地去找出挽救中国危亡的道路,只要谁的是对了,我们便毫不客气的抛弃自己的成见和历史去和他走上同一的路线。我便是抱着这样的一个诚心来检阅现在各派的主张。"④各种政治和学术流派在同一论题下自由论辩,不存在"舆论一律"强制力量的施压,基本上是在学术研究的范围内进行论战,这是十分可贵的。《读书杂志》超越左右两翼的立场,为这场论战提供交流的平台,使得各派学者都有自由争论的一席之地,绝无出现一家独尊或"独尊马列"的现象。尽管各派论战不免激烈,乱戴政治"帽子"和漫骂现象时有出现,但并未出现非学术的政治力量的干预。《读书杂志》坚守不拘一格的办刊宗旨,颇有"兼容并包""百家争鸣"的气象,这是赢得时人和后世学者敬佩的根本原因。《读书杂志》对传播马克思主义,推动中国社会科学发展,无疑发挥着重要作用。后世学者评价道:"《读书杂志》展开的各项论战,经过岁月淘洗仍有强劲生命力,不仅被不断地重新审视,且长期地保持着'话语阐释'的张力,虽

---

① 王礼锡:《第三版卷头语》,王礼锡等编辑:《中国社会史的论战》第1辑,神州国光社,1932年。
② 吴西岑:《机械的唯物论与布哈林》,《动力》1930年创刊号。
③ 顾颉刚:《战国秦汉间人的造伪与辨伪·附言》,吕思勉、童书业编著:《古史辨》第7册(上),上海古籍出版社,1982年,第64页。
④ 王礼锡:《再生派批判》,《文化杂志》创刊号,1933年4月再版。

时过境迁,仍不时地让人回眸、流连。"①"读书杂志派"不仅组织和推动论战的顺利开展,而且积极参与论战,诠释其思想观点,试图通过思想交锋和理论探讨,达成对中国出路的共识。

第二节 "读书杂志派"的社会史观

《读书杂志》"采取的兼容并蓄、不拘一格的自由主义立场",②为各派提供了一个论战平台。虽然宣称"编者并没有任何的主观意见想左右战场",超越意识形态,一切是非由读者去评判。事实上,主持者承认"要说有政治目的,那只是普通的争取言论自由,为一切无帮口的作家供给发表主张的园地,即是起码的民主斗争"。③他们还宣称:"在世界经济恐慌与政治危机之狂澜中,在帝国主义与其仆从进攻中国蹂躏人民之恐怖中,在文化之害毒的弥漫中,在前夜光明与黑暗的斗争中,真实的理论,是革命的武器之一。""目前思想界之混论,理论之堕落与歪曲,乃至忽视理论之倾向,一面反映危机之严重,一面表现理论水准之低下。"然而,"我们相信,必须有真实的理论,才能保证实践的真实,因而伟大的胜利"。于是,"在这白热时代我们依然冷静的忠实于真理,而这也正是看清了历史与自己。正确的理论是任何时代都需要的,在现在,在将来"。他们进而表示:"我们不仅要争取言论思想之自由,还要争取真实思想的胜利,而这是同时代向光明的人士之共同责任。"④在进行学术论战背后,隐含着争自由与民主的政治目的,通过自由争鸣,选择一条适合的道路。"读书杂志派"不仅保持自由主义的中立的编辑立场,而且在思想上亦受马克思主义的影响,该派中的胡秋原、王礼锡、王亚南等人也依据唯物史观的方法参与到论战中,阐述其立场和观点。

一、"读书杂志派"对中国社会发展路径的思考与探索

在日本留学期间,胡秋原关注到国内有关中国社会性质的讨论,明确指出国内学者用唯物史观解释中国历史存在的弊端。

---

① 散木:《中国现代思潮中的"神州国光社"》,《中华读书报》2017年2月8日第14版。
② 李洪岩:《从〈读书杂志〉看中国社会史论战》,《中国社会科学院近代史研究所青年学术论坛》1999年卷,第276页。
③ 《读书杂志》第3卷第3、4期合刊"编后",1933年3月。
④ 《文化杂志·创刊之辞》1933年4月再版。

> 近来许多学者都在试用唯物史观解释中国社会史,可惜这些学者对于中国史识大都缺乏,同时对于辩证法底唯物史观也没有十分理解,其结果七扯八拉……牛头不对马嘴……为成见所袭,拒绝新方法的应用……近年许多人似乎将中国几千年来的社会,看做一个纯粹封建社会或纯粹畸形封建社会……在这样的唯物史观解释之下,中国社会的这个谜,依然是一个谜而已。

在提出上述批评之后,他认为要理解中国社会和文化的发展,至少应理解这几个"Moment"("方面"):

> 首先,"中国社会固然是一个长期封建底存在,然而是一种变相的半封建的社会,这社会有其特殊的生产方法——即马克思所谓'亚细亚底生产方法',这种生产方法给与中国社会组织以特殊形态"。其次,"商业资本——虽然幼稚——在中国社会上无疑地演了重要的作用,中国的封建制度在东周便已趋于崩坏,到了秦始皇凭借商人阶级的势力,结束了封建社会,建设了都市手工业形态底专制国家"。而土地和商业资本的结合,则是"'亚细亚生产方法'特征之一",这既"增加了农民的剥削",又"阻碍了商业资本的发展"。农民的叛乱演化成中国史上的治乱循环,蛮族的入侵也对中国循环内乱产生不小的作用。第三,"印度文化的影响",尤其是佛教输入后,印度文化对中国思想文学艺术都有较大的影响。①

这是胡秋原有关中国社会性质和"中国社会史"的观点的最早文字记录。他参与社会史论战的见解乃至多年后的重新认识,都是在此基础上的进一步阐发,但基本观点没有太大变化。对国内学者套用马克思关于西欧社会发展史的公式来解释中国社会发展史的做法,他批评道:"在欧洲社会发展阶段没有研究清白以前,谈中国社会史,真是一种冒险,其不免于笑话者几希。""中国社会性质之明白,是中国革命方针之前提。"②

由《读书杂志》推动的"中国社会史论战"引起广泛关注。据胡秋原自述,"王礼锡先生屡次催我表示意见",在研读二十四史的食货志资料后,

---

① [俄]佛理采著,胡秋原译:《艺术社会学·译者序言》,神州国光社,1930年,第51—54页。
② 胡秋原:《亚细亚生产方式论(上)》,《文化杂志》创刊号,1933年4月再版。

"我才以我所谓自由主义的马克思主义研究中国历史",投入到论战中去。①在对中国社会性质的认识上,胡秋原认为"中国现在社会是帝国主义统治下的先资本主义社会,殖民地化的专制主义社会"。② 他在研究中国历史后指出:"中国经济前途只有两条路:一是帝国主义的路,即殖民地的路;二是反帝国主义的路,即革命的路。"因此,中国革命的中心问题"是一个反帝国主义及其代理人问题","土地问题也只是反帝国主义革命的一重要部分";③同时也是"民主性的革命","帝国主义、专制主义和封建主义三位一体",④这是中国革命最重要的问题。

王礼锡认为"带买办性的金融资产阶级,的确在中国社会占了支配的地位"。"现在中国是半殖民地性的资本主义社会","金融资产阶级的买办性,投机性;民族资产阶级发展之滞(但不是不发展);小地主剥削之严重;农村破产,失业农民的流寇化;城市工人力量之薄弱,这都是半殖民地的特殊性"。⑤"抗日反帝是目前中国的惟(原文如此)一出路",以此"求得中华民族的独立生存"。⑥ 中国的"轻工业资本已发达到了可以使'以轻工业品输入中国的国家'感觉到害怕到要敌视的程度了。事实给'封建占优势论者'一个劈面的嘴巴!"打破帝国主义与半殖民地的连环的武器是进行彻底的反帝战,而要打破都市乡村相互影响而破产的连环的武器是开展土地革命,实现"耕者有其田"。完成这些任务的首要之举就是组织全国性的反帝战,唯有建立在"农工大众小商人青年军人与前进的自由职业者的集合"基础上,⑦才能实现民族利益上的统一。

王亚南指出帝国主义既"阻碍"又"促进中国工业资本之发达","是一种矛盾现象";中国思想理论界受苏联影响,赞成者的论据"大抵得自外人,忘却中国封建制度的特质";"即使依日本的或欧洲的封建制度来权衡,亦不免有冒为比附之嫌"。⑧ 神州国光社的后台老板、十九路军的精神领袖陈铭枢也认为"中国是一个半殖民地的资本主义社会","为反帝国主义而斗

---

① 胡秋原:《哲学与思想·自序》,第13页。
② 胡秋原:《亚细亚生产方式与专制主义》,《读书杂志》第2卷第7、8期合刊,1932年8月。
③ 胡秋原:《略覆孙倬章君并略论中国社会之性质》,《读书杂志》第2卷第2、3期合刊,1932年3月。
④ 胡秋原:《专制主义论》,《读书杂志》第2卷第11、12期合刊,1932年12月。
⑤ 王礼锡:《战时日记·反日战与上海金融资产阶级》,《读书杂志》第2卷第4期,1932年4月。
⑥ 王礼锡:《国际经济政治年报序》,《读书杂志》第2卷第6期,1932年6月。
⑦ 王礼锡:《战时日记·从炸弹中瞭望远景》,《读书杂志》第2卷第4期,1932年4月。
⑧ 王亚南:《封建制度论》,《读书杂志》第1卷第4、5卷合刊,1931年8月。

争"。政治上要为"民族利益而谋统一,不统一则民族的力量薄弱,永远冲不出帝国主义的天罗地网"。"不在民族利益上谋统一,是缘木求鱼。"为全民族的利益,要抛弃各种主张成见和历史恩怨,阶级利益要服从民族利益。经济上要进行"国家的统制,有计划的来发展社会化生产"。日本帝国主义"最凶残的相貌暴露以后,我们应当觉醒:以反帝国主义斗争作为我们目前惟一的任务"。因此,"组织并武装反帝民众作为斗争的主体,以统一的政权,统制的经济为我们斗争的准备与手段"。① 无论是"读书杂志派",还是陈铭枢,他们反对日本帝国主义的态度都是极为鲜明的。可以说在反对帝国主义的问题上,双方不谋而合。

在中国社会性质和革命前途的认识上,与"动力派"和"新生命派"淡化对帝国主义的斗争,认为中国是资本主义社会不同。"读书杂志派"在抗日反帝问题上,与"新思潮派"一致,但不赞同"新思潮派"把共产国际决议教条化,认定中国是封建社会,他们认为中国既不是封建的,也不是资本主义的,而是特殊的过渡社会。客观而言,他们根据马克思主义理论,结合中国历史与现实,独立思考,从学理上探索,更接近中国社会本身。"读书杂志派"的中国社会性质观,反映了聚集在"神州"的知识分子群体,乃至陈铭枢等十九路军领导集团的观点。在民族危机加剧之际,他们怀有强烈的民族情感,其认识是从反帝抗日出发的。

对中国社会性质的认识不仅仅是学术讨论,更重要的是具有强烈的现实政治诉求。时人已普遍意识到:"因为中国社会有决定中国革命的全权,中国社会到底是什么社会,就是中国革命到底是什么革命的结论。"②现实与历史密不可分,对中国社会性质的争论必然"要深入到中国社会史中去"。③ 有学者评价道:"社会史论战是议论历史,而非研究历史,每位论士都先有现实的关怀,相信当前中国革命的方向须取决于中国社会性质的认识。"④陈铭枢和王礼锡办"神州"有一定的"政治企图",在《读书杂志》上的论战则是"政治主张探讨"。⑤ 鲁迅曾说"神州"是"武官们开的书店",⑥胡

---

① 陈铭枢:《淞沪抗日战争的教训与中华民族的前途》,《新中华》第 1 卷第 2 期,1933 年 1 月。
② 朱伯康:《中国社会之分析》,《读书杂志》第 1 卷第 2 期,1931 年 5 月。
③ 顾一群等:《王礼锡传》,第 60 页。
④ 杜正胜:《中国古代社会史重建的省思》,《大陆杂志》第 82 卷第 1 期,1991 年 1 月。
⑤ 赵庆河:《读书杂志与中国社会史论战(1931—1933)》,第 108 页;郑学稼:《社会史论战简史》,第 6 页。
⑥ 《鲁迅全集》第 5 卷,人民文学出版社,2005 年,第 419 页。

秋原在"指挥刀下谈自由",①"武官"和"指挥刀"是指十九路军将领,这反映出其政治介入的意图。"没有革命的理论,便没有革命的行动","读书杂志派"开展社会史论战是为"正确的革命理论指导正确的革命途径",②以达成中国出路的共识。论战主要围绕亚细亚生产方式,中国是否存在奴隶社会和封建社会三个问题展开。

1. 质疑亚细亚生产方式

在亚细亚生产方式问题上,胡秋原、王亚南均持质疑甚至是否定态度。胡秋原认真研读了苏联学者杜布洛夫斯基撰写的《亚细亚方法、封建制度、农奴制度及商业资本主义本质问题》。受其影响,他认为其批判"特殊亚细亚生产方法论"的部分,对马克思的许多误解予以了纠正,其理论价值极为重要。胡秋原不赞同杜氏对封建制度、农奴制度及商业资本主义的评论,认为其评论仍存在"许多成问题的地方"。他还指出"历史上并无特殊的亚细亚生产方法",如要应用这个名词,"是指中国(或印度)之先资本主义制的复合方法(农村公社与封建农奴制之结合),就是指亚洲的专制主义"。"亚细亚生产方式"是"专制主义的农奴制","英国未侵入中国以前的中国社会的基础,是前资本主义的亚细亚生产"。因此,"中国现在社会是半殖民地化的封建专制主义社会","中国革命问题便自然归结到反帝国主义与土地革命了"。③ 这是他对亚细亚生产方式问题研究得出的结论,然而这种认识后来被视为"完全背离了历史唯物主义,没有什么科学价值之可言"。④

胡秋原在评价亚细亚生产方式主张论者的错误时指出:"以为根本无所谓亚洲生产方法,那只是马克思恩格斯对东方社会材料不足所引起的误解,这种根本否定论自然是错误的。"而"误解马克思主义,以为亚细亚生产方法,是在质上与封建生产方法等不同的特殊生产方法,或以为现在中国之社会制度,是从亚洲生产方法到资本主义的过程中的社会(马加尔),或以为过去中国曾有此特殊生产方法(李季),他们提出亚细亚生产方法之特征,而自命正统马克思主义"。在批判两种错误观点的基础上,他指出:"马克思恩格斯也没有谈到特殊的亚细亚生产方法","在社会进化史上画一个特别亚细亚生产方法时期,无论如何不是马克思主义,列宁主义。"

在他看来,因资料不足和时代局限性,"马克思关于中国古史,没有什么

---

① 鲁迅:《论"第三种人"》,《现代》第 2 卷第 1 期,1932 年 11 月。
② 王礼锡:《第三版卷头语》,王礼锡等编辑:《中国社会史的论战》第 1 辑,神州国光社,1932 年。
③ 胡秋原:《亚细亚生产方式与专制主义》,《读书杂志》第 2 卷第 7、8 期合刊,1932 年 8 月。
④ 周子东等:《三十年代中国社会性质论战》,第 59 页。

研究,尤其在他的时代,西方学者对于中国周以前的研究,还极其稀微,他关于亚细亚社会的意见,无疑是关于他同时代的亚洲的情形,如何可以将亚细亚生产方式扯到纪元前一千多年的殷代!"马克思未读摩尔根以前,"也许会认原始共同体为亚洲形态,然而他在资本论中关于印度所展开的意见,无疑是说在当时的印度,在前资本主义时期的印度,还有原始共同体的残存。但那共同体正是氏族社会的产物,而非亚洲所特有"。"特殊亚细亚生产方法,……根本就不能成立。"马克思关于人类社会进化公式,"并不是一个社会发展阶段之必然公式"。在古代社会之前,"还有原始共产制"。马克思认为"印度及中国生产方法治广大基础,是由小农业及家庭手工业之统一而形成的,在印度,此外还加上基于地共有的村落共同体的形态"。"亚细亚生产方法之基础上,还有原始共产体的残余,如果亚细亚生产方法,社会就是原始共产社会……无异于疯话。"亚细亚生产方法论者,"以为世界必有一个特殊亚细亚生产方法社会,而亚洲,过去或过去某一时期以及现在还有一部分,便在这范畴之中"。这"完全是错误的"。①

胡秋原通过梳理马克思、恩格斯、列宁在亚细亚生产方式问题上的实质及其比较研究,得出下面的结论:

> （一）马克思的四阶段说是就人类历史的生产制度之变迁而言,并非指社会生产方法发展之必然历程。（二）没有什么特殊的亚细亚生产方法,他既不是与奴隶制度并行的,也不是与封建农奴制区别的特殊生产方法,无论灌溉制度,或土地国有,都不足以构成这方法之基础或特殊性。（三）亚细亚生产制度,不仅是亚洲的,而且是欧洲的,俄罗斯的,不过在中国及印度,看见其典型的形态。（四）中国社会之最初形态是村落共同体。（五）亚细亚生产制度是存在的,它是亚洲的先资本主义制度。（六）所谓亚细亚生产制度主要的是亚洲封建制度之特殊形态,更严格地说,是封建＝农奴制度与农村共同体之结合形态,以由小农及家庭工业之强固结合的自给自足的村落为基本构造;土地私有虽然没有（但随商品经济之发达逐渐发生）,但以农耕必要上之水利事业,促进最高地主的国家之权力集中化,主要地以物租,此外以力租钱租向地主＝国家交纳租税,确立现物经济,再生产下部构造之强固。这基础上,形成东方农奴制专制政治。亚细亚生产制度者,实际上是一种与村落共同体结合的封建底农奴制,一种宗法底封建的农奴制。村落

---

① 胡秋原:《亚细亚生产方式论（上）》,《文化杂志》创刊号,1933年4月再版。

公社之残存,增加亚洲社会之停滞性。于是,在亚细亚之沃野,遂广横着这悠悠几千年间不变之姿。(七)然而资本帝国主义侵入这亚洲生产制度之长城中了,旧的生产方法逐渐崩坏,于是亚洲社会遂资本主义化殖民地资本主义化了。

胡秋原、王礼锡、梅龚彬、王亚南等人翻译苏联史学家波卡洛夫、雅尼夏尼等撰写的《阶级斗争史》教程,认为该书的"论世界历史发展颇精审"。该书在论及古代东方社会一般特征时指出:"亚细亚诸国之历史发展,有特殊的性质。将东洋祖国历史过程之特性,与欧洲封建制度无条件地,机械地,依样葫芦地看作一个东西,是不对的。所谓亚细亚生产方式,就其构造看来,呈现封建=农奴制构成之一变种,毫无疑义。"①

王亚南指出无论是理论还是实践问题上的要求引发的诸多论争,我们不用去管,但在争论的过程中能够给我们有益的暗示。"研究东方社会的社会学者,为了支持各自提出的主张,遂对于此种'亚西(原文如此)亚的'字句,分别作机械的'望文生义'的解释,以为'亚西亚的'云云,乃专就亚洲的生产方法而言。""中国社会经济的发展,并不曾逸出人类世界史的一般范畴。……所以被看着特殊的'亚细亚的生产方法',实际并不存在。"②

长期以来,受马克思主义学者将五种社会形态理论视为放之四海而皆准的真理的影响,在宏大的革命史观叙事下,胡秋原、王亚南的观点受到批判。其观点是否符合中国早期社会发展史的真相? 事实上,由于各种因素的制约,马克思提出的"'亚细亚的'生产方式显然不是东方社会独有的特性,而是普遍史观思维框架下历史演进的一个阶段"。他将亚细亚生产方式"嵌入象征历史进步的社会形态演进谱系","建构人类历史演进的逻辑序列"。③"带有明显的历史局限性,不自觉地打上了欧洲殖民主义和欧洲中心论的时代烙印。"④

当时欧洲学界对中国和东方历史与实际了解不足,易建平评价道:"19世纪欧洲对中国的了解既不专业也不全面,错将当时所看到的东方社会发展状况误认为是东方自古以来的社会形态和权力结构。"姚洋、仲伟民认为,

---

① 胡秋原:《亚细亚生产方式论(上)》,《文化杂志》创刊号,1933年4月再版。
② 王渔邨:《中国社会经济史纲》,生活书店,1936年,第14、18页。
③ 涂成林:《世界历史视野中的亚细亚生产方式——从普遍史观到特殊史观的关系问题》,《中国社会科学》2013年第6期。
④ 季正矩:《国内外学者关于"亚细亚生产方式"理论研究观点综述(一)》,《当代世界与社会主义》2008年第1期。

欧洲"由 17—18 世纪近乎着迷的'中国文化热'转向了黑格尔式的鄙夷"。①马克思提出的"亚细亚生产方式"论难免受这种认知的影响。中国、印度和日本的学者立足各自的国家资料进行研究,认为亚细亚生产方式并不符合东方国家的历史。尽管马克思恩格斯对近代亚洲革命运动做出许多精辟的论断,但"从来都没有把亚洲不同时代、不同区域的民族与国家的社会制度笼统地称作'亚细亚生产方式'"。②

任剑涛认为:"马克思引入特殊的'亚细亚生产方式'形态,并非为了补充或挑战五种普遍形态依次演进的理论,更多地(原文如此)是为了显示东方社会对普遍性历史进程的某种不恰当抵抗。"郑永年表示:"'亚细亚生产方式'概念的提出有着浓郁的西方社会历史经验背景,我们要坚持的不是原教旨的马克思主义,而是要用马克思主义的方法论重新观察我们的实践经验和历史道路。"③中国早期马克思主义者由于理论素养不足,对马克思主义往往采取教条主义态度,忽视人类社会历史"一线多元"发展的可能性,认为中西方历史发展进程无一例外地尊重五种社会形态理论,简单套用五种社会形态理论对中国古代社会发展史进行注解附会。"在人类社会的发展问题上,明确提出'五种社会形态'说恰恰是斯大林"。④受此影响,左翼学者在研究中国问题时,不仅采取教条主义态度,而且试图以此作为化解将中国置于世界历史进程中异类心结之魔的一把钥匙。

20 世纪 30 年代,在中国社会史论战中参与探讨亚细亚生产方式问题的学者,大多受普遍史观的影响,遵循普适式的路径,"全盘接受马克思社会形态演进论和斯大林历史发展阶段论,……用理论逻辑和普遍规律裁剪历史、改造历史甚至是阉割历史"。在宏大历史叙事的革命史观的框架中和西方普遍史观的路径下,对中国历史的诠释,"有可能完全背离了中国的实际历

---

① 邹晓东、李自强:《"亚细亚生产方式"的前世今生——〈文史哲〉杂志人文高端论坛之十侧记》,《中华读书报》2022 年 6 月 1 日第 6 版;2022 年 5 月 7 日,《文史哲》编辑部以"亚细亚生产方式与中国道路"为题,举办了第十次《文史哲》杂志人文高端论坛;易建平、仲伟民、姚洋分别以《"亚细亚生产方式"社会的权力结构问题》《亚细亚生产方式与 20 世纪中国社会经济史研究》《儒家与共同富裕》为题参与论坛讨论。
② 季正矩:《国内外学者关于"亚细亚生产方式"理论研究观点综述(一)》,《当代世界与社会主义》2008 年第 1 期。
③ 邹晓东、李自强:《"亚细亚生产方式"的前世今生——〈文史哲〉杂志人文高端论坛之十侧记》,《中华读书报》2022 年 6 月 1 日第 6 版。任剑涛、郑永年分别以《普遍论、例外论与中国道路:"亚细亚生产方式"再思》《"亚细亚生产方式"与西方思考东方的方法论传统》为题参与论坛讨论。
④ 朱庆跃:《中国马克思主义者对亚细亚生产方式理论态度的变迁》,《江南大学学报(人文社会科学版)》2011 年第 2 期。

史进程和中国特有的制度安排及社会构造"。① 陈卫平指出:"用马克思的'亚细亚生产方式'概念阐释中国的历史和现实,同样不能走削足适履的教条主义路线,而是应该善于用中国的历史和现实调校模型,并用不断升华、不断优化的理论帮助我们更好地'看清来路,认清去往'。"②

2. 否定中国经历奴隶社会

在奴隶社会问题上,胡秋原、王礼锡、王亚南都是反对者。胡秋原站在世界史的高度审视奴隶制度在各国的发展状况,"奴隶制度是在社会各种阶段都存在的形态,不是一个特殊独立的社会阶段。""奴隶经济存在于最不同的时代,在巴比伦埃及会有,在希腊罗马也会有,在封建时代,甚至在美国南部资本主义繁盛期,以及在帝国主义时代殖民地半殖民地国家,都可看见。"他进而指出:"典型的奴隶社会(希腊罗马)并非比封建社会落后的社会,希腊罗马社会并非直接由原始社会产出,在希腊罗马史初期,是经过一个短时期的封建社会的。"因受地理环境关系的影响,"希腊罗马的生产力发展特别迅速,商业资本主义飞跃发展,奴隶制度的农业扩大,对殖民地的掠夺加深"。在此基础上,"繁荣起古代大规模的奴隶制度农业及家庭工业"。在希腊罗马奴隶制度之背后的"是商业=高利资本,而在这古代资本主义之基底,是奴隶劳动的农业"。从希腊罗马奴隶社会到中世封建社会,"是一个历史的反动,不是一个社会的前进,因为古代社会生产方法及文化,事实上比中世(初期)高"。因此,马克思所分的四期,"不是人类社会发展的必然阶段",奴隶社会"不一定一切民族都有"。正如马克思、列宁所证明的,"一个社会形态有越过中介阶段向别个社会形态推移的完全可能"。③

王礼锡认为"在中国的各时代中,奴隶是从来就有的,但不曾在生产上占过支配的地位";"奴隶社会这个阶段不但在中国找不出,就在欧洲也不是各国都要经过这个阶段",故此"我们不必机械地在中国寻找奴隶社会"。④王礼锡还指出中国社会史到元代发生一个大变化,即"倒退到奴隶制度"。他将东方的元朝和西方的罗马进行比较研究,认为二者具有许多相同点:第一,"奴隶的来源是被侵掠的异民族的俘虏";第二,都是通过"征服周边国家,兼并无数在经济与文化的发展上程度不同的民族",建立集权大帝国;

---

① 涂成林:《世界历史视野中的亚细亚生产方式——从普遍史观到特殊史观的关系问题》,《中国社会科学》2013年第6期。
② 邹晓东、李自强:《"亚细亚生产方式"的前世今生——〈文史哲〉杂志人文高端论坛之十侧记》,《中华读书报》2022年6月1日第6版。陈卫平以《亚细亚生产方式的讨论与马克思主义中国化的"两个结合"》为题参与论坛讨论。
③ 胡秋原:《亚细亚生产方式论(上)》,《文化杂志》创刊号,1933年4月再版。
④ 王礼锡:《中国社会形态发展史中之谜的时代》,《读书杂志》第7、8期合刊,1932年8月。

第三,以"征服的关系,扩大交通的范围,交换经济都非常发达"。他批评"郭沫若以极单薄的证据说西周是奴隶制度,而王宜昌则以为中国奴隶制度结束于晋,而不知后西周千余年,后晋数百年中国始有大规模的奴隶制度出现"。他还批判那些误解唯物史观的学者,"历史的发展史辩证的而不是机械的。所谓辩证的,并非无轨迹可循,而是这轨迹应从流动中与联系中去考察,不能刻舟求剑去考察"。将中国历史"机械地纳入几个阶段的公式固然不对,完全脱离这轨迹一任己意去编造也不对"。北朝及元朝就是"中国历史上的两度折回现象",不了解这折回现象,便无法说明元朝的奴隶制度。"如果这样明显的奴隶制度而不能了解,是昧于历史的理解;知道其为奴隶制度,以其与历史的公式不合而掩蔽其真实,是不忠实于历史。"①

胡秋原认为"误解马克思公式者,以奴隶社会是承继氏族社会的",他们不知道希腊罗马的"奴隶社会之前,是经过一个短期封建社会的","后来的奴隶社会只不过是封建社会的变形发展","历史不是一个直线","并不是原始社会以后一定继之以奴隶社会",翻翻各国历史会发现英国、德国就是"从氏族社会到封建社会的",②英德两国的经济发展史上就找不到奴隶社会。"奴隶社会只是封建社会末期,商业资本发展后形成的特殊社会形态,这在海岸国家达其发展之极致,不必将其视为社会必经的过程。""中国虽有奴隶存在",但"没有奴隶社会"。③ 由于参与中国社会史论战者大多缺乏足够的世界史、西欧史知识,这就突显出其见解的独特价值。

1934 年以后流亡欧洲期间,王礼锡和胡秋原赞同德国文化社会学家缪勒利尔(Muller-Lyer)的《家族论》的观点,合作翻译该书,介绍到中国学界。缪勒利尔认为原始社会之后,分为狩猎、农耕、资本主义三个时期,西方社会由古代到中世纪的封建社会,是退化而不是进步,日耳曼人没有经过奴隶社会。④ 德国社会学家维尔纳·桑巴特(Werner Sombart)将资本主义分为早中晚三个时期的主张,⑤使胡秋原更加坚信在中国社会史论战中提出的专制主义在经济上是早期资本主义时期的主张。他反对简单套用马克思有关社会发展阶段的公式来解释中国历史,开始修正唯物史观。缪勒利尔和桑

---

① 王礼锡:《中国社会形态史上两个反覆现象(续完)》,《新中华》第 1 卷第 6 期,1933 年 5 月。
② 胡秋原:《中国社会=文化发展草书》,《读书杂志》第 3 卷第 3、4 期合刊,1933 年 3 月。
③ 胡秋原:《略覆孙倬章君并略论中国社会之性质》,《读书杂志》第 2 卷第 2、3 期合刊,1932 年 3 月。
④ [德]缪勒利尔著,王礼锡、胡东野译:《家族论》,商务印书馆,1935 年,1990 年由北京商务印书馆再版。
⑤ [德]维尔纳·桑巴特著,李季译:《现代资本主义》,商务印书馆,1936 年。

巴特的主张使其更加减少了对唯物史观的兴趣,同时增强了他们对中国社会史的认识,成为他们毕生坚持认为中国没有经过奴隶社会的原因之一。

王亚南认为:"'划时期'的奴隶制却不曾在中国历史上呈现过,……迁就公式的中国社会史研究者,却硬替中国'制造'出一个奴隶制时期。""用不着定要指照公式对它'凿孔栽须'的插入一个奴隶制度时期。"他在罗列了各家意见分歧之后,从逻辑上指出:"关于中国社会发展史上奴隶制阶段意见之如此分歧,在一方面固然说明了中国历史上没有一个显明的,成为'划时期'的奴隶制的存在,同时却又表明历代都有役使奴隶的事实存在。然而问题的焦点,不在中国历代有无奴隶,而在那些散漫的零碎的存在的奴隶的数量与性质,是否根本的关联到一般所谓奴隶生产方法。"①这种观点与当时流行的社会五种形态发展单线递进说相冲突。

在不革命就是反革命这种非此即彼、非黑即白二分法的时代背景下,否定中国存在奴隶社会的主张,关系到历史唯物主义理论诠释及马克思主义是放之四海而皆准的真理的普遍意义。故此,社会五种形态发展单线递进说在中国学界的影响几乎成为公式化的定论。正如有学者评论道:"中国是否经历过奴隶社会,不仅仅是一个学术观点问题,更关系到马克思社会形态理论的普遍适用性及中国革命的合理性。"②在这种时代背景下,胡秋原、王礼锡、王亚南等人的这种奴隶社会反对论,既不赞同简单套用五种生产方式的单线递进说,又反对不加分析,教条式地套用斯大林解释中国历史的观点,因而受到批判,后来甚至被斥责为"颠倒历史,制造混乱"。③ 学者吴安家认为"细察恩格斯的见解,即使西方有奴隶社会,东方也没有奴隶社会",这是精研马克思、恩格斯文献的胡秋原等人否认奴隶社会的原因,"将奴隶社会列为一个阶段是斯大林的意见而非马克思"。④

中国马克思主义者主张中国存在奴隶社会说,将其纳入五种社会形态理论之中,理论源自马克思关于人类社会形态演进的经典表述。"从世界文明的视角看,'奴隶社会'显然不能与'古代'相等同,古希腊、罗马的奴隶制可能非但不是公理,反而是特例。"⑤张广志等人认为:"'奴隶社会是人类历史发展必经阶段'的观点,是以偏概全,以变例为通例,是欧洲中心

---

① 王渔邨:《中国社会经济史纲》,生活书店,1936 年,第 19、21 页。
② 左玉河:《中国社会史论战与马克思主义史学的崛起》,《历史研究》2022 年第 2 期。
③ 周子东等:《三十年代中国社会性质论战》,第 55 页。
④ 吴安家:《中国社会史论战之研究》(1931—1933),台湾政治大学东亚研究所博士论文,1986 年,第 220 页。
⑤ 陈民镇:《文明比较视野中的奴隶制与奴隶社会》,《中国史研究动态》2021 年第 3 期。

主义的表现。"①将古希腊罗马的奴隶社会模式生搬硬套来诠释中国古代社会是削足适履,不符合古代中国的历史事实,无疑是欧洲中心论的产物。

对五种社会形态理论,中国学界不断对此论断进行质疑,认为这不是源自马克思的原著,而是源自苏联学者嫁接的"伪马克思学说"。② 五种社会形态理论是"误读,亚细亚的、古代的和封建的生产方式之间不存在依次更替的关系"。③ 来自马克思主义理论学界的鲁克俭、俞吾金、杨文圣等学者一致认为五种社会形态理论并不存在依次更替的关系,在人类社会发展史上并不具有普适性。④ "马克思并不主张人类历史有一个奴隶社会的必经阶段,如此一来,以马克思思想为圭臬的'五种社会形态'理论也便失去理论根基。"⑤

长期以来,中国马克思主义学者将古希腊、罗马奴隶社会性质作为中国经过奴隶社会的参照系,事实上,西方学界对这种观点存在质疑。他们对古希腊、罗马奴隶制的研究走在世界前列,留意过东方社会的相关材料。⑥ 西方学者要么强调奴隶制在西方古典世界之意义,要么尽量淡化奴隶制的作用。⑦ 西方研究古代社会的著名学者摩西·芬利(Moses Finley),也并非像中国一些马克思主义学者那样过分强调奴隶制的主导地位及其普适性。⑧ 西方学界弱化用奴隶制理论解释古典世界之意义,⑨西方学者并不认同殷

---

① 张广志:《奴隶社会并非人类历史发展必经阶段研究》,青海人民出版社,1988年;朱晞:《要正确理解马克思、恩格斯关于奴隶制度的论述》,《南开学》1986年第2期。
② 李鸿哲:《"奴隶社会"是否社会发展必经阶段?》,《文史哲》1957年第10期;朱晞:《为马克思辩:原始社会向奴隶社会发展是一种伪马克思学说》,学林出版社,1999年。
③ 段忠桥:《对"五种社会形态理论"一个主要依据的质疑》,《南京大学学报》2005年第2期。
④ 鲁克俭:《"古典古代"等于"奴隶社会"吗?——重新解读马克思的"古代生产方式"》,《哲学动态》2007年第4期;俞吾金:《社会形态理论与中国发展道路》,《上海师范大学学报》2011年第2期;杨文圣:《"奴隶社会"概念的马克思文本考察》,《社会科学家》2013年第2期。
⑤ 陈民镇:《奴隶社会之辩——重审中国奴隶社会阶段论争》,《历史研究》2017年第1期。
⑥ 法国学者瓦朗(H. A. Wallon)的《古代世界奴隶制度史》(*Histoire de l'esclavage dan l'antiqueé*, Paris: Hachette et cie, 1847)一书是欧洲第一部全面系统研究奴隶制问题的著作,其中对古希腊、罗马乃至东方的奴隶制都有所涉及。此后,西方学者对奴隶制问题进行了深入诠释,特别是伏格特(J. Vogt)《古代奴隶制书目》(*Bibliographie zur antiken Sklaverei*, Bochum: Verlag Buchhandlung Brockmeyer, 1971)一书,它是西方学者对奴隶制研究的汇编,其中有关于中国奴隶制的材料。
⑦ 参见晏绍祥:《古典历史研究发展史》,华中师范大学出版社,1999年,第180页。
⑧ M.I. Finley, *Ancient Slavery and Modern Ideology*, New York: The Viking Press, 1980, p.9.
⑨ R. Osborne, *Demos: The Discovery of Classisal Attika*, Cambridge: Cambridge University Press, 1985; E. M. Wood, *Peasant Citizen and Slavery: The Foundation of Athenian Democracy*, London: New Left Books, 1986.

商时期是中国奴隶社会的观点,①尤其是比较关注这一问题的吉德炜(D.N. Keightley),②以及韦慕庭(C.M.Wilbur)、蒲立本(E.G. Pulleyblank)、叶山(R.D.S. Yates)等学者都不认同殷商时期是中国奴隶社会的观点。③ 他们的观点代表了西方汉学家对中国是否存在奴隶社会的看法。

中国学界中质疑古希腊罗马是奴隶社会性质的学者,"通常具有世界的理论素养和学术视野",④他们认为奴隶社会并非具有普适性,而是人类社会发展史上的特例。⑤ 从世界史视野来审视,东西方不同文明具有不同的发展道路,呈现出多样化的特点。"'五种社会形态'理论是否是人类社会的公理,是否适用于中国历史,要从世界文明的比较研究及中国古代社会的实例出发。"⑥意识到中国古代社会的特殊性能够摆脱欧洲中心论的影响,这对中国学界而言极为可贵。

芬利对奴隶社会的研究未涉及古代中国。2018年出版的《何谓"奴隶社会"——全球视野中的奴隶制实践》,是西方学者研究古代奴隶制的最新成果,该书通过回应和质疑芬利的观点,力图超越欧洲中心主义,站在全球视野的高度审视奴隶制现象,为我们研究中国是否存在奴隶制社会提供了有益借鉴和全新视角。在人类社会发展中有奴隶和奴隶制现象的存在并不

---

① B.G. Trigger, *Understanding Early Civilizations: A Comparative Study*, Cambridge: Cambridge University Press, 1985, p.160.

② D.N. Keightley, *Public Work in Ancient China: A Study of Forced Labor in the Shang and Western Chou*, Ph.D. Diss., Columbia University, 1969, pp.357-379; "The Shang: China's First historical Dynasty", in M. Loewe and E.l. Shaughnessy, eds., *The Cambridge History of Ancient China: From the Origins of Civilization to 221B.C.*, Cambridge: Cambridge University Press, 1999, pp.285-286; *Working for His Majesty: Research Noteson Labor Mobilization in Late Shang China (ca.1200-1045B.C.), as Seen in the Oracle-Bone Inscriptions, with Particular Attention to Handicraft Industries, Agriculture, Warfare, Hunting, Construction, and the Shang's Legacies*, Berkeley: University of California Press, 2012, p.57.

③ C.M. Wilbur, "Slavery in China during the Former Han Dynasty, 206 B.C.—AD25", *Publications of the Field Museum of Natural History*, 1943(34); E.G. Pulleyblank, "The Origins and Nature of Chattel Slavery in China", *Journal of the Economic and Social History of the Orient*, vol.1, no.2(Apr.1958), pp.185-220;叶山:《古代中国奴隶制的比较历史研究》,《中国史研究》1986年第4期; R.D.S. Yates, "Slavery in Early China: A Socio—Cultural Approach", *Journal of East Asian Archeology*. vol.3, nos.1-2, 2001, pp.283-331; R.D.S. Yates, "The Changing Status of Slavery in the Qin-HanTransition", in Y. Pinesetal., eds., *Birth of an Empire: The State of Qin Revisited*, Berkeley: University of California Press, 2014, pp.206-223.

④ 陈民镇:《奴隶社会之辩——重审中国奴隶社会阶段论争》,《历史研究》2017年第1期。

⑤ 参见雷海宗:《雷海宗世界史文集》,天津人民出版社,2014年;张广志:《奴隶社会并非人类历史发展必经阶段研究》,青海人民出版社,1988年;黄现璠:《我国民族历史没有奴隶社会的探讨》,《广西师范学院学报》1979年第2、3期。

⑥ 陈民镇:《奴隶社会之辩——重审中国奴隶社会阶段论争》,《历史研究》2017年第1期。

意味着是奴隶社会,中国学者张广志曾批评过试图以奴隶制代替奴隶社会的论证现象。① 奴隶制是超越时代的,恩格斯指出:"隐蔽的奴隶制始终伴随着文明时代。"②有学者以 15—19 世纪的北美为例,印证了恩格斯提出的"文明时代"的"奴隶社会"的观点。"奴隶社会是否是人类历史发展的必经阶段,需要在具体研究、文明互鉴的基础上,在更广的视野中予以考察。"③

近年来,中国学者从考古学、人类学、文献学、古文字学、思想史等视角,借助于这些领域研究的新成果和新认识,将理论和实证相结合,借鉴西方重视生态、技术、人口等因素,强调多线进化、更为立体和多元的"新进化论",研究中国早期国家起源问题,为"解释中国古代文明何以走上不同于古代希腊及罗马的道路提供了重要线索"。从中国传统社会结构和考古学发现资料来审视,"中国并不具备孕育典型奴隶制度的丰厚土壤"。④ 无论是依据中国发现的资料,立足中国古代社会的实证,还是站在世界文明发展史的比较视角,中西方学者对奴隶社会的研究和探讨,既不赞成五种社会形态理论具有普适性,又不认可奴隶社会是人类历史必然要普遍经历的阶段,而是认为它是人类社会发展史上的特例,中国并不存在奴隶社会。这些论断均再次证明"读书杂志派"否认中国经历奴隶社会的观点的合理性和前瞻性。

由于中国学界在中国社会史论战和中国古史分期讨论中,将马克思五种社会形态理论视为一切民族发展必然要走的道路,长期以来存在着教条主义谬误,并通过行政手段干预学术讨论,尽管讨论很热烈,"实则是一种变相的思想禁锢","中国根本就没有经历过什么奴隶社会",更遑论"中国奴隶社会与封建社会的分期!"⑤随着研究的深入,经过学界热烈讨论,大多数学者认为"奴隶社会并不是人类社会普遍必经的阶段",⑥这几乎成为学界共识。尽管今天对这种理论的争论依然莫衷一是,但历史的发展和越来越多的研究成果与"读书杂志派"提出的观点不谋而合,至少印证了其观点的合理性。

---

① 张广志:《奴隶社会并非人类历史发展必经阶段研究》,青海人民出版社,1988 年。
② 中央编译局编译:《马克思恩格斯全集》第 28 卷,人民出版社,2018 年,第 204 页。
③ 陈民镇:《文明比较视野中的奴隶制与奴隶社会》,《中国史研究动态》2021 年第 3 期。
④ 陈民镇:《奴隶社会之辩——重审中国奴隶社会阶段论争》,《历史研究》2017 年第 1 期。
⑤ 沈长云:《新时期中国古代社会形态问题讨论的回顾与前瞻》,《史学月刊》2016 年第 6 期。
⑥ 参见《1988 年全国史学理论讨论会纪要》,《中国史研究动态》1988 年第 9 期;《社会形态:历史理论研究的热点——1988 年全国史学理论讨论会综述》,《史学理论》1988 年第 4 期;沈长云:《关于奴隶制几个基本理论问题的商讨》,《历史研究》1989 年第 1 期;晁福林:《夏商西周的社会变迁》,北京师范大学出版社,1996 年。

3. 在封建社会问题上的主张

在封建社会问题上,王礼锡与胡秋原的观点基本一致,在《古代的中国社会》中,王礼锡提出的社会史分期问题沿袭的是胡秋原《中国社会＝文化发展草书(上)》中的观点。他认为鸦片战争后,中国"已经陷入半殖民地性的资本主义社会"。① 他赞赏胡秋原《专制主义论》的观点,放弃其主张的"商业资本论",还特意撰写《中国社会形态发展史中之谜的时代》,对专制主义进行阐述,认为从秦至清的中国社会是"专制主义社会"。② 王礼锡"在社会史论战的见解上并没有多少创获"。③

在王礼锡看来,"自秦始皇建立集权的专制主义政权,把周朝的严整封建制摧毁了,商业资本像旋风一样地发展"。五胡乱华后的北朝恢复现物交换经济,"商业资本几乎可以说是完全断绝,而货币也没有什么用。"中国被拉回自然经济时代,"为封建的回光之一闪,历史为之倒退了几百年","这个历史发反复是由于游牧民族侵入的作用"。蒙古铁蹄南下使宋朝商业资本发展中断,"在中国的领土上建立奴隶制度的大帝国,又造成了历史上的一个反覆"。④ "元朝——奴隶制度的大帝国颠覆以后,中国的社会又回到更高度的专制主义。"由于元朝横跨欧亚大陆,在征讨过程中"打通了许多国度的交通,打通了海运的许多道路,愈益促进海外贸易,商业资本亦为更高度的发展"。⑤ 清朝入主中原,继承着"专制主义的统治,商业资本与封建的土地制度结合",直到鸦片战争,"世界资本主义的铁炮攻下这古国,才开始动摇了种种的主观原因与客观原因,中国竟没有走上纯资本主义的道路,而卷入半殖民地性的资本主义社会的道路"。⑥

胡秋原指出:"从周到清末,封建主义与专制主义是互相更迭,而这历史反复的因原,主要地是破坏生产力的战争,而使这战争不断发展中,大部分是应有商业资本之残酷剥削,地理原因,与村落公社之强固来说明的。自然,这反复决非单纯的反复,而是挟有外来要素与前时代之要素的。"在如何发展资本主义的问题上,他认为:"资本主义绝对'外铄'固然不对,绝对由

---

① 王礼锡:《国际经济政治年报序》,《读书杂志》第2卷第6期,1932年6月。
② 王礼锡:《中国社会形态发展史中之谜的时代》,《读书杂志》第2卷第7、8期合刊,1932年8月。
③ 李洪岩:《从〈读书杂志〉看社会史论战》,中国社会科学院近代史研究所编:《中国社会科学院近代史研究所青年学术论坛》1999年卷,第277页。
④ 王礼锡:《中国社会形态史上两个反覆现象》,《新中华》第1卷第5期,1933年3月。
⑤ 王礼锡:《中国社会形态史上两个反覆现象(续完)》,《新中华》第1卷第6期,1933年3月。
⑥ 王礼锡:《中国社会形态史上两个反覆现象》,《新中华》第1卷第5期,1933年3月。

于'内在'更不可通。"中国"有资本制方法发展之历史前提（商人资本之存在与某种程度之发达）"，因此，"中国才有帝国主义的及一部分民族的资本主义之发展"。然而，"正是因为是'外铄'得很厉害的，所以中国的资本主义是帝国主义的资本主义，殖民地式的资本主义，而不是民族资本主义"。①

胡秋原和王礼锡认为从秦至清的中国社会是"专制主义社会"的观点源自苏联学者的主张，波格达诺夫提出："就政治组织说，'商业资本主义'时代，为专制君主制最盛的时期。"②胡秋原、王礼锡等都在不同程度上受苏联学者商业资本主义理论的影响。

王亚南认为"今日中国尚为封建社会，那却是近年来由苏俄干部派发端的"。通过对中国与西欧、日本封建制度的比较研究，他指出那种"拟想一种与中国今日现状类似的体制，而称之曰封建制度，然后再用以确定今日中国一实行封建制度的封建社会：那方法，对于他当然是有效的，但对于学理没有帮助"。他批评那种先入为主，再进行论证的方法在学理上是站不住脚的，因而得出的结论不能让人信服。"中国周代的封建制，是与当时的井田制相为始终的"，"井田制破坏完事了，封建制也就随之告终"；"周后历代的分封，则只限于一种政治设施"。③ 实际上，论证中国历史的发展并不是苏联和共产国际所认定的观点，同时他批判"新思潮派"套用斯大林有关中国社会史分期的论断，认为这并不符合中国历史的实际。他还批判学界对马克思主义经济学，或"断章取义，或轻描淡写的点缀而已"的现象。④

胡秋原在评述《封建制度论》时指出："王亚南君之封建制度论缺点在过于对封建制取学院式解释，而忽视封建制的变形。"⑤王亚南并未详细考证论述封建制的种种变形，这是其局限性，但他在比较中国与欧洲、日本封建制度的基础上对"封建制"的界定，显示出他宽广的学术视野，以及对学术规范的强调，因而不应以"学院式解释"来评断。王氏后来修正观点，认为秦以后是"专制官僚主义封建制"，又称为"专制官僚社会"。⑥ 即便是1949年后，他也并未赞成从秦至清的中国是封建社会的观点，而是仍坚持不同于"五种社会形态"单线递进说的"专制官僚社会"。

---

① 胡秋原：《亚细亚生产方式论（上）》，《文化杂志》创刊号，1933年4月再版。
② 翦伯赞：《"商业资本主义社会问题"之清算》，《世界文化》创刊号，1936年11月。
③ 王亚南：《封建制度论》，《读书杂志》第1卷第4、5卷合刊，1931年8月。
④ 王亚南：《经济学史·序言》，民智书局，1933年，第2页。
⑤ 胡秋原：《中国社会史的论战第一辑出版以后·通信九》，《读书杂志》第1卷第6期，1931年10月。
⑥ 王渔邨：《中国社会经济史纲》，生活书店，1936年；王亚南：《中国官僚政治研究》，中国社会科学出版社，1981年。

在日本留学期间,胡秋原在翻译《艺术社会学》时指出:"社会历史经济历史之分期与各时期社会性质组织之分析阐明,是社会史的基本问题。"① 据他自述:"这一本书以及霍善斯坦因的书对我影响最大的,即是他们都肯定,希腊古代乃经封建制度而到奴隶制度;又肯定封建制度与资本制度之间,有一专制主义时代。这启发我对中国社会史的见解";"我记得在序文中,除讨论此书之意义与内容并附带若干批评外,我对中国的左翼有点嘲笑","对马克思主义之批评"。② "中国社会史论战"第一辑出版后,胡秋原与王礼锡在通信中指出:"马克思以古代的、亚细亚的、封建的、有产者的生产方法,区分古今东西的经济基础。不幸马克思和恩格斯没有给我们以详细的分析与说明而去世了。后之论经济史者,即根据古代社会(奴隶制),封建社会(农奴制),有产者社会(工钱奴隶制)三个阶段,来划分欧洲社会之发展。"这种直线发展的解释并不符合欧洲史,"欧洲社会史不是一个直线的发展"。③ 他呼吁论战各派对欧洲经济史进行切实研究,弄清奴隶社会、封建社会、商业社会之定义、性质、作用,才不至于陷入硬套公式的教条主义,希望"神州"介绍有关欧洲社会史的名著。

1938年,胡秋原在《科学知识与科学精神》中指出,科学精神要注重事实,并以社会史论战为例进行说明。他认为:"中国社会史论战,其实是浪费,而至今还有人津津得意,拿着外国某人如何说来自充博雅。其实拿一二事实来塞公式,都是非科学的。科学求法则,但离开具体事实一切科学法则都是无用的。"④1939年,他再次指出:"中国社会性质问题论战意见之多,实在由于大家在马克思主义的历史哲学概念之中打圈子","大家与其去作马克思主义名词之争,不如多去了解社会之实际内容"。⑤ 他再次批驳那些置中国社会发展史的历史事实于不顾,提出将中国社会发展史生搬硬塞进西欧社会发展史公式之中,不仅违背中国历史事实,而且违背科学精神,离开中国社会发展史的具体历史事实,再正确的科学法则也是无用的,必将陷入教条主义的泥潭之中,不可能得出科学结论。

对于经济史分期,他认为"马克思着眼于生产方法,常作如下区分,在我国甚为流行:亚洲制,古代的奴隶制,中世的农奴制,现代的资本制"。然而

---

① [俄]佛理采著,胡秋原译:《艺术社会学·译者序言》,第36页。
② 胡秋原:《入学及回国》,《民主潮》第10卷第14期,1960年7月。
③ 胡秋原:《中国社会史的论战第一辑出版以后·通信九》,《读书杂志》第1卷第6期,1931年10月。
④ 胡秋原:《道德与科学》,时代日报社,1938年,第100页。
⑤ 胡秋原:《中国革命根本问题》,建国印书馆,1939年,第2页。

"马氏有时亦不提及奴隶制为必经阶段,有时亦谓为由古代至近代常见方式(实则奴隶存在与奴隶制度并非一事,奴隶成为制度,只在一民族征服另一民族时)至其所谓亚洲式生产方法,亦甚含糊,过去余指专制主义,乃迁就事实,欲知马氏本意,乃指农业共同体,亦即其《德意志形态》一书中所谓蒙古式,较奴隶制尤为低级。(其实农业共同体不仅为亚洲式,亦为欧洲式。)""经济进化之趋势为生产力之提高,然各民族路线不同,速度亦异。至于何以如此则为人类学之问题,而余以为经济进化之基本动力实为人类生活需要及其民族构成地理环境之乘除,而文化之蓄积交换亦起诱导作用。"而"余个人对于经济史分期之意见,以为生产流通,为经济之内容与形式,宜以为分期标准"。①

此后,他进一步指出:"其实所谓由封建社会而资本主义而社会主义不过是马克思主义者特别是波格达诺夫之流的一种社会进化观,其实社会之进化不一定如彼等所说,更不一定前一阶段之被压迫着后一阶段就要变为支配者。"②"中国经济史之圈地,夫荒土不远,至今日为止,虽有若干可贵之研究,然大部分据马克思主义之公式,或抄日人之著作,实际史料,尚未充分整理。而以鄙见观之,此一问题实有待于分工研究。"中国经济学要"内察国情,外察世情,参酌从来学说,以求国家富强之道"。③ 胡秋原明确提出反对机械教条地理解马克思主义,希望"社会史论战"各派放宽历史的视野,将中西历史进行比较研究。这种颇有见地的观点,比那些教条式的马克思主义者远为深刻,可以更准确地理解马克思主义。

在"中国社会史论战"中,胡秋原认为"中国的封建论者,也是没有了解中国封建制度之特殊性质,更没有明白帝国主义侵入后中国封建社会之变化"。④ 由于从世界历史观察的多样性以及对当时日文版《马克思恩格斯全集》的研究,他指出:"不是奴隶社会先于封建社会,而是封建社会先于奴隶社会";"西周是封建社会之形成期,而战国时代已是封建社会与专制主义社会之过渡期了"。⑤ 在"封建主义"与"资本主义"之间,有"专制主义"时期的存在,⑥从秦至清末是"专制主义时代",鸦片战争以来是"专制主义殖民

---

① 胡秋原:《新经济学:基础论》,《祖国》第59、60、61期合刊,1943年7月7日。
② 胡秋原:《国共论》,求是出版社,1941年,第31页。
③ 胡秋原:《新经济学》(续),《祖国》第62、63期合刊,1943年12月。
④ 胡秋原:《略覆孙倬章君并略论中国社会之性质》,《读书杂志》第2卷第2、3期合刊,1932年3月。
⑤ 胡秋原:《中国社会=文化发展草书》,《读书杂志》第3卷第3、4期合刊,1933年3月。
⑥ 胡秋原:《专制主义论》,《读书杂志》第2卷第11、12期合刊,1932年12月。

地化社会时代"。① 他力图证明马克思、恩格斯论著中承认专制主义的存在,并将其运用到中国历史的研究之中。

1943 年 7 月,他在《新经济学》中对欧洲与中国的封建制度进行比较。他认为:"中国之封建制度,与欧洲颇有不同。"主要表现在两个方面:其一,"井田制为中国封建制之初期基础"。其二,"在西周春秋之世,中国亦行封土赐爵之制,此为封建制之典型标志;不过中国自由农民较欧洲为多"。至于"秦汉以后,虽屡有封土食邑赐爵之举,然多系虚名;虽屡有土地重分,封建制度复活,然土地私有及承继之制,已成通例"。"欧洲封建时代领地大小与权力大小为正比例,而秦汉以后,中国已有中央政权,地主虽多豪强,不一定为政治上之支配者。"由此观之,"中国农业上之关系在秦汉以后,已获得资本主义性质,而非封建制度,唯因技术落后,未形成资本主义的发展"。"秦汉以后,中国官僚资本及地主商人有三位一体之势。而中国之工商业虽甚发达,一部分超过行帮制形成家内工业及手工业工厂制,然依然与行帮制工业并行发展。行帮制之规约,至今不失其势力。研究中国经济史者每夸张中国农业上之封建制度而又夸张商业资本之发达,实际事实,刚刚相反。"②

1961 年,他在回忆中国社会史论战时说:"奴隶社会非各民族所必经,至少中国就没有一个希腊罗马式的奴隶社会";"中国早已不是封建社会,秦汉以来,中国已是专制大帝国";"至于中国当前社会,支配今日中国的,不是中国资本主义,而是国际资本主义。干部派和反对派都忽略这一事实,所以都不对。由于帝国主义的压力,中国没有发展资本主义之可能,只能由解除帝国主义与专制主义而走向社会主义",并认为当时的这种意见至此大部分仍是对的。③ 1972 年,他指出马克思甚至列宁不曾说中国是封建社会,是斯大林套用马克思社会发展公式来解释中国社会的发展。④ 1976 年,他重申"奴隶制非一切人类社会所必经,日耳曼人与中国均无希腊罗马的奴隶制";"中国封建社会已结束于战国时代,秦汉以来是专制主义社会"。⑤ 1994 年,他再次重申:"在西方进入工业革命后,中国才落后了。中国之出路是工业

---

① 胡秋原:《中国社会＝文化发展草书》,《读书杂志》第 3 卷第 3、4 期合刊,1933 年 3 月。
② 胡秋原:《新经济学:基础论》,《祖国》第 59、60、61 期合刊,1943 年 7 月 7 日。
③ 胡秋原:《两个谈政治的朋友》,《民主潮》第 11 卷第 4 期,1961 年 2 月。
④ Hu Chow-yuan, *The Prospect of Chinese Communism and the Third World*, A Lecture Given at St. John's University, Jamaica, February 19, 1972.胡秋原:《胡秋原演讲集·附录》,学术出版社,1973 年,第 29—30 页。
⑤ 胡秋原:《古代中国文化与中国知识分子·序言》,第 15 页。

化、民主化,先发展民族资本,然后进入社会主义。"①

"读书杂志派"反对从秦至清是封建社会的观点受到左翼理论家的批判,是因为左翼理论家将他们视为要与其争夺对马克思主义的解释权。他们的主张从理论上消解了左翼理论家构建的革命话语体系,从客观上对中国近代社会性质和中国革命道路产生了消极影响。多年后,著名学者何兆武指出:"在人类历史上,由封建社会进入资本主义社会,我们还只见到西欧这样一个例子,所以它应该算是一个孤例或特例。其余的十几个或几十个文化或文明,包括中国,都没有出现过这种特例,所以应该视为常规。"②证实胡秋原对于中西历史的思考和比较研究并非无的放矢。

二、对马克思关于人类社会发展路径的评价

人类社会是否具有定于一尊的"普世性"的发展规律?马克思是否提出了如左翼理论家,乃至苏联学界和政治人物所认定的五种社会形态单线递进说呢?"读书杂志派"有关中国社会性质的认识及在社会史论战中的观点是否合理?是否违背了马克思主义的观点?长期以来由于受意识形态的影响,人们将他们的异见视为"反马克思主义"进行批判。如今时过迁境,站在客观理性的学术立场上应如何评价他们的观点呢?

长期以来,苏联和中国学界将马克思的五种社会形态论视为人类社会发展中放之四海而皆准的真理。对此,胡秋原质疑并提出:"马氏之四阶段论,是指连续的过程呢?还是可以并行或独立的阶段?""亚洲生产者,是什么东西?其与古代封建生产方式之不同,在于何处呢?"他将这两个问题置于世界历史发展脉络中进行比较分析和诠释。

关于第一个问题,普列汉诺夫"以为那四阶段,亚洲的与古代的是可以并行的"。列宁"则以这四种是连续阶段,不过,他又时常避免使用亚洲式一词"。马克思"明确肯定那四阶段是连续前进的阶段"。胡秋原在比较马克思、普列汉诺夫和列宁的主张的基础上质疑,果真如此的话,"亚洲式生产,古代的奴隶的生产,应该是一切民族都应经过的了,既如此,何以又要称为亚洲式呢?而希腊罗马社会形态,英德民族何尝经过呢?"再者,"由古代而中世,究竟是一进步呢?还是一逆流呢?在马氏看来,似乎是一进步"。然而,"现代许多社会学家多认是一逆流,假使如此,是否每个社会都一定要在

---

① 胡秋原:《哲学与思想·自序》,第13页。
② 何兆武:《历史研究中的一个假问题——从所谓中国封建社会的长期停滞论说起》,《百科知识》1989年第5期。

这里倒退一次呢？"

关于第二个问题，"亚洲生产是什么呢？"胡秋原认为马克思在不同论著中有不同的解释："在《资本论》中，他称印度自农村公社为亚洲生产方式。"在其他论著中，"他以鸦片战前中国是亚洲生产，如是，则鸦片战前之中国社会结构，是印度的农村公社制了，这不是事实"。倘若按照公式说来，"鸦片战前之中国，也是比古希腊罗马中世纪欧洲还落后了，这也不是事实"。恩格斯晚年时在《共产党宣言》序文中说过："农村公社是自爱尔兰以至印度都曾经历的社会原始形态，则亚洲式也是欧洲式了。如亚洲一词是指亚洲诸国之生产形式，而这一名词又无一年代限制，显然谓四阶段为一般社会过程就说不通了。"

然而，"到底亚洲式者，特征何在呢？"普列汉诺夫称"其产生由于特殊地理环境"，匈牙利马克思主义者马家尔（Madyar）沿袭德国经济学家马克斯·韦伯（Max Weber）之说，认为"其特征起于治水之需要而生之集权"，列宁"有时将亚洲的与中世的农奴的诸词连用"。苏联学者杜布洛夫斯基则"将封建制与农奴制分开，以亚洲制为亚洲农奴制之形态"。此外，"亦有将所谓亚洲制与商业资本相连者，苏联少壮马克思主义者是除了列宁解释以外，谁也不承认的，只好说亚洲生产是一种亚洲封建制度"。既然如此，"何以这反而要比古代生产，欧洲封建生产落后呢？"于是，"他们只要一个方法，即避开这问题不谈。可是，又不能说马克思错了"。通过比较分析，胡秋原指出："这些问题如不能作一圆满的解释，马克思之公式，是不能存在的。马氏自陷于矛盾，是无法圆满解释的。"然而，"一个有思索力的人物如马克思者，何以竟陷于概念之矛盾呢？这由于当时西欧对东方历史知识之缺乏而来"。[①]

胡秋原指出，马克思关于人类社会发展的四阶段论，"如认为世界史或文化史之四代表时期，殊无问题"。在论述今日西洋史时，无不是按照埃及巴比伦文明、希腊罗马文明、中古时代和现代的顺序依次论述。"泰纳（Taine）在其艺术哲学中，早有相同划分。"马克思"以此为社会阶段，即一切社会须经此四阶段。亚洲生产方式为马氏晚年所承认，但在其初期著作中亦有萌芽"。在马克思"初期著作自德国精神文化草稿中，有所谓'蒙古人时代'，可视为亚洲生产一词之先声。此种观念，盖出于黑格尔"。以后，马克思"由教士之东方游记之报告中，对中国印度得到若干之资料"。然而，"此项报告，并不正确，更不完全"。马克思"所谓亚洲生产方法者，系黑格

---

① 胡秋原：《历史哲学概论》，民主政治社，1948年，第77—78页。

尔之臆断的图式,与当教士断片自资料之混合"。马克思在《资本论》中关于中国印度的论述,"大受黑氏之影响,多征引教士之报道。其不合事实,无怪其然,是故若以马氏所说以论中国社会,自冤枉之极矣"。由此观之,"马克思自社会阶段论实甚错误,而亚洲生产之说,尤极混乱"。①

胡秋原在评价马克思社会阶段论后,在《附论亚细亚生产方法并略答批评者》中指出在中国社会史论战时,"余曾主张:如所谓亚洲生产方法指鸦片战争前之中国社会生产方法,则此社会之特征,即专制主义,而为其基础者,即土地之必要商业资本之矛盾及结合。余在1929年译《艺术社会学》时,即提出此意"。此后,"余曾谓专制主义之经济基础,盖在手工业制。当时余固信仰马克思主义。然以四阶段连续说不合事实,而鸦片战前中国与欧洲中世封建社会固有不同,为解决此矛盾,始作此一解释"。在答复李季、何干之等人对其主张的批评后,他认为这些批评者的主张违背马克思之本意。"马克思之四阶段论,特别是其亚洲生产方式论,乃由马氏当时关于东方历史事实尚未大明,而马氏对于东方历史尤其为隔膜之故。彼之本意,系以亚洲制为原始共产主义之第一阶段,即民族农村社会制度,然彼又误以鸦片战前之中国,仍在此制度之时期。无疑马克思是错误的。根据此错误公式,或欲勉强加以将错就错之解释,以了解中国社会,是不可能的。"②

1877年11月,针对俄国民粹主义者将西欧社会发展道路简单套用在俄罗斯等东方社会的做法,马克思郑重声明:"把我关于西欧资本主义起源的历史概述彻底变成一般发展道路的历史哲学理论……会给我过多的荣誉,同时也会给我过多的侮辱。"马克思明确反对将西欧历史发展的规律视为"一般发展道路的历史哲学理论",西欧历史的进化路径并不是人类各民族必然要经历的道路,不是人类社会发展的普遍规律。1881年3月,马克思在给俄国女革命家查苏利奇(Zasaoulich)的信中强调,他研究西欧史结论,"明确地限于西欧各国"。③ 马克思明确反对将西欧史的发展轨迹视为具有普世性的规则,从未将社会形态诸阶段的固定模型视为"放之四海而皆准"的真理,套用到各国各民族发展的历史进程之中,而是为探索世界各地的多元发展路径提供广阔空间。马克思的声明为讨论包括中国在内的东方民族历史进程提供了有益启示,避免陷入单线递进式史观误区。

通览马克思、恩格斯的著作,尤其是马克思晚年的古代社会史笔记等论

---

① 胡秋原:《历史哲学概论》,第78、79页。
② 胡秋原:《历史哲学概论》,第79、80页。
③ 马克思:《给〈祖国纪事〉杂志编辑部的信》《给维·伊·查苏利奇的信》,中央编译局编译:《马克思恩格斯全集》第19卷,人民出版社,1995年,第130、131、268页。

著,可以发现,马克思并不知晓 2 000 多年前的中国就已存在封建制度。笔者查阅《马克思恩格斯选集》中论述有关中国和印度的文章后发现,他们对中印的论断从未以"封建"相称,而是以"亚洲式专制""东方专制制度""官僚体系""宗法制度"等相称。① 之所以拒绝以"封建社会"称前近代中国和印度,是因为他们并未把西欧社会历史进化模式视为具有"普世性"的发展规律。人类社会并非沿着单线的轨迹,而是呈现出丰富多彩的图景。普列汉诺夫对马克思历史多元性发展的理论有所阐发,在《马克思主义的基本问题》《历史一元论》等著作中指出,人类历史大约遵循欧洲和亚细亚两种发展路径。因研究普氏,胡秋原在社会史论战中对中西历史的论断自然受普氏影响,认为人类社会是多元性的发展路径,西欧历史发展模式并不适合解释中国历史。

马克思关于社会人类学的笔记和历史文稿,公之于世只是颇为晚近的事。中国社会史论战的参战者不可能了解马克思有关历史多元途径演进的观点,他们接受的是马克思阐述的历史发展普遍规律的论断,且多为从苏联一再转译的颇为片面的观点,误以为历史单线递进说是马克思主义的历史观。共产国际尤其是斯大林认为五种社会形态单线进化论是人类历史发展的必然规律,并将其固定化、模式化,进一步宣称是"唯一"正确的真理。②

1928 年,中共六大后,由于将苏联和共产国际的理论和经验神圣化、教条化,加之斯大林垄断马克思主义的解释权,五种社会形态单线递进说被视为唯一具有"普世性"的历史模式而被左翼理论家接受。对此,胡秋原批评道:"若干马克思主义者觅史事以符其图式,或力找阶级斗争之事以实其说。"③多年后,吴大琨一针见血地指出,当时的思想学术界"对斯大林的重视和崇拜,超过了对马克思的重视和崇拜"的现象。④ 这种生吞活剥、教条式的理解和片面强调社会发展共性论把西欧社会发展史的递进模式视为"普世性"的不二路径,错误就不可避免了。20 世纪 30—40 年代,毛泽东在《中国革命与中国共产党》和《新民主主义论》等著作中论述秦至清的中国是封建社会,范文澜等马克思主义理论家为此论说进行论证。自 20 世纪 20 年代以降,受苏联和共产国际泛化封建观的影响,中国学界将从秦至清这

---

① [德]马克思:《不列颠在印度的统治》《鸦片贸易史》,中央编译局编译:《马克思恩格斯选集》第 1 卷,人民出版社,1995 年,第 717、761、765 页。
② 参见联共(布)中央特设委员会编:《联共(布)历史简明教程》(中文版),人民出版社,1954 年,第 474 页。"五种社会形态"的单线进化论是指原始社会—奴隶社会—封建社会—资本主义社会—社会主义社会。
③ 胡秋原:《历史哲学概论》,第 7 页。
④ 吴大琨:《重视"亚细亚生产方式"的研究》,《社会科学》1990 年第 6 期。

2 000多年来的社会形态定性为"封建社会",并将此说视为"马克思主义史学成果"。中国从秦至清的社会形态是封建社会这种说法成为定论,逐渐普及全社会。近年来学界对五种社会形态单线递进说进行反思,①多数学者认为马克思并未把东西方社会等同起来,也并未把对西欧史研究的社会发展模式视为"普世性"规律来考虑,是斯大林将之作为普遍规律,教条式地运用的。

在社会史论战中,左翼理论家对中国古史分期论争的理论依据是马克思主义的五种社会形态论,他们认为其具有普遍适应性,这必然会陷入图式化之中。他们用西方史学理论和方法来解释中国历史,十分牵强地将中国历史发展进程比附于欧洲历史。事实上,中国历史呈现出完全不同于西方的历史图景。不加分析地套用欧洲历史发展模式,会使包括中国在内的各民族历史发展多元化的真相被遮蔽。因此,"我们要跳出西方中心论的窠臼,不能削中国历史之足适欧史历史之履"。我们在"看到人类历史发展具有普遍性的一面的同时",还要"承认各民族发展的特殊性"。②

五种社会形态单线递进说忽视了人类社会诸民族复杂多样的历史进程,将西欧史发展的"特例"视为具有"普世性"的规律,将包括中国在内的其他民族的历史发展轨迹硬套入这种简约化的公式中,否定了不同民族发展历史进程中的特殊性,自然漏洞百出。"中国学术界试图仿照欧洲历史模式寻找某一阶级为中国社会的主导者而凿枘相违,就是因为以一种'普世性'的教条去套中国历史,终于在中国历史实际面前碰壁。"③从某种程度上,这可以说是对包括胡秋原在内的诸多"异见"的历史回响。

有学者评价道:"'五形态论'为探讨西欧文明演化规律的尝试之一,它既不是惟一的,也谈不上'放之四海而皆准'。"现代西方极具影响力的思想

---

① 《社会形态与历史规律再认识笔谈》,《历史研究》2000年第2期;马克·布洛赫:《封建社会》的中译本于2004年由商务印书馆出版,"马克·布洛赫《封建社会》中译本出版笔谈",《史学理论研究》2004年第4期;冯天瑜:《封建考论》,武汉大学出版社,2006年;《秦至清社会形态再认识笔谈》,《湖北社会科学》2007年第1期;《封建译名与中国封建社会笔谈》,《史学月刊》2008年第3期;2007年10月,中国社会科学院举办"封建社会名实与马列主义封建观"学术研讨会;中国社会科学院历史研究所等编:《"封建"名实问题讨论文集》,江苏人民出版社,2008年;叶文宪、聂长顺:《中国"封建"社会再认识》,中国社会科学出版社,2009年;2010年5月,《文史哲》编辑部举办"秦至清末:中国社会形态问题"专题学术研讨会;《"秦至清社会性质研究的方法论问题"笔谈》,《史学月刊》2011年第3期等。
② 赵庆云:《试论中国封建社会的主要特点》,《史学理论研究》2021年第4期。
③ 黎虎:《中国古史分期暨社会性质论纲——兼论中国传统社会的主要矛盾问题》,《文史哲》2020年第1期。

家、社会学奠基人马克斯·韦伯就另建体系,"将西欧的历史分为古代社会、传统社会和现代社会三个阶段"。被誉为"近世以来最伟大的历史学家"的阿诺德·约瑟夫·汤因比认为,"单一的直线式社会演进模式与历史不符,主张从多线式的和多模式的动态相互作用中理解历史"。在"宏观历史"研究中,"马克思以经济为主线,在韦伯那里是观念,而汤因比的《历史研究》则以宗教提纲挈领。""复杂的人类文明历史,恐怕也只有从多方面综合考察,才可窥得真相的一二。"①站在人类社会发展史的宏大视野来审视,这种评价十分中肯。打破民族发展史的狭隘界限,从全球史的视野来看,任何一种理论在尝试探讨人类文明发展史的规律时,都不可能尽善尽美,也不会成为"放之四海而皆准"的真理。唯有"从多线式的和多模式的动态相互作用中理解历史",进行"综合考察",才能使对"复杂的人类文明历史"的解释更接近历史的本来面目。

三、对"读书杂志派"的中国社会发展路径探索的评析

在当时唯物史观风靡于世的思想语境下,"在中国社会史的论战里,都是唯物的内部的争斗","论战各方都是以唯物的辩证法做武器"。②"读书杂志派"也不例外,用马克思主义话语和唯物史观进行论证,"成了思想界的骄子"。③ 为何他们受到左翼理论家的批判呢?由马克思反对将西欧社会历史发展模式视为"普遍的历史哲学"的见解,审视"读书杂志派"在社会史论战中的观点,可以发现他们对马克思主义的认识和理解更准确、更深刻。他们认为中国社会有其特殊性,不赞同"新思潮派"盲目崇信来自共产国际的理论,过分强调社会发展的普遍性,按照斯大林强调的五种社会发展模式来解释中国历史。他们站在学术立场,不是站在革命的政治立场,对中国问题进行分析和判断。当时的左翼理论家不仅对中西历史和马克思主义的了解很肤浅,而且在论战中将学术趋向政治化,以政治立场来判断异见。诚如有论者所言:"实际上,社会史论战者大多数对于唯物辩证法的了解还不算做成熟。他们尚缺乏世界史的丰富知识,所引马列学说,多有教条性。"④将"马列学说"教条化的主要是左翼理论家,他们将"读书杂志派"视为与其争夺马克思主义话语权的对手。此外,还与当时"左"倾中央的政策和对该派的定性直接相关。"左"倾中央认为,"在目前加紧在思想和理论斗争的战

---

① 许小年:《自由与市场经济》,第431页。
② 王礼锡:《中国社会史论战序幕》,《读书杂志》第1卷4、5期合刊,1931年8月。
③ 何干之:《中国社会史问题论战》,第201页。
④ 郑学稼:《社会史论战简史》,第13页。

线上,向一切假冒的马克思主义和公开仇视革命马克思主义的派别进攻(如'读书杂志派'、'苏俄评论社'与野鸡的'社会新闻'等),这一任务比任何时候都要迫切。"① 据陈铭枢回忆:"神州"曾代"苏俄评论社"印行"苏俄评论",②"读书杂志派"与国民党主办的"社会新闻"并列,被"左"倾中央视为敌人加以批判,他们被定性为"假冒的马克思主义和公开仇视马克思主义的派别"。

学界"对论战的定位掺杂了过多的非学术因素,政治定性遮蔽了真实的学术内容"。③ 很明显,这是在宏大革命史观指导下带有意识形态的判断,缺少学理分析,是将不同的政治分野和学术争鸣混为一谈,而双方不同的马克思主义思想资源被忽略了。实际上,这是马克思主义话语在理论层面的交锋,并非"敌我之争",而是"在马克思主义宏大的思想图谱中展开的,但因为双方接受了不同的马克思主义话语资源,对马克思主义有不同的理解而产生分歧"。④

事实上,社会史论战中和论战高潮之后,不同阵营的学者纷纷反思论战中存在着的唯物史观公式化、教条化的倾向。王礼锡指出:"谁都以辩证自居,而时常会拘于机械的公式。"⑤ 陶希圣表示:"我希望论中国社会史的人不要为公式牺牲材料。"⑥ 有学者开始意识到论战各方在运用唯物史观时从理论上过分强调历史普遍规律,忽视不同民族国家历史多样化发展的现实。针对论战中以马克思关于西欧历史发展的模式来解释中国历史,有学者指出:"拿人类学上的结论作工具去爬梳古史的材料,替这些结论找寻中国记录上的佐证。"⑦ "中国社会发达过程很难捺进欧洲社会发达过程的铜模之内。"⑧

马克思主义史学家也纷纷反思检讨论战中在运用唯物史观解释中国历史时存在的公式化、图式化倾向。侯外庐批评了"以公式对公式,教条对教条,很少以中国的史料信征者做基本的立足点"的态势。⑨ 吕振羽批评论战

---

① 中共中央文献研究室:《建党以来重要文献选编(1921—1949)》第10册,第124页。
② 朱宗震、汪朝光编:《陈铭枢回忆录》,第150页。
③ 陈峰:《民国史学的转折——中国社会史论战研究(1927—1937)》,第78、83页。
④ 李金花:《20世纪30年代胡秋原与左翼论争再思考》,《东岳论丛》2018年第6期。
⑤ 礼锡:《论战第二辑序幕》,《读书杂志》第2卷第2、3期合刊,1932年3月。
⑥ 陶希圣:《中国社会形式发达过程的新估定》,《读书杂志》第2卷第7、8期合刊,1932年8月。
⑦ 素痴(张荫麟):《评郭沫若〈中国古代社会研究〉》,《大公报》1932年1月4日,第2张第8版。
⑧ 陶希圣:《中国政治思想史·绪言》,新生命书局,1932年,第15页。
⑨ 侯外庐:《中国古典社会史论·序》,五十年代出版社,1943年。

中玩弄马列词句的教条主义倾向，"当时的论战，有的在玩弄马克思列宁主义词句，也有不少人陷于搬弄原理的公式主义，很少把握到中国历史的具体性——除真正联系实际的很少的几个人以外"。① 无论是马克思主义史学家，还是"读书杂志派"和其他非马克思主义者，在检讨反思中都承认论战中对唯物史观的教条化、图式化的倾向，这是极为难得的共识。

中国社会史论战不仅要通过学术探讨，从理论上回应中国向何处去的现实诉求，而且必然要深入到探索中国革命问题的实践之中，为解决中国向何处去提供理论支撑。然而，在当时国共两党高扬党派意识的语境下，社会史论战超出了学术探讨的界限，以政治立场划界，这种先入为主的学术叙事，将正常的学术争鸣上升为了意识形态之争。学术观点的分歧强化了政治分歧，学术论争带有明显的政治色彩。"政治分歧引发了学术论战，学术论战蕴含着政治诉求。"② 当正常的学术争鸣上升为意识形态之争，实现革命胜利成为压倒一切的首要任务，由于论战者分列不同政治立场的党派，在学术层面很难进行深入研究，不同政治成见很难达成共识。

长期以来，对包括中国社会史论战在内的马克思主义史学研究立足宏大的革命史观叙事，"的确存在着'学术视野'偏弱，以'革命话语的解释'成为主流的现象"。③ 随着研究的不断深入，以学术视野对社会史论战进行重新审视成为学界共识。客观而言，"读书杂志派"在学术上信奉唯物史观，其思想价值在宏大革命史观叙事下被遮蔽了。事实上，他们"也是国际共产主义运动内部不同派别"，应当承认他们因强调中国社会特殊性所揭示的某些特点，"马列主义史学家恰恰在这一点上，由于过分强调普遍性而无视中国历史发展的特殊性，留下许多矛盾和薄弱环节"。④ 按照王学典将马克思主义划分为"社会理念"或"行动"的马克思主义和"学术理念"的马克思主义，⑤当时的"读书杂志派"明显属于后者。他们的观点"较接近于中国历史的自身状态"，因其"影响力有限，甚至被遗忘，然其谠议终究不能掩没"。⑥ 当然有些观点值得商榷，如"专制主义论""夸大了其理论分析的原创性和独特性"。⑦

---

① 吕振羽：《关于社会史的诸问题》，《理论与现实》第 2 卷第 1 期，1940 年 5 月。
② 左玉河：《政治学与学术性：中国社会史论战的双重特性》，《史学月刊》2019 年第 7 期。
③ 张越：《社会史大论战与中国马克思主义史学建立论析》，《陕西师范大学学报（哲学社会科学版）》2015 年第 4 期。
④ 刘志琴：《请为"封建社会理论研究"松绑！》，《读书》2009 年第 6 期。
⑤ 王学典：《话语更新、"合法性"危机的消解与唯物史观派史学的学术重塑》，陈峰：《民国史学的转折——中国社会史论战研究（1927—1937）·代序》，第 8 页。
⑥ 冯天瑜：《"封建"考论》，第 244 页。
⑦ [美]阿道夫·德里克著，翁贺凯译：《革命与历史：中国马克思主义历史学的起源，1910—1937》，第 168 页。

在"读书杂志派"中,王礼锡将对中国革命的理论思考与出色的组织才能紧密结合起来,积极策划、组织和推动中国社会史论战。"作为站立在自由主义的中间立场的国民党左翼社会活动家,他读过马克思的书,并尝试用唯物主义解释历史。"①他深刻认识到社会史论战的重大意义,兼备史学研究和现实诉求的敏感性。他邀约胡秋原、梅龚彬、王亚南等人一起创办经营《读书杂志》,为策划、组织和推动中国社会史论战提供了极大的便利。值得注意的是扮演"读书杂志派"思想灵魂的胡秋原的观点,由于他在日本留学时研究普列汉诺夫,通读当时日文版《马克思恩格斯全集》,其马克思主义理论素养深厚,因而在社会史论战中呈现出对马克思主义理论的认识、理解和把握更为准确的特点。"当时的多数论者尚无法摆脱西欧历史模式的影响,关于秦至清的社会形态只能在'封建'与'资本'之间作出选择。胡秋原是少数跳出此一窠臼的论者。"②学者赵庆河认为:"偏向国民党的新生命派,以及中立派的马克思主义者,屡次强调马克思主义并没有世界性,中国有自成体系的历史背景,因此不能死背马列主义的公式。""胡秋原、王礼锡受普列汉诺夫及第二国际思想家的影响,都可以使论战激烈而持久,可见社会史论战的心理层次,可追溯到思想方法、来源及受教育背景之争。"③"从方法论上讲,不顾中国的具体情况,生搬硬套西欧社会发展阶段论的一家之言……削足适履,裁量修改中国历史,以便与预定模式相契合。"④由此再次证实"读书杂志派"具有宽广的历史视野、深邃的独到见解,其观点经得起历史的检验。

胡秋原对中国社会性质的判断和有关中国社会史分期问题的观点,是建立在对中西历史比较研究的基础之上的。较其他学者,他更具备史学、人类学和社会学的学养。有论者评价道:"他们的学术水准,超出了'五四'时代的启蒙者。他们不特了解前一代人的思想,而且还了解西方的思想;最难得的,他们对比中国和西方的历史中,多有一家之言。"事实上,真正了解中西历史且"多有一家之言"的学者并不多,胡秋原是其中之一。在日本留学时研读西方历史文化哲学和日文版《马克思恩格斯全集》奠定了他的理论素养,使他认识到斯大林垄断马克思主义话语权,误解了马克思有关人类社会多元化发展路径,将五种社会发展形态单线递进说硬套入中国历史,背离了

---

① 盛邦和:《"亚细亚"理论在中国,及民国时代的一场论战》,2018年11月25日,https://www.aisixiang.com/data/113618.html。
② 冯天瑜:《"封建"考论》,第244页。
③ 赵庆河:《读书杂志与中国社会史论战1931—1933》,第44、59页。
④ 许小年:《自由与市场经济》,第429页。

中国发展真相。处于日本侵略下的中国,当务之急是民族解放,而不是阶级斗争。在比较中西文化后,他提出西方工业化是中西兴衰的分水岭,中国的发展方向是经济工业化和政治民主化,为抗战建国奠定基础。重新审视这些观点,发现其依然具有现实意义和思想价值。对胡秋原在社会史论战中的表现,郑学稼评价说,他当时"不过二十二三岁,尽管内中值得讨论主张颇多,却足表现他的多方面的修养和特见。如果他不参加政治活动,他在思想中的成就必更大。可是当日的环境,怎能不驱使知识分子走上政治舞台呢?"①

胡秋原和其他各派学者一样,参战时所依据的理论是马克思主义唯物史观。正如后来学者所评价:"所有参与这场当代中国社会性质论战的派别,都相信马克思主义是有效的分析问题的工具。"②在中国社会史论战中,他依然秉持"自由的马克思主义"。值得注意的是在此期间,他已经开始对马克思主义唯物史观公式加以修正。1938年,他在撰写有关世界史略的相关论文中指出:"马克思之唯物史观,实在是一种经济史释",③"是生产力史释"。马克思"以生产力为历史动力,一定生产力构成一定生产关系。生产力发展,决定历史之发展"。许多批评马克思学说的学者指出:"经济冲动不是人类唯一本能,唯物史观忽视地理民族精神影响,精神文化不能以经济解释,阶级斗争不是社会精华动力且与唯物史观没有什么必然关系等。"胡秋原认为这些批评"除最后一点外,并不能打击唯物史观,因唯物史观并非忽视其他历史因素,而经济为历史之基本因素,是无可否认的"。还有人"以技术史释嘲笑唯物史观",其实,"技术包含人与自然的关系,实为文明之主要尺度。这一点也不足非难唯物史观"。④

在评价马克思唯物史观的观点的基础上,他提出"唯物史观无可批评吗?是又不然"。他认为唯物史观的不足是"应用于社会阶段之划分,因受当时知识之限制,并不正确"。"马克思之解释,集中对于封建制到资本制这一阶段,所以他以生产力与生产关系之矛盾,表现为劳资之斗争。"但"这并不适用于前资本社会,例如,奴隶和农奴对奴隶主及农奴主之斗争,并不代表新生产力。封建社会下代表新生产力者是市民,而非直接劳动者的农民,

---

① 郑学稼:《社会史论战简史》,第1、108—109页。
② [美]阿里夫·德里克著,翁贺凯译:《革命与历史:中共马克思主义历史学的起源,1919—1937》,第67页。
③ 胡秋原撰写的有关世界史略的论文,连续刊载于1938年出版的《祖国》周刊上,1940年建国印书馆出版《历史哲学概论》,1948年再版。胡秋原:《历史哲学概论》,第71页。
④ 胡秋原:《历史哲学概论》,第74页。

而资本主义造成多数中间阶级亦非马氏所预料"。"马克思等将生产力与生产关系还原为阶级关系,并以阶级斗争为历史进步之动力。其实社会有斗争,亦有同化与合作;而斗争之结果,也许是同归于尽。"尽管如此,但这不妨碍唯物史观"有极大价值"。①

胡秋原是少数跳出西欧历史发展模式的窠臼的学者,有学者评价道:"尽管有些社会史论战者,开始之时穿着马克思主义的甲胄登场,到了结局,他们都抛弃那甲胄,而充当马克思主义的反对者。"②胡秋原在多年后指出:"当初大家都在马克思主义寻找根据,但后来也能跳出马克思主义圈子。"③但真正跳出来的只是少数人而已,这一部分人不赞成马克思主义阶级斗争的观点,认为中国问题是争取民族独立和国家统一,抵抗日本侵略。在他们看来,中国既不是封建的,也不是资本主义的,而是一个特殊的社会。尽管他们在论战中用马克思主义术语,在政治上站在民族主义立场,但他们与左翼理论家所持的阶级斗争观点明显不同。

参与论战的大多是热衷于政治的知识分子,受激进民主主义、社会主义和马克思主义的影响,致力于探讨中国社会性质和中国出路。20世纪30年代,尽管参与论战者认同马克思主义,但"读书杂志派"等人强烈反对简单复制西欧模式来解释中国历史发展进程。简单套用和不加分析地用阶级斗争来解释中国历史,忽视马克思主义关于社会经济结构等方面的理论,轻视中西社会历史发展的差异,会导致对社会发展的解释过于单一,否认历史发展的多元性,将对中国历史的解释都归于革命范式之下,是粗暴的不科学的历史发展观,必然会走向公式化、机械化和形式主义的错误倾向,这种解释经不起历史的检验,对后来马克思主义历史学的发展产生了消极影响。"读书杂志派"的观点与"新思潮派"相比虽不是主流,但却使论战呈现多元化倾向。他们将中国史放在世界史的发展中进行比较研究,具有宽广的世界眼光,有积极的历史意义和学术价值。

纵观其观点,胡秋原的思想理路是沿着马克思、恩格斯和普列汉诺夫一脉进行阐发,受马克思、恩格斯的思想体系和第二国际马克思主义思想家的影响。他后来回忆说:"马恩以后,全世界马克思主义者只有四个人:俄国普列汉诺夫,德国梅林与考茨基,波兰卢森堡女士。"④他们是第二国际的思

---

① 胡秋原:《历史哲学概论》,第75页。
② 郑学稼:《社会史论战简史》,第120页。
③ 胡秋原:《中西历史之理解》,中华杂志社,1966年,第33页。
④ 胡秋原:《关于〈红旗〉对胡秋原先生的诽谤及文艺自由与统一救国等问题》,《中华杂志》1972年8月号。

想家,从思想脉络上来审视,胡秋原拒不接受阶级斗争理论,毕生坚称其马克思主义源自普列汉诺夫等第二国际的思想家。这就与"新思潮派"信奉的第三国际的马、恩、列、斯(大林)主义正好处于对立的状态。这种对立无论是第二国际与第三国际之间,还是中国左翼理论家与自由的马克思主义者之间的争论,实际上都是在争马克思主义的正统性。

"读书杂志派"发动中国社会史论战,表面是为"弘扬学术,活跃思想",①实际上隐含着各派之间的政治对立。王亚南评价说:"当时那种论争,当然无法得到最后的结论,但我们并不因此就说那是多余。"事实上,"那不仅是当作研究一般社会科学之必然结果而产生的趋势,不仅是每个研究一般社会进化史的中国人所当注意到的论题,同时尤且是现实要求的直接反映,因为论争尽管有两个对立的方面,但真理是不怕讨论的。"②"新思潮派"将秦至清定性为封建社会,是为中共实行"土地革命",在无产阶级领导下,"不经资本主义,直接进行社会主义"寻求理论依据。③"新生命派"的立场在于中国社会的复杂性和特殊性,不能生搬硬套第三国际所宣传的世界共产主义革命的普遍模式来解释中国历史,他们应用特殊的理论,即三民主义来解释,是为国民党的统治寻求理论支撑。作为介于国共两党之间"第三种势力"的"读书杂志派",试图超越左右两翼意识形态的羁绊,以学术研究来探索中国向何处去的社会现实问题。事实上,"读书杂志的几个中心的撰稿人,当然是有一个基本思想与信仰,有一种确定的社会观的"。④ 他们通过各种理论介绍和辩论凝聚共识,"进而企图得着指示行动的结论",⑤希望在国共之外寻找一条新的发展道路,这是其政治诉求的宣示。这正与"因不满现状,亟欲另开政治局面,同时也意识到文化事业对政治的作用"的十九路军领袖陈铭枢不谋而合。⑥

在国民党当局收紧言论与思想控制,进步思想和理论遭到禁锢和迫害的情况下,《读书杂志》何以能够获得热烈的响应,使"神州""由一个暮气沉沉的古老书店,变成一个声势浩大的新书店",且成立读书会、读书月报、学术演讲会、学术座谈会、函授学会、联谊等活动,企图超出单纯出版文化活动的范畴,进而影响社会呢? 这要归结于时任京沪卫戍区司令的陈铭枢,他是

---

① 陈峰:《民国史学的转折——中国社会史论战研究(1927—1937)》,第 40 页。
② 王渔邨:《中国出版界最近十年的几个演变倾向》,《大众论坛》第 1 卷第 1 期,1936 年 11 月。
③ 胡秋原:《哲学与思想·自序》,第 13 页。
④ 胡秋原:《关于读书杂志》,《读书杂志》第 3 卷第 7 期,1933 年 9 月。
⑤ 王礼锡:《年终的话》,《读书杂志》第 1 卷第 9 期,1931 年 12 月。
⑥ 民革中央宣传部:《陈铭枢纪念文集》,第 85 页。

"神州"权势网络中的政治保护伞。"神州"虽是陈氏"投资经营的出版事业",但他始终把"神州"视为"十九路军集体事业的一部分,也可以说它是十九路军的政治部门"。① 通过"神州"来结交文化人,为其"在政治上独树一帜造舆论和招募智囊",②使"神州"演变为文化团体和政治派别,隶属于"神州"的"读书杂志派"的论战主张反映了其政治倾向,决定了在十九路军淞沪抗战和"福建事变"中所要走的道路。正是建立在这种对中国社会性质的判断和对中国社会史认识的基础上,"读书杂志派"在"福建事变"中将政治诉求付诸实施,扮演了不可或缺的重要角色。

---

① 朱宗震、汪朝光编:《陈铭枢回忆录》,第139、145页。
② 梅昌明整理:《梅龚彬回忆录》,第79页。

第五章 "福建事变"与"读书杂志派"的民族主义诉求

"读书杂志派"认为中国革命是民族革命,主张由抗日实现民族独立、发展民族资本、实行社会主义的发展路径。"福建事变"是该派抗日反蒋政治宣言的反映,探索了中间道路的革命实践,该派在其中扮演着引领舆论、宣传鼓吹和理论指导的角色。"读书杂志派"探索中国出路的尝试尽管失败了,但其方案带有更多的学理色彩,有对公平正义等理念的追求,有建立人民政府的要求,有民族主义的诉求,愈发显示出其思想价值。

第一节 "读书杂志派"与"福建事变"

"读书杂志派"知识分子群体经历了政治上的矛盾和思想困惑,"他们既不满意到处暴动组织苏维埃政府的共产党,认为是超时代的政策;而同时不满意拆着烂污'杀尽共产党就是实行三民主义'的国民党";"他们想替革命找出一条新路来","乃以中道的办法求出路"。① 这些人齐聚在"神州"旗下,在《读书杂志》上发起中国社会史论战,"一方面反映了庞杂的时代思潮的激荡,一方面也触及到(原文如此)人们最关心的中国社会问题的焦点,故引起了社会上广泛的注意"。他们试图通过思想自由争论,达成革命路径共识,形成"对中国前途的自以为是的一套看法",②"去选择一条适合自己要求的道路,并逐步使越来越多的读者接受这条道路,以达到他们的政治目的"。③ 其政治诉求与既认为工农运动"越轨过火",④又不满蒋介石而欲开政治新局面的陈铭枢等人的目标一致,他们为反蒋抗日的"福建事变"摇旗

---

① 蓝玉光编:《第三党讨论集》,第2、9页。
② 朱宗震、汪朝光编:《陈铭枢回忆录》,第155页。
③ 蒋建农:《陈铭枢与神州国光社》,《百年潮》2002年第5期。
④ 民革中央宣传部:《陈铭枢纪念文集》,第100页。

呐喊,试图寻求有别于国共两党的第三条救国出路。

一、《读书杂志》被禁与"福建事变"发生的背景

十九路军淞沪抗战使陈铭枢认识到"中国要作反帝国主义战争,必须士兵与民众互相结合","以持久的反帝国主义侵略的精神,全国生产各部门,政治经济各组织,有计划有组织的抵抗",这样才能取得抗战胜利。中国要坚决地向着反帝的路上走,十九路军淞沪抗战"将是中国复兴的号音"。① 他认识到民众与士兵相互结合是取得抗战胜利的关键力量,进而提出持久抗战才能取得胜利,这种主张极富洞察力。"如果说'一·二八'抗日战役是十九路军从拥蒋到反蒋的分水岭的话,那么陈铭枢的分水岭也是如此。"②十九路军淞沪抗战的壮举赢得国人支持和中外热爱和平人士的同情,誉满全国,时任京沪卫戍司令长官兼任交通部长的陈铭枢,因坚决支持十九路军的抗战,"曾博得一时声誉"。因陈铭枢"常召集记者谈话,既惹得蒋的猜忌,又遭陈氏(陈果夫、陈立夫)兄弟之进谗,说陈铭枢有异志,阴与党外人士有往还,可能进行颠覆政府的活动"。这种声音一时甚嚣尘上,"蒋的左右亲信对陈均白眼相视,不与陈来往。陈虽心不自安,然尚作强人,不甘示弱"。此时的蒋陈关系"已破裂不可弥缝矣"。随着蒋陈关系的逐渐恶化,陈铭枢辞职后经上海转赴香港,再转欧洲游历。离沪前,他曾撰写《致十九路军袍泽书》,"分析了当时国内外形势及救国之道,指出十九路军目前应义不容辞地担起救亡图存的大旗,积极活动,切实联合进步反蒋力量,外抗强虐,内除国贼;并迅使十九路军摆脱蒋的控制,寻谋一块独立自主的根据地,以备抗日的发展"。③

1932 年 5 月,十九路军被派至福建"剿共"。十九路军将士厌恶内战,又受中共"停止内战,团结抗日"主张的影响,一方面与蒋介石虚与委蛇,另一方面秘密与中共签订抗日合作协定。因蒋介石对十九路军采取多种手段进行颠覆、收买、逼迫和分化,双方关系不断恶化。④ 陈铭枢人脉广,且怀有政治抱负,"利用十九路军及结交一些进步文人作为政治资本",主张停止"剿共",一致抗日的意见,"多少有和蒋介石、汪精卫等争取权力的野心",⑤ 因此受到排挤和压迫而无法立足,被迫于 1933 年 1 月出洋。梅龚彬与王礼

---

① 陈铭枢:《淞沪抗日战争的教训与中华民族的前途》,《新中华》第 1 卷第 2 期,1933 年 1 月。
② 蒋光鼐:《对十九路军与"福建事变"的补充》,《文史资料选辑》第 59 辑,第 117 页。
③ 邓世汉:《福建事变亲历纪实》,全国政协文史资料委员会编:《文史资料存稿选编·十年内战》,第 621 页。
④ 蔡廷锴:《回忆十九路军在闽反蒋失败经过》,《文史资料选辑》第 59 辑,第 81—83 页。
⑤ 蒋光鼐:《对十九路军与"福建事变"的补充》,《文史资料选辑》第 59 辑,第 117 页。

锡等向陈铭枢建议作反蒋准备,"为了在政治上、思想上做好准备,十九路军筹备在漳州办一个训练班,陈铭枢要梅龚彬去教政治课"。① "神州"因此失去政治靠山,遭到国民党当局的整肃,遭遇自开办以来最大的危机。

　　王礼锡主持"神州"以来,大量出版左翼书籍,开展中国社会史论战,引起社会各界广泛关注,使"神州"充满生机与活力。《读书杂志》所刊载的文章中多主张民主与抗日,尽管与左翼理论家以阶级斗争学说为理论依据,通过开展土地革命来寻求中国出路的途径不同,但"读书杂志派"大都以马克思主义立论,国民党担心他们与左翼合作进行政治活动,加之王礼锡撰写尖锐批判南京政府不抵抗政策的文章,引发不满。1933年初,《读书杂志》及"神州"被以触犯《出版法》为由封锁,各地出版物被查封。王礼锡到南京国民党中央进行交涉,据理力争,被说"'神州'马克思主义书出得太多了,对政府批评太激烈了,特别是《读书杂志》攻击了国策","神州"被特务捣毁,王礼锡名列黑名单之中。在南京方面的斡旋下,由铁道部给其以专员名义赴英国考察,限期出国,实际上是驱逐国门,流放欧洲。王礼锡在赴英国前告知胡秋原,已同陈铭枢"商量好了,由你来主持神州"。② 1939年,胡秋原在怀念王礼锡时指出:"1933年春,神州国光社内外困难很多,同时铁道部派他赴英留学,他托我为他维持残局。"③王礼锡认为胡秋原是无党派的"自由人",热衷于研究理论的纯粹书生,自然会让政府放心,经劝说,胡秋原答应继任其职务。

　　胡秋原到南京中央党部拜会时任中宣部部长的陈立夫,以"神州"总编辑身份请求中央对其书解禁。陈立夫指出:"我们建国……必须合乎自己的情况,如果只是介绍外国的图样……就很荒谬了。"胡秋原回应说:"陈先生……的批评很对,不过我想……如果不集思广益,多看看别人著名的图样,只认为自己的最好,那么其损失恐怕和陈先生刚才所说的也差不多!所以,即使敌人的言论,也要有知己知彼之明才行。""我们没有任何成见,我记得陈先生也有大作在《读书杂志》上发表过。"④胡秋原赞同陈立夫建国不能

---

① 梅龚彬著,梅昌明整理:《梅龚彬回忆录》,第28页。
② 顾一群等:《王礼锡传》,第83、84页。据胡秋原自述,王礼锡告知,国民党中央党部认为"《读书杂志》谈马克思主义谈得太多了,这对一般青年有不好的影响"。张漱菡:《胡秋原传》,第469页。
③ 胡秋原:《记王礼锡先生》,《祖国》第23期,1939年9月15日。
④ 张漱菡:《胡秋原传》,第472页。胡秋原在此提到的陈立夫的文章是指1932年第2卷第10期在《读书杂志》刊发的《萧著法西斯党及其政治序》一文,在该文中,陈立夫提出:"中国有中国的历史的背景,时代的需要,自有它独有的革命方式和革命主义,抄袭和固拒是一样的错误。"

仅按照外国图样,应立足国情,探索中国出路的观点。他接任主编后声明:"在纯理论上立言","一视同仁";"露骨的政治宣传,则绝对避免"。①尽管他主持"神州"和《读书杂志》的时间很短,但依然保持其宗旨,既未因查禁而屈服于权势,亦未成为陈铭枢等人一家之言的宣传机构,而依然具有相对独立、兼容并包的心态和多元的文化品格,继续为各界文化人提供平台。

在中国社会史论战的激战之际,日本侵略东三省后,开始大举进犯华北,民族危机加剧。驻守福建的十九路军力主抗日,被爱国和反蒋人士寄予厚望,因而十九路军与国民党中央的隔阂日渐加深。陈铭枢受"读书杂志派"的影响,阅读了不少马克思主义著作。在游历英德法与苏联的过程中,他接触新事物、接受新思想,结识不少留洋的知识分子,受其影响,思想进一步"左"倾,并与他们探讨国事,增强其政治抱负。在欧洲期间,他详细考察西方自由、民主制度,又"受到当时在欧洲酝酿着的'人民阵线'的思潮影响"。②陈铭枢与王礼锡等人多次会谈后准备组织政党,计划扛起抗日反蒋大旗,在巴黎同第三党领导人黄琪翔商谈,认为不应与红军作战。陈铭枢"逐渐改变了政治倾向,走向福建政变"。③胡秋原将陈铭枢和十九路军的"反蒋原因归结为对蒋介石的长久统一与抗日期望的彻底破灭"。④

1933年5月下旬,陈铭枢回到福州,与蒋光鼐、蔡廷锴会晤,时值中日《塘沽协定》签订,国共两党在军事和文化两条战线上开展"围剿"与"反围剿"斗争之际。现实的政治矛盾和思想分歧使"长时期以家长自居,把军队看作私人资本","野心勃勃"⑤且"领袖欲望很强的"⑥陈铭枢"很想取蒋而代",⑦另辟新的救国道路。一方面,蒋光鼐、蔡廷锴致电当局反对中日议和;另一方面,陈铭枢为获得舆论支持而支持"读书杂志派",想要通过思想论战来构建其主张。"神州"因此由文化出版机构向文化团体乃至政治派别演变,聚集在"神州"旗下的"读书杂志派"自然赞同十九路军的抗日主张。他们所进行的抗日反蒋的舆论宣传使陈铭枢的社会声望日益盛隆。5月底,陈铭枢在福州各界欢迎会上发表主张全民抗日的演讲。胡秋原赞同其主张,但担心发表尖锐批评当局的演讲会再次被禁,又因陈铭枢是"神州"后

---

① 胡秋原:《关于读书杂志》,《读书杂志》第3卷第5期,1933年5月。
② 民革中央宣传部编:《陈铭枢纪念文集》,第91页。
③ 朱宗震、汪朝光编:《陈铭枢回忆录》,第119页。
④ Hu Chow-yuan, "The Nineteenth Route Army", *Amerasia: A Review of America and the Far East*, vol.1, no.3 (May 1937), p.129.
⑤ 蔡廷锴:《回忆十九路军在闽反蒋失败经过》,《文史资料选辑》第59辑,第84页。
⑥ 胡兰畦:《胡兰畦回忆录(1901—1994)》,四川人民出版社,1995年,第288页。
⑦ 陈公博:《苦笑录》,现代史料编刊社出版,1981年,第208页。

台老板,故打算单独编印,附在杂志中作为权宜之计,认为这样不至于引起那么多人注意。该文的最终发表使十九路军与中央政府的关系进一步恶化。6月中旬,胡秋原得知李济深和陈铭枢致中央研究院院长蔡元培、总干事杨杏佛的密电,请二人赴港议事。18日,杨杏佛被刺身亡,胡秋原怀疑与上述电报有关,"在上海甚感不安"。① 在当时一片肃杀的政治氛围下,胡秋原赴港了解情况。

当时中国思想界很混乱,除正在进行激烈争论的社会史论战外,1933年7月在《申报月刊》上还出现了"现代化问题"的讨论。中国的前途究竟是资本主义还是社会主义?究竟是西化?还是俄化?据胡秋原自述:"多数是倾向社会主义的——自然不一定是俄式社会主义。"②法西斯思潮传到中国后,又有法西斯运动。领导层中的思想如此分歧,无怪乎一般知识分子,尤其是知识青年陷入苦闷的情绪之中,对中国出路感到彷徨。他们主张抗日,取消党治,走民主社会主义道路。"读书杂志派"被国民党误以为组织"社会民主党",予以打击。据陈铭枢自述:"神州"同人大都"不自觉地带有社会民主主义倾向,有人说它是'社会民主党的机关',在国民党元老中的人则说'神州社'同共产党有联系"。③ 而中共则误以为"读书杂志派"组织"社会民主党",是要与左翼争夺上海著作者协会领导权。尽管胡秋原、王礼锡都否认此事,但一部分信奉社会主义的人相信确有其事。胡秋原在港月余,与聚集在陈铭枢周围的各派人士交往,且受陈铭枢邀请为十九路军阵亡将士撰写碑文并受到称赞,④这为其在"闽变"中负责文宣奠定了基础。但在港期间,他感受到香港殖民地买办文化的氛围,与之相比,上海固然受十里洋场的影响,但还保持着中国文化的底色。他初步认识到西方的富强是建立在侵略其他民族利益之上,西方自由民主价值的不彻底性成为他在1935年欧游后转向提倡新自由主义的思想因子。

陈铭枢在港期间,与十九路军将领谋划抗日反蒋大计,提出上中下三策。⑤ 他发电报让在暨南大学任教的梅龚彬,立即赴港商量反蒋问题。当

---

① 胡秋原:《〈在唐三藏与浮士德之间〉及其他》,第17页。
② 胡秋原:《一百三十年来中国思想史纲》,第133页。
③ 朱宗震、汪朝光:《陈铭枢回忆录》,第118页。
④ 早在十九路军调往福建时,陈铭枢、蒋光鼐、蔡廷锴就决定在广州修建一座该军阵亡将士公墓,曾请几位老先生撰写碑文,要么不满意,要么未见下文,而胡秋原撰写的碑文获得首肯,该碑文竖立在十九路军阵亡将士墓前,"文化大革命"期间被毁。
⑤ 上策是联合粤、桂,拥护胡汉民和陈济棠,以福建和十九路军为核心,建立新的政党,联合中共,发动民众;中策是请胡汉民和李宗仁合作;下策是联络中共,推李济深为领袖,甚至是孤军奋战。参见朱宗震、汪朝光编:《陈铭枢回忆录》,第121页。

陈铭枢将"反蒋三策"这种机密毫无保留地告知梅龚彬时,梅龚彬"不隐瞒自己的观点,直言奉告"。"红军是咫尺近邻,时间那么紧迫,无论粤桂参加与否,都应该首先考虑联合红军",①且中共提出了联合抗日的建议。陈铭枢等十九路军将领先后派朱蕴山、梅龚彬赴上海,将"反蒋三策"计划告知中共中央,设法务求达成十九路军与红军的停战与合作,但均未取得结果。其根本原因在于"当时在上海的中共中央完全为左倾机会主义分子把持,他们断定中间派别是中国革命最危险的敌人,坚持主张'打倒一切',认为十九路军不是联合对象,因而采取了敷衍的态度"。②

当胡秋原了解到陈铭枢等人打电报请蔡元培、杨杏佛来港,就是向他们请教联络中共之事,深感事态严重。不由得联想到1927年大革命中几乎差点丧命的经历,认为如果事态发展下去,势必将他卷入其中,他本想置身事外,但已不可能!如能挽救国运,他愿意协助十九路军开拓出一条新路,这是很值得期待的事情;如果失败,中国如何团结抗日,又将走向何处?他又该如何自处?带着这些疑问,他于7月底回沪,召集编辑部同人,转告福建与中央政府关系将会日趋恶化。他决定让《读书杂志》脱离"神州"停刊,函授学校等一并结束。③ 据他自述,王礼锡"托我为他维持残局。但不久,我也不能为力,走到香港"。④

二、"读书杂志派"在"福建事变"中扮演的角色

1933年11月20日,经过多方奔走商议,陈铭枢联合"第三党"、国民党内反蒋民主人士,以及"读书杂志派"⑤和许多自称社会主义的人士,"云集福州,盛极一时",⑥反蒋抗日的中间势力各派代表的集合体在福州发动了

---

① 梅龚彬著,梅昌明整理:《梅龚彬回忆录》,第82页。
② 梅龚彬著,梅昌明整理:《梅龚彬回忆录》,第29页。
③ 据陈铭枢回忆:"胡曾宣告《读书杂志》脱离'神州'体系,而以'读卖书店'名义发行……胡秋原仍为主编,经过情形不详。不久即停刊。"参见朱宗震、汪朝光编:《陈铭枢回忆录》,第149页。另据梅方义回忆:"他(胡秋原)原有意在香港继续出版《读书杂志》,后来这计划也放弃了。"参见梅方义:《回忆〈神州国光社〉与〈时代周报〉》,《中华杂志季刊》1993年12月号。据胡秋原说,他宣告《读书杂志》脱离"神州",是有意在香港出版,不致连累神州,此计划并未实现。参见陈铭枢遗著:《〈神州国光社〉后半部史略·附录6》,《中华杂志季刊》1993年3月号。由此可见,陈铭枢所说以"读卖书店"名义发行,并不准确。
④ 胡秋原:《记王礼锡先生》,《祖国》第23期,1939年9月15日。
⑤ 据蔡廷锴回忆:"陈铭枢多年罗致的搞政治、文化的一批人梅龚彬、何公敢、胡秋原、王礼锡、刘叔模、陈碧笙、程希孟、林崇墉、林植夫等(其中以具有社会民主党色彩的神州国光社同人为骨干)。"参见蔡廷锴:《回忆十九路军在闽反蒋失败经过》,《文史资料选辑》第59辑,第92页。"神州国光社同人骨干"也是"读书杂志派"核心成员。
⑥ 《闽变始记》,《国闻周报》第10卷第47期,1933年11月27日。

震惊中外的"福建事变",打出"联共、反蒋、抗日"的旗帜。有些学者将此次事变称为"非共产党的左派分子企图重现像20年代那样波澜壮阔的革命运动的最后努力"。① 在胡秋原看来,"闽变"的背景主要是参加者"对于当时政府不满之情绪,反抗日本之心理,以及多年来社会主义之思想宣传合流而成的"。② 在这些人中,对陈铭枢影响最大的莫过于"读书杂志派"。据陈铭枢回忆:"从接办神州到福建人民政府阶段,以王礼锡对我的思想影响最大。"

陈铭枢认为反蒋抗日能赢得多数人的支持,事实上,他过高估计了其实力。他回忆说:"当时我过分自信能够联合多数的抗日反蒋的派别,又深信全国军民结成军民一体来共同抗日。"③胡秋原尽管赞同其主张,但经历过左翼理论家统战中曾经反复的经验,对与中共签订协议充满疑虑。中共在"左"倾关门主义错误指导下并未提供支持,"闽变"失败与此不无关系。

因胡秋原是"陈铭枢的亲信",④与陈铭枢的秘书刘叔模及王礼锡、梅龚彬、王亚南等"神州"骨干先后于11月初到福州参与筹划"闽变"。他们帮助陈铭枢策划"闽变",发挥引导舆论、宣传鼓吹、理论指导的作用。任何新政权的建立,必将宣传其政治纲领,以获取民心。陈铭枢等人认识到舆论的重要性,在"闽变"发动前,"读书杂志派"赴福州接管国民党省党部机关报《民国日报》,进行改版,以进行抗日反蒋的舆论宣传,为发动事变制造舆论,11月21日将其改为《人民日报》,刊登新政府的宣言、文告、命令,以及社会、政治、经济等方面的资料。其创刊启事申明"自当本人民之利益,为舆论先驱",⑤成为新政府的"喉舌"。彭芳草任总编辑,胡秋原任社长,负责新政府文化宣传方面事宜。11月26日,"人民政府文化委员会召集各报记者开座谈会,表示希望各记者努力为人民政府宣传"。⑥ 针对外地报纸有关"闽变"的不利言论,有人主张扣留报纸,胡秋原认为报纸上的言论与广播中大同小异,且新政府标榜言论自由,因此不能禁止。当他把《人民日报》校样递给陈铭枢时说:"这些文章我都改过了,这都是历史性的文件,有一种沉重的

---

① 朱学范:《怀念陈铭枢同志》,《陈铭枢纪念文集》,1989年,第3页。
② 胡秋原:《〈在唐三藏与浮士德之间〉及其他》,第17页。
③ 朱宗震、汪朝光编:《陈铭枢回忆录》,第139、119、120页。
④ 《彭泽湘自述》,福建省档案馆编:《福建事变档案资料1933.11—1934.1》,福建人民出版社,1984年,第277页。
⑤ 《人民日报》1933年11月21日。
⑥ 蔡耀煌:《福建人民政府五十七天纪略》,全国政协文史资料委员会编:《文史资料存稿选编·十年内战》,第646页。

历史感在驱使着我。"陈铭枢评价道:"你们这次来闽,发挥了很大作用。"①

国民政府因王亚南在《读书杂志》上刊发文章,"捕风捉影,在报刊上指名王亚南是所谓社会民主党的显要人物,且是长江七省的驻沪总联络人"。他因"在上海已无立足之地,于是被迫走香港而追随梅龚彬到福州",事后他说"这是被国民党逼出来的革命",成为他继参加北伐军后的第二次"准政治生活"。② 12 月 15 日,胡秋原在新政府中担任文化宣传处主任,因"公务纷繁,无暇兼顾",由王亚南接任社长。③ 留学日本时,胡秋原和王亚南是好友,且在东京成立"白沙社",翻译丛书,介绍日本和西方学说,二人再度共事,游刃有余地进行文宣工作。王亚南和彭芳草负责报社日常事务,重大社论与重要活动由三人共同协商。《人民日报》的社论主要由胡秋原、王礼锡、王亚南、彭芳草撰写战斗的檄文,扮演着引领社会舆论宣传的角色。同时,创办《人民晚报》等,接收国民党福建省政府创建的第一座广播电台——福州广播电台,并将其更名为"人民之声"。王亚南还为《人民日报》创办副刊,希望为"革命的志士们"提供自由发表言论的阵地。④ 在福建人民政府成立伊始,日报、晚报和电台共同发声,担负起新闻发布和舆论宣传的重任,全方位地为新政府造势。

新政府成立的文化委员会由陈铭枢任主席并负责主持,王礼锡、胡秋原、梅龚彬、王亚南等为委员,王礼锡兼任秘书长,梅龚彬兼任民众训练处主任,负责训练和发动农民群众,先后制定并颁布一系列文件。⑤ 胡秋原兼任文化宣传处主任并"负责组织人民大学"。⑥ 他们是陈铭枢组织的"生产人民党"的核心成员,陈铭枢既是"生产人民党"的主席,又兼任文委会的主席,"'生产人民党'和文委会拧成一股绳,'生产人民党'成了文委会的核心,文委会成了'生产人民党'对外活动组织,凌驾于各委员会之上"。⑦ 据何公敢回忆:"陈在组成'生产人民党'后担任党的主席,事实上是把文委会代替了'党',主持文化工作和群众工作。"⑧"福建事变"后成立的新政府为"人民革命政府",负责舆论宣传的机关报为《人民日报》,新组建的政党为

---

① 陈光明:《劲旅之亡——十九路军兵败福建纪实》,解放军文艺出版社,1996 年,第 147 页。
② 蒋夷牧、王岱平:《生命的辙印》,第 30 页。
③ 《人民日报社·社长易人:胡秋原辞职王亚南继任》,1933 年 12 月 13 日。
④ 编者:《论言论自由(代发刊词)》,《人民日报》1933 年 12 月 21 日。
⑤ 《人民日报》1933 年 12 月 21 日。
⑥ 《闽府筹设文教机构》,《北平晨报》1933 年 12 月 7 日。
⑦ 傅柏翠:《有关"闽变"时"生产人民党"的资料》,全国政协文史资料委员会编:《文史资料存稿选编·十年内战》,第 603 页。
⑧ 何公敢:《"福建人民政府"和"生产人民党"断片》,《福建文史资料选辑》第 1 辑,第 4 页。

"生产人民党",军队为"人民革命军",私立福建学院改组为"人民大学",新政权从党、政、军、民、学等方面凸显了"人民"性、"人民"底色。

"读书杂志派"不仅负责舆论宣传,更重要的是,新政府的"宣言、政纲早由陈铭枢的智囊团王礼锡、胡秋原、梅龚彬、彭芳草等拟好"。① 另据朱伯康回忆:"在陈家见到梅龚彬、林崇墉、胡秋原等准备反蒋文件,其中设计的一面国旗,上红下蓝,中间有金黄色五角星。"②"在陈铭枢家里,礼锡、秋原、龚彬等襄助陈铭枢积极进行各种筹办工作,我当时见到人民权利宣言草稿、政府草稿。"③这些宣言与他们在《读书杂志》上的论战观点一脉相承,无一不体现其政治诉求。如果说"读书杂志派"是想通过思想论战来寻求中国出路的话,那"闽变"则是其政治理念的具体实施。"中国革命之目的","排除帝国主义在中国势力,打倒军阀,铲除封建残余制度","发展人民经济,实现彻底的民主政权"。④ 新政府的使命是"把中国民族从危难中挽救出来,同时建设新的中国,保护人民的利益"。⑤ 在土地政策上实行土地国有,计口授田,使耕者有其田是解决土地问题的基本原则。上述纲领显示其政权具有民主性质,在对中国社会性质的判断和革命前途的追求上,与中共有相似之处。

第二节 "读书杂志派"与"第三党"的思想分歧

正当很多人对第三条道路充满期待之际,恰恰是"第三党"(中国国民党临时行动委员会,即农工民主党的前身)和"读书杂志派"争论的时候。后者中兼备理论和实际政治经验的王礼锡,此时已流亡欧洲。胡秋原和王亚南都是热衷于理论研究的"书生",缺乏实际的政治经验。梅龚彬虽有实际政治经验,但当时"左"倾教条主义推行过"左"的政策,使其情绪低落。对当时的政治局势,"读书杂志派"并没有一个系统而具体的主张。"闽变"虽然是陈铭枢、李济深等国民党内反蒋的民主人士组织的,但在参与的各派中,"第三党"最有势力。出国期间,陈铭枢在巴黎与"第三党"领导人黄琪

---

① 蔡廷锴:《回忆十九路军在闽反蒋失败经过》,《文史资料选辑》第59辑,第95页。
② 朱伯康:《十九路军与福建人民政府》,中国人民政治协商会议上海市委员会文史资料工作委员会编:《文史资料选辑》第2辑(总第36辑),上海人民出版社,1981年,第115页。
③ 朱伯康:《忆王礼锡先生》,潘颂德编:《王礼锡研究资料》,第313页。
④ 《人民日报·号外》,1933年12月2日。
⑤ 《人民革命政府成立》,《人民日报》,1933年11月23日。

翔等人商谈国是。在李济深家中商谈发动"闽变"的香港会议上,"第三党"的黄琪翔和章伯钧成为座上宾。据梅方义自述:"李陈密议之时,李的主张都是第三党来的。"①在与中共的谈判上,"第三党"扮演了重要推手的角色,"章伯钧和彭泽湘说动了李济深,建议陈铭枢与中共谈判"。②

无论是联络各方力量,策动"联共、反蒋、抗日"运动,还是在"闽变"时担任各界代表会议主席团执行主席,抑或是在人民革命政府成立后担任要职,黄琪翔始终是最活跃的人物之一。"第三党参加了人民革命政府和军队的各项工作,是'福建事变'中的重要政治力量。"③在"闽变"发动后,"第三党"有包办之势,这表明了"第三党"在"闽变"中的地位和影响。《大公报·社评》评价道:"观前日大会通过之政纲,显以第三党之主张占十之八九,是目下闽局,实在第三党支配之下。"④据胡秋原自述:"闽变"中也有各党派,"最有势力者是工农党(即第三党)。好多事情,都是他们决定的"。⑤ 对于传言"闽变"是"第三党和社会民主党主持"之说,胡秋原回忆说:"当时有社会民主思想,但实无党的组织。福建事变之主体为十九路军,促成之者实为工农党。国家主义派,神州国光社和其他自称社会主义的人,是后来参加的。由于共产党和工农党之威胁,后三方面的人才临时组织'生产党'以为对抗。生产党者,以为中国应以一切参加生产的人民为主,此包括民族资本家、工人、农民,以及精神劳动者以及其他有益于生产的人民,如正当商人。"⑥胡秋原主张的"生产人民党",不仅有别于中共的无产阶级(工人阶级)之说,也有别于"工农党"(第三党)强调的工农之说。

一、"第三党"的改革主张及其实践

事实上,"第三党"在"闽变"之前就试图与"读书杂志派"进行合作。1932年冬,在炮火中停刊的《文化评论》已改为不定期出版的《文化季刊》,因经济困难而难以为继,"第三党"的章伯钧来找胡秋原商谈,愿意资助《文化》出版,仍由胡秋原主编,"神州"发行。胡秋原同意与章伯钧合办,但条件是保持《文化》的纯学术性,不为"第三党"进行政治宣传,并改名为《国际文化》。当各派齐聚福州讨论新政府产生的程序、宣言、组织等时,因"第三

---

① 梅方义:《回忆〈神州国光社〉与〈时代日报〉》,《中华杂志季刊》1993年12月号。
② 张漱菡:《胡秋原传》,第503页。
③ 王大鲁、刘清云:《黄琪翔传》,中国文史出版社,1994年,第72页。
④ 天津《大公报》1933年11月22日。
⑤ 胡秋原:《〈在唐三藏与浮士德之间〉及其他》,第17页。
⑥ 胡秋原:《一百三十年来中国思想史纲》,第134页。

党"是"闽变"的主要策动者,因此占据优势,引起十九路军的不满。这些人找到胡秋原说:"连日开会完全是'第三党'主持一切,不是好现象。现在组织政府,与南京决裂,是自取孤立的下策。现在木已成舟,已难挽回,唯有在文字上,不要用'第三党'口号,如'计口授田'之类,以免自乱阵脚。胡秋原深以为然。自此胡在会议上常与'第三党'辩论。因有'神州'同仁(原文如此)支持,常获得通过。"①

早在"闽变"发动前,受"第三党"宣传的按照孙中山"耕者有其田"思想影响,新政府就决定采取"第三党"提出的"计口授田"的办法来解决农民的土地问题,并沿用"第三党"干部负责主持"计口授田"的起草文件、制定政策、宣传鼓动、培训工作人员等具体事宜。计口授田政策与"隋唐的均田制十分相似,却又具现代社会主义的精神",为解决"农民困顿与私有制度,使社会不能向上发展"的困境,"扫除封建余毒,使社会过渡到社会主义的归宿",②十九路军在闽西的改革宣称"实行耕者有其田,计口授田,将共(产)党所分土地,重新分配"。③ 在分配土地时,政府居于指导地位,农民需要靠自己来解决土地问题。这实际上是将国民党的建国理想与中共土地改革糅合在了一起,是"第三党"政治经济主张的翻版和具体体现。

尽管内部有不同意见,认为"分田是共产党制度,如果按照共(产)党办法,还谈什么剿共?"④但十九路军官兵"赞成分田"。其中的根本原因是十九路军在江西参加"围剿"时,"地方农民都是中共的耳目,而'围剿'军却是瞎摸暗索,作战必然失败。因此,他们从切身经验中,承认有必要分田,以便和农民打成一片,才能得到农民的拥护,有利于作战"。当时在"人民政府文化委员会"中,"某些人主张福建全省立即实行'土改'"的提议遭到质疑。他们"必须从一二地点先予试行,取得经验后再行推广"更稳妥。⑤ "第三党"试图通过实行"计口授田",来"实现农工生产人民之彻底解放",从而"达到农业共营国营之目的"。⑥ 换言之,他们将"计口授田"视为中国医治农村贫穷落后的"良方",为改善农村经济和发展民族资本主义开辟道路。

在闽西开展"计口授田"时,为减少阻力,十九路军和"第三党"提出"采

---

① 梅方义:《回忆〈神州国光社〉与〈时代日报〉》,《中华杂志季刊》1993年12月号。
② 赵庆河:《读书杂志与中国社会史论战(1931—1933)》,第90页。
③ 蔡廷锴:《蔡廷锴自传》,黑龙江人民出版社,1982年,第307页。
④ 《江声报》(厦门),1933年8月4日。
⑤ 何公敢:《"福建人民政府"和"生产人民党"片段》,《文史资料选辑》第37辑,文史资料出版社,1963年,第96页。
⑥ 福建省档案馆编:《福建事变档案资料1933.11—1934.1》,第26—27页。

用和平手段解决土地问题……不许阶级斗争"。① 这种分田尺度和受分范围扩大到包括地主在内的所有乡民,与"打土豪分田地"是不同的。他们不赞成过激政策,批评"土地革命是挑起农民斗争"。② 与"烧田契,铲田界"等激烈阶级斗争的土地革命不同,"计口授田"试图通过自上而下的"恩赐式改良主义"来调和阶级斗争,以非暴力的"和平"方式"解决土地问题",使农民获得一份土地,从而达到农村社会的根本改造。而土地革命政策则是"以暴烈夺取土地","含着挑起阶级斗争的性质"。③ "第三党"在闽西推行"计口授田"政策,目的是对抗"打土豪分田地"这一激烈的阶级斗争手段的土地政策,发展农村经济,争取群众支持,维护福建稳定,并成为反蒋抗日的重要基地。这反映了他们对中国民主革命的要求,同时兼备反蒋又反共的两面性。由此可见,在闽西实行的"计口授田"政策,既要"实现社会主义的理想",又不想"经过共产党分田的土地革命,去解决土地问题"。④

"第三党"的土地政策与陈铭枢通过"读书杂志派"获得的相关理论基本一致,推行的政策是将陈铭枢自成一套的革命理论具体化。"第三党"主张的"计口授田"政策,受到游离于国共的中间知识分子的好评:"在非暴动的状态下,由全体农民自动起来以公正和平的手段实行土地的平分。"与"打土豪分田地",以"暴动夺取土地"为手段、"含着挑起阶级斗争的性质"的土地政策不同,第三党的"计口授田"通过"从和平中分配土地"的手段,"纯粹是解决土地问题"。⑤ 这反映了当时很多信奉社会主义,又不满国共两党政策的中间知识分子试图探索第三条道路的努力。"计口授田"政策"是想对抗共产党打土豪分田地政策的,但这种恩赐式改良主义,动员不了农民起来组织自卫军保卫政权"。⑥ 这揭示出这种土地政策的局限性,同时,这也是"闽变"失败的原因之一。

---

① 蔡廷锴:《回忆十九路军在闽反蒋失败经过》,《文史资料选辑》第59辑,第78页。另据1933年在闽西漳平县任县长的田竺僧回忆说,"执行计口授田政策"的目的是"解决土地问题,并通过计口授田来组织农民参加抗日义勇军。从字面上看,可以理解所谓'计口',就是说住在农村的所有男女老少,无论是地主、富农、或地痞流氓,以及真正的中农、贫雇农,有一个人就算一口。所谓'授田',也就是说解决土地问题,不必要农民自己去革命,而是由福建省政府来没收所有的土地,自上而下的恩赐给所有的人们。这种政策,显然是企图调和阶级矛盾、消灭解决斗争"。田竺僧:《闽西计口授田纪略》,《文史资料选辑》第37辑,文史资料出版社,1963年,第104页。
② 《计口授田宣传纲要》,《江声报》,1933年12月13日。
③ 《土地委员会委员刘竞渡谈关于计口授田意见》,《人民日报》1934年1月10日。
④ 赵庆河:《读书杂志与中国社会史论战(1931—1933)》,第91页。
⑤ 《关于计口授田之我见》,《人民日报》1934年1月10日。
⑥ 蔡廷锴:《回忆十九路在闽反蒋失败经过》,《文史资料选辑》第59辑,第78页。

由于当时中央苏区实行"左"倾关门主义政策,对十九路军和第三党的"计口授田"土地政策进行批判,采取敌视态度。苏区中央局在其机关报《斗争》上,批判负责实施"计口授田"土地政策的"闽西善后委员会",称其是"十九路军军阀蔡廷锴分兵割据,压迫和剥削闽西工农劳苦群众的反动统治机关,是维持破产没落的闽西国民党政权的组织"。还批判十九路军在闽西组织的"农工生产大众政权"是"在执行着第三党与 AB 团结合而成的'中国社会民主党'的政纲"。并认为闽西区乡自治委员会主导的区民大会选举被"十九路军枪杆掩护回来的豪绅地主资本家"操纵包办了,"用欺骗利诱的手段,威胁工农群众服从",其意旨在于进行选举。"中国社会民主党"称这是"革命的""大众生产阶级"的选举,但这只不过是"一套'虚伪'的把戏",这种新欺骗、新阴谋却成为"中国社会民主党上海机关报'文化'杂志上大吹而特吹的'新政治的实验','新福建之初步建设'"。①

"第三党"不赞成以革命的方式从根本上摧毁农村生产关系,反对用激烈的阶级斗争手段去改变地主阶级对土地的占有,希望由政府通过行政力量,采取自上而下的和平方式把土地分给农民。这种包办的改良主义性质的土地政策,不能动员组织广大农民,又受到地方豪绅的坚决反对,未能有效实施,随着"闽变"的失败而失败。实行"计口授田"符合农民对土地的渴望和要求,既可以摧毁乡村豪绅地主的统治,扫清其赖以生存的土地制度,又可使社会向前发展,最终"过渡到社会主义"。② 尽管与中共领导的土地革命政策相比,该政策具有不彻底性,但其目的是要解决民主革命时期农民的基本土地问题,应当肯定其积极意义。

二、"读书杂志派"与"第三党"的思想分歧

"读书杂志派"与"第三党"在土地改革等方面的分歧,实际上是对中国社会性质的不同认识,也是其"社会史论战"中的观点在革命实践中的反映。章伯钧拜访胡秋原,力求达成一致意见;但胡秋原认为当前经济以安定为宜。章伯钧等人认为"计口授田"的改革成效显著,因此应将此政策在福建推广,成为新政府的政纲。据胡秋原自述:"工农党又力主在福建实行土地改革,计口授田。"③在胡秋原等人看来,"计口授田"在素有"八山一水一分田"之称的福建推行,担心有人分不到田,成为农村社会不稳定的因素,因

---

① 《十九路军军阀的"生产大众政权"与土地政纲》,中国井冈山干部学院主编:《斗争》(苏区版)第2辑,中国发展出版社,2017年,第209、210、211页。
② 薛谋成、郑全备选编:《"福建事变"资料选编》,江西人民出版社,1984年,第139页。
③ 胡秋原:《〈在唐三藏与浮士德之间〉及其他》,第17页。

此,不赞成在毫无准备的情形之下贸然分田,希望在做好充分的调查研究基础上再进行分田。

王亚南在福州发表《新经济学》演讲稿,认为"计口授田以扫除阻碍农村生产的封建残余",以农村包围城市,通过逐步发展,最终实现社会主义经济,"而达新经济学完全适用之阶段"。① 他在《人民日报》副刊上连续刊载《生产经济学》,②在比较分析西方主流经济学和马克思主义经济学的基础上,用"福建事变"时推崇的"生产"话语,为中国设计"生产经济学"。"福建事变"失败后,王亚南在其论著中还经常运用"生产人民党"的话语,彰显"福建事变"对其思想的影响。

福建人民政府成立大会上宣告了决议:"中国为中华全国生产人民之民主共和国","实现农工生产人民之彻底解放"。③ 实际上,这反映了胡秋原等人对20世纪30年代中国革命的焦点——土地问题的认识。其主张的"生产人民"比"第三党"的工农说范围更广,实际上是建立更广泛的统一战线,团结更多的民众投入抗日救亡运动之中。然而,据何公敢回忆说:"生产人民"其实在"当时只是一种标榜,思想上和在行动上距离很远"。④

"第三党"在"闽变"前后活动频繁,发展其政治势力,力图实现其政治纲领。"闽变"所选用的国号"中华共和国"是"第三党"决定的,用意是有别于"中华民国"和"中华苏维埃共和国",表示要走第三条道路。在胡秋原起草的《人民权利宣言》中,仍沿用"第三党"提出的"实行计口授田"的文字。但在新政府起草的文件和文宣中,"读书杂志派"扮演着极为重要的角色。据蒋光鼐回忆说:"当时凡属重要文件,陈铭枢多交给他的智囊——神州国光社主要人物胡秋原、王礼锡执笔主稿。"⑤

"第三党"在福建人民政府成立大会上十分活跃,积极宣传鼓动,"在会场上散发小传单,都是宣传该党政策的",⑥高呼"邓演达先生精神不死"的口号,这引发了不满。汇集在福建各地100余人的"第三党"成员,在各级政府、军事和群众工作中担任着重要职务,还在闽西以连城为中心拥有一支2 000余人的地方武装部队。"第三党"在新政府中的重要性和影响力由此

---

① 《王亚南氏昨在政训处讲演:题为新经济学,听众五百余人》,《人民日报》1933年12月17日。
② 王亚南:《生产经济学》,《人民日报》1933年12月18日、21—23日、1934年1月9—10日。
③ 《福建人民政府人民代表大会决议案》,《国闻周报》第10卷第48期,1933年12月4日。
④ 何公敢:《"福建人民政府"和"生产人民党"断片》,《福建文史资料选辑》第1辑,第5页。
⑤ 蒋光鼐:《对十九路军与"福建事变"的补充》,《文史资料选辑》第59辑,第101页。
⑥ 丘国珍:《十九路军兴亡史》,第136页。

可见一斑,这不能不引起陈铭枢等人的忌惮,也是他认为"第三党在十九路军中有活动、有发展"的原因所在。① 11月20日,"闽变"爆发当天,国民党中央专门召开政治会议决议,要求"严厉处置",并通电各省政府,"最近江西'剿匪',看着胜利"之时,"乃陈铭枢等忽于此时,在福州纠合所谓第三党重要分子,自立名目,实行叛乱,同时勾结'共匪',助共肆虐"。② 23日,蒋介石通电指责陈铭枢等"深与第三党接纳,由该党首领黄琪翔、徐谦等斡旋,谋与共党合作,信使不辍"。③ 国民党中央和蒋介石的通电从侧面说明"第三党"在"闽变"中发挥着重要作用。

鉴于"第三党"在福建和十九路军中的影响不断扩大,以及与不同势力相互联合,发展其政治势力,力图实现其政治主张,陈铭枢等人对此强烈不满。陈铭枢组建新政党的愿望更加急迫,随之告诫黄琪翔,"第三党"有活动、有组织,为使大家在一起战斗,要求解散"第三党",加入其组织并任主席的"生产人民党",并下令闽府保护工商业,严禁共产党活动,陈氏试图以此为中心来领导革命,加强抗日反蒋力量。胡秋原等人推波助澜,12月2日和3日,《人民日报》相继发表了《何为第三党》的社论和《非解散第三党不可》的文章,指责"第三党"不应继续存在,由此成为"促使第三党解散重组为生产人民党的主力。"④

黄琪翔征求意见并进行讨论,在僵持不下之际,蔡廷锴力劝黄琪翔,希望统一行动,"取消第三党",⑤黄琪翔与章伯钧等人多方征求意见后进行反复讨论,提出在当前问题严峻之时,"是拒绝陈铭枢等人的要求,半途脱离刚刚兴起的'闽变'运动呢,还是委曲求全,为了共同目标,作出让步呢? 经过反复商量,大家亦认为当前局势严重,大事未成,内部即发生严重分裂,对于联共、反蒋、抗日的革命事业不利,甚至要遭受失败。为此,不得已忍痛接受了这个要求"。⑥ 12月11日,黄琪翔迫于各方压力,以"中央干部委员会"的名义在《人民日报》上刊登《中国革命行动委员会宣告解散启事》。鉴于《人民权利宣言》的基本原则"与本党素所主张之政治原则根本相同",故此,"本党已无单独成立组织的必要,兹特正式宣告解散","一致参加生产人民革命运动,以与其他政治主张相同之革命势力共同担负中国

---

① 何公敢:《"福建人民政府"和"生产人民党"断片》,《福建文史资料选辑》第1辑,第5页。
② 《救国通讯》第59期,1933年12月7日。
③ 《申报》1933年11月24日。
④ 邱士杰:《王亚南与20世纪30年代中国经济学界的互动》,《开放时代》2022年第5期。
⑤ 丘国珍:《十九路军兴亡史》,第136页。
⑥ 王大鲁、刘清云:《黄琪翔传》,第74—75页。

革命任务"。① 随后,黄琪翔、章伯钧等"很多第三党人员往密室中签名",加入"生产人民党"。②

"生产人民党"宣言由胡秋原起草,据时任文委会委员的林植夫回忆,在正式发起组党大会上"胡秋原神气十足地拿出一篇发起宣言来读",声称"今天是生产人民党,到了相当时期同共产党合流"。③ 其中宣称中国革命是民族革命,在经济上求中国之工业化,政治上实现民主政治,抗日反蒋是当前唯一任务。④ 从其党纲来审视,其主张与中共打倒军阀,推翻帝国主义,建立真正民主共和国的民主革命时期的纲领基本一致。在陈铭枢的纵横捭阖下,脱离国民党的成员、宣布解散的"第三党"党员、少数共产党的脱党分子、部分脱离汪精卫改组派分子、个别国家主义派分子、十九路军中级以上军官,以及"神州"同人都加入"生产人民党"。其中,"神州"成员占据优势。当时,有人传言王礼锡、胡秋原组织"社会民主党",事实上是"生产人民党"的误传。由此可见,"生产人民党是杂凑的","其中更有不少是蒋

---

① 《中国革命行动委员会宣告解散启事》,《人民日报》1933年12月11日。对于黄琪翔、章伯钧的"宣告解散启事",全国其他地区成员并不同意。"上海的第三党人竭力反对,就是福建的第三党成员,也十分不满黄琪翔等的做法,表面上解散了组织,实际上仍在开展活动。"王顺生、杨大纬:《福建事变——1933年福建人民政府始末》,福建人民出版社,1983年,第75页。另据何公敢回忆:"第三党在闽宣布解散时,上海方面的第三党是反对的。""当时第三党在福州,表面上虽然解散,实际上不曾出现。""在第三党都加入了'生产人民党'后,也仍然维持着第三党原有的组织,直到后来'生产人民党'款用光,津贴没有了,第三党便恢复旧名称并脱离了。"何公敢:《"福建人民政府"和"生产人民党"断片》,《福建文史资料选辑》第1辑,第17页。
② 据何公敢回忆:"亲见黄琪翔带领了很多第三党人员往密室中签名,并在福州报纸(那时办有《人民日报》)上声明解散第三党。"此外,"闽变"失败后,"生产人民党"曾在香港成立组织,与宋庆龄主持的反帝民族解放大同盟混合在一起。"七七"全民族抗战爆发后,因蒋介石不愿军人中有党,在南京的胡秋原等人主张陈铭枢解散"生产人民党",经李济深、蒋光鼐和蔡廷锴商议后决定在南京登报解散,名义上解散了"中华民主革命同盟",实际上"生产人民党"也随之解散。何公敢:《"福建人民政府"和"生产人民党"断片》,《福建文史资料选辑》第1辑,第5、19页。有关解散"生产人民党"还有另一种说法,1935年,"生产人民党"改称"民族革命同盟",鼓吹抗日与民主。1937年抗战开始,十九路军将领奉召共赴国难,胡秋原自美归国一道入京,认为中央已实现当初的抗日主张,建议正式宣布解散"民族革命同盟",参加抗战。而民主的主张是在宪法颁布后实现。抗战和制宪是民国史上的大事,胡秋原均参与其中。张漱菡:《胡秋原传》,皇冠出版社,1988年,第540页。另据陈铭枢回忆说:"在全国抗日的浪潮下,我感到这个组织(中国民族革命同盟)既无枪,又无钱,更重要的是没有群众基础,骨干中还要动摇分子,软弱涣散,仅仅成了一块招牌,便主张结束活动,拥护政府抗战,借以减轻和消除当局的顾虑,使政府能集中精力应付局面。"朱宗震、汪朝光编:《陈铭枢回忆录》,第132页。
③ 林植夫:《"闽变"这一幕》,全国政协文史资料委员会编:《文史资料存稿选编·十年内战》,第570页。
④ 卞杏英:《蔡廷锴将军——从淞沪抗战到福建事变》,福建人民出版社,1994年,第130页。

介石派进来的间谍"。①

陈铭枢发起成立"生产人民党"的初衷和"主观动机是想把各派政治势力集合起来,作为新政府的领导核心",这种标新立异、独树一帜、采取激进姿态的做法能够带来新气象,从而推动革命发展,为取得革命胜利提供组织保障。在推动革命事业进程中,一个政党能否发挥战斗堡垒作用,关键要看其是否有严密的组织、严格的党纪、广泛的民众基础和顽强的战斗骨干。"生产人民党"由于事先没有经过精心谋划,而是临时起意,"匆忙草率",仓促组合而成,"加之成分复杂、派系林立,陈铭枢又有强烈的政治领袖欲,企图独揽一切、指挥一切,因此,生产人民党只是形式上的统一,实际上是几个派别的松散的政治联盟"。这种将各种中间势力的政治派别糅合在一起,自然会导致步调不一,内部矛盾重重。"因争名位,闹宗派致发生分裂矛盾现象","因争夺位置,第三党人与胡秋原、王礼锡等就闹得满城风雨"。"第三党"中除黄琪翔担任军事委员会下属的参谋团副主任以外,其他主要"第三党"人都到漳州等地担任领导工作。② 特别是在隶属于陈铭枢的"读书杂志派""神州"成员与"第三党"之间,关于人民革命政府的宣言政纲等方面意见不一,"各不相让,都想独占鳌头,抑制对方"。③ 另据美国来华采访的记者伊罗生声称,"第三党"与"社会民主党"之间的矛盾是"福建事变"内部最主要的派系矛盾,正是"社会民主党"将"第三党"挤出了"人民革命政府"。他所说的"社会民主党"就是"读书杂志派",旅日学者周伟嘉认为"社会民主党"是指"神州"出版社同人。④ 无论是伊罗生还是周伟嘉,都将"读书杂志派"和"神州同人"视为"社会民主党",这是受当时社会传言影响。

此外,在"生产人民党"成立前,"第三党"曾在闽西南以"农工大众为基础联合起来组成'中国农工大众党',又称'国民党改造社',推蔡廷锴为领袖"。"神州"成员担心蔡廷锴倾向"第三党",十九路军被"第三党"夺走,于是"拥戴陈铭枢出来组织'生产人民党'以便压倒蔡廷锴,使十九路军归到他们范畴"。"'生产人民党'是由'神州国光社'分子捧出陈铭枢来压服蔡

---

① 林植夫:《"闽变"这一幕》,全国政协文史资料委员会编:《文史资料存稿选编·十年内战》,第574页。
② 李汉冲:《福建事变中十九路军在闽西南活动回忆》,中国人民政治协商会议广东省委员会文史资料研究委员会编印:《广东文史资料》第1辑(下),1961年,第131页。
③ 王顺生、杨大纬:《福建事变——1933年福建人民政府始末》,第74—75页。
④ 伊罗生:《在福建所见的"激烈"辞令与实地状况》,《中国论坛》第3卷第3期,1933年;周伟嘉:《中国革命と第三党》,庆应义塾大学出版会,1998年,第184—220页。

廷锴、蒋光鼐以争取将十九路军作为其政治活动资本的产物。"①担任人民政府主席办公厅秘书长且是"第三党"的彭泽湘"表现尤为恶劣","经常在李济深和陈铭枢之间挑拨离间,把矛头指向来自神州国光社的王礼锡、胡秋原"和梅龚彬。②"读书杂志派"与"第三党"之间的思想分歧和激烈争执由此可见一斑。

仅从组织上来审视,"生产人民党"的成员主要是由军政方面的中上层人员构成,"在基层的真正的劳动人民中并未发展起来,是上重下轻,也就是头重脚轻"。"没有健全的基层组织,如何能在群众中起骨干作用。当时没有发动群众参加到革命中来,其关键问题就在于此。"此外,军队干部中存在"革命思想不坚定、生活不严肃"的现象,"酒食征逐,图个人享受。更有个别的立场不稳,经不起蒋介石以利禄相勾引而叛变投敌"。③ 蒋介石"派遣相当数量的特务在师、团、营里活动以便侦探十九路军的政治倾向和行动,并且企图收买一些认识不足的将领"。④ "事先收买十九路军总部参谋处处长范汉杰作为坐探","个别军师团长被南京政府所收买,伺机作为内应"。⑤甚至十九路军领导人之一的蔡廷锴"举旗以后,初期遇事模棱两可,为时不久,一遇到困难,即肝火上升,不管人前人后,上司下属,'丢那妈'的乱骂,埋怨之声,传于幕外。据实际言之,与蒋帮旧情未断,态度自然暧昧"。十九路军"表面上与红军合作,其实只是休战,红军的作风(特别是军民的关系),并无感染"。针对军队中出现的这种混乱情况,有识之士曾好言相劝:"参谋部门,是军队的灵魂,蒋介石的亲信,决不可与闻共事,更不应重用。""京沪各报,评论十九路军下层是能征惯战,上层是腐败不堪,绝非有心攻击,事出有因。"⑥由此观之,当时媒体的评论并非虚言。"生产人民党"在军队中进行宣传时并非把重点放在联共抗日反蒋方面,而是强调"共产党中央只要无产阶级加入他们的党,试想中国产业工人有多少?"凡是"参加生产劳动者、

---

① 傅柏翠:《有关"闽变"时"生产人民党"的资料》,全国政协文史资料委员会编:《文史资料存稿选编·十年内战》,第 602、603 页。
② 梅龚彬著,梅昌明整理:《梅龚彬回忆录》,第 84 页。
③ 吴汝柏:《赴福州与福建人民政府联络之始末》,全国政协文史资料委员会编:《文史资料存稿选编·十年内战》,第 614 页。
④ 许锡清:《"福建人民政府"运动》,中国人民政治协商会议广东省委员会文史资料研究委员会编印:《广东文史资料》第 1 辑(下),1961 年,第 112 页。
⑤ 林一元、余勉群:《蔡廷锴传略》,中国人民政治协商会议广东省委员会文史资料研究委员会:《广东文史资料》第 23 辑,广东人民出版社,1979 年,第 104—105 页。
⑥ 华克之口述,强剑衷笔录:《福建人民政府失败亲历记》,中国人民政治协商会议合肥市委员会文史资料研究委员会编印:《合肥文史资料》第 3 辑,1986 年,第 121—122、126、127 页。

甚至小商人"都可以加入"生产人民党",①以此彰显"生产人民党"的群众基础比共产党要宽广。这表明"生产人民党"没能在军队的思想政治工作中发挥应有的作用。由此可见,"生产人民党"在福建人民政府中未能起到应有的领导核心作用,随着事变失败,该党随后解体。

福建人民政府成立后,陈铭枢"比之以前,愈益好高骛远,不切实际,团结了一大批落魄的文人、市侩,其中有共产党的叛徒,有国家主义者,有无政府主义者,有从前反共现在转而亲共的,也有蒋帮军统、中统分子来做陈的工作的,而他是兼收并蓄"。正是陈铭枢的这种兼收并蓄,致使各色人等混入革命队伍,成分复杂,不够纯洁,导致召集会议时"意见就冲突无已,拼命地高喊反蒋抗日的口号,但并不把反蒋抗日的大业和广大的群众结合起来,让大众了解。反蒋抗日,原是大众的事情,似乎他们包办得了的"。陈铭枢"早已以太上皇自居了","读书杂志派"等一批文化人,"团结在其周围","不停地献谋划策",但"尽是纸上谈兵"。②素有"万流所宗"之称的陈铭枢,③表面上能够将不同派系整合到"生产人民党"中,但事实上并无实力将其锻造成为一个有共同目标的战斗核心。这既让我们看到了"福建事变"期间各派的思想分歧,也道出了其失败的内在原因。

当时"在不顾一切的氛围中","生产人民党"和福建人民政府"一股脑儿便把'中华民国'和'国民党'"招牌"丢向九霄云外了"、取消总理纪念周仪式、组织新国家、更改国号和改换新国旗等一系列行为,其目的是向国人表明彻底与蒋介石和南京国民政府决裂和划清界限,此举使其失去了国民党内反蒋派的同情、支持和响应,"一股冲动,简直没有战略思想"。④改旗易帜以后影响了各方的观感,从而使其陷入孤立无援的境地,大大降低了其影响力和号召力。据时任福建绥靖公署参谋处处长、十九路军总指挥部副参谋长、与蒋介石关系密切的范汉杰回忆:"蒋介石在南昌行辕初闻'闽变'爆发,情绪紧张,在房子里踱来踱去,绕室彷徨,颇为惊恐。"但听到福建人民政府取消国民党等改弦更张的行为,其"政敌都不敢出来公开响应,即曰:'闽变不足虑'"。⑤以此观之,对形势的误判使其在政治上远没有达到预期目标,事态发展完全出乎陈铭枢原来"一呼百应"的估计,一腔热血豪情换来

---

① 张家庄:《在福建事变中的亲历亲见》,全国政协文史资料委员会编:《文史资料存稿选编·十年内战》,第616页。
② 华克之口述,强剑衷笔录:《福建人民政府失败亲历记》,第120、128页。
③ 民革中央宣传部编:《陈铭枢纪念文集》,第34页。
④ 何公敢:《"福建人民政府"和"生产人民党"断片》,《福建文史资料选辑》第1辑,第15页。
⑤ 范汉杰:《"闽变"回忆》,全国政协文史资料委员会编:《文史资料存稿选编·十年内战》,第591页。

的竟然是八方唾骂。

参加"闽变"的各派"在'反蒋抗日'这一点上是一致的,但在政略上还未形成一致的主张,在战略上则更欠考虑。例如在商决政纲时,胡秋原主张在各种'自由'上面,应加'绝对'一语,有人反对,胡力争,便通过了"。① 胡秋原力主言论思想自由,这是其"自由人""自由知识阶级"和"自由的马克思主义"思想的反映。"读书杂志派"与"第三党"尽管在土地政策等问题上存在分歧,但事实上他们对国共都不满,试图寻求挽救民族危亡的第三条道路。正是建立在这种思想认识的基础上,他们成为"闽变"中的主导力量。"闽变"的政纲和宣言提出反帝反封建、共同抗日,"树立完全代表人民权利之政府";②"发展人民经济,实现彻底的民主政权"。③ 这切中时弊,反映了社会现实的焦点问题。

第三节　对"读书杂志派"探索中国出路的评析

在国共两党对峙的政治环境下,对于"读书杂志派"的思想理念和政治诉求,国民党视其是反叛者,共产党则将其视为反马克思主义者。他们长期以来被列为"异类",处于失语的状态,在学界研究中也备受冷落。时过境迁,我们应摒弃情绪化思维定式和意识形态的影响,站在客观的学术立场上,看待他们的价值理念和政治诉求。

一、"读书杂志派"受到批判的原因探析

"福建事变"的领导人倾向于马克思主义,对社会主义充满向往。"对马列主义、中共及红军的革命行动,均有好感,对新思想的接受,态度比较积极。李济深读了很多社会科学的书,能谈马列主义政治经济学的原理,很有诚意接受新思想。陈铭枢办过神州国光社,出版了很多社会科学的书,平时浏览甚广。蒋光鼐喜读唯物辩证法的书,思想调理很清楚。王礼锡学问渊博,在传播新思想方面,对十九路军高级将领特别对陈铭枢影响较大。"④另

---

① 何公敢:《"福建人民政府"和"生产人民党"断片》,《福建文史资料选辑》第1辑,第15页。
② 《人民政纲——最低纲领十八条》,《国闻周报》第10卷第48期,1933年12月4日。
③ 《人民权利宣言浅释》,《人民日报·号外》,1933年12月2日。
④ 朱伯康:《十九路军与福建人民政府》,中国人民政治协商会议上海市委员会文史资料工作委员会编:《文史资料选辑》第2辑(总第36辑),上海人民出版社,1981年,第115—116页。

据何公敢回忆,在香港时,陈铭枢就曾问及:"将来举事,标榜马列主义,何如?""我表示赞同(彼此实在都未认真认识),那时见陈桌上有日本版河上肇著的《马克思主义经济学》。"在蒋光鼐处也见到其读唯物史观一类的书,从他那里得知陈铭枢要求十九路军将领都读此类书。始终不曾听见发表过长篇大论的李济深"谈起社会主义来","说得条理井然,滔滔不绝"。蔡廷锴等人聚集在一起时也在谈论马克思主义。①

尽管"闽变"中的很多主张与中共的观点有颇多相似之处,但在"起事次日,莫斯科及中共都广播攻讦"。② 受当时"左"倾影响,中共中央机关报《红旗周报》发表社论,攻击王礼锡、胡秋原等人是 AB 团成员,组织"社会民主党";将十九路军抗日反蒋视为"用新的欺骗,以民族改良主义的武断宣传来愚弄群众……来夺取反动统治的领导权,去挽救资产阶级的最后的崩溃"。③ 中共中央将"闽变"视为"一切改良主义者漂亮的空谈与革命口号,只不过是欺骗民众的烟雾弹与把戏!"这种改良主义追寻的第三条道路"只不过是他们的一种藉(原文如此)口与把戏,而实际上,他们的政策与步骤与蒋介石国民党是没有区别的"。④ 由此断定"闽变"是为了获得"有利的条件,继续进攻红军和苏区,镇压福建的革命运动","闽变将加速帝国主义侵略中国"。⑤

"读书杂志派"为福建人民政府起草的纲领宣言与中共的革命主张有很多相似之处,但当时"左"倾中央对"闽变"的立场和态度之所以如此,与苏联为发展中苏关系,以及共产国际和中共中央坚持"左"倾关门主义错误密切相关。当时主导共产国际的苏联在《消息报》《真理报》等媒体上,对"闽变"采取谴责态度。上海中央局秉持共产国际的指示,多次急迫地警告苏区中央,说十九路军领导人是倾向于"顽固反共"的"第三党"和"社会民主党",⑥并将其视为"最危险的敌人,比蒋介石还危险,对群众有更大的欺骗性"。⑦

受共产国际的警示和影响,当时"左"倾中央将十九路军向红军发出的停战呼吁"看作是欺骗",并把十九路军视为"沽名钓誉的'现代'军阀"。⑧

---

① 何公敢:《"福建人民政府"和"生产人民党"断片》,《福建文史资料选辑》第 1 辑,第 9 页。
② 胡秋原:《〈在唐三藏与浮士德之间〉及其他》,第 17 页。
③ 《福建的事变与我们的任务》,《红旗周报》第 63 期,1934 年 1 月 1 日。
④ 《中国共产党中央委员会为福建事变第二次宣言》,《红色中华》(第二次全苏大会特刊)第 4 期,1934 年 1 月 28 日。
⑤ 《福建的事变与我们的任务》,《红旗周报》第 63 期,1934 年 1 月 1 日。
⑥ [德] 奥托·布劳恩:《中国纪事》,东方出版社,2004 年,第 76 页。
⑦ 伍修权:《回忆与怀念》,中共中央党校出版社,1991 年,第 110 页。
⑧ 马贵凡:《关于福建事变的重要档案文件》,《中共党史资料》2006 年第 4 期。

"'计口授田'实际上是阻止农民自动手的没收地主阶级的土地,是反对土地革命的口号。"揭破"读书杂志派"起草的"所谓生产人民的术语是用意模糊抹杀阶级与阶级斗争的工具",并"揭露'人民政府'领袖的反革命面目"。① 当时"左"倾中央还将陈铭枢等十九路军领袖视为"日本帝国主义走狗",指责"这些福建分子并不要想进行武装民众的民族革命战争"。将陈铭枢为首的"生产人民党"视为比国民党危害性还大的"第三势力","企图集合更多的力量来树立较坚强的障壁以阻止革命的怒潮"。为拦阻群众走向革命道路,他们"企图采择了冒充的民族革命和武断宣传的社会改良主义的词句,口号,政纲",并且不点名地指责"读书杂志派"等人的理论是"在欧美各国学得了一些社会法西主义之龌龊的方法"。② 上海中央局认为福建人民政府是资产阶级的"变种""奴仆","不可靠的'中间势力'"。③ 王明不赞成红军和十九路军在抗日反蒋上进行合作,认为"小资产阶级社会民主党性质的革命,会和共产党争群众,是布尔什维克党的敌人,决不可合作"。④ 当时"左"倾中央认为他们是"利用新的方法欺骗民众的把戏","阻止全中国民众的革命化与他们向着苏维埃道路的迈进!"⑤

尽管"闽变"爆发迫使蒋介石从第五次"围剿"的前线抽调兵力,减轻了对苏区和红军的压力,但十九路军与红军签署的初步协定却未换回"左"倾中央和红军的强力支援。这证实了签订协议时胡秋原的忧虑,可见其敏锐的观察和深刻的洞见。由于当时"左"倾中央坚持"左"倾关门主义错误,对"福建事变"和十九路军领导人的认知和应对策略不当,当时"左"倾中央"在左的空谈之下","反应不够果断,策略的选择也常常瞻前顾后",⑥红军被迫进行战略大转移。

虽然"闽变"在政治军事上以失败而告终,但"第三党"在闽西进行的土地改革,"读书杂志派"起草的抗日反蒋的政治纲领和宣言,民主社会主义的

---

① 秦邦宪:《为着实现武装民众的民族革命战争,中国共产党做了什么和将做些什么?》,中共中央文献研究室、中央档案馆编:《建党以来重要文献选编(1921—1949)》第11册,中央文献出版社,2011年,第510、511页。
② 《中央给福建党的书记的信》,中央档案馆编:《中共中央文件选集》第9册,中共中央党校出版社,1991年,第397页。
③ 杨尚昆:《我在中央苏区》,《百年潮》2001年第10期。
④ 朱伯康:《十九路军与福建人民政府》,中国人民政治协商会议上海市委员会文史资料工作委员会编:《文史资料选辑》第2辑(总第36辑),上海人民出版社,1981年,第116页。
⑤ 《中国共产党中央委员会为福建事变告全国民众》,中央档案馆编:《中共中央文件选集》第9册,第451页。
⑥ 《中共中央关于反对敌人五次围剿的总结决议》,中共中央党史资料征集委员会、中央档案馆编:《遵义会议文献》,人民出版社,1985年版,第15、16页。

思想理念,对自由民主、公平正义等理念的追求,以及各派合作建立的人民政府,可以说对社会主义制度发展和探索中国出路都产生了积极影响。

二、对"读书杂志派"探索民族国家出路的审视

和那个时代游离于国共之外的许多中间知识分子一样,"读书杂志派"经历了理想的幻灭和革命热情的消沉。面对大革命失败后的中国局势,他们为中国前途担忧,既对国民党失望,也不理解当时"左"得出奇的政治和文坛纷争,因而从"政治人"转向"文化人",在《读书杂志》上组织中国社会史论辩,从学理上进行思想论辩,以期达成共识。

作为当时国共之间的"边缘势力",他们试图站在超越激进与保守的中间立场,寻求一条中间的立国之道,建立一个独立、统一、自由、富强的新中国。"福建事变"是其政治诉求的体现,提出了"人民是国家的主干,国家是人民的代表,人民固应对国家尽义务,国家也要给人民以权利"。① 他们在最短的时间内"召集第一次全国生产人民代表大会,制定宪法,解决国是","实行普选",实行各民族一律平等的民族政策,希望建立有别于国共两党的人民革命政府。在经济上,他们主张"发展民族资本,奖励工业建设,凡是关于民族生存民生日用之重要企业,概归国营"。他们发表的宣言和政纲旨在保护和发展民族资本主义经济,实行关税自主与对外贸易统制经济政策。② 在外交上,他们"以中国国家之独立为不可侵犯之最高原则",③"否认一切帝国主义者强订立之不平等条约"。④ 在文化教育方面,他们提出"民族的、社会的与生产的"教育原则,推行政治、军事和劳动并重的教育方针。

"读书杂志派"对于担负的舆论宣传工作很努力,但广大民众普遍认为"福建地势进不足以战,退不足以守","十九路军兵虽精良,但若和蒋系海陆空军全部力量对抗,究属强弱悬殊",反蒋难以成功,"因而人心恐慌,局势不能安定"。他们所在的文委会"委员跻跻,会议匆忙",将"文化怎样促进,制成方案,以为尽善尽美"。⑤ 但昙花一现的人民政府终究未能将这种方案变成具体的施政行动。

"读书杂志派"主导的《人民日报》扮演着新政府的"喉舌",为新政府鼓

---

① 《人民权利宣言》,《人民日报》1933 年 11 月 20 日。
② 《福建人民政府人民代表大会决议案》,《国闻周报》第 10 卷第 48 期,1933 年 12 月 4 日。
③ 《人民权利宣言》,《人民日报》1933 年 11 月 20 日。
④ 《人民政纲十八条》,《国闻周报》第 10 卷第 48 期,1933 年 12 月 4 日。
⑤ 蔡耀煌:《福建人民政府五十七天纪略》,全国政协文史资料委员会编:《文史资料存稿选编·十年内战》,第 646 页。

与呼,"曾鼓起反蒋的高潮",把本是蒋介石劝说陈铭枢的电文夸大为"蒋介石如何向陈铭枢乞和,蒋的函电如何向陈叩头摇尾,嘲讽之词,活跃纸上,就连蒋请蔡廷锴制止以上刊载的来电,也来个原文照登,加以爱国反蒋人士和苏区人员的川流往返,自然引起蒋介石政府的注意和警惕"。① 这种罔顾事实的宣传,不仅不能为新政府树立良好的形象,反而会使人对其舆论宣传的真实性产生质疑,加大号召广大民众和反蒋人士的难度,进而影响其社会观感,也自然会引发蒋介石对十九路军动向的注意和警惕。

"读书杂志派"为福建人民革命政府起草发表过很多宣言和文告,对当时的局势"提出了不少严正主张,但这些内容都没有及时向全国人民作广泛的宣传,结果不少人为南京政府反动宣传所迷惑,以致真相不明,是非颠倒"。由此可见,他们负责新政府的文宣,由于人手不够、财力短缺等,事实上并没有发挥其在舆论宣传方面的长处,担负起宣传新政府主张的责任。新政府公布的"人民政纲","这个代表新政权基本政治主张的重大文献,却仅有胡秋原、程希孟、林崇墉几个人关门起草,既未经过大家审慎研讨,也未经会议通过就发表了,实在是荒唐!"新政府的宣言和政纲也未能贯彻实施,"所谓'人民政纲'只是一张空头支票"。新政府在制定政策时仅限于"读书杂志派"和"神州"骨干这个狭小的圈子里,从某种程度上就决定了失败的结局。"新政权虽号称'人民革命政府',标榜'人民政纲',但号召不了福建人民,更谈不上号召全国人民了。"② 自称是"人民政府",却没有真正召开一次人民大会,又怎能赢得广大人民群众的信任呢?

新政府成立后,"读书杂志派"集聚的文委会还在就社会改革制订计划,"全盘的方针还未拿出来,所以没有触及社会基础的改革,革命的社会现象也就反映不出来"。③ 新政府成立后,抱着"灭敌而后朝食"的期望,仅有理论上侃侃而谈的主张,而在军事上没有具体的部署行动,只是采取保守的战略,未能把握作战良机,缺少主动出击的魄力。"既不见北进的动向,又不见迎战之准备,更不见计口授田的文化工作队下乡进行群众运动",却看到"连篇累牍公布蒋介石罪恶的报章和刊物"。④ "读书杂志派"主导的报刊能够引领舆论,为军事行动摇旗呐喊,但空喊口号,却不见军事行动,自然会引发质疑,让更多的人对此大感不解,这注定走向失败。

对于国民党通过广播电台及报纸积极宣传抨击福建人民政府的行为,

---

① 邓世汉:《福建事变亲历纪实》,《文史资料存稿选编·十年内战》,第624—625页。
② 余心清:《我所知道的福建人民政府》,《文史资料存稿选编·十年内战》,第585、587页。
③ 吴汝柏:《赴福州与福建人民政府之始末》,《文史资料存稿选编·十年内战》,第613页。
④ 邓世汉:《福建事变亲历纪实》,《文史资料存稿选编·十年内战》,第626—627页。

"读书杂志派"虽进行驳斥反击,但成效不佳,其根本原因在于,当时全国民众和新闻媒体对"闽变"的态度并非如相关研究中提出的"普遍支持","顺应时势、合乎民意"。① 日本侵华将中国逼迫到了"最后关头",民族危机不断加深,日本成为中华民族最主要的敌人和外部威胁,民族生存和抗日救亡成为压倒一切的首要任务,各界民众甚至反蒋政治力量迅速掀起抗日浪潮。大敌当前,团结统一,共同抗日,完成民族复兴之伟业成为中华民族的共同呼声和普遍认知心理。无论是南京中央政府,还是地方大员都通电反对"闽变",商会、农会、大学等各界民众也声讨十九路军将领,呼吁并要求共体时艰,纠正破坏统一之错误,共赴国难,甚至海外华侨也斥责其叛党祸国,要求严办。

新闻媒体大多予以反对,强烈谴责其另立政府、分裂国家,要求中央政府派兵予以戡平。这正是全国民众要求团结统一、共同抗日的普遍认知心理的体现。"民族国家求生存,惟有一致对外,长期抵抗。要长期抵抗,非在运动废止内战一条路上开步不可。"②这是当时国人统一御侮的民族主义诉求的反映,反对内战的国民心态是"闽变"得不到民众普遍认同的重要原因之一。面对"内忧""外患"程度加深,且相互交织及其互为因果的利害关系,尤其是日本侵略华北不断蚕食中国的企图,以及"福建事变"期间日本表现出异常关注的姿态,国人的民族危机感和民族主义诉求不断加剧。

在民族危机意识不断加深的时代背景下,抗日救亡成为社会共识。"闽变"虽"占据民族主义时代民众动员的至高点",但客观上造成国家分裂,"与'统一御侮'的国民心态相悖,从而缺乏民意主持"。③ 正是由于"缺乏民意",面对日本侵华不断加深的民族危机,国人将寄希望于中央政府。"读书杂志派"在舆论宣传方面即便有"三头六臂",也难以扭转国民的这种普遍心理,因此反击《中央日报》《大公报》《申报》等各大新闻媒体对"闽变"的抨击就显得苍白无力,宣传成效不彰也就势所必致了。"读书杂志派"以书生问政,空有一腔热情,但新政府"没有群众基础","经不起风浪,昙花一现,亦理所当然"。④

"读书杂志派"对中国社会性质的判断、反蒋抗日、争取自由、取消党治、

---

① 吴明刚:《1933年福建事变始末》,湖北人民出版社,2006年,第267—272页;王顺生、杨大纬编著:《福建事变1933年——福建人民政府始末》,福建人民出版社,1983年,第91—95页。
② 《国闻周报》第9卷第22期,1932年6月6日。
③ 周石峰、陈波:《民众形态与福建事变》,《党史研究与教学》2008年第3期。
④ 余心清:《我所知道的福建人民政府》,《文史资料存稿选编·十年内战》,第587页。

建立民主政府等主张,都触及当时中国社会现实问题的焦点,倾向于探索出有别于国共两党的民主社会主义——第三条道路。这是当时许多中间知识分子的倾向,甚至和国共两党相联系的不少人也赞成走这条路。如果说十九路军是陈铭枢的"枪杆子",是其革新政治所依靠的军事后盾;"读书杂志派"则当之无愧是其"笔杆子",是陈铭枢为实现政治抱负而借重的思想灵魂和政治智囊。

"读书杂志派"与中共在政治诉求方面有很多相似之处,他们以马克思主义作为思想理论武器,但反对教条式运用。他们因有自由主义理念,既不为国民党所喜,也与当时"左"倾教条主义领导下的共产党格格不入,因而在革命路径的选择上与国共两党均不同,带有更多的学理色彩。又因他们对中国革命的复杂性认识不足,注定难以获得更多支持,但他们与中共在建设现代化强国的目标上却殊途同归。20世纪30年代,在当时国共两大政党对峙的社会环境下,"读书杂志派"的立国诉求和建立第三种革命政权的尝试虽然失败了,但他们对中国出路探索的思想价值并未烟消云散。其"对马克思思想体系中有关人道、民主的许多可贵遗产",以及对社会主义的探索仍然有其不可抹杀的价值。[1] "读书杂志派"随着"闽变"失败而产生分化,各自走向不同的政治道路。但不能因后来政治立场的走向将他们"完全排除"在"信从过唯物史观的人"之外,[2]否认他们在研究马克思主义、追寻社会主义道路上做出的探索及贡献。

尤其值得注意的是,在"读书杂志派"中扮演思想灵魂角色的胡秋原,通过对中国经济问题的研究,他深信"中国前途必须工业化和实现民治,而基本的实现路径,还是马克思主义的——至少自信如此"。"一个信仰马克思主义者,当然要肯定社会主义的前途",而其研究结论是"当然必须发达民族资本"。[3] 更重要的是在民族危机深重之际,他们为寻求中国向何处去问题的答案,投身到抗日救亡运动之中,并通过"闽变"来实现立国诉求。在政治风云变幻的20世纪30年代,积聚在"神州"的"读书杂志派",在"提供精神食粮,唤起国人的觉醒"方面功不可没。[4] "闽变"失败后,他们流亡海外,无论是在欧洲从事抗日救亡运动,还是全面抗战爆发后回国投身抗战建国之中,他们都发扬了民族主义与中国文化,探索中国出路。

---

[1] 赵庆河:《读书杂志与中国社会史论战(1931—1933)》,第16页。
[2] 王学典:《唯物史观派史学的学术重塑》,《历史研究》2007年第1期。
[3] 胡秋原:《说我的思想》,《祖国》第17期,1939年6月1日。
[4] 邢天生:《神州国光社回忆片断》,宋原放主编:《中国出版史料》(现代部分)第1卷上册,山东教育出版社,2001年,第281页。

第六章 "读书杂志派"的抗战建国思想

"福建事变"失败后,"读书杂志派"和十九路军领袖相继败退到香港,胡秋原、王礼锡、陆晶清等人随后流亡欧洲。流亡期间他们仍然关心国家民族命运,高举民族主义旗帜,在欧洲从事抗日救亡运动。梅龚彬等人在香港协助陈铭枢组建更广泛的抗日反蒋战线,成立中华民族革命大同盟,积极宣传抗日民族统一战线。全民族抗战爆发后,面对空前严重的民族危机,"读书杂志派"站在文化自觉和民族自强的立场,将中国置于世界变动的大背景下,通过比较研究中、西、俄不同国家的不同发展路径,从文化层面探索抗战建国的理论依据,以文化复兴来实现民族复兴和现代社会转型,提出"超越传统、超越西化、超越俄化而前进",建立独立自由、经济工业化、政治民主化的现代宪政国家。在全民抗日、文化、政治、经济等抗战建国策略上,该派与中共既有共识也有分歧,但在构建现代民族国家目标上却殊途同归。

第一节 "读书杂志派"抗战建国的价值理念

面对日本侵华导致的严重的民族危机,"读书杂志派"并未因"福建事变"失败气馁而偃旗息鼓。无论是流亡欧洲期间,还是全民族抗战爆发归国后,他们不仅十分关心国家民族的命运,不断呼吁抗日救国,而且身体力行地投入抗日救亡运动之中,继续高举民族主义旗帜,阐述其抗战建国的价值理念。

一、政治诉求

"读书杂志派"在"福建事变"中所起草的政纲和宣言,实际上是他们在中国社会史论战中观点的体现。在"福建事变"前的筹备会上讨论新政府的准备工作时,基于美、法、俄革命先例,胡秋原提议应由人民代表会议发表人民权利宣言和政治纲领,作为新政府成立的依据,这两份宣言都是由胡秋原起草的。他认为在当时外有日本侵略,而内部纷争不断的背景下,首要问题是民族独立,其次是实现政治民主化和经济工业化,为团结全民一致抗日提供政治保证和奠定坚实的物质基础。这就"必须结束一党政治,停止内战,发展科学技术,改革财政,肃清贪污"。① 这些恰恰是南京政府没有顾及的,因而导致日本侵略加深,国势日微,这也是成立新政府的根本原因。在"救护国家,保障人权"的宗旨下,胡秋原提出最低政纲十八条。② 政纲和宣言虽然是为新政府起草的,但事实上也是胡秋原政治思想的反映。从政纲和宣言中,可以看出自由、民主、人道理念是其一以贯之的思想。国民党对内武装镇压和对日妥协的外交政策、当时"左"倾中央效法苏俄革命模式开展激烈的阶级斗争和武装革命,与胡秋原追求的社会主义理想社会不合拍,注定他会参与"福建事变",寻求有别于国共两党的第三条道路——民主社会主义,这也同样是当时参与"福建事变"的知识分子的政治诉求。

"读书杂志派"知识分子群体自从日本归国以来,参加"中国社会史论战",投入抗日救亡与探索中国出路之中,特别是参与"福建事变"的政治实践活动,逐渐认识到中国革命的首要问题是民族斗争,而不是阶级斗争。

胡秋原在为"生产人民党"起草的宣言中,宣称"中国革命是民族革命,在经济上须求中国之工业化,在政治上要实现民主政治。当前任务是成立一个全民政府,再来一个更伟大的'一·二八'战争"。这实际上是胡秋原起草的人民政府宣言的简化版,反映了其对当时中国革命的认识。显而易见,胡秋原提出的"民族革命"与当时"左"倾中央主张通过激烈的阶级斗争来实现无产阶级专政是不同的。"经济工业化"和"实现民主政治","成立全民政府"以抵抗日本侵略的主张也符合当时中国革命的实际。多年后,胡秋原表示:"我当时相信,中国应由抗日而实现独立,民主化、工业化;不过,应走社会主义道路。"对于生平第一次参加政治活动的胡秋原来说,"得到许多经验与教训,人与人之间关系之实际。在思想上,对马克思主义迷信渐减,而对共(产)党益抱戒心"。同时,他表示"从此深信武装的斗争、革命、政变,都是不可以的。从此我再也不与军人谈论政治"。③ 换言之,这是当时胡秋原对中国出路的初步思考,他认为在对外方面,应全民团结一致地以

---

① 张漱菡:《胡秋原传》,第 520 页。
② 《人民政纲——最低纲领十八条》,《国闻周报》第 10 卷第 48 期,1933 年 12 月 4 日。
③ 胡秋原:《〈在唐三藏与浮士德之间〉及其他》,第 18 页。

武力抗日,但对于内部争论,必须以和平方式解决。

"福建事变"失败后,"神州国光社的政治靠山倒了下去,也就回到以往无声无息的老样儿"。① 总社和全国各地分部都被政府查封,书刊被查禁,"神州在经济上受到致命的打击,并由于经营不善,到了破产的边缘"。② "神州"已无力收购稿件和出版新书,这对流落到香港以著文为生的胡秋原来说更是雪上加霜。由于他一度成为马克思主义的追随者,在"中国社会史论战"中都使用马克思主义话语,参与"闽变"也是向往社会主义,因此流落香港时被人告密为"共产党",因而被捕。这次被捕使他体会到自由的可贵,也认识到以自由为标榜的英国对于异族却并不自由的实质。在西行欧游过程中,他看到更多的有色人种遭受到白种人的压迫和奴役,进一步认识到西方殖民者所宣扬的自由是狭隘的、不彻底的,这也是他提倡新自由主义的原因之一。胡秋原被捕后经保释"自动离境",流亡欧洲时仍不忘抗日救亡。胡秋原因参与"闽变",直到1962年在台湾的中西文化论战中,还被愤怒青年李敖攻击为参与"叛国行动",十九路军"联俄联共",抗日"只不过是一个幌子"。③ 胡秋原走向法庭,驳斥这种乱戴"红帽子"的政治清算行为④,同时也为十九路军的爱国行为进行辩护。

从"中国社会史论战""现代化"问题的讨论及其影响到西化派的独裁与民主之争,反映了当时不少知识分子"拒绝土地革命及左右独裁,要求思想自由,对中国前途则有一种模糊的社会主义的信念,这大体上是折衷的,即调和自由主义与马克思主义,折衷于欧美与苏俄之间的社会民主主义,而这也便是希望国共之外之前途"。最紧要的是"主张抵抗日本与取消党治,福建事变以此为号召"。⑤ 这里所说的"拒绝土地改革"是指"拒绝通过激烈的阶级斗争来实现土地革命",事实上大多数人还是支持土地改革的,希望达到对农村社会改造的目的。只是他们支持土地改革的方式是非暴力的、和平的改良主义。多年后,胡秋原在阐述参加"福建事变"的原因时说:"'九·一八'、'一·二八'后,我已力主举国团结抗日。在抗日之中和胜利以后,中国必须进行工业化,民主化。这是中国落后之处。为了工业化,必先发展民族资本,然后实行社会主义。"⑥如果说胡秋原、王礼锡、王亚南等

---

① 曹聚仁:《神州国光社》,《曹聚仁书话》,北京出版社,1998年,第189页。
② 俞巴林:《关于神州国光社的情况》,《古旧书讯》1981年第3期。
③ 李敖:《胡秋原的真面目》,《文星杂志》1962年10月。
④ 胡秋原:《反对诽谤及乱戴红帽》《此风不可长》《诽谤集团公然煽动政治清算问题》,学术出版社,1963年。
⑤ 胡秋原:《一百三十年来中国思想史纲》,第133—134页。
⑥ 李敏生编:《中华心·胡秋原政治文艺哲学文选》,社会科学文献出版社,1995年,第2页。

人在"中国社会史论战"中还限于理论探讨,那么"福建事变"则是其理论观点在现实革命实践中的具体体现。他们在"福建事变"中的地位和作用,无论是在组织上的,还是在政纲和宣言中的,都能体现出其思想倾向。客观而言,他们的思想认识在20世纪30年代的思想界留下了浓墨重彩的一笔,其自由、民主、人道、平等、公正的理念和对社会主义的追求等愈发显示出思想价值。

二、全民抗日的主张

1936年12月12日,"西安事变"发生后,"国内正走上统一抗战之路",在海外流亡的"读书杂志派"知识分子群体,"渴望一天组织作雄狮之怒吼","无条件拥护政府抗战,是不约而同的"。① 1937年"卢沟桥事变"爆发后,胡秋原、王礼锡、陆晶清等人闻讯立即归国,与原十九路军将领一起"共赴国难",经香港抵达南京,与陈铭枢等人讨论时局,胡秋原还撰写了《抗战建国刍议》。1937年11月,上海淞沪抗战失败已成定局,南京遭受巨大威胁之际,为坚持抗战,国民党中央和国民政府做出迁都重庆的决定。胡秋原、王礼锡等人先后奔赴汉口和重庆,办理报刊,以书生论政,以文章报国,宣传全民抗日的主张。

1932年"一·二八事变"时,"读书杂志派"曾呼吁全国民众武装起来联合抗日。1935年,胡秋原在莫斯科明确提出全民抗日的主张,中共驻共产国际代表团团长王明邀请胡秋原商谈创办一份宣传抗日民族统一战线的杂志,征求其关于用什么名称的意见,胡秋原表示赞成,并建议用《全民月刊》这个名称,寓意以全民族及全体国民的意志与利益为旨归。② 他将陈铭枢等人希望中共放弃不适宜的革命方针,以便联合抗日的信件转交中共驻第三国际代表团,希望中共代表团对信件给予正式答复,"可以提出开始直接谈判的具体建议","一切具体问题最好在中国讨论,这样会更具体",建议"军事方面的问题,最好在香港进行讨论,因为蒋和陈现在都在香港"。③ 事实上,随着共产国际反法西斯统一战线政策的确定,中共也改变策略,呼吁建立抗日民族统一战线,由王明代表中共起草的《八一宣言》就是这种政策的产物。值得注意的是胡秋原在其中发挥的作用,当王明就《为抗日救国告全体同胞书》,即《八一宣言》的内容和文字请胡秋原斧正润色时,表示自己

---

① 胡秋原:《记王礼锡先生》,《祖国》第23期,1939年9月15日。
② 张漱菡:《胡秋原传》,第797页。
③ 《胡秋原给王明和康生的信》,中共中央党史研究室第一研究部译:《共产国际、联共(布)与中国革命档案资料丛书》第14卷,中共党史出版社,2007年,第366页。

受其《抗日就是一切,一切归于抗日》之影响,甚至借用了一些句子。胡秋原认为《八一宣言》不仅是大手笔,其措辞与过去强调阶级斗争不同,而且在内容上也表达了中国人必须停止内战、一致抗日的心声,中国的转机即将来临。他对几处措辞提出自己的修改意见,认为《八一宣言》虽是对全国民众而言,但主要对象是国民党,固然应对其不抵抗政策提出批评,但考虑到期望国民党转向抵抗,因此在提到国民党时,就不能不留有余地。王明深以为然,按照胡秋原的意见进行了修改。①

此外,胡秋原在第二次国共合作时扮演了牵线人的角色。1927年大革命失败宣告第一次国共合作破裂,之后两党进行"围剿"与"反围剿"斗争。随着日本侵略者向华北进军,共产国际建立反法西斯统一战线,中共和国民党内的部分人士希望结束内战,进行第二次国共合作,团结抗日。中共驻共产国际代表团希望将《八一宣言》中建立抗日民族统一战线的精神,直接传达给国民党。《八一宣言》经胡秋原的提议而修改的稿件,透露出了一个极为重要的信息,中共第一次称蒋介石为"南京蒋总司令"。中共在巴黎创办的《救国时报》"以宣传、解释、鼓动、组织抗日救国联合战线为己任",②"不分党派,不问信仰,团结全民,共同救国"为宗旨,从创刊号伊始,就明确指出"在民族危机空前严重的条件下,中国的唯一出路,就是全民族一致对外,建立全民救国的联合战线"。③

蒋介石从驻苏联大使馆武官邓文仪秘密送来的《救国时报》刊登的《八一宣言》,以及王明在共产国际七大的发言摘要中,注意到中共传递的这一重要信息,意识到共产国际正在改变政策,随即指派邓文仪与中共秘密接触,了解政治解决国共两党关系的可能性。如果双方直接接触,消息很容易外泄。王明等人认为协作中共编辑《全民月刊》、宣传全民抗日的胡秋原是合适的人选。胡秋原欣然同意这项提议,拜访邓文仪,邓氏也希望通过胡秋原与中共接触,双方不谋而合。据胡秋原自述,中共驻共产国际领袖曾"问我可否转请中国驻莫(斯科)外交人员一见,我曾将此意转达当时中国政府在莫斯科负责人"。④ 1936年1月13日,经胡秋原安排,中共代表潘汉年与国民政府代表邓文仪在胡秋原寓所进行商谈,这是继第一次国共合作破裂时隔9年之后的首次接触,开启了第二次国共合作的先河。对于其中胡秋

---

① 张漱菡:《胡秋原传》,第787—788页;裴高才:《台湾"破冰"第一人:胡秋原全传》,第107—108页。
② 《〈救国时报〉负责人李琨的演说》,《救国时报》1936年9月1日。
③ 吴玉章:《吴玉章回忆录》,中国青年出版社,1978年,第179—180页。
④ 胡秋原:《〈在唐三藏与浮士德之间〉及其他》,第24页。

原扮演的角色,学界在研究国共关系史中很少关注。① 本着求真务实、尊重史实的态度,不可否认胡秋原在开创第二次国共合作的破冰之举中的贡献,这也呈现出他的民族主义思想。1936年"西安事变"后,梅龚彬在上海协助安排中共代表潘汉年与国民党代表会面,通报"西安事变"后的形势和中共抗日民族统一战线的建立,"这次会面可以说是对国共第二次合作的以此小试探"。②

针对当时国内文化界和国民党内一些民主派纷纷发表停止内争的宣言,胡秋原在《全民月刊》上也进行了评论,呼吁停止内战,全民一致抗日。日本的侵略使中华民族到了最后关头,"抗日就是一切,一切归于抗日";"有许多人怕抗日以后就是共产党的天下,但是,只有最坚决抗日的,才能做中国的天然领袖"。③ 在他看来,中、美、英、法、苏等国团结起来,才能抵御东西侵略,维护世界和平;中国唯有统一抗日,举国一致抗战到底,才能抗战必胜。

"中国问题是全民问题,在日本压迫之下,没有阶级斗争之理由";"中国民主政治将在全民抗战中奠立根基,中国之工业化必须经资本主义"的充分发展才能完成。"中国之资本主义不同于欧洲资本主义,在一种意义上,中国将有一种新兴经济制度。"因此,"中国一切问题皆可由抗战而解决"。今日中国最重要的事情,便是"停止内争,一致抗日;将来亦当永绝内争,和平建国"。在该文中,胡秋原还指出中共和左派因不满国民党,不满英美派,

---

① 1936年1月3日,邓文仪根据蒋介石指令抵达莫斯科后,直接写信给共产国际执委会秘书处,请其代转中共驻共产国际代表团团长王明,希望就国共两党关系问题进行秘密商谈,但此信发出后一连几天没有回音。邓随后又找到中华民族解放行动委员会驻莫斯科的代表胡秋原,请其代为介绍,以便能与王明见面。1月11日,中共代表团得到消息,专门召开了小范围的会议讨论此事,决定先由潘汉年出面,王明应视潘接触结果再考虑下一步见面的可能性。国共两党的莫斯科谈判由此揭开帷幕。1月13日,潘汉年在胡秋原的寓所会见了邓文仪,同他进行了第一次秘密接触和谈判。由此可见,胡秋原在第二次国共合作时扮演了牵线人的角色。参见杨奎松:《1936年邓文仪与王明、潘汉年谈判经过及要点》,《党史研究资料》1994年第4期,此文收录于《潘汉年在上海》中时改名为《潘汉年与邓文仪会谈概要》。杨奎松还在莫斯科的俄罗斯当代文献保管与研究中心档案里找到了《潘汉年与邓文仪谈话记录要点》。1月17日和22日,王明和邓文仪相继进行了两次会谈,目前未见到资料印证这两次会谈是在胡秋原寓所,双方就实行国共合作共同抗日,回南京进行具体谈判达成一致。23日,邓文仪告知王明,蒋介石来电要其赴柏林参加《中苏军事互助条约》的谈判,前往南京计划告吹,邓文仪一去再未露面。在莫斯科的国共两党初步接触与秘密谈判因此中断,但两党之间的秘密谈判从此转向国内进行了。参见杨奎松:《潘汉年与邓文仪会谈概要》,中共上海市委党史研究室编:《潘汉年在上海》,上海人民出版社,1995年,第189—197页。
② 梅龚彬著,梅昌明整理:《梅龚彬回忆录》,第92页。
③ 胡秋原:《抗日就是一切,一切归于抗日》,《救国时报》1936年6月30日。

才相信马列主义,相信苏联指示的历史方向是中国的前途。他希望全民抗日不仅是促成中国团结自救的政治运动,更希望在其过程中树立中国人的自尊自信,由崇洋媚外的自卑观念中解放出来。他后来表示撰写该文的用意,是"感到中共之新政策将使中共能得国人同情,重建声势",中国必须经过"纯民族的抗日理论和运动"。换言之,他"当时内心有与中共竞争抗日领导权之意"。①

胡秋原决定告别苏联,准备回国,将其思想和主张传达给国人,以便尽到对国家的责任。在向王明等中共领导人辞行时,王明、康生和潘汉年都赞赏其学问,并邀请他加入中共,甚至做除共产国际外无人知道的"特别党员"也可以,一起为建立各尽所能、各取所需的共产主义而奋斗。胡秋原表示"在我心里,抗日就是一切,其他的事,我没有兴趣。我认为,中国最重要的,就是抗日,就是实行民族主义,任何党都应该明白这一点。所以我无意参加任何党派"。"我一生爱好自由,不喜欢开会,更不愿意受纪律的约束!"②与其做党员,不如做朋友。在饯行宴上,王明等人感谢胡秋原一年半以来的编译研究工作,希望并相信以后可以继续合作。他表示双方的合作是愉快的,"我相信俄国制度不能行于中国,但中共全民抗战政策,是国家之幸,而中共之诚恳,亦为我所深信。我将以个人之力促进民族抗战之大业,并为统一富强之新中国而奋斗"。由此可见,胡秋原对中共和全民抗战的态度是诚恳的。直到抗战胜利之前,由于此诺言,他"始终希望国共关系良好,竞争而不是斗争"。③ 然而,在当时国共两党激烈斗争的环境下,这种美好愿望是一种不合时宜的政治不正确的"书生之见"。

对于日寇侵华日益加剧的现实,王亚南在笔锋之端常常流露出激愤之情。其思想认识随着理论研究和现实斗争的推进而不断提升,撰写了一系列有关国际时局的国际时评。"九一八事变"两周年之际,他撰文表达坚定的抗日立场,鲜明地反对投降妥协。"这两年来,东北四省先后沦陷,悲痛的经过,尚深深印刻在每个有血性的中国人的脑中。""日本强夺去中国东北四省后,中国一向赖以偷存的国际均势局面是被打破了。这种均势局面的打破,乃使中国突然转到一个非常危险的新境地,它需要采行一向苟且偷生以外的新途径了。"他认为日本是中国的国仇,"在中国抗日空气尚未十分沉寂下来,同时日本还未完全停止其向中国扩大军事占领的当中,不是汉奸,不

---

① 胡秋原:《〈在唐三藏与浮士德之间〉及其他》,第 24 页。
② 张漱菡:《胡秋原传》,第 801、802 页。
③ 胡秋原:《〈在唐三藏与浮士德之间〉及其他》,第 25 页。

是秦桧、贾似道一流人物,断乎不会主张亲日"。他清醒地认识到:"以中国当前的实际情形而论,联日是有百害而无一利的;联日不仅类似投降日本,让日本对中国全部施行独占,且最后还会招来残酷的分割。"他凛然正气地指出:"日本两年来对中国所施的残暴压迫,那是每个有血性的中国人所不能忍受的。政府在强敌暴力威胁下,辱订城下之盟,人民虽能曲谅其迫不得已之苦衷,但政府如进一步与日本有携手的举动,它将立即失去全国民众的信任与支持,而予反对者以有力的口实。中国是需要统一的,一国统一的大业,只能在抗战的旗帜下完成。"①基于此,王亚南认为抗日具有全民族意义,因而呼吁全国民众共同抗日,在创办《大众论坛》时指出:"本刊是带着这种社会的民族的意义和任务产生的,我们期望对于中国一般志愿争取民族自由平等的大众有所益助,同时尤期望大众诸君能热心帮助我们!"②

流亡欧洲的王礼锡、胡秋原等人,虽身处异域却又怀着深厚的民族情感,充满着抗战建国的理想。王礼锡在伦敦、巴黎和莫斯科进行旅行的过程中,遇到在外交界负有责任的人时不禁发出质疑:"现在政府的负责任者,是不是立志做亡国奴?"针对他们将"正在积极准备"作为"辩护的唯一法宝",王礼锡认为这是"刻板的答复",并提出了自己的主张。

第一,"中国民族的抗日战,不是以中国的一个力量来和日本作战,是要以全中国的一切力量合起来和日本作战"。"如果真正要准备,就应当把全国的力量统一集中起来一致对外。""共产党要求民族联合战线,要求一致抗日。"王礼锡批判国民党以武力统一、消除异己的行动,呼吁联合抗日。"为什么可以用千万人的血来试验武力统一,剿共,而不可以不费一兵一弹试验和平合作联共呢?何况他们还有抗日先遣队,以血来作诚意的表示。"为何不恢复十九路军等抗日军队,利用其抗日经验和号召呢?反而让"十九路军官兵及东北抗日军的官兵为了抗日而受流离之痛?"他进而提出"联合一切抗日的力量",这才能证明政府真的在准备抗日,否则就是骗人骗己的伎俩。"抗日联军,是全国力量统一的最好方案。"

第二,"中国民族的抗日战,不仅是要中国现有的武装总动员,并且要全国民众总动员"。"要作全国民众总动员的准备",既要"暗中主持反日的舆论,鼓动民众的热情",又要"暗中主持民众反日运动,发展民众的组织"。而政府做的却是"到处屠杀学生——民族革命的先锋;封闭有抗日言论的报

---

① 王亚南:《投降日本与求助国联:为"九一八"二周年纪念而作》,《新中华》第1卷第17期,1933年9月。
② 王渔邨:《中国出版界最近十年的几个演变倾向》,《大众论坛》第1卷第1期,1936年11月。

纸——民族革命的喉舌"。王礼锡发出质疑:"这是抗日的准备,抑是降日的准备?"他进而呼吁南京政府"联合各党派组织国防政府,开放舆论,鼓励救国运动,释放政治犯",这样才能成为全国民众拥护的政府,"才能发动全国民众为抗日救国作战"。这不仅说明了他对伟大的民众力量的认识,而且也体现了其全民抗日的主张。

第三,"中国民族抗日的问题,不仅是一国对一国的问题,而是要尽可能地寻求与国,尽可能地在国际求得帮助,至少减少敌人"。王礼锡将"社会主义国家苏联"视为中国外交上"最可靠的朋友",也是"最密切的朋友"。在国际关系上,"日本是中国的死敌,英美法各国都可以作(原文如此)我们的朋友"。

"伟大的抗日战是要准备的",在军事上要"集中全国力量,组织抗日联军",在政治上要"联合各党各派组织国防政府,开放舆论,释放政治犯,鼓励救国运动,发展民众组织",在国际上要"联俄,要拥护并加强国联的集体保安制,要在国际上多找友人,使日本孤立",①唯有如此,才能做到抗日救国的真正准备。在国家民族存亡之际,他从民族解放、民族独立的立场提出的抗日救国策略符合中国的实际,彰显了他的民族主义思想。

在日本侵华导致民族危机空前紧张之际,中共号召组织抗日民族统一战线,引起强烈反响。团结一致、共同抗日成为举国上下的呼声。王礼锡洞悉中国人民的迫切愿望,顺应时代发展潮流,立足国共合作,主张全民族团结抗战。1936年4月30日,王明提出更具体的抗日救国准备办法时,王礼锡表示"这不仅是先得我心,而且证明了在此国家的紧急关头,是人同此心,心同此理的"。他抨击国民党口号喊得最响亮,之所以是"空言准备,而终于不作真实的准备者",是因为"有三个害怕,两个等待,一个侥幸"。"害怕共产党及其他抗日军队,害怕苏俄,害怕民众。""等待世界的大战或日俄战争,等待一个忽然的奇迹——日本的内变。""侥幸图存",或者"退到四川去做儿皇帝"。

王礼锡在批判国民党的同时,高度赞赏"共产党是中国的一个不可侮的力量","共产党的确是一个民众有密切关系的党,如果他们说过了谎话,欺骗了群众,这十余年来的冒千辛历万难的生活早把共产党打得粉碎了"。"他们的政策是真正的政策,而其攻术是根据政策来的。不是骗术式的政略。""共产党在中国曾经有过一个假口号没有?对于过去口号的辛苦执行,正表示其新政策之无欺。"他在简要回顾国共两党合作与分裂的历史后,呼吁南京政府应当相信中共会忠实执行《八一宣言》提出的抗日救国纲领和

---

① 王礼锡:《论准备》,《救国时报》1936年5月25日。

"为祖国生命而战"的口号。他还对污蔑共产党人"不要祖国",以及各种反共言论给予有力回击。"目前的路",只有联合共产党和其他抗日军队,联合苏联,动员民众,"立刻抗日,没有等待",才能抗日救国。① 在教育上要"提倡救国教育,发扬民族精神"。集中全国力量,"排除一切历史的成见,放下一切政治的远识","讨论如何武装全国民众,如何组织抗日联军,如何收复失地,以及抗日战略战线"挽救中国危亡等问题,一致对外,共同抗日。② 王礼锡不顾个人安危,以国家民族前途为重,公开谴责国民党,在客观分析国内外局势的基础上,切中时弊,提出抗日救国的具体方针,发出了抗日救亡的声音,彰显了其拳拳报国之心及强烈的民族主义情感。

王礼锡评价称,中共驻共产国际代表团主办的《救国时报》是在"浓雾笼罩之下,光明在延烧"的火炬,其功用是"照引行人走上光明之路"。《救国时报》"无偏私的(原文如此)记载了各方的言论,一切对于抗日救国的意见,无论是国民党、共产党、民族革命大同盟、社会领袖、邦国耆老、文人学者的宏论都可以在这里读到。并且对于时局的难关,时常有公正严明的政论,作照路的明灯"。《救国时报》不仅是全欧华侨的一个报纸,而且"在全民族求生存的时代"也是"全民族的呼声与明灯"。③

王礼锡认为中国抗日战争是"救民族的全民族抗战",④不仅需要发动国内民众起来共同抗战,而且还需要呼吁海外华人华侨和国际社会支援中国抗战。基于这种认识,他在欧洲积极参加国际援华运动,号召国际社会基于正义原则来支援中国抗战,为争取国际支援做出了重要贡献。他在归国途中欣喜地看到各地"华侨反日运动非常高涨","救国的民众组织,救国的文化运动也如火如荼的(原文如此)展开着,青年救国先锋队之类组织卷入了成千上万的青年和工人"。"推动组织这伟大力量的是一些衣不全食不饱而埋头苦干,以抗日救国为职业为生命的青年。"海外华侨所具有的强烈的民族意识,使王礼锡认识到"华侨实在是中国抗战的一个伟大的支柱","中华民族是不能征服的"。⑤

王礼锡归国后带领作家战地访问团到战区前线访问,途中的观察使他对中国社会底层抗战态度有了更深的了解,也使他在思考当时中国社会存在的问题时有了更广阔的视野。他认为"中国的抗战是全民——各阶级、各

---

① 王礼锡:《再论准备》,《救国时报》1936年6月20日。
② 王礼锡著,王士志、王元理编:《王礼锡文集》,第57—58页。
③ 王礼锡:《〈救国时报〉的时代任务及我的一点意见》,《救国时报》1936年5月25日。
④ 王礼锡:《王礼锡诗文集》,第260页。
⑤ 王礼锡:《在国际援华阵线上》,生活书店,1939年,第90、91、92、95页。

宗教、各职业——的抗战,是有十足的内容,不仅是一个宣传的语句"。基于此,他建议国民党中央"应根据抗战救国纲领把全国性的民众团体组织起来"。① 他认识到唯有唤醒民众的力量,把像红学会、红枪会等各种地方社会组织力量团结起来,才能取得抗战的胜利。在当时,呼吁全民抗战的声音很难得,而且也触及了抗战建国背景下的社会治理面临的新问题和新动向,促进了各种社会力量整合。他归国后仍与国际援华运动和反侵略组织保持联系,在牺牲前一月,还把十几万带有广泛群众基础的农民抗日组织的红枪会,"与世界反侵略组织联系起来,在敌人后方建立起世界反侵略组织,这在中外历史上都是空前的盛举"。② 王礼锡发动民众,联合一切抗日力量,建立最广泛的抗日统一战线的主张与中共的抗日策略是一致的。无论是在欧洲还是归国投入抗日救亡之中,王礼锡始终以民族国家利益为重,摒弃党派成见,竭力为抗日救亡奔走呼号。

告别苏联后,胡秋原奔赴英法,参加"世界和平运动"(Peace Campaign)。据他自述:当时德意日"轴心"形成,在知识界与民间,"自由主义者与社会主义者亦携手反对法西斯运动与侵略"。③ 英国著名的保守党政治家、国际联盟元老 R. 薛西尔(R. Cecil)爵士任主要领导人,由此发起的运动实际上是反战反法西斯运动。中国成立了一个由陈铭枢任团长的代表团去参加该会,此时,王礼锡、陆晶清夫妇也因"福建事变"失败流亡欧洲,打出抗日救亡的旗号,在《救国时报》相继发表了许多政论文章,进行抗日救国、反对日本侵略的宣传。胡秋原编写了反映日本侵华及中国抗战与世界和平关系的两本小册子——《中国与和平》(China and Peace)和《中国为和平而战》,并与陈铭枢、王礼锡、陶行知等人一起赴布鲁塞尔与会。

1936年9月3日,世界和平运动大会(也称"反侵略运动大会")在布鲁塞尔召开,陈铭枢、胡秋原、陶行知、王礼锡为主席团成员,由王礼锡代表中国在大会上发言,呼吁全世界和平爱好者抵抗侵略。会议决定通过由王礼锡起草的《世界和平运动大会宣言》。王礼锡指出,多年内战和外侮使中国人民"自然对于和平怀着如焚的渴望","九一八事变"以来,"随致损害无限人民之生命,丧失极大的领土",中国人民深恨战争,无比渴望和平。"对付外来侵略的唯一办法是抵抗",不抵抗不是和平,而是战争。"以合作停止内战,以抵抗停止外侮"的思想是"深植于我国爱好和平人民之心中"。"中国

---

① 王礼锡:《在国际援华阵线上》,第81、9—10页。
② 王季华:《杰出的反法西斯战士王礼锡在国际反侵略运动中的巨大贡献》,王士权、王世欣:《爱国女作家陆晶清传附录二·爱国诗人王礼锡诞辰一百周年纪念集》,第382页。
③ 胡秋原:《〈在唐三藏与浮士德之间〉及其他》,第26页。

的全民战线也快建立起来了,而且其影响传播得极快。这是中国和平运动的最坚固的基础。"中国各界救国联合会的成立"给反远东侵略者的全民战线以强有力的刺激,并使我们对于民族解放与世界和平的斗争得到强有力的武器"。"除叛国者外,凡是中国人都是中国人民战线的成分",这体现了"读书杂志派"全民抗日的主张。

王礼锡还高度评价了中共抗日策略的转变,"中国共产党主张建立一个国防政府以改变其过去立即在全国建立苏维埃政府的主张,建立一个以抵抗侵略为目的的联军,以代替其立即在全国组织红军的主张"。"中国全体人民,连共产党在内,已经准备好了来保障真正的、光荣的和平,并且在中国并无所谓红色恐怖。"他进而指出:"人民战线在西方主要是保障民主,全民战线在中国主要是保障民族独立。"中国人民已"准备好了与世界爱好和平的人民携手在全民战线的健全基础上来支持这国际的和平大会,国联盟约,以及任何国际和平的机关"。① 他发出了爱护和平,全民族统一抗战救国的呼声。其停止内战与建立全民抗战的主张,与中共提出的建立最广泛的抗日民族统一战线的主张是一致的。

1936年8月24日,胡秋原、王礼锡、陶行知等人在巴黎联合发表《告海外同胞书》,号召全欧华侨"不分党派、不问信仰,在抗日救国共同目标下,团结一致",建议在巴黎成立"全欧华侨抗日救国联合会"。② 公推陶行知、胡秋原、王礼锡等13人为筹备委员,胡秋原为起草委员会主席。共产党、国民党、中华民族革命同盟等不同党派的代表参加大会,彰显出其代表的广泛性。9月20日,陈铭枢在大会上进行呼吁各党派合作抗日的演讲。③ 王礼锡做有关国际形势的报告,陶行知和陆晶清做有关国内抗日运动报告。大会制定了《宣言》和《会章》,通过了致国内外同胞的《立即武装抗日》的通电。

《宣言》明确指出成立全欧华侨抗日救国联合会,"团结旅欧侨胞,保障自身利益,努力抗日救国运动,尤其促进全国上下的大团结,一致为祖国生存而战,为恢复失地而战"。在揭露日寇侵华暴行、谴责南京政府对日妥协退让的基础上,提出政治主张,并呼吁"各党派精诚团结,政府和人民一致合作","我们以至诚告诉"国共两党及其他各党派的领袖们,"全国的民众及海外的华侨是没有一个不愿意抗日救国的,只要你们执行的政策真是抗日

---

① 王礼锡:《世界和平大会席上之致词》,《救国时报》1936年9月18日。
② 《全欧侨胞奋起救国》,《救国时报》1936年9月30日。
③ 陈铭枢:《国共两党及一切抗日党派联合抗日为之第一步》,《救国时报》1936年10月5日。

救国的政策,而不是自相残杀,只要你们抗日救国的言论真能言行一致,那末(原文如此),全国民众对于你们便谁都拥护"。"只有抗日救国的政府,才是民众所拥护的政权,而且也只有民众所拥护的政权,才能完成复兴民族的任务。"①大会选举产生全欧抗联会执行委员会,胡秋原、陈铭枢、王礼锡等当选为常务委员。"全欧华侨抗日联合会"总部设在巴黎,各国设立分会。在选举产生的由21名理事组成的联合会的领导机构中,王礼锡、陆晶清夫妇负责宣传部的工作,陈铭枢、胡秋原负责秘书处的工作。这实际上是胡秋原、王礼锡等人自"一·二八事变"以来全民抗日主张的延续。中共在巴黎出版的《救国时报》评价称,此次大会不仅是全欧华侨的抗战心声,而且是全体中华民族抗日救亡的重要篇章。

胡秋原、王礼锡等人在《救国时报》的"民族出路问题"等专题论坛上,撰文阐述国共联合抗日"有百利而无一害"的重要性,感谢《救国时报》"给我们的闷气开了一条路"。② 胡秋原在《救国时报》上发表了《抗日就是一切,一切归于抗日》,宣传全民抗日。不仅如此,胡秋原等人还深入华侨之中进行抗日演讲,广泛宣传和组织抗日民族统一战线,他为全欧华侨抗联会起草了大量文件。此后,王礼锡、陆晶清夫妇利用其影响力,在欧洲开展援华抗日的人民外交活动。全民族抗战爆发后,王礼锡夫妇在伦敦创办《抗战日报》,在华侨中间传递国内抗战消息,为团结华侨一致抗日起到重要作用。8月10日,他在致英国各报馆杂志的公开信中,痛斥日寇侵略中国的暴行,呼吁英国采取行动来积极援助中国的全民抗战。③ 1938年2月,他在英国伦敦发起世界援华抵制日货运动,为"救中国救和平大会"奔走呼号,促成建立"世界援华大联盟"。王礼锡还作为重庆《新华日报》驻英特约通讯员,撰文介绍国际援华运动。④ 同年7月,在巴黎召开的"世界反轰炸大会"通过了王礼锡和陆晶清夫妇提出的国际援华六大纲领的总决议,为国际援助中国抗战发挥了重要作用。

王礼锡虽然是国民党人,但他流亡欧洲期间开展的一系列援华运动谋的不是一党之利,而是整个国家、整个民族乃至全人类的利益。他认为:"援华运动是组织世界人士参加阻止世界大战的神圣工作,这是援华运动最大

---

① 《全欧华侨抗日救国联合会成立大会宣言》,《救国时报》1936年9月20日。
② 胡正豪:《〈救国时报〉和抗日统一战线的形成》,上海市中共党史学会编印:《纪念抗日战争胜利四十周年论文集》,1985年,第87页。
③ 王礼锡著,王士志、王元理编:《王礼锡文集》,第62—65页。
④ 王礼锡:《英印援华运动》,《新华日报》1938年8月11日。

的意义。"①他将中国抗战置于世界反法西斯战争全局的高度进行审视,更好地发展国际援华运动,为抗战的最后胜利争取了更多外援,"今日中国为之独立自由而斗争是有国际意义的"。② 随着国际形势的变化,"我们必须根据国际的新形势决定我们的国际宣传国民外交的路线"。③ 正如有论者评价道:"在国际论坛中形成一股反日援华的正义舆论力量,对日本政府发出道义的严厉谴责,振奋了抗日军民的士气与斗志。此种为了卫国保家,救亡图存,身为海外'逐臣',在领邦异国开展援华抗暴活动,卓越有成效,实属创举,从无先例。而国际援华活动的从无到有,从小到大,实是'星星之火可以燎原'的有力例证。举起熊熊火把,点燃国际援华之火于远离故国的海外者,是中国伟大的民主革命斗士。"④

在全民族抗战爆发一周年之际,上海、太原、徐州等地相继失陷,失败主义者主张"亡国论",盲目乐观主义者主张"速胜论",毛泽东撰文《论持久战》,驳斥了这两种错误主张,认为唯有全民族抗战才能战胜日寇,取得胜利。这使他们廓清思想困惑,更加坚定其在欧洲从事的世界援华运动及建立世界抗日战线的信心。国内各战区均遭受日寇狂轰乱炸,日寇占领更多领土,但中共领导的延安地区取得了对日寇反扫荡的胜利,陆晶清深受鼓舞,因此致信邓颖超,将稿费和饰物捐给延安,支援中共抗战。⑤ 王礼锡和陆晶清夫妇还同乔冠华等人发起为《救国时报》和绥远前线战士捐款的活动,其强烈的民族主义由此可见一斑。

1936年11月初,在巴黎,康生约胡秋原谈论有关抗日之事,当时留学生和华侨赞成胡秋原全民抗日的主张,但也有人对王明、李立三、康生等中共领导人礼遇胡秋原表示不满,甚至认为他有野心,是潜在的危险敌人。对此质疑,康生表示中共对革命事业的看法,犹如"长长的列车,每到一站,都有人上车或下车"。在抗日阶段,胡秋原有其重大价值,故支持他。"至于将来

---

① 王礼锡:《王礼锡诗文集》,第415页。
② 王礼锡:《王礼锡诗文集》,第412页。
③ 王礼锡:《王礼锡诗文集》,第395—396页。
④ 凌骥飞:《缅怀先贤伟绩,弘扬爱国主义——纪念江西奇士、新文化先驱、伟大的爱国诗人王礼锡先生百岁诞辰》,王士权、王世欣:《爱国女作家陆晶清传附录二·爱国诗人王礼锡诞辰一百周年纪念集》,第368页。
⑤ 1938年7月,陆晶清在伦敦致邓颖超的信中表示:"30年代初来到欧洲,投入了世界反法西斯的洪流。七七事变以来,更加努力投入抗日援华工作。现在我国不少城市已沦陷,而延安却岿然不动,不断取得反扫荡的胜利。为了表达我个人对延安军民的崇高敬意,特将我个人的一些稿费与饰物,捐献给延安抗日军民,竭尽个人绵薄,聊表全民抗日之微忱。请大姐代转交有关方面为祷。"转引自王士权、王世欣:《爱国女作家陆晶清传》,第143页。

他会不会成为敌人,那是以后的事,即使他下车了,也会有其他的人上车。"胡秋原回应说:"我认为中国第一要务,是能够独立,不受他人侵略欺侮,这个任务完不成的话,任何主义都没有意义。"因赞同中共抗日民族统一战线的主张,胡秋原成为中共的朋友。在他看来,大家都是为抗日而努力,应该不会成为敌人。但同时又表示,如果发现"我不忠于国家,不忠于抗日,你们就有权视我为敌人"。反之,如"我认为你们不忠于国家,或是只忠于俄国",那么也会毫不客气地表示反对,但即便是有实力了,也绝不会用暴力方式对付。对此,康生也回应道:"我们的党决不会背叛国家和人民,如果有一天我们反对你,也一样不会用国民党的办法来对付你。"① 胡秋原是站在维护国家独立的立场上呼吁全民抗日,此番言论道出了他强烈的民族主义情怀。他回国后,全身心地投入抗战之中。他加入了国民党阵营,但也与中共保持着朋友关系,直到 1949 年离开大陆赴港后,这种朋友关系才中断。1988 年,他访问大陆,中断几十年的朋友关系再次得以建立。

针对当时德意日"轴心国"集团成立,国际上建立了反法西斯统一战线,国内反日民族情绪也逐渐高涨的情形,胡秋原认为日本必定会发动更大规模的侵略战,与其在欧洲呼吁全民抗日,不如回国投入实际的救亡运动之中,同时又准备在回国前到与中国有密切关系的美国进行考察。1936 年 12 月 11 日,胡秋原登上了驶向纽约的船只,行至大西洋时,惊闻"西安事变",于是决定暂留美国。居美期间,他与陶行知等人交游,讨论国内外局势,并认为"西安事变"反映了东北军和西北军的抗日要求,是与南京国民政府现行政策有所冲突的结果,是继"闽变"和"两广事变"后人民抗日要求的新发展。他认为如蒋介石的安全出现问题,中国没有第二人能够领导统一的抗日战争,且会造成天下大乱,因而主张国共合作,和平解决"西安事变",陶行知等人深以为然。此后他或演讲、或辩论、或撰文,提倡全民抗日。② 在此期间,他翻译了《迫近的世界大战》,③批评美国的中立政策,呼吁其支持中国抗战。"卢沟桥事变"发生后,胡秋原立即从美归来,投入抗战建国之中。他以诗言志:"一闻烽火动,万里赴军麈。年逝他乡水,心旌故国驰。亲颜常如梦,儿笑亦忘饥。浪鼓归程急,虏骄有尽期。"④

胡秋原认为"今日是全民族对日抗战","不抗日大家自由同归于尽",

---

① 张漱菡:《胡秋原传》,第 817 页。
② 胡秋原:《什么叫联合战线——在纽约中学生抗救会时事讨论会上演讲》,《民族战线》第 3 卷第 2 期,1937 年 4 月。
③ [美]温群汉(T.H.Wintringham)著,胡秋原译:《迫近的世界大战》,中华书局,1937 年。
④ 转引自张漱菡:《胡秋原传》,第 854 页。

"不抗日任何人只能做亡国奴和饿鬼乞丐","还无人布施"。在全国各地，无论是地主、资产阶级、工农大众，还是知识分子、什么主义和党派，抑或是"军政商学妇女各界，都只有死路一条"。"全民族不分什么阶级党派之统一抗日联合"，可能且必要。① 只有这样才能战胜凶恶的日寇，取得抗战的胜利，为建国奠定基础。中国为"自身生存抗战，同时也是为世界和平而战"。"中国各阶级各党派，军政上商工农各界，有团结一致抗日的可能与必要，这是中国必须实行全民抗战的原因。"②"读书杂志派"全民抗日的主张与中共建立最广泛的抗日民族统一战线的主张是一致的，共同构成了挽救民族危亡、追求民族独立思潮的民族主义共同体。

三、抗战建国的诉求

1937 年"卢沟桥事变"的爆发成为日本全面侵华的标志，也是中国全面抗战的开始。在欧美流亡的胡秋原、王礼锡、陆晶清等人先后回国，不仅以书生身份论政，以文章报国，而且身体力行地投入抗日救亡运动之中，表达抗战建国的诉求。由于"读书杂志派"的主要成员在抗战建国中从事不同的工作，又没在一起，故此分别阐述他们的抗战建国的诉求。

王亚南早在 1936 年便已回到上海，创办《大众论坛》，从事《资本论》的翻译工作和经济学理论研究。"福建事变"失败后，梅龚彬逃亡香港，之后往返于上海和香港之间，受陈铭枢委托负责与中共联系，参与酝酿建立救国会的活动。他在香港主办《大众日报》，建立抗日救国宣传阵地。1935 年秋，梅龚彬协助李济深、陈铭枢等人成立中华民族革命同盟抗日政治团体，任宣传处处长，并创办宣传抗日的刊物《民族战线》。他参加抗日救亡活动，为实现国共合作和扩大抗日民族统一战线而工作。1937 年 9 月，梅龚彬和回到南京的胡秋原、刘叔模等人一起拜访陈立夫，请求安排工作，为抗战建国效力，梅龚彬被陈立夫主管的军事委员会第六部聘为设计委员。1937 年 11 月，梅龚彬、胡秋原和刘叔模等人跟随陈铭枢前往武汉等地，投入抗战救国之中。1939 年初，梅龚彬在重庆任党政战地委员会委员，负责编辑《战地通讯》，宣传抗日民族统一战线。

1937 年 12 月，日本占领南京的消息传到伦敦，王礼锡虽在欧洲，"以在海外之身，尽其微力"，为抗战建国而置身于国际援华运动之中，但其"心旦夕在中国"，且"事实上天天计划回中国"参加抗战，为国家民族效劳。他不

---

① 胡秋原：《中国革命根本问题》，第 19 页。
② 胡秋原：《抗战建国之根本问题》，时代日报社，1938 年，第 11、14 页。

断鞭策自己:"回去——和你的兄弟你的姊妹们,共患难,共牺牲,共光荣!"当登上归舟时,王礼锡感受到归国是"去到人类正为正义、和平、自由而抵抗侵略,而牺牲性命的光荣的国土——中国了"。① 他离开欧洲时"打算一抵国门就驰赴战区",决心"一回来就到反日的最前线去——即敌人的后方,去观察、去受难、去斗争"。② 这种抗战救国的急迫感和实际行动,彰显了其爱国主义情怀。他将自身与国家民族命运融为一体,高度评价了中华民族在世界上的地位,显示出了强烈的民族主义情感。12月,王礼锡夫妇抵达香港,转赴重庆,以笔为武器,投入抗日救亡运动的洪流之中。

1939年1月,王礼锡夫妇赴重庆,蒋介石在接见时高度评价了其在欧洲发起的抗日援华运动。王礼锡建议政府团结全国军民,建立全民族抗日统一战线,抗战到底。他接受了国民党委任的职务,任国民政府立法院立法委员。4月10日,王礼锡和陆晶清均当选为中华全国文艺界抗敌协会理事。4月18日,文协推选王礼锡为国际宣传委员会主任。5月11日,王礼锡被文协委任为作家战地访问团团长。6月18日,这支被称为"笔部队"或"笔游击队"的作家战地访问团从重庆出发,途经四川、陕西、河南、山西等4省,行程数千里,历时半年多,备尝艰辛。王礼锡"不拘羁于秩官禄位,后方安适,而努力于鼓动战斗情绪的战地文化工作",既"发扬了文化工作者的质朴精神",又"足以涤除一般青年官僚主义者的风尚",③这有利于营造抗战建国的氛围。陆晶清女士经文协总会指派,参加了南路前线慰劳团,历经3个月长途跋涉,经7个省区,完成两个战区的慰劳工作。

1938年7月6日,王礼锡在国际援华六大纲领中指出向英美法等国借款"不仅是为买军火抵抗侵略,而且为了内地建设工厂,修筑道路,为建国的新基础,所以供给中国以资本就是把资本供给世界和平,正义和文化"。④ 为了把国际援华运动与国内抗战前线工作联系起来,号召国际正义,王礼锡赴战区前线时提出"把战区的工作传达到国际,把国际的同情传达到战区,使战区兵民得到鼓励",⑤进而更广泛地推动了国际援华、国际反侵略运动的发展。无论是在欧洲还是回到国内,他都高举民族主义旗帜,通过舆论宣传来消除国际社会对中国团结抗战的疑虑,让国际社会了解中国抗战的真相。自抗战以来,王礼锡为中国抗战建国摇旗呐喊,欧洲人对中国遭受日寇

---

① 王礼锡:《王礼锡诗文集》,第437、438页。
② 王礼锡著,王士志、王元理编:《王礼锡文集》,第141、142页。
③ 古罡:《悼王礼锡先生》,《抗战文艺》第4卷第5、6期合刊,1939年10月10日。
④ 王礼锡:《在国际援华阵线上》,第106页。
⑤ 王礼锡著,王士志、王元理编:《王礼锡文集》,第144页。

侵略表示同情并发出惋惜的叹息,"从一般人道的观念出发……其同情中国像是同情一个无生路的乞丐或垂死的病人一样"。为获得更多欧洲人对中国抗战建国的支援,他到处演讲宣传,西方许多人都知道"对中国的援助,是援救自由,援救文化,援救一个伟大的将来"。王礼锡建议开展国际援华宣传时,不仅侧重在"日本的残暴""中国人民的受难可怜上",而且更重要的是"说明中国抗战的英勇,中国抗战中的建设,中国抗战中文化政治等等之进步,使全世界认识活着的中国,及抗战的积极与希望的一面"。①

开展国际援华宣传的目的是使欧洲各国人民认识到中国抗日战争的正义性,认清日寇侵略中国、蹂躏中国人民的真实情形,赢得欧洲各国人民在物质上、精神上对中国抗日的巨大援助。争取国际社会对中国抗战建国的正义同情、人道救济和实质援助,有助于树立抗战必胜的信心。要让国际社会了解到"中国抗战的失败,就是中国民族命运的终结,与世界不可收拾的劫运的开始,所以'必须胜利'"。"以四万万人之的团结与英勇,抗战固然必胜无疑;以全世界人民无畛域的同情、团结,乃至于参加行动,更足以增加我们必胜的信心。""中国的抗战,不是靠外援才打",获得雄厚的国际援华抗战,"自然更可以增加我们的勇气"。做好援华国际宣传,"少则可以多得民众的直接援助,大则可以从世界民众的推动,得到各国政府的援助。这样,我们就可以早日结束侵略者的寿命"。② 这也是王礼锡愿意接任作家战地访问团团长,赴战区前线访问的重要原因。

王礼锡在离开重庆赴战区前线时,将坐在客车车轮转动喻为"转向一条伟大的前途——中国民族的独立,世界的正义与和平"。③ 这表现出其强烈的民族主义、浓厚的家国情怀和对民族独立的坚定信念,彰显了其投入抗战救国洪流的民族战士本色。他运用"笔部队"开展抗战宣传,因此,提出访问团的三项任务是视察、建议和文化游击。④ 在他看来,"抗战,一方面是为获得中国民族的独立,同时也要给予人民以更多的民主自由,与更合理的生活。有枷锁的手不能建国,也不能抗战"。⑤

王礼锡提出作家战地访问团的主要任务是向外界传达战区前线的真实情况,在此基础上促进国共合作、全民抗战。唯有团结一致、共同抗日才能取得抗战的胜利,为抗战建国奠定基础。在"七七事变"两周年之际,他指出

---

① 王礼锡:《在国际援华阵线上》,第133、134页。
② 王礼锡:《在国际援华阵线上》,第123、124、125页。
③ 王礼锡著,王士志、王元理编:《王礼锡文集》,第144、146页。
④ 王礼锡著,王士志、王元理编:《王礼锡文集》,第144页。
⑤ 王礼锡著,王士志、王元理编:《王礼锡文集》,第156页。

"团结还没有到如三合土似的坚固",国共两党"还没有消灭摩擦","还不能亲密合作",各方"针锋相对的攻击,纷至沓来的时候,所感到足以危惧的",因此,他建议"我们也要在这个时候自省"。① 在谈到言论自由时,王礼锡认为中国的抗战与世界上其他国家的侵略战、帝国主义之间的争夺战不同,抗战是"神圣自卫战,是中国人民人人要求的,所以言论越自由,抗战的精神越能发挥"。"我们要的是拥护抗战建国的自由,同时也反对悲观失败论者的自由,投降妥协论者的自由,汉奸言论的自由。"②这些言论不仅是抗战建国的关键时期的敏锐观察的结果,而且至今仍具有警醒意义。他认识到提高民众文化对抗战建国的重要性,感叹"扫除文盲是何等重要的一个工作",③因此提出编写平民报纸等切实可行的措施。王礼锡以犀利的目光和饱含深情的笔调,针对性地提出抗战时期的社会建设,这是其抗战建国思想的具体实践体现。

1938年6月29日,王礼锡率领的作家战地访问团,来到位于宝鸡的中国工业合作协会西北区办事处所主持的各种工业合作社。"这是抗战发动以后所创办的一种新的生产建设事业",不到一年时间,已"成立了264个工业合作社,社员约3500人"。④ 当他们参观窑洞中的工厂时,情不自禁地发出感叹,"窑洞就是工厂","敌人的轰炸到这里完全失了效力。就是重磅的炸弹炸在洞顶上,也不能炸穿几十仗的粘(原文如此)土,毁坏洞中的生命与工业"。工业合作协会"提倡小规模工业,并且有意使他不集中"。"规模小,就容易举办;因为分散,就容易普遍,而敌人无法破坏;只要有七个人,每人集五元以上的股本就可以干起来。"这种因地制宜的办法可以更快地发展工业。因此,在工业合作协会指导之下的工业合作运动,"不仅是后方建设运动,而且是生产救济运动"。

各种工业如果能够在中国西部获得相当程度的发展,中国的"工业如能这样地开展,一到抗战结束,中国不仅是一个政治上独立自由的国家,经济上也是一个高度的自给自足的国家了",这种"高度"可以说,"不仅是农业的,而且是工业的"。王礼锡进而指出:"在抗战中的工业合作在自由地、普遍地发展,可不是无政府发展。他们顾及到市场的需要,使各部门得到较平

---

① 王礼锡著,王士志、王元理编:《王礼锡文集》,第143、176—177页。
② 王礼锡:《陕西行记·笔游击——作家战地访问团日记(7月5日)》,《抗战文艺》第5卷第3、4期合刊,1939年12月10日。
③ 王礼锡著,王士志、王元理编:《王礼锡文集》,第143、173页。
④ 以群:《陕西行记·笔游击——作家战地访问团日记(6月29日)》,《抗战文艺》第5卷第3、4期合刊,1939年12月10日。

衡的发展。同时他们顾及这些工业在战后的生存,把全国做范围,把永久的时间做范围,来作有计划的发展。不但在战时他们可以存在,在将来也可以存在,并且将来是全国工业化的健康的基础。"这种"工业合作"中的工人和工程师等都认为这是"建国事业",其工作有利于国家。日本侵略者把中国"以沿江沿海为中心的工业破坏了,我们的工业却在内地、在乡村中,甚至在最原始的窑洞中,甚至在敌人的后方,作普遍的、合理的、有计划的发展"。这里是中国"农业的宝藏",是"中国将来工业化的发轫"。王礼锡以诗表达对抗战必胜、建国大业和中华民族伟大将来的信心:"田野风光能静美,工农村落共淳真,抗战日强增一证,喜看窑洞转机轮。"①宝鸡窑洞如此简陋的条件,却展现出抗战的新气象,孕育出新中国工农业现代化的未来蓝图。王礼锡以富有前瞻性的视野思考抗战建国的前景,以此鼓舞士气,凝聚人心,达成共识,集中体现了王礼锡的抗战救国思想实践,其精神和价值仍具有现实意义。

1939年8月26日,王礼锡在慰问前线途中因病在洛阳去世,被第一战区公葬在洛阳龙门西山小青峰上,墓碑上镌刻着卫立煌手书"诗人王礼锡之墓"。《新华日报》《大公报》《抗战文艺》等报刊对王礼锡进行了高度评价。王礼锡为民族抗战而牺牲,践行了其奔赴战地成为勇敢战士的愿望。抗战不仅需要"枪杆子",而且需要"笔杆子","笔杆子"书写的犀利语言富有战斗性,会激励民众勇敢地投入抗战建国之中,会像匕首、子弹、枪炮一样击破敌人的面具、心脏和灵魂。1939年,胡秋原撰文怀念道:"我们相交十年,共谈笑,共患难,共危险,还共国家民族希望,竟一旦中道契阔死生,就个人而论,是毕生难偿的损失。"②这既表达了哀思,又回顾了两人患难之交的真挚友谊。王亚南则在《中国经济原论》扉页上向王礼锡致敬。③

1937年9月初,胡秋原到达香港,与十九路军将领一起"共赴国难"。"福建事变"失败后,陈铭枢等人在香港组织"民族革命同盟",以抗日救国为旗帜。民族革命同盟的领导人赴南京后,"日夜聚谈都离不开如何抗日问题",④为团结抗战,"减轻及消除当局的顾虑",⑤建议解散同盟。中共因主张建立抗日民族统一战线,有意与之建立联系。该提议得到李济深、陈铭

---

① 王礼锡著,王士志、王元理编:《王礼锡文集》,第168、169、170、171、172页。
② 胡秋原:《记王礼锡先生》,《祖国》第23期,1939年9月15日。
③ "纪念在中国新文化运动中留下光辉业绩,但不幸都在抗战过程中先后与世长辞了的几位朋友",王礼锡是其致敬的第一个朋友。王亚南:《中国经济原论》,生活书店,1948年。
④ 民革中央宣传部编:《陈铭枢纪念文集》,第2页。
⑤ 朱宗震、汪朝光:《陈铭枢回忆录》,第132页。

枢、蒋光鼐、蔡廷锴的一致同意,胡秋原负责起草解散宣言。胡秋原与陈铭枢等人讨论时局时,认为日本侵略中国的目的是不许中国统一和发展工业,即不许中国建立一个独立自主的现代民族国家。中国抗战的目的是"一面长期抗战,排除建国障碍;一面加速政治、经济、教育、文化的建设,以支持长期抗战"。① 抗战是建国之基础,二者相互支持,《抗战建国刍议》是其思想的反映。据他自述:"这是'抗战建国'二字连用最早的文件之一,而对后来汉口的《抗战建国纲领》有开端作用的。"他认为抗战是"民族存亡之战,也将是一场长期艰苦之战。必须全国齐心苦斗,才能亦必能有最后胜利"。

胡秋原到汉口后接办并改组《时代日报》,任总编辑兼总主笔,宣称其宗旨是"巩固统一,抗战到底;法治科工(科学与工业),富国强兵"。② 前八字是就抗战而言,后八字是指抗战救国。"中国所以落后,贫弱,以致受日本侵略,无非由科学落后,工业落后。富强之本,在于发展科工,又须法治以支持之。法治是民主之基础,民主是法治之完成。"而这十六字方针是"连贯战后建国目标和对外政策的"。③ 他为《时代》撰写社论,8个月间,200多篇社论都出自他一人之手。这些社论和时评都是依据其宗旨撰写而成,后来集印成《时代日报社论》八大集。④ 他表示:"凡吾人所说,均系尽浅虑与良心,为率直之建议,分析与批评。""敢望微言匡世乱,信有忠怀为国忧耳。"⑤ 在诠释"巩固统一,抗战到底"的根本主张时,刘叔模表示:"我们认为只有抗战到底,中国民族才有生路;只有抗战到底,中国民族才可望复兴。中国人民的生活水准,政治水准,知识水准,技能水准才能提高。要求抗战到底,就先要巩固统一,抗战到底,是与巩固统一由依存关系的,决没有内争不息而能御外侮的,同时,巩固统一尚有更进一步的意义,为现在的抗战,更要巩固统一,为战后的建国,仍然需要巩固统一。"⑥

胡秋原等人创办《时代日报》的目的是"想竭忠尽虑,提出我们对各种问题的意见,供政府与民众之采择;同时,也是想在舆论上,树立一种公明的风采,尽一点微力,将全民族的精神意志融合起来。我们只有一个目的,民族的自由,全民的福利"。他在阐释办报立场时坦陈:"我们不代表任何一党一派说话(自然,今日任何一党一派的报纸也应根据其立场说民族共同要求

---

① 张漱菡:《胡秋原传》,第869页。
② 胡秋原:《辛亥革命之道路——纪念国情与〈祖国〉》,《祖国》第25期,1939年10月15日。
③ 胡秋原:《一百三十年来中国思想史纲》,第162页。
④ 胡秋原:《统一与抗战》《肃奸与惩贪》《士风与学风》《战局与欧局》《兴党与建国》《雪耻与兵役》《国防与经济》《道德与科学》,时代日报社,1938年。
⑤ 胡秋原:《士风与学风》,第2页。
⑥ 刘叔模:《统一与抗战·序》,第4页。

的话的),我们说公话。我们是几个私人关于国事意见愿对朝野有所贡献,才办这个报纸。"他进而提出:"我们相信,此报能给一切愿对国家说话的人以尽言的机会。""只要原则上主张抗日的人的言论,无论其立场如何,地位如何,和我们个人友谊如何,和我们的意见即令不同,我们都登载。凡是自信对于国事有诚意,而对于抗日救国各种问题有意见者,我们都恳切欢迎发表。"①由此可见,他将《时代日报》定位为让人说话的报纸、谈论政治的报纸,这自然就能够为各方人士提供自由发表抗战建国意见的平台。

针对有人指责诬陷《时代日报》代表某党派,他郑重声明:"我们的主张,只是我们的,小则代表本报共同劳作的几个朋友,大则代表全国四万万五千万同胞。""本报同人无一与所谓'AB团'及所谓'社会民主党'有关",生产人民党和民族革命同盟均已解散。本报根本主张是"巩固统一,抗战到底","然此亦为天下公言,亦乐于见任何人之共感,自不因此发生相互政治责任"。"本报"不为一党一派之"言论机关",其声明:"仅为本报主张,与任何政治派别无关之一简单事实而已。该小册子作者不负责任之指派党派,若目的仅为弁(原文如此)利,固已为出版界之耻;若有其他作用,则更不可恕。诚恐各界受欺,特此声明。"②

他在《时代日报》创办6个月时撰文《本报半岁之辞》,声称自信是以公众负责的态度立言。其办报立场首先是民族的,是纯民族主义立场,始终秉持"国家民族利益高于一切"的理念,将日寇视为唯一的中心敌人,第一关心的是"四万万同胞共同的利益,存亡与荣辱"。在抗战时期,他以无党无派的中间知识分子的身份跳出政党束缚,提倡将国家民族利益置于至高无上地位的理念和做法是值得称道的,也契合当时中国社会发展需要。③ 其次,其立场是独立的。"我们代民众说话,也代政府说话,但无论对政府,对任何党派,对民众团体,凡有所见,一定直言。这是我们一贯的态度,也是我们的义务与责任。"④针对舆论界常常在要么政府全对,要么在野党全对这种非此即彼的对立意见中选边站的立场,他表示:"我们则无论政府及其官吏,无论在野政治活动者,无论国民党,无论共产党以及其他的政治群,凡是对的,一定拥护和鼓励,凡是不对的,一定谏诤与批评。"他始终站在客观理性的立场对抗战建国的各种事情进行判断,不仅彰显出其不畏权势、敢于直面是非的理论勇气,而且凸显出其学人独立、清醒和自省的理论品格。最后,其立场

---

① 胡秋原:《士风与学风》,第6、7页。
② 胡秋原:《雪耻与兵役·附录三:时代日报社启事》,第106页。
③ 胡秋原:《雪耻与兵役》,第90页。
④ 胡秋原:《雪耻与兵役》,第87页。

是建设的、批评的,"我们不愿用感情的浮躁之言,夸张的刺激之语,扬恶取快(原文如此)。我们尽其所知,对各种问题提供意见",①不仅如此,这种精神也是一以贯之的。

在日寇紧逼致使武汉沦陷之际,胡秋原在《时代日报》休刊辞中表示:"我们无党无派,无须号召,如果我们不是自信对国事有至诚,对国事有真见,我们几个私人无须费力多办一报。"从第一天到休刊的235天中,《时代日报》的精神始终如一。"我们之所主张呼吁,常能得到当局之同样注意到而见之于法令或事实;而我们之所忧虑者,竟往往不幸而言中!但是,这区区者又何足挂齿呢?我们不过是说民族立场,现代常识和没有成见,是判断的基本条件。无知不是一件小罪恶,而偏见常是错误的恶伴侣。"②

胡秋原等人创办《时代日报》延续了《读书杂志》的办报宗旨,依然站在中间知识分子超越左右的立场,为抗战救国的各种意见提供交流平台。他指出创办《时代日报》是尽报人的职责和抒发普通民众的拳拳爱国情怀,"我们在这民族艰危之日,未能执干戈以卫社稷,只创办这样一个报纸,但愿尽我们的浅虑与良心,在言论界尽我们的天责"。"我们不过是如一般国民一样,有一点爱国之耿忠,只怕亡国之惨祸,惟恐大家小不忍而乱大谋。必须统一对外,才有生路。"③他呼吁全国军民"团结统一,抵御外侮,复兴民族!""发挥全国人力物力,争取抗日最后胜利!""统一意志,团结精神,集中力量","尽忠报国,抗战到底,抗日必然胜利"。④《时代日报》不讳言中国战局的失败,对国际形势和中日战争局势的分析判断都比较客观,且力言抗战到底必定胜利之理。基于客观分析,其社论是站在超党派的立场上对国内政治和外交问题,提出诚恳与实际的主张和建议。据时任编辑梅光义回忆,《时代日报》驳斥《大公报》"如日本侵略南京,即无和平之言"的社论,认为这是要求"城下之盟",主张"不能以南京一时得失换取民族万世之存亡"。此外,"本报对当时政府与官吏的错失或腐败行为,也有稳重的批评"。⑤

他在《时代日报》上提倡"纯民族主义",《中国革命根本问题》就是其民族主义的具体体现。他认为:"中国革命的根本就是一个民族革命",因此"今日的抗战,是为祖国生存而战,为自己的生命财产子孙而战,为世界和平

---

① 胡秋原:《雪耻与兵役》,第90、91页。
② 胡秋原:《道德与科学》,第152、153页。
③ 胡秋原:《士风与学风》,第8、30页。
④ 胡秋原:《士风与学风》,第16、18、20页。
⑤ 梅光义:《回忆〈神州国光社〉与〈时代日报〉》,《中华杂志季刊》1993年12月号。

而战,不战只有国亡种灭"。抗战不仅是"为了中国的生存权利",而且是"为了中国的正当发展"。换言之,"就是要完成民族主义"。民族主义是"要实现一个自由独立统一和富强的中国","要实现一个现代化的中国"。①随着日寇逼近武汉,武汉陷落,严峻的形势使《时代日报》于7月底不得不宣布休刊。1938年10月11日,《祖国》创刊,发刊词中指出要一面抗战一面建国。抵达重庆的胡秋原开办"时代日报印刷所",出版《祖国》周刊,后改为月刊,其所有言论,依然继承《时代日报》的宗旨。《祖国》的定位为"一政论刊物,凡与国家民族有关之问题,本民族主义之立场评论之"。《祖国》"非同人之刊物,乃一时爱国者之论坛。凡对祖国愿献其良心与诚意者,凡拥护抗战到底及复兴中国者,皆吾人之友人"。其中公开宣称:"巩固统一抗战到底为抗战必胜之保证,而厉行法治,发达生产科学,为建国必成之保证;此理必能日得国民之深信与力行也。"②据梅光义回忆,《时代日报》和《祖国》实际上是继承了神州国光社的精神和事业——"发扬民族主义与中国文化,求中国民族出路"。③

胡秋原将讨论建国问题的文章编印成《抗战建国之根本问题》《中国革命根本问题》等小册子。他撰写探讨抗战建国的理论文章:"所说多系与刘叔模、梅龚彬等先生所共识。"在西行避难流亡欧美期间,"远忧故国,日望统一抗日之局"。"卢沟桥事变"爆发后,胡秋原"自美归来,欣见祖国份战争生存,自须炮火血光,震新国命。然耳闻目见,痛感吾人自身之缺点极多。今日惟有以持久战死里求生,自须历决心筹久战之道。兴亡有责,心所谓危,敢不尽知无不言之义?"他"深信所说均为应急救亡之最低限度的必要办法。信如是,可抗战可兴邦。不幸而吾言中,不听,则亡! 所望全国朝野共怀艰危,痛下决心,为千秋万世之存亡作大刀阔斧之兴革也"。④

笔者以为,无论是在汉口时作为独立的媒体人,还是在重庆时进入党政机构,胡秋原都试图通过办报呼吁各党派放下成见,团结起来,以民族利益为重,全民抗日,这也是那个时代有志于抗战建国的文化人共同的愿望。进入国民党的体制内后,他在学术思想上转向自由的民族主义立场,投身于现实政治,撰写了大量的时评文章,"成为活跃一时的舆论界知名人物",⑤也是20世纪40年代最重要的理论宣传家之一。

---

① 胡秋原:《抗战建国之根本问题》,第8页。
② 本社:《1940年之〈祖国〉》,《祖国》第30期,1939年12月30日。
③ 梅光义:《回忆〈神州国光社〉与〈时代日报〉》,《中华杂志季刊》1993年12月号。
④ 胡秋原:《抗战建国之根本问题·小序》,第2页。
⑤ 涂月僧:《我所知道的胡秋原》,《黄陂文史》第1辑,第163页。

1. 统制经济还是混合经济?

1929年世界经济大恐慌后,"统制经济"和"计划经济"在"世界经济论坛上,成了一个很时髦的名词",①成为世界潮流。深受西方列强经济侵略的中国不可避免地受到这种经济潮流的影响。在为中国经济发展寻求出路,实现民族复兴的过程中,"统制经济"成为知识分子著书立说中频频提及的"时髦"名词,甚至被视为中国经济建设的"新道路"。"把统制经济政策当作克服现下中国经济恐慌的法宝,几乎已成为经济学界的一种'时尚'。"②为加强对经济的控制权,国民政府也将"统制经济"付诸实践,加大对经济的干预力度。"'统制经济'和'计划经济'等名词,在国内刊物上,成了很时髦的题目。"③在救亡图存和抗战建国的背景下,当时学界、商界和政界对统制经济展开激烈的讨论,追捧和推崇之声占据主流,一度甚嚣尘上,人们将"统制经济"视为破解经济困境、振兴民族经济的国策。1938年3—4月间,国民党通过的《抗战建国纲领》和《国民党临时全代会宣言》都宣示实行"计划经济",这成为抗战时期国民党战时经济统制的系统表述,将计划经济论说推向高潮。全民族抗战爆发后,日军占领了更多的富庶地区,对中国工农业经济发展都产生严重影响。为此,国民政府对"尚滞留于'放任'与'统制'之争"的经济举措不得不进行调整,④实行战时统制经济以稳定经济社会秩序,动员全国人力、物力、财力投入抗战建国之中,"统制经济"于是成为抗战建国的核心经济思想。

有不少学者对"统制经济"持怀疑批判态度,主张自由经济,实行"放任经济制度"。⑤ 在统制经济思潮甚嚣尘上之际,"读书杂志派"并未随之起舞,而是持冷静客观态度进行质疑,通过立足中国经济建设的实际,对统制经济进行梳理阐释、深入思考和深刻审视。胡秋原认为"外国名词之输出中国,其风头健旺,未有若'统制经济'者。而外国名词在中国发生不幸结果,除'世界革命'以外,亦未有过于'统制经济'者"。"谈论统制经济的人很多,但其主张实在不具有可操作性。经济建设是国家当前的大问题,有若干人认为我们经济政策当行统制之道。"⑥王亚南认为帝国主义操纵中国经济命脉,中国不能按照德国全能主义经济学说或统制经济来改造经济。中国

---

① 李超英编著:《抗战建国纲领研究·经济篇》,独立出版社,1939年,第7页。
② 王渔邨:《中国经济读本》,一般书店,1937年,第171页。
③ 张素民:《统制经济与计划经济》,《复兴月刊》第1卷第12期,1933年8月。
④ 《国家总动员会议工作报告》(1942年9月12日—1943年2月3日),台北,"国史馆"藏,国民政府档案,档案号:001-047330-00003-000,第23页。
⑤ 丁文江:《实行统制经济的条件》,《独立评论》第108号,1934年7月8日。
⑥ 胡秋原:《统制政策乎?保护政策乎?》,《祖国》第41期,1941年2月20日。

"国民经济建设的每个部门,都已经或将要碰着帝国主义或明或暗,或直接或间接的破坏与捉弄"。①

在梅龚彬看来,"中国如欲避免经济总崩溃的命运,则首须于政治上排除帝国主义的压迫,盖在半殖民地式的生存中,中国国民经济之发展,乃为事实上所不许,任何消极的恐慌克服政策,其效果仅能表现于暂时,甚或仅暂时亦无由表现"。统制经济的前提,"为一国之政治的经济的无条件自主,今中国既在帝国主义束缚下之半殖民地的命运中,诚恐政府人民纵使通力合作,而统制经济之实效,仍然不易表现"。故此,"欲谋挽救中国经济总崩溃之危机,其最大前提,必须排除国际帝国主义之压迫。舍此道而不由,其结果必将如缘木而求鱼,是可断言"。② 唯有排除帝国主义的压迫,实现民族独立,通过政府与人民的通力合作,实行统制经济并发挥其效力,才能避免经济崩溃的命运。

王亚南著书立说,诠释战时经济的重要性,对各种经济问题和政策进行阐释,并指出需要改造中国经济,建设独立经济基础。③ 在他看来,"全民族战争或全体性战争的总动员,是以经济上的总动员为它的骨干或基础"。这次战争是"中国民族主义与日本帝国主义直接的大规模的正式搏击,但同时却又是日本帝国主义企图排除在中国的其他一切国际资本,而单独行驶(原文如此)其最高统治的结果"。为了应付这种性质的战争,我们对于一切方面的动员活动,都得遵循以下几个原则:第一,"民族利益高于一切";第二,"支持长期抗战";第三,"在破坏过程中打下建设基础"。④

王亚南认为实施统制经济,"就是国家对于经济干涉权力的行驶(原文如此),国家在必要的场合,特别在战争的场合,得以命令停止或并和或征用,任何经济部门的产业及其生产成果,这就仿佛国家真的做了全国经济的主人"。⑤ 统制经济是"一种实际政策,而非抽象理论",作为西方殖民地的中国在推行时,自然与西方不同。"中国工业上的危机,不是因为缺乏广泛的国内市场",而是"由于不平等条约之束缚"和"内政之失修",不能"自自独占"和"自由利用"广泛市场。因此,"中国工业危机所受政治上的影响,就比之其所受经济上的影响,还要来得直接。要对这种性质的危机予以救

---

① 王渔邨:《帝国主义与中国国民经济建设》,《大众论坛》第 1 卷第 1 期,1936 年 11 月。
② 梅龚彬:《中行民国二十一年度营业报告书之研究——破产过程中国之国民经济》,《新中华》第 1 卷第 8 期,1933 年 4 月。
③ 王亚南:《战时经济问题与经济政策》,光明书局,1938 年。
④ 王亚南:《战时经济问题与经济政策》,第 1、9 页。
⑤ 王亚南:《中国经济原论》,第 155 页。

济,那就不单是统制所能了事"。"那与其说是怎样统制的问题,就不如说是如何取得统制权与统制力的问题。"不幸的是,"现代国家的政治力量,却又是奠基于其坚实的经济基础上面,我国的经济基础,特别是民族工业,支离脆弱,那就漫说没有向列强手里取得统制的可能,且也难于确立中央政权,以集中统制的力量。统制主体既发生问题,统制方法将何从施展呢?"

王亚南进而指出我们应知道中国政府的权力,"虽然是过于有限了,但它如肯因势善用这有限的权力,却并不是绝对无法可想"。根据其观察,他提出在中国现状下施行工业统制,遵循两个原则:第一,"尽量利用能够利用的统制权,以限制或抵制国内国外的外国工业制品";第二,"努力集中能够集中的统制力,以实行中国全民族工业的有效统制"。他建议"成立一全国工业统制委员会制定种种法案,并分设各种委员会"。此外,在消极方面,"撤免一切附加于本国工业上之种种特税和特殊义务"。在积极方面,"予本国制品以运输上、推销上的种种便利,那都是目前讲究统制中国工业,或挽救中国工业危机之紧急要图"。他从实际上提出了实行统制经济不能照抄照搬,而是要立足中国国情。他还提出种种统制中国工业的办法,"要有决心去做,也许不难收到一部分的暂时的效果"。但"中国的工业,为中国全般经济的一个部分,而整个中国经济,又是世界全经济环的一个细结;在世界经济大恐慌的局面下,中国漫说缺乏充分的统制权与统制力,即令具有现代英美日意诸国政府那样的权力,其成果依旧大可疑虑!""我颇知道中国有施行工业统制的需求,但我怀疑那种统制的效果,并忧虑中国缺乏实行的能力。"①他在思考统制经济的成效时,既审视中国政府权力和经济基础对统制经济的影响,又将中国经济置于世界经济的大视野进行审视,这是非常难得的见识。

胡秋原说道,抗战时期积极建设国防经济之时,我们应该采取何种经济政策呢? 有人以为,"不是自由主义,就是统制主义"。主张采取统制经济的人,"造成一种宣传,以为不赞成统制,就是赞成自由","以为自由政策业已过时了,于是乎不赞成统制也就落伍了"。"其实这是自欺欺人之谈,经济政策不一定依自由与统制来分(如资本主义社会主义是一种分法),而经济政策也不只统制自由之别",还有保护主义政策。所谓统制经济,是一东洋名称,内容很模糊。"所谓统制,为国家对国民经济活动的干涉限制之总称",具体说来,"指现在集权国家的经济政策。国家对经济的干涉限制,中古时代及重商时代已然。不过现在所谓统制,则指第一次欧战时各国在经

---

① 王亚南:《中国产业统制论》,《新中华》第 1 卷第 15 期,1933 年 8 月。

济上所作的各种战时干涉而言"。产业合理化运动、德意的社团制度、苏联的产业国有政策等都被称为统制,但未被称为统制经济。"德国社民党在宪法颁布后成立全国经济委员会,这可认为统制经济之权兴。""统制经济这一名词输入我国,则与国难同时,敌人占领东北以后,高谈国社主义统制经济,并于1933年宣布实施所谓《日满支统制经济》等。"日本将统制经济传到中国,这便是中国论坛上"统制经济"之由来。"其实在欧洲,即在独裁国家,有人谈统制的办法,但很少人将统制经济当作一种口号或万应药膏的。"

他在阐释德国实行的统制经济时指出:"德国国社党之统制经济政策,其特点并非国营,不独德国普通工业很少国营,即军事工业亦未国营。自然,也更非国有。"德国统制经济"不是要官吏经商,政府开屠,而是统制工业。而统制工业不是官办工业,而是统制利润,统制利润不是将利润作为财政收入,而是使利润变为军事工业再生产之资金"。他将苏联和德国两种统制经济进行比较,"就效率而论,德国式的统制较之苏联式统制更为有效"。在对苏联和德国两种统制经济的诠释和比较分析的基础上,胡秋原认为"苏联经验有可采取者,是其国有民营,而不是国有国营。为什么我不赞成国营呢?就是国营实即官营,必须官吏既有守复有能始可。而在效率上,集全国人民之才力,为国家生产,较之国有国营更为有利"。而"德国式的统制经济与一般资本主义国家经济根本上并无不同之点,即是并不否认私有财产"。"德国统制经济方法为我国提供更多参考价值,但我们不能完全模仿。"①

胡秋原指出:"近来许多人谈'统制经济',我们从不附和,不仅因为这在今日中国是高调;而实在因为在实施之际,常成了一种可怕的低调——一种官商或商官的经济。"他对政府的整个经济政策问题提出建议,"今日政府对于贸易及生产,应国营及能国营者,自应国营;此外只宜立于一种辅导及调节地位,极力扶助私人事业。即是用政策去造就一种趋势,而不是用官吏之手去经营。"②由此可见,他并不反对政府对生产贸易实行国营,而主张政府将统制经济作为调节经济的一种手段,用政策引导经济发展,而不是用粗暴的行政手段代替市场去进行经营。"关于国家经济建设的进行,我们首先希望政府采取保护政策,避免似是而非的统制政策。"强制实行必然是弊大于利。"由外国输入的'统制'之说盛行,作者素即反对其误解误用,因既然无其条件,行之一定弊端百出。犹之其他不可能的时髦,强行害多于利一样。盖在现状之下,所谓统制经济,就是官吏营商,失归于国,利归于己,以

---

① 胡秋原:《统制政策乎?保护政策乎?》,《祖国》第41期,1941年2月20日。
② 胡秋原:《道德与科学》,第72页。

国之权,争民之利。"①国家的统制,广义言之,"以最好的解释言之,是政策的调节,不是官吏的直接经营,更非官吏之没收。我国无行统制可能,亦无此必要"。而所谓统制,"成为官吏营业,以我国行政效率之不足,不特使事业败坏,且足增长贪污。此其结果,必至民穷国困,贪污独肥,且必酿成社会革命之危机。""统制只是以造成官僚资本,不会有国家资本。"②

他认为统制经济绝非一种可以推荐之政策,主要理由有二:一是"我国为生产落后之国家,必须一般的普遍的刺激生产扶植生产,而统制结果将得其反";二是"我国目下尚在训政阶段,地方自治亦仅在开始时期,数千年政治上之积弊,自不易完全肃清,统制适足以造成官僚资本"。在经济建设上是实行自由政策,还是统制政策,抑或是保护政策,各国应根据自身的国情采用适合自身发展的政策。"自由政策,宜于工业最发达的国家。一国工业在世界各国之前,不怕他国竞争,当然可以采取自由政策。"例如19世纪上半期之英国、当下的美国。"统制政策者,宜于工业已有基础之国家,为对付同等竞争者之政策",例如,目下之苏联、德国。而"保护政策者,则适宜于由农业国变为工业之国家,此等国家,工业尚无基础,为迎头赶上起见,必以政治全力促进工业,一面须对外保护本国之工业,一面须对内刺激保育工业之发达"。如革命后之美国、统一后德国。"中国属于第三种国家,中国之政策,当行保护政策。不是统制根本要不得,而是我国现在没有实行之可能与必要。""我们的需要,是发展生产,所惧者,是资本专制。我们所以侈谈统制者,以为只有统制政策可以达到我们的目的。如果明白统制已生流弊,可使生产萎缩,官僚独登,酿成革命破产之祸,而保护政策恰恰乎需要,还有不赞成保护政策的吗?"③

他对"统制经济"持怀疑批判态度,是基于对抗战时期中国经济发展现状的客观分析和理性认识。与西方列强经过工业革命成为现代工业经济国家相比,中国还是以农业和手工业为主的落后的农业经济国家,西方"富强",中国"贫弱";"贫弱是不能忍受的,我们必须富强"。要富强"就必须变手工业中国为机器中国,唯有机器才能保证富强,抵抗侵略",中国抗战是"要由半殖民地提高成为现代国家"。④日本曾提出和中国进行所谓"经济合作","并且提出一个公式:'工业日本,农业中国',说我们用日本工业品,日本用我们农业品。表面看来,这似乎没有什么"。但事实上,"这样一来我

---

① 胡秋原:《道德与科学》,第102—103页。
② 胡秋原:《中山先生民生主义》,《祖国》第38期,1940年5月1日。
③ 胡秋原:《统制政策乎? 保护政策乎?》,《祖国》第41期,1941年2月20日。
④ 胡秋原:《中西文化与文化复兴》,祖国出版社,1943年,第4、5页。

们完全成为日货市场,中国永远不能工业化,不仅我们精血抽尽,我们也要丧失自己一切的聪明才力了"。对于很多人主张的"以农立国",是由于"他们不知道恰是日本欢迎的,日本侵略政策就是要中国永远是一农业国家"。日本打着中日"经济合作"的旗号,实质上"就是灭亡我国之别名"。"我们抗战,就是打倒工业化的障碍,我们建国,就是建立工业化的中国。"①

中国要立国于时代,"经济上必须取消日寇所谓'工业日本农业中国'的荒谬观念",必须"工业化,才能为国防之后盾,供给四万万人之需要"。中国资源丰富,能够为发展工业提供源源不断的物质基础。"过去日寇束缚中国关税,强在中国设厂,到处抢资源,销私货,这是不可容忍的,中国并不拒绝日本通商,但中国必定实现自己的经济安全。"②中国要取得抗战胜利,要建设现代民族国家,"要有现代武装和现代产业,有现代武装才能保护现代产业,有现代产业才能充实现代武装。中国之大病是贫与弱,我们要求富与强,我们要求足食足兵"。要摆脱贫穷落后的状态,实现民族复兴和国家富强的目标,就要振兴中国民族工业。"日寇进攻中国最大目的,是要扫灭中国民族工业。""使日本为工业国,中国为农业国",是"日寇侵略政策的根本目的"。日寇所谓"经济合作","要求减低关税,实行武装走私,都是为的这个目的。"③

纵观西方工业发达国家的历史,无一不是在政府主导下为经济发展保驾护航,从而实现工业化的。"中国要发达工业,必须实行保护政策,这是一切落后国家发达工业的定理。"所谓保护政策,"除保护关税之外,尚必须实行合理税制,取消国内市场障壁,统一币制,铲除贪污,奖励发明"。"国家如不保护财产,即无人生产;不保护资本,资本是不会发达的。"④他认为"统制政策阻碍了经济之发达",这是中国抗战暂时失利的原因之一。官吏直接经营的统制经济,费用之高,手续之烦琐,致使效率低下。官吏假公济私,借助权力实行垄断,致使商人裹足不前,继而造成民困国穷的惨局。国民政府虽有保护工业的意向,然而仅限于贷款一事,没有系统的扶持政策。"企业家所苦在交通,在动力,在原料",这就需要政府提出系统的经济财政政策来帮助企业解决问题,这样才能使工商业发达,才能为建国奠定经济基础。基于此,他大声疾呼:"欲谋今后实业之发达,不在计划之宏大,亦不在名词之

---

① 胡秋原:《中西文化与文化复兴》,第5、6页。
② 胡秋原:《论日本问题及其解决》,《祖国》第48、49期合刊,1941年11月。
③ 胡秋原:《兴党与建国》,第35页。
④ 胡秋原:《谈西南经济建设》,《祖国》第39期,1940年11月30日。

新鲜,而在根本改变政策,及废止统制政策,厉行保护政策。"①他认为,政府减少对经济运行的粗暴干预,放开统制经济政策,大力扶助民营企业,为工商业发展提供合理的、宽松的环境,才能为建设工业化国家奠定基础。

抗战时,政府应"施行计划经济,凡事业之宜于国营者,由国家筹集资本,从事兴办,务使之趋于生产的合理化,且必制节谨度树之楷模;其宜于私人企业者,由私人出资举办,于国家的整个计划之下,受政府的指导及奖励,以为有利的发展"。②胡秋原提出国家经营和私人经营两种不同经营方式的问题,哪种所有制能够促进经济的发展,就实行哪种所有制。这种根据经济发展需要实行灵活经营和适合所有制经济发展的主张是极其可贵的思想,对当下中国经济的高质量发展提供了有益的启示。

为促进抗战期间工商业发展,胡秋原认为:"目前国营事业,只应限于军需生产输入与运输。""应用保护政策,奖励国家需要的工商,抑制国家不必需的工商。"绝不能"以统制经济之名,为官吏包办之实"。③ 在抗战期间,"希望劳资双方亲密合作,共同为民族为抗战而增加生产。""希望政府保护产业,资本家优待工人,而工人努力生产,三位一体的合作,建立抗战力量之源泉。"④"政商用保护政策,发展工商,避免官僚资本的弊害!工商业者集中资本,投资生产建设事业,拥护政府抗战建国政策!政府工商业者,政治家,技术家,劳动阶级合作,建立工业化的中国!"⑤事实上,他对统制经济并非不加分析地完全排斥,而是针对不同情况灵活运用。他主张对关系国计民生的工业生产实行国家统制,对其他工业生产则主张自由发展,契合市场经济运行规律,这种主张是对中国市场经济建设做出的极为可贵的探索。

他呼吁国民政府和国人要深切认识到,"中日战之胜败,最后决于经济力之持久和强大"。为此,需要加速建设,为抗战胜利奠定经济基础。一面"要厉行保护政策",一面"要欢迎外资"。"我们进行与美英法俄等诸友邦经济合作,不仅必要而且可能。"在经济合作上,"我们与其由友邦购买或信用购买必需品,不如输入友邦机器,在中国制造"。⑥胡秋原认为:"中美苏三国代表一种经济上的新倾向,即赞成民族解放与国际经济合作是也。吾人虽尚不能预言未来,然有一点无疑者,即中国必工业化且与友邦实行经济

---

① 胡秋原:《谈西南经济建设》,《西南实业通讯》第2卷第3期,1940年9月。
② 胡秋原:《兴党与建国》,第39页。
③ 胡秋原:《道德与科学》,第104页。
④ 胡秋原:《战局与欧局》,第9、10页。
⑤ 胡秋原:《道德与科学》,第106页。
⑥ 胡秋原:《欢迎友邦资本之时》,《祖国》第26期,1939年10月31日。

合作是也。"①"中国要迅速工业化,非欢迎外资不可。"针对"无限制欢迎外资,是否会压倒中国经济之发展呢?如加以限制,外资是否会裹足不前呢?"这一质疑,他给予明确回应:"对外资比例不加限制,董事长职,亦不以中国人为限。外人在中国投资,只要经政府允许,可对某一企业作单独经营。在这一决议精神之下,中国将为外资合理的自由活动之新天地。"②在近代中国遭受西方资本主义列强经济侵略,国内高扬阶级立场、非此即彼的话语体系下,在反对西方资本主义的氛围中,胡秋原能够站在理性的学术立场上提出中国实现工业化需要引进外资的主张,呈现出不畏权势的理论勇气。

基于此,他指出战胜日寇以后,"第一事是建设,中国大规模建设一定要欢迎外资"。在欢迎和吸引外资投资中国建设事业方面,胡秋原认为在各友邦中,中美经济合作是最重要的。"战后中国一定与友邦实行经济合作,而各友邦之中,当以美国占据最重要地位。"其原因有二:一方面,"中美关系一向友好,中美合作有长期历史";另一方面,"美国拥有世界最先进技术,最雄厚资本"。战后中国"进行世界空前建设事业之时,也就是美国空前的黄金时代"。中国可以"藉(原文如此)此完成现代工业化的目标",对生产力空前提高的美国而言是"其工业的最大出路"。除中国以外,"世界亦无容纳美国巨大生产力的处女地"。而对世界而言,"中国的安全是太平洋安全之保障,中国之开发将是战后世界经济秩序之重镇"。如果"中国与国际经济合作实现,不啻开一新世界"。在展望中美合作的前景时,他表示:"将来中美经济合作对于人类文明的功绩,一定是哥伦布发展美洲以来未有之盛!""中国一定要彻底抗战,以便自由建设"。而我们"深信美国朝野为了美国及世界的光明前途,也必然会援华制日到底"。③ 中美合作不仅对中美两国而言是双赢,而且对世界和平发展前途和人类文明也是极大的功绩。

在抗战时期,"大规模外资未成事实,而国库又非充裕之时,发展实业之道,必须废止似是而非之统制政策,一面官办民有政策,建设国家资本,一面厉行保护政策,保护私人资本"。而政府应"立于指导监督及辅助地位,以国防为中心,以福民为目的"。④ 他一再批驳统制经济,呼吁实行保护政策。"今天有许多人迷信什么统制国营之类,不知统制是工业发达国之政策。""今天惟一可行之政策,是保护奖励政策。惟有实行这政策,才能集中资

---

① 胡秋原:《新经济学:基础论》,《祖国》第59、60、61期合刊,1943年7月7日。
② 胡秋原:《向民治之路前进》,《祖国》第62、63期合刊,1943年12月。
③ 胡秋原:《中美经济合作之展望》,《祖国》第48、49期合刊,1941年11月。
④ 胡秋原:《中山先生民生主义》,《祖国》第38期,1940年5月1日。

本。"①对于民营事业,不仅"确认其必要,放宽其范围",而且"政府应特加奖励和保育"。要"迅速工业化,除了利用外资以外,非利用民资不可,而如无政府之保育,中国之民间工业,是没有希望的"。② 他高度评价私有企业的作用,认为"私人生产事业不仅是正当力量,而且是宝贵力量"。

在评价国民政府实行统制经济的效果时,他表示:"为了发展中国产业,几年来颇有人追随外国,高唱统制经济之议。其实统制经济要高度生产技术,与高度管理技术,在中国,目下实在是谈不到的。"他进而希望"今日正应据建国方略根本原则,宜国营者国业,宜私营者私营,而国家以奖励和保护制度以促进和调节私人工业。这样才能事半功倍"。更何况,"中国今日政治上缺点犹多,贸然唱统制,长易流于官僚营利之窠臼,试看半年来国营事业之成绩不大,与私人资本家不甚愿投资于国营事业,即可知其中消息,无待明言。以作官方法营业,其业罕有不败者"。他对政府制定两个奖励工业的法规表示赞赏,认为这证明政府"深切了解工业化之必要,尤其是了解今日经济政策之应该取奖助政策而不是所谓统制经济"。倘若政府早能如此,"中国工业必能有更好的发展。我们盼望中国产业家及技术家努力投资,努力建设,在政府鼓励和援助之下,为新中国建立坚实的基础"。他相信"未来的中国,一定属于运用现代技术,组织现代生产的人!"③

基于对抗战时期中国经济发展的理性分析和深入思考,胡秋原主张中国应发展民族资本主义,力劝政府放弃统制经济政策。"必须抗战到底,才能夺取胜利,完成工商建国的大业;而也必须实行资本主义,保护工商,才能支持长期抗战。"④在抗战期间,由于国家"无法立刻集中大量资本,来举办一切交通生产事业,势惟有鼓励人民举办,而由政府扶助之"。"若干工业固可由人民举办,交通国防工业若由人民自办,固可救今日之急,但将来有无资本专制之危险呢?"为消除这种资本专制之危险的问题,"就要实行民办国有政策"。所谓民办国有政策者,"就是一切交通国防工业先由人民办理,30年后40年后由政府以加倍之资收回,如行此法,百废可兴,而又无资本专制之害。一切资金均可集中于生产,而不致逃避及作囤货之举"。⑤ 如果中国"不能在战争中树立国民经济基础,则即使抗战胜利还是要受敌人经济侵略的"。针对抗战时期中国战时经济发展现状,"急应实行民营国有及外资批

---

① 胡秋原:《提高斗志信心 增强工作效率》,《祖国》第21期,1939年8月13日。
② 胡秋原:《向民治之路前进》,《祖国》第62、63期合刊,1943年12月。
③ 胡秋原:《国防与经济》,第29、30页。
④ 胡秋原:《在中国实行资本主义是进步》,《政论》第1卷第21期,1938年8月。
⑤ 编者:《速行民营国有政策》,《祖国》第38期,1940年5月1日。

办政策,开发交通,发展实业,以应战时之需要,树立战后之基础"。① 在经济政策上应实行保护资本,发展民族资本主义。"发展国家资本,奖励私人资本,欢迎友邦资本也是无可争辩的。"②

胡秋原认为当时中国的"许多经济学家,只背诵外国书本,或追随他人夸张资本主义恐慌,而不知道自己的问题是另一问题,而中国应取何种经济政策,也不去研究",③造成国人对资本主义的误解。他认为,那些认为资本主义之后就是社会主义的说法是"图式主义"。资本主义与社会主义乃是两种工业制度,离开工业谈论其区别便毫无意义。"所谓私有与公有者,乃指工业财产而言。"④鉴于这种认识,他考察资本主义和社会主义的历史后指出:"工业革命促进世界的进步与革新",由此,资本主义又产生了"民族主义、民主政治、科学文明"。"资本主义—民族主义—自由主义",在其"最发达时期,是三位一体的"。联系到当时中国经济落后、未经过工业革命的现实,他又指出:"中国民族统一自由独立,就是中国市场之统一自由独立","民族主义在本质上是资本主义"。中国革命的目的"为发展民族资本,将农业国变为工业国。为充分发展民族资本,进而发展工业化而战,这就要一面抗战,一面建国"。建立现代中国,才有"统一的主权,机器工业的生产,民主政治,科学文明"。中国的抗战是"内求统一,外求独立",这是"国家现代化要求之两面"。而"民生主义不过要防止将来资本专制,决不是说今日不要尽量发展生产,而国营一时来不及者,不尽量扶植私人工商业之发展,有什么办法呢?"⑤胡秋原主张发展民族资本,将农业国变为工业化国家,为发展工业化而战,建立新中国,这种观点与毛泽东在中共七届二中全会上提出的中国经济发展路径和建立现代工业强国的主张是一致的。"由于中国经济现在还处于落后状态","还需要尽可能地利用城乡私人资本主义的积极性,以利于国民经济的向前发展",引导民族资本向现代化、工业化的方向发展,使中国"由落后的农业国变为先进的工业国","建立独立的完整的工业体系"。⑥ 由此可见,二人在对新中国经济发展问题上的认识和思考可谓是不谋而合。

对当时马克思主义者所主张的社会主义,胡秋原指出"在理论上,社会

---

① 未明:《如何实行民生主义》,《祖国》第38期,1940年5月1日。
② 胡秋原:《复论复兴国民党》,《祖国》第5期,1938年11月3日。
③ 胡秋原:《所谓学术中国化》,《时代精神》创刊号,1939年8月。
④ 胡秋原:《论资本主义与社会主义》,《时代生活》第1卷第5期,1943年9月。
⑤ 胡秋原:《论资本主义与中国》,《政论》第1卷第23期,1938年9月。
⑥ 《毛泽东选集》第4卷,第1431、1433页。

主义可看作一种急进的民主主义"。①"马克思主义之功劳,在其不以社会主义为一种道德或伦理学说,而成为一种经济学说。马克思主义目的,还是在提高社会生产力。"②针对左翼文化人士撰文《不要奢谈资本主义》,在重庆谈资本主义就是汉奸云云,胡秋原公开声称:"其实我主张资本主义,已经五年于兹。""今天要发展工业不能回避这个问题……必须爱护民族资本……而这也可以鼓励一切民族资产阶级拥护抗战。"他认为,那些主张不要"奢谈资本主义"的文化人,其实不过是只准他们"奢谈""社会主义而已"。无论是从学术争鸣还是从团结抗战的视角来说,"奢谈社会主义自无不可,但既说民族统一战线而不是社会主义战线,也就不能否认资本主义者的主张和地位"。③

胡秋原驳斥那些"以为主张实行资本主义是含有什么个人动机"的观点,提出"社会主义是很时髦思想",纵使大家"喜欢社会主义,也是很好的事",将来"中国实行社会主义与否,此刻也毋庸争论"。"任何制度只有需要与否问题,其善恶标准只在其是否提高当前社会生产力。"他认为,那些反对今日发展资本主义者,是"根据一种并无根据的公式论和宿命论的,他们以为社会进化论由封建而资本而社会主义"。其实即使"根据这公式论,更无否定资本主义之理由","中国并没有经过全盛资本主义时代",但许多人因为"怕'社会革命'的杞忧,就想修一座天桥跳过去"。由于中国贫困落后,需要大力扶植一切国家和私人生产,为走向社会主义奠定经济基础。

在胡秋原看来,中国"不是资本主义与社会主义决战问题","中国资本主义者与社会主义理想者有合作必要",社会主义者也"应以抗日为当前惟一大事","今天是民族战线,不是资本主义或社会主义战线"。④ 为战胜日寇,要结成最广泛的抗日民族统一战线,这是抗战时期大多数国人的共识。作为中间知识分子的胡秋原等人表示:"我们只问是否抗日,来区别友敌。"对资本主义与社会主义思想的争论,他认为:"只有头脑混乱的人,或无民族自信心与责任心的人,才不容许他人根据资本主义或社会主义思想来抗日。"在民族斗争空前严峻,中日民族矛盾上升为中国社会最主要矛盾之际,国共两党争斗和阶级斗争要服从于抗战建国这个大局。"今日劳资必须绝对合作,互相爱护,只要抗日,劳资都有前途。如有人虐待工人或阶级斗争,都是不明大义。"对那种声称"只有某一阶级革命"的言论,那是"自己分

---

① 胡秋原:《论资本主义与社会主义》,《时代生活》第1卷第5期,1943年9月。
② 胡秋原:《论资本主义与中国》,《政论》第1卷第23期,1938年9月。
③ 胡秋原:《论文化人并忠告之》,《祖国》第9期,1939年1月25日。
④ 胡秋原:《说我的思想》,《祖国》第17期,1939年6月1日。

裂",破坏抗日民族统一战线。他大声疾呼:"今日国共必须绝对和谐,只要抗日,每一中国人都有前途,何况党乎?"如果"有人不了解这民族统一之神圣与严肃,倾轧挑拨诟谇其间",不仅是"民族的小人",而且是"精神上政治上都欠健全的份子"。①

对左翼人士反对发展资本主义,胡秋原质疑道:"中国有无机器生产呢?中国开始发展现代生产之时,还是应保护或是取消私有财产呢,中国的生产是否业已过剩到这个程度,不取消私有制便形成生产与消费的矛盾呢?"按照马克思主义学说,"中国是由封建社会到资本主义过渡期而且还有帝国主义的压迫";"封建主义既然落后,社会主义又不够条件,若不发展资本主义,然则要怎样呢?是否要做殖民地呢?"那些认为"马克思主义经济学教程就是经济学"的人,谈论"似是而非的社会主义与统制经济","实在是殆(原文如此)害青年不浅"。是以"中国头脑听人跑马,不是幸事"。因此,中国思想界需要用"古典资本主义时代的民族主义与科学精神"来澄清这些误解。对发展资本主义会导致流血的社会革命的担心,在胡秋原看来,"多是受公式主义的社会进化史之误"。按照马克思主义的观点,只有资本主义充分发展,"最能和平达到社会主义的国家"。②

在中国的社会发展前途是资本主义还是社会主义的问题上,胡秋原在批判左翼人士受"图式主义"影响时,也不自觉地陷入"图式主义"之中,认为只有在马克思设想的高度发达的资本主义这一历史条件下,才能建设社会主义,根本不承认在中国可以不经过资本主义的充分发展阶段(即跨越"卡夫丁峡谷")而走社会主义道路,忽视了快速发展的客观现实社会。我们在批判胡秋原在社会发展前途问题上陷入机械论的同时,也不得不承认他一再强调中国唯有进行机器大生产,发展现代经济,才能实现建设工业化国家主张的科学性。"搞社会主义,一定要使生产力发达,贫穷不是社会主义。""要建设对资本主义具有优越性的社会主义,首先必须摆脱贫穷。"中华人民共和国成立后的前30年,中国走社会主义道路,建设社会主义,但"事实上不够格"。③"不够格"主要体现在生产力不发达,这也是改革开放后邓小平大力提倡解放和发展生产力,做出中国处在"社会主义的初级阶段,就是不发达的阶段"论断的根本原因。④ 从这个角度来审视,胡秋原的充分发展经济的主张契合中国经济发展的现实,既富有前瞻性,又具有深

---

① 胡秋原:《论文化人并忠告之》,《祖国》第9期,1939年1月25日。
② 胡秋原:《论资本主义与中国》,《政论》第1卷第23期,1938年9月。
③ 《邓小平文选》第3卷,第225页。
④ 《邓小平文选》第3卷,第252页。

遂性。

为迅速发展中国工业,在经济上必须"以自由经济或国民(民族的)资本主义制度为主体,同时实行进步的社会政策,并建设国家资本,欢迎外国资本;而不可行统制经济……因这一切在落后之国,必然流于官僚资本主义"。① 胡秋原对中国经济落后的现实有清醒认识,因而呼吁先发展民族资本主义,为抗战建国乃至为未来走向社会主义奠定坚实的经济基础。这也是他一再呼吁经济工业化,建设现代民族强国的根本原因。

对抗战胜利后中国的经济发展形势,他充满信心:"我们深信,民族革命的长期斗争,和抗日胜利以后经济的复兴和再建,需要今日开始的全国合作,继续下去。我们深信,抗日胜利以后的中国,还是资本主义式的发展,或者是一种更有计划的资本主义。"②抗战胜利后随着"民主政治之发达","更大产业国有",以及"农业技术及土地制度亦将随工业之发达而发达",加之中国"人民之勤劳,中国经济前途之光明实在令人兴奋"。他不仅对中国经济发展前景满怀信心,而且认为中国经济必然会"在国际经济制度中树立一崭新形态"。③

他在晚年致郑超麟的信中,述及"一·二八事变"时便认为"中国在实行社会主义前,必须先发展民族资本主义"。在苏联进行一年半的观察后,他"认为中国不可行俄式社会主义",并"深信中国必须发展民族资本主义"。抗战胜利后,"那些大工业收归国家所有,中国将有一新型资本主义",即"混合经济"。④ 他还指出随着时代的发展进步,现实会迫使资本主义国家吸收并借鉴社会主义重视公正平等的因素,两种制度的并存且竞争是必然趋势,"将来资本主义与社会主义必有一种渗透之势"。⑤

2. 从中西文化比较的角度对抗战建国理论的阐述

在国共合作全民抗日的高潮中,国民党积极拉拢聚集在武汉和重庆的文化界知名人士。当时"胡秋原正处在政治上无所凭依、寻求出路的时刻",⑥与蒋介石的把兄弟张群建立起关系。1939年1月,国民党召开五届五中全会,决议将中央政治会议和国防最高会议合并,设立"国防最高委员会",张群任秘书长,胡秋原受其委派任机要秘书。国民精神总动员运动的

---

① 胡秋原:《一百三十年来中国思想史纲》,第162—163页。
② 胡秋原:《统一与抗战》,第85页。
③ 胡秋原:《国共论》,第25—26页。
④ 沈寂:《郑超麟与胡秋原的〈隔海书简〉》,《世纪》1998年第6期。
⑤ 胡秋原:《论资本主义与社会主义》,《时代生活》第1卷第5期,1943年9月。
⑥ 涂月僧:《我所知道的胡秋原》,《黄陂文史》第1辑,第163页。

共同目标是"国家至上,民族至上;军事第一,胜利第一;意志集中,力量集中"。① 这项工作由国防最高委员会主持,胡秋原主管这部分工作,他撰文《不要误解精神总动员》,指出这是一种现代化的民族精神和科学精神。②

精神动员"不是恢复旧日道德,而是促进中国现代化"。③ 国民精神总动员是在抗战时期,面对日军实力数倍于中国的不利局面,在国际援助不足、物资匮乏的情况下,国民政府为增强抗战实力,转向在精神层面宣传民族复兴、抗战必胜和建国必成的精神而做出的一次努力和尝试。国民政府动员全民参与抗战,提高国民坚强不屈的精神,等待世界局势朝着有利于中国抗战的方向发展,利用精神资源来重建民族精神,促进"民族复兴运动",就客观上而言,这对坚定民族信心,激励民族气节,鼓舞抗日斗志,增强抗战力量,坚持抗战到底,推动抗战建国大业产生了积极作用。

1939年4月5日,《中共中央书记处关于国民精神总动员的指示》中明确指出,国民精神总动员具有两面性,"一方面为抗日的,这是基本的,另一方面是防共的"。中共中央号召全党采取基本上拥护的立场,同时"反对与打击一切与此相反的东西,一面反对防共分子的观点,一面反对反民族分子的观点"。公开批评各种不良现象与防共的阴谋,打击破坏团结进步的阴谋活动,号召全国坚持国共团结抗战,争取民族最后胜利。

4月26日,《中共中央为开展国民精神总动员运动告全党同志书》中指出,因敌人"欲以种种方法摇撼吾人之意志,威胁吾人之精神",必须动员"全国人民振奋抗战到底之精神,才能争取最后胜利国民精神总动员"。因此,中共中央"号召全党同志积极拥护国民精神总动员,并尽一切努力推动全国人民参加这一运动"。以达到"高度发扬民族自尊心与自信心,坚持抗战到底,克服悲观失望情绪,反对妥协投降"之目的。对"国民精神总动员纲领"所提出的"共同目标",中共中央表示"这些都是根本正确的",同时对其进行诠释。

4月27日,《中共中央书记处关于国民精神总动员的第二次指示》再次指出,"要经过这一精神总动员的形式,根据其中一切积极的东西,来实际解释与发挥我党坚持抗战的正确路线,打击日寇汉奸汪派托派反蒋反共,挑拨离间,和平妥协的阴谋活动,使这一动员成为我党巩固抗日民族统一战线,坚持抗战,开展群众运动,反对防共,要求民主的武器"。"在宣传鼓动中明

---

① 胡秋原、李建明合著:《领袖与抗战建国》,独立出版社,1940年,第78页。
② 胡秋原:《不要误解精神总动员》,《国魂》第36期,1939年4月。
③ 胡秋原:《精神动员之本义》,《祖国》第14期,1939年4月15日。

白的显示出资产阶级与无产阶级两条不同的抗战路线的实质,以我们的立场给精神总动员的条文以正确的解释,以防止和打击顽固分子利用作为防共武器的企图。"

在对国民党发动国民精神总动员运动的判断上,中共中央与胡秋原既有相同的一面,又有不同的一面。双方都拥护国民精神总动员运动,一致认为此项运动在发扬民族自尊心和自信心、鼓励民众共同抗日、坚持抗战到底、为争取抗战建国的胜利而牺牲奋斗的革命精神等方面发挥积极作用。不同之处在于,中共中央认为国民党企图借此次运动,集中全国抗日力量,有利于加强国民党专制独裁统治。在国民精神总动员共同目标上,即"国家至上,民族至上;军事第一,胜利第一;意志集中,力量集中",实际上就隐藏着国民党镇压共产党及其领导的抗日民主运动,实现"一个主义、一个政党、一个领袖"的诉求。正是由于这种判断,中共中央先后向全党发出三次指示,强调要警惕国民党破坏团结抗日和反共阴谋,批判、打击和制裁出卖民族国家利益之人。胡秋原虽然声称国家利益高于党派利益,但由于负责此次运动,他在解读宣传国民精神总动员运动时自觉不自觉地就偏向于国民党的立场。

胡秋原还将国民政府主导的新生活运动视为国民精神复兴运动,是改造国民性,提升民族主义的社会教育运动。"新生活运动,在我们看来,是一种国民日常生活习惯现代化的运动,或者也可以说是一种国民精神复兴运动。"新生活运动的目的,"是要训练国民有现代国民的生活习惯"。① 从某种意义上而言,新生活是"一种民族精神动员运动",那么我们应向何种方向进行精神动员呢? 第一,"我们要发扬民族主义的精神,提高民族的自信心,光大中国固有的美德与创造力,锻炼一种绝对的民族至上主义";第二,"我们要有现代化的思维与行为,要有科学的知识与技能,锻炼一种战时的建设的民族主义"。②

他将新生活运动提升到和国民经济建设运动同等重要的地位,认为"新生活运动着重于道德与精神方面的改造,实为国民经济建设运动之体";"国民经济建设运动着重于行动与物质方面的进步,实为新生活运动之用"。新生活运动是"奠立民族之精神的基础",而"国民经济建设运动"则是"充实民族之物质的基础","二者相辅而行,缺一不可"。③ 在分析新生活运动失

---

① 胡秋原:《士风与学风》,第58页。
② 胡秋原:《战局与欧局》,第47—48页。
③ 胡秋原、李建明合著:《领袖与抗战建国》,第67页。

败的原因时,他指出:"民族没有独立,日寇没有逐出,我们就不能实现真正新生活。只有中国经济政治现代化了以后,工业发达以后,国民日常生活才能现代化。"①

无论是新生活运动,还是国民精神总动员运动,虽然出于各种原因而成效不彰,但都是"求民族复兴"的"文化重建运动",其意在唤起国民的民族意识,鼓舞抗战精神,对抗战建国进行精神动员发挥积极作用。尽管全面抗战爆发后,民族主义思想日益高涨,但现代国家的民族意识还未普遍形成。"我民族常常容易勇于私忿而怯于公战,对于民族安危的优(原文如此)乐,常超过对于个人休戚的关心。"面对这种危局,"我们今天不能不靠主观的努力,来发扬民族的精神,培养民族的意识,民族战斗的意识"。②

在抗战时期,中国"政治的无轨和经济之贫弱,影响于文化之衰微,而文化之空虚,亦增政治经济之空虚"。二者相辅相成,相互影响。"中国文化真正复兴,那只有在中国自由独立富强以后。"这并非表明我们束手无策,坐以待毙,等到中国独立强大以后才能实现文化复兴。"今天我们却不得不改善我们的文化武器,来帮助今天的抗战,来帮助民族解放的斗争,一切归于抗日,今日的文化教育自亦应服务于抗日。"抗日战争时期文化教育的本质应该是"形式是民族的,内容也是民族的,更明确的说,形式是大众的,内容是抗战的"。③ 在文化教育方面,要以抗战及建设为中心。"一面要发扬我民族固有美德,一面要吸收科学技术。""将民族革命的热情与思想和科学的知识与技术结合起来",使我们在抗战中,既要"提高及普遍国民知识与抗日思想",又能"建树国民文化的基础"。④ 因此,"今日长期抗战,是为民族生存而斗争,也是为文化保护而斗争。今日血战的废墟,就是将来新中国文化殿堂之基础"。⑤

针对学界对中国文化的不同认识,他认为无论是中国文化落后论,还是中国文化万能论,都是不正确的。"中国文化在技术的意义上,是一种高度农业与手工业的文化。""和平思想,人道主义,正义精神,对自由的尊重,对劳动之尊重,中正与节度,求人与人间,人与自然间和谐的观念,都是中国文化的根本流。"他将中西文化进行比较,认为"希腊人的爱美观念和希伯来人的操守观念,在中国精神上得到最中庸平正的调和"。如果"没有现代科学

---

① 胡秋原:《士风与学风》,第59页。
② 胡秋原:《统一与抗战》,第49页。
③ 胡秋原:《肃奸与惩贪》,第41、42页。
④ 胡秋原:《中国革命根本问题》,第48页。
⑤ 胡秋原:《肃奸与惩贪》,第43页。

之武装,这一切将失去保护"。在"以新的科学与技术武装起来以后,中国将与世界一合理的人生观"。中国文明在人类文明史上是"一种独立创造的文明",近几十年来,"我们科学技术之落后,皆由于经济之落后与政治之无轨。一旦中国独立而建设起来,因而在平等互惠的基础上,与国际合作,引用欧美的资本与技术开发中国,中国之复兴固将促进世界之复兴"。他对传统文化的阐释尽管存在偏颇之处,但他坚定了文化自信,同时指出中国文化向现代化前进的方向符合时代发展潮流。

他认为"一个自由独立的中国,不仅可以促成世界的经济复兴与文化复兴,尤其是一个安定世界和平的力量"。中国传统文化主张协和万邦、天下一家,对外来思想采取兼容并包、博采众家之长的方针,促进了中西文化的交流,印证了文明因交流而多彩的道理。"我们对于异族,从不主张以武力征服。""世间也无一个民族像我们中国对于外来思想毫无成见的",无论是佛教,还是伊斯兰教,抑或是基督教,"都没有在中国遇到有组织的迫害"。回顾历史,"过去中印文化交流与合作,是全世界民族合作之楷模,也是将来国际生活的典范。尊重思想自由也是我祖宗的传统伟大精神"。纵观人类社会发展史,"世界上只有我们中国,是一个民族同种疆域相连的一个源远流长的最大国家"。然而,"我们这个统一体,不是靠经济纽带联结起来,而是多靠文化纽带的"。这不仅是中国文化的特点,而且也是中国文化的优势。

在他看来,中国传统文化和民族精神,不仅在抗战建国大业和促进民族复兴中扮演着重要角色,而且应肩负维护世界和平、促进世界复兴的重任。驱逐日寇、建立现代国家,用"己所不欲,勿施于人之精神,来维护世界正义"。针对有人提出"中国强盛起来以后,是否会侵略他人的"疑问,根据中国传统文化以和为贵的基因,不主张武力征服的传统,他给出"绝对不会"的答案。如果"我们不能抗战到底,独立而工业化",不仅"我们这一文明古国要归于澌灭,而且断送无量光明将来,对于全人类亦是一莫可填补的损害"。① 他对中国文化的认识既具有全球视野,也具有开放眼光,更具有文化自信的意识。

为实现这些目标,我们要"统一文化界意志,发扬民族斗争文化,鼓励民族战斗精神"。② 面对日寇以武力侵华、步步紧逼,军事上节节败退的危险局势,有"作抗日精神动员之必要,要鼓励抗日情绪,提高民族自信心"。为

---

① 胡秋原:《中国革命根本问题》,第33、34、35页。
② 胡秋原:《抗战建国之根本问题》,第27页。

贯彻执行"巩固统一,抗战到底"的原则,"统一是一切的最高原则,而思想意志与精神之统一,是全国行动统一的基点"。① 我们既"一面要提倡现代精神,一面要发扬固有道德";②又要"一面发愤图强,一面勤力抗战";更要"一面复兴民族之精神,一面获取科学之知识,作持久之战争,作建国之伟业"。在此基础上,"以吾人所爱之祖国为基础,进而助世界之复兴"。③

他批评抗战前后中国学界存在的不良现象,"一是稗贩日报欧美教科书者,二是左倾文化人之公式主义",这是"缺乏民族自信心与责任心"的表现。以"文化人"自居的左翼人士,依然固守抗战前非此即彼的那一套作风,徒增摩擦与敷衍,造成内部不必要的纷争,在国内外产生恶劣影响。他批评"他们虚浮浅薄的公式主义,是对学问之冒渎,每一个有诚意于民族及学问者,不能不加以匡正"。他们"自命中国左派政党之代言人,而中国左派政党之为民族奋斗是民族之幸事为国人所同情的"。对"思想不同的人物,只要其忠于所信而真诚艰苦为民族奋斗,无论为左为右,都必加以敬爱。"④他批判"以'文化人'自居的左翼人士"在探索抗战建国道路上的图式主义,目的是呼吁匡正其对马克思主义和中国革命道路的教条主义,同时希望他们能够团结与尊重为民族奋斗的不同政见人士,这道出了他作为文化人的清醒和自省,是极为难能可贵的。

关于建国理论问题,在全面抗战初期,胡秋原撰文呼吁内求统一、外争独立。他认为"中国革命之目的,在建立独立统一之国家,中国革命是一面外争独立,内求统一的民族斗争"。中国民族革命的建国目标包括:经济上,"经济的自由自立和经济的制度之统一";在政治上,"主权领土的独立自主,政权法制的统一集中";在文化上,"自主自造的国民文化,统一的文化制度";在军事上,"国防武装不仅对外独立统一,而且对内独立统一"。这也是一切真正现代民族国家的基本条件。"以统一的民族力量,作民族独立战争,而在民族独立以后,完成统一的民族国家之建设。"唯有"自主的主权,计划的经济,民主的政治,国民的文化体系建立"之时,才能实现独立统一的建国目标。要实现建设现代民族国家的目标,就要"一面抗战,一面建国。抗战是争取民族国家之独立,建国是实现统一的民族国家。独立统一可说是目的,抗战建国可说是方法。加强统一,彻底抗战是今日的最高命令"。

---

① 胡秋原:《肃奸与惩贪》,第82、83页。
② 胡秋原:《国防与经济》,第26页。
③ 胡秋原:《中国革命根本问题·自序》,第2—3页。
④ 胡秋原:《论文化人并忠告之》,《祖国》第9期,1939年1月25日。

"抗日胜利之后,我们将有一个前途无量的独立统一的、富强的"新中国。①

建国大业,从外交层面来说是"致中国于自由平等",从内政层面而言是"求所以致中国于自由平等之道,故其精神实为一贯"。中国"集合全国之人力物力,以同赴一的,深植建国之基础,然抗战胜利之日,即建国大业告成之日,亦即中国自由平等之日也"。如不抗战,"则民族之生存独立自不可保,自无以遂建国大业之进行;而非建国,则自力不能充实,将何以捍御外侮,以求得最后之胜利?"②"在抗战中改造中国,建立新中国的基础,而在抗战胜利以后,我们能在一个极短期间,建立一个富强的和标准的民主国家。"因此,我们在抗战的同时要准备建国,"抗战胜利之日,就是建国条件完成之时"。从这个意义上来说,"抗战和建国是不能分开,不可分开的"。③ 抗战中的各项建设就是将来建国之基础。

通过对中西方的比较研究,胡秋原认为"中国现代的一切外患内忧,不能不说由于工业革命之迟滞",中国抗战建国的基本意义就是"要完成中国的工业革命"。中国与西方接触以后,没有迅速完成工业革命的原因在于:一方面是外在的,"不平等条约,特别是协定关税,后来日本有组织的经济侵略,阻碍了中国民族工业之发达";另一方面是内在的,"即是中国没有采取一套合理的制度、精神和政策,来保护民族工业之发达"。中国工业发展落后于西方,"不过是一时落后",落后了就应"奋起直追,迎头赶上",④使民族工业与欧美并驾齐驱,甚至超越欧美。

胡秋原认为各党派在抗战建国问题上的不同意见,与百年以来传统派、西化派与俄化派之分化密切相关。百年来悲剧的根源在于"中国在积弱之后,精神上缺乏自主之力,虽然也想学他人之长,然以耳食为盲从,因盲从而内战,或反其道而复古,也增加思想之迷茫,国是之混乱。由落后而被侮,由被侮而丧志,由被侮而自相残害"。⑤ 抗战建国是文化复兴问题,为新中国的建设奠定了理论基础。他认为建设以政治民主化、经济工业化为基础的现代文明,既不是"旧文明之复活",又不是"全盘西化"或"苏维埃式的文明",而是"由中国所创造,为中国之进步,表现中国之特点的现代文明";"形式上是民族的,内容上是科学的"。⑥ 他后来提出"超越传统、超越西化、

---

① 胡秋原:《内求统一外争独立》,《时事月报》第18卷第7期,1938年4月。
② 胡秋原:《兴党与建国》,第35页。
③ 胡秋原:《肃奸与惩贪》,第71页。
④ 胡秋原:《论中国工业发展之途径》,《钢铁界》第1卷第1期,1942年7月。
⑤ 胡秋原:《中西文化与文化复兴》,第119页。
⑥ 胡秋原:《中国文化复兴论》,建国印书馆,1939年,第14页。

超越俄化而前进",走中国自己发展道路的思想由此定型。

胡秋原与毛泽东对新文化的界定有异曲同工之妙:"民族的科学的大众的文化,就是人民大众反帝反封建的文化,就是新民主主义的文化,就是中华民族的新文化。"① 双方在新文化的民族性和科学性上取得共识是不争的事实,尽管胡秋原未明确突出新文化的"大众性",但他指出新文化的合法性首先在于它"能代表众人,亦能启发众人"。这里的"众人"不是指阶级或集体,而是指具有民族文化品格的个人。他认为中国问题是民族问题,不是阶级问题。新文化的首要任务是唤醒国民的民族文化意识,增强民族自信心。新文化的价值观念是根据建设中国现代文明的需要,批判继承传统人文主义精神,弘扬民族文化之精华,去除其腐朽落后的糟粕。② 他认为新文化能"经世致用",增进民族的道德水准,"有益于天下"。③

抗战期间讨论建国问题的书籍还有国社党领袖张君劢的《立国之道》,其中提出民主社会主义的建国目标。毛泽东撰写的《新民主主义论》则主张以人民代表大会选举政府。李璜揭示出毛泽东的著作影响力大的原因,"《新民主主义论》,针对国民党专政的弱点大发议论,而国民党又未能注意而予以反击,只图在军事上消灭共(产)党……总以高高在上的孤立为荣"。④ 事实上,毛泽东提出的建国方案吸引了相当多人的注意力,成为建立中华人民共和国的重要理论根据。

胡秋原站在文化民族主义立场上,从比较文化史的角度论证中西文化。"中西文化不是文化种类的不同,而只是文化进化阶段之不同。古代中国文化与中古的欧洲文化,纵有地方色彩和国民色彩之差异,但大体相似;而今日中西文化之不同,只是西方现代化了,而我们尚未现代化之故。"⑤ "中国当前生存及进化之标的,为民族之独立,政治之民主化,经济之工业化,而根本问题为工业化。中国尚主要为农业手工业生产,此中国被侮及贫弱之由来。"这是中国近代落后的根源,也是抗战建国的根本保障。如果"中国能工业化,以中国人口资源之多之富,必能为世界最富强最安乐之国家"。由于"日本阻止中国工业化",因此"必抗战始可求存",然而"中国工业落后,以致一切落后,故必须在抗战中建国。抗日战胜后,中国束缚去,必能发扬国

---

① 《毛泽东选集》第2卷,第709页。
② 发扬民族固有文化中的"自由平等""尊重劳动""正义自尊与坚毅""现世与务实""博爱与和平"和"独立创造"的精神。"孔墨的光荣传统"和"人类最优秀的思想相通","抛弃有害的渣滓,如老庄之学,腐儒之学"等。胡秋原:《中国文化复兴论》,第4—6页。
③ 胡秋原:《中西文化与文化复兴》,第83、84页。
④ 转引自张漱菡:《胡秋原传》,第946页。
⑤ 胡秋原:《中西文化与文化复兴》,第32页。

力,无限富强"。"今日人类最大之不幸为战祸,科学及技术之发达使战祸更惨。"于是,"发生一种文化的浪漫主义与虚无主义,对科学及文化表示不满与怀疑"。然而,"人类之进化,由过去看,必向人类全体幸福之路发展。和平合作,以充分发挥科学功能,提高文化之创造。今日之不幸,在文化之不足,在人类文化之不平衡"。"由中国之自由与工业化,促进世界之和平与世界联合之实现,是完全可能的。"①"一百年来中国被侵略由于没有工业化,更广泛的说,没有现代化。我们今天应该怎样呢?抱残守缺固然不行,但一切抄欧洲抄美国抄苏俄也是不行的。今天中国的问题是一面抗战,一面如何由非现代状态移到现代制度。""我们今离欧美现代国家的制度,必须有许多预备功夫,皮毛模仿,是无实际价值的。这一点可以帮助我们了解许多模仿的失败。"在人类文明进步的过程中,"以吾人自聪明才力进增吾民族在世界上之地位,以贡献于人类文明之前进",这是中华民族肩负的历史使命。②他对中国实现工业化,以促进世界和平发展的观点持乐观态度。

胡秋原认为"中国的根本历史任务,就是要为中国工业化机器化而奋斗"。一百年来我们所以受西方列强侵略,是因为"我们落后了,别国进到机器时代,而我们还在农业手工业时代"。"倘若我们不能赶快工业化,今日不亡,明日不亡。我们的文化不能生存,遑论进步,只能在博物馆中供人凭吊而已。""工业化是中国当然路向,也是当然国权。""日本因要压迫中国永为农业国,拼命阻止中国的进步,其他太平洋强国与中国工业化不仅不相冲突,而且尚能促进互惠。"因此,中国的国策当然是"联合欧美反抗日寇",因此,"中国工业化问题便归结于抗日问题"。此次抗战"就社会学意义而论,便是为中国工业而战"。事实上,其他太平洋强国与日本在掠夺中国利益上存在矛盾,但这些列强并非希望中国通过工业化而富强起来,同时这些列强也不希望日本一家独大,威胁他们的利益,胡秋原正是看到这一点,希望中国联合欧美反抗日寇成为双方必然的选择。中日间差距悬殊,中国既要"在前方抗战",又要"在后方建设,利用时间,一面消耗敌力,一面进行工业动员,能够如此,我们必能胜利"。因此,"中国问题,便归到抗战建国问题"。③这里胡秋原提出的主张,既有以时间换空间的战略思想,又有持久战的思想。

他从比较文化史的角度来构建其建国理论,从客观而言,在中西文化问

---

① 胡秋原:《历史哲学概论》,第93、94页。
② 胡秋原:《历史哲学概论》,第133、134页。
③ 胡秋原:《历史哲学概论》,第124页。

题上,他是一位见解独特的理论家。他承认西方工业文明是人类文明的共同发展道路,各民族在文化上的狭隘封闭的状态终将被打破,代之而起的必将是相互学习,为本民族文化走向现代化扫清障碍。各民族因面临不同的问题,因而走向现代化道路的速度和途径也必然存在差别。如他所言:未来文明一定有"平衡发展","科学精神之高扬",是"国际的文明";"将来文化之出发点,是正义,是公道"。① 虽然他赞同西方文化中自由民主的价值,也一度向往苏俄的社会主义道路,但对中西文化的比较研究和对中国现实的思考,使他对中国出路的思索最终归于中国现代化问题上。他是较早提出中国要走向建立现代工业文明国家,而不是"西化"或"俄化"的具有自由主义思想的学者。然而,他的思想是多元的,甚至有自相矛盾之处,既有与国民党执政当局文化形态接轨的一面,又有与自由主义相谋的思想空间。他试图扬弃传统文化、西化主义和俄化主义,又要超越它们,构建符合现代工业文明国家的文化发展之路。

在上述认识基础上,胡秋原的思想归依到民族主义的立场上来。② 他认为"从历史的观点看来,人类文化进步的路程有先后之不同,有色彩之差异,但一般趋势,是大体相同的"。他将中西文化的差距比作"人类文化之赛跑场上一时的先后",而"决定的差别,在十七八两世纪"欧洲的工业革命。③ 不仅如此,他还指出中国传统文化中有自由民主思想和民权或民本之说,这种思想一直沿袭下来,只是未发展到欧美的高度而已。④ 在研读明末诸儒的思想时,他认为应在其经世致用精神和思想基础上,探索中国新文化发展出路。他将"民族的、科学的"新文化的发展方向与建国理论融合在一起,成为他建国理论的重要篇章。⑤

在世界大乱和西方陷入文化危机的时代背景下,西洋人也不大相信自己,中国知识界"反求诸己",中国本位文化随之兴起,谈论新理学几乎成为风气,胡秋原认为此风不可长。"如以欧化研究哲学体系之途径,甚至以辞夺理,无论所说者为旧理学,为新理学,皆不足观。"至于"摘拾语句,或附会

---

① 胡秋原:《现代文化之衰落与新生》,《时代生活》创刊号,1943 年 2 月。
② 胡秋原:《战局与欧局》,第 57—59 页;《再论纯民族主义》,《政论》第 1 卷第 10 期,1938 年 5 月;胡秋原:《民族主义论》,《时代精神》第 1 卷第 3 期,1939 年 10 月。
③ 胡秋原:《历史哲学概论》,第 114、115 页。
④ 胡秋原:《先秦思想序说》,《文风杂志》创刊号,1943 年 12 月;《王阳明到颜习斋》,《三民主义半月刊》第 6 卷第 2 期,1945 年 1 月;《王阳明——中国第一个民主主义者》,《民主政治》创刊号,1945 年 1 月;《自由主义史论》,《民主政治》第 6、7 期合刊,1945 年 11 月。
⑤ 胡秋原:《中西文化论》,《时代精神》第 2 卷第 5 期,1940 年 6 月;《新民族文化的创造问题》,《经纬月刊》第 1 卷第 10 期,1943 年 4 月。

古义,或糅杂异说,或迎合时尚,所说谈言,批评是非,如庄子所谓滑疑之耀者,其实皆非有道者之言,亦可云不合辩证法之武器,非理学所以立名之本旨也"。① 抗战以来,随着民族自信心的提高,"我们为学治国,必须解决当前问题,向前开创",我们不能在古人故纸堆中翻来覆去,正是由于"我们过去遗产甚厚,常有一种惰性,拖住我们前进",因此我们要警惕并防止滑向以自己的古董来自慰的道路上去。在纵论理学发展史的基础上,他指出:"我们需要创造自己的哲学,但这决不是整理国故,或将理学新装,而是继承中国先哲的经世精神,运用现代科学知识,创立一个指导原理,鼓舞人心,使中国能应付今日世局,并保证国家之富强,人民之安乐。"②

他呼吁我们在从事空前未有的对外战争、世变如此之亟之际,应敞开胸怀,拥抱世界,学习现代科学知识和技术,为我所用。"要救 20 世纪之中国,需要科学,需要主义,需要西洋现代化之思想,因为敌人以'这个'向我们扬威,我们也只有拿'这个'打击敌人。"③"如果再回到宋明理学,那真是一种反动。"④因此,今后中国的学术伦理一定是适合于工业和民族斗争时代,否则必将遭受历史的淘汰,走进历史的坟墓。他对当时的新儒学和新汉学提出批评,认为代表儒学者是经世致用思想,今日应当以新的科学知识和民族民主的需求发展儒学与中国文化。⑤ 他还对思想界流行的"中学为体,西学为用""全盘西化""本位文化"和"学术中国化"四个口号提出批评。⑥

3. 团结抗战的呼吁

"七七事变"标志着全民族抗战爆发,中华民族处于生死存亡的严重关头,"中华民族到了最危险的时候",全国各地要求一致抗日的呼声一浪高过一浪,民族主义思潮空前高涨,成为时代强音。为挽救空前严峻的民族危机,无论是国民党,还是共产党,抑或是民主党派和中间知识分子,都呼吁国共两党放下成见,不计前嫌,以民族利益为重,团结合作,统一抗战,以"自由人"著称、扮演着"读书杂志派"思想灵魂的胡秋原加入其中。他认为要想抗战到底,取得最后胜利,就要进行全民族抗战,"抗战高于一切,抗战就是一切。因此,一切归于抗战,抗战决定一切"。⑦ "抗战第一,抗战高于一切,

---

① 《通信:关于理学与新理学讨论》,《祖国》第62、63期合刊,1943年12月。
② 胡秋原:《论新理学》,《中央周刊》第5卷45期,1943年6月。
③ 《通信:关于理学与新理学讨论》,《祖国》第62、63期合刊,1943年12月。
④ 胡秋原:《论新理学》,《中央周刊》第5卷45期,1943年6月。
⑤ 胡秋原:《论经世之学》,胡秋原:《中西文化与文化复兴》,第77—93页;《新儒学之道路》,《新中国》第7期,1945年11月;《论儒学》,《建国青年》1946年第1卷第4期。
⑥ 胡秋原:《中西文化与文化复兴》,第127—133页。
⑦ 胡秋原:《抗战建国之根本问题》,第15页。

已成为普遍的呼声。"①他呼吁国共两党团结统一,共同抗战,使中国摆脱严重的民族危机,建设现代民族国家,认为这才是中华民族的唯一出路。

胡秋原认为"民族统一为抗战之前提条件",随着抗日民族统一战线的形成,已形成统一局面。这不仅是"百年来未有之盛事",而且是"民族复兴之基本保证"。他还呼吁:"全国同胞今日应益共怀艰危,同肩巨任,尽去党派门户之私心,愈勉相忍为国之大义。政府当整齐国策,集中人才以统一全国之意志与行动,而全国民众及在野领袖亦当各尽其力,贡献政府,共同奋斗,以建立民族独立民权自由与民生安乐之给国家。"②在民族生死关头,这"正是全国一致精诚合作,集中一切精力来解决一切困难,打出一条血路的时候"。③ 抗战是"一个生死存亡的战争,是一个你死我活的战争。战才有活路,不战只有亡国。战胜就是万丈光明,战败也就只有亡国。所以这是一个死里求生的战争。但抗战一发生,惟有血战到底,中途妥协最后也只有亡国"。④ 唯有"巩固统一,抗战到底",⑤才能取得胜利。

胡秋原在诠释团结统一对抗战建国和建设现代国家的重要性时指出:"统一是现代国家的基本资格,统一才能对外防御,对内改革。如不统一,对外不能生存,而内争亦不暇改革。""在抗战中巩固统一,才有抗战力量。中国是一定要统一的,因为这是历史的使命。"如果说"外部敌人是日本",那么"内部有三大敌人,即是摩擦,贪污和敌奸,我们必须巩固统一,来克服外敌和内敌",⑥才能取得抗战胜利,为建设现代民族国家奠定基础。

对于团结统一、抗战到底,王礼锡认为:"要团结到底,不但在抗战未得到最后胜利以前,团结不能破裂。就抗战得到了最后胜利,亦非各党派并力无以恢复元气,建设新国家。由抗战而获得的可珍贵的团结必须永远维护,争杀必不可再见于中国。""团结要由上层贯到下层,由中央遍及地方,由现在发展到将来。"在评价日寇侵华的目标时,他指出:"中国今天的抗战是无和的抗战,问题尚不在屈辱的和平,或光荣的和平。前途只是日本胜利灭亡中国,或中国胜利求得民族之独立与自由。日本对中国的欲望,的确不是割地,而是以防共协定之方式把中国领土全部吞并;不是赔款,而是以经济合作的方式,使中国一切财产归日本掌握。"为阻止日寇侵华阴谋,争取抗战胜

---

① 胡秋原:《中国革命根本问题》,第 1 页。
② 胡秋原:《统一与抗战》,第 1—2 页。
③ 胡秋原:《统一与抗战》,第 57 页。
④ 胡秋原:《抗战建国之根本问题》,第 14 页。
⑤ 胡秋原:《统一与抗战》,第 59 页。
⑥ 胡秋原:《巩固统一,抗战到底!》,《祖国》第 39 期,1940 年 11 月 30 日。

利,就要团结统一、抗战到底。"抗战到底只有一个前途——中国的独立自由。抗战与团结是达到中国独立与自由的双轮,缺一则此大业必定中道夭折,凡是中国人都应尽一切力量推动这两轮迈进。"①"这是他回国后惟一的政见。"②

随着日寇日益孤立,"我们统一抗战到底,是救国救和平的惟一道路"。③ 抗战到底要巩固国内团结,"巩固统一才能抗战到底,抗战到底才能巩固统一。这是救亡图存复兴民族的根本八字诀"。④ "中国革命是要建立一独立的,统一的,现代的民族国家。对内统一才能对外争独立,然也必须独立之后,才有真正的完全统一。""凡足以增进统一者,我们愿全国同胞一致以国家民族统一为前提一致拥护。"⑤为此,"不分党派,不分阶级,不分信仰,不分种族,团结全体人民,发动全国抗战力量,争取最后胜利,以求实现民族独立,政治民主,经济民主,为最高原则"。⑥

中国"必须巩固统一,才能集中力量,加强我们的军力财力,长期抗战。今天必须绝对避免任何些微的内争,绝对避免任何些微的阶级之争,党派之争,一致抗日"。⑦ "为了还我山河,为了复兴民族,必须全国统一一致,奋励决心。""抗日就是一切,民族国家利益高于一切,军事胜利重于一切,所以一切应归于抗日。"⑧在谈到如何处理民族利益和阶级利益时,胡秋原指出:"民族利益超过阶级利益,劳资及农民地主间发生利益冲突时,应由统一的民运机关仲裁解决。""民族利益高于一切,党派合作,阶级合作,避免一切内争及阶级斗争,经济争执以仲裁方式解决。"⑨应通过沟通朝野意见,增进民族团结。"以统一之力量,为抗日之战争",抗战胜利后"建立对外独立平等对内统一联合之国家"。在抗战期间,"阶级合作,而将来亦可因计划之经济消弭阶级之斗争"。⑩ 在团结统一进行全民族抗战之际,他坚持将民族利益置于政党和阶级利益之上,把握时代脉搏,这符合全国军民一致抗日的呼声。

长期抗战非发动全国民众不可,"使人民各阶层间之利益调和,且使人

---

① 王礼锡:《团结抗战是向中国独立自由迈进的双轮》,《祖国》第 9 期,1939 年 1 月 25 日。
② 胡秋原:《记王礼锡先生》,《祖国》第 23 期,1939 年 9 月 15 日。
③ 胡秋原:《士风与学风》,第 32 页。
④ 胡秋原:《统一与抗战》,第 57—58 页。
⑤ 胡秋原:《兴党与建国》,第 10 页。
⑥ 胡秋原:《抗战建国之根本问题》,第 25 页。
⑦ 胡秋原:《士风与学风》,第 43 页。
⑧ 胡秋原:《战局与欧局》,第 51、63 页。
⑨ 胡秋原:《抗战建国之根本问题》,第 25、30 页。
⑩ 胡秋原:《兴党与建国》,第 23、24 页。

民利益与政府利益一致,融人民军队政府为一体,一致对日抗战,而为长期抗战无限之源泉"。在如何正确处理民众运动,因势利导,团结全国各阶级,发挥其力量以共同抗日的问题上,他告诫国民党如果"不放手发动民众,民运决难发展。而如国民党有办法,有方针,何患民之不归,民之不动:大权在握,又谁能与争?而在一致对外之时,又谁敢与争?今日在统一领导之下,国民党惟有接受在野者之赞助,积极起而领导民众,始能复兴国民党,亦能复兴中国"。①

在呼吁国共两党团结抗战问题上,王礼锡认为:"团结与抗战是不可分的,团结与建国也是不可分的。敌人的目的在分化中国人,所谓分而治之,是一切征服者最锋利的武器。日寇口口声声要中国反共,其实他的敌人并不是共产党,而是团结的中国人。把共产党从'团结的中国人'中分开,无异削弱中国抗战力量。"他在批判反对共产党的人时指出:"过去中国人中竟有人相信反共的话,反共的征菌既侵入这种人的血管,这种人便发生主和的败血症,所以主和者是反共者。假若今天共产党中有反国民党的,这种共产党也必定会主和。"他驳斥破坏团结的抗战分子:"凡一切反国民党,反共产党或反其他抗日力量的,必为抗日中的不健全份子,其原因并不在其反国反共或反其他抗日力量,而在其反团结。"②

在中日民族矛盾上升为中国社会主要矛盾,民族主义思潮空前高涨,抗战救亡成为时代强音之际,无论是国民党,还是共产党,或是其他党派,都应该担负起抗战建国的领导责任。"今天是民族斗争之日,敌人的飞机正在我们头上,一切政治上的朋党主义都应停止。"③"没有一个政治家放弃其政治的责任心与其政治领导的期望",究竟"谁能做中国领导者"呢?"那就是最能实行抗战建国纲领的人。""今天大家只有作完成纲领竞赛,不应有党派斗争,前者是政策的领导,后者是权力之争夺。"④他希望国共两党摒弃过往成见和党派斗争,团结起来,贯彻落实抗战建国纲领,争取抗战胜利。

在日寇进攻日益深入,国难日益严重之际,中共发表时局宣言,胡秋原对此评价道:"其诚恳的态度,切实的主张,不仅值得我们注意,也值得我们同情,值得国人庆幸。"共产党对于"拥护抗战到底,是有绝对诚意,而共产党也只有绝对拥护抗战到底,中国民族才有出路,而为中国民族一部分的共产党才有出路"。自中共发表宣言"共赴神圣民族战争以来,中国民族不仅在行

---

① 胡秋原:《抗战建国之根本问题》,第27、29页。
② 王礼锡:《团结抗战是向中国独立自由迈进的双轮》,《祖国》第9期,1939年1月25日。
③ 胡秋原:《关于第三种人之类》,《祖国》第38期,1940年5月1日。
④ 胡秋原:《张毛论争评议》,《祖国》第10期,1939年2月11日。

动上已经走上统一抗日之路",而且在精神上"开始集中和统一了全民族信念与意志","整个国家民族之利害,终超出一切个人一切团体利害之上"。①

胡秋原高度评价了共产党发表的抗战宣言,希望且深信这个宣言"足以帮助疑云的完全廓清,足以增加全国的互信,而使全国同胞更能够赤诚相见,巩固统一,为保国保种而长期抗战"。他完全赞同共产党宣言"四万万五千万人的坚强团结和长期艰苦抗战,为争取最后胜利之保证"的主张。他绝对相信,"今天根本问题不在一时军事胜败,不在一时外援有无,而在于是否能够长期抗战"。"共产党不仅诚意在抗战阶段中与国民党共同救国,而且决心在抗战胜利后与国民党共同建国。"他对抗战胜利后建立新中国充满期待:"如果抗日成功,那时将有一个自由统一的、民主宪政的、富强工业化的中国。不会是一个赤化的中国,或任何一党独裁的中国。"他绝对相信,"在长期艰苦抗战之后,决无人愿意见我同胞相砍相杀之局。那时候,大家只有和平合作,一步一步提高中国政治经济和文化的水平"。"今日抗日到底,将来是永久太平。"

全面抗战爆发后,中共提出当前的六个基本工作,"动员全国力量,长期抗战,巩固扩大统一的国民革命军,充实和加强统一的国民政府,实行国防经济政策,建立军事工业,巩固后方,动员民众拥护抗战,扩大国际宣传增加国际援助"。胡秋原认为这些"都是极其切实的,这都是民族的抗日的政策"。"共产党这宣言的诚坦态度与切实主张,不仅一切诚意于国家民族的人是人同此心,心同此理,而且实在是中国统一团结的一大保证。"他同时呼吁国共两党都能够肩负起抗战重任,希望"共产党能在这宣言原则之下,切实努力实践其主张,克服个别的党员之不十分正确的认识",还希望"国民党复兴其黄金时代的伟大精神,以公明远大的政策,淬励党员,担负这艰危时日的艰苦任务",尤其期望"国民党以及共产党都能统一其党员的意志与行动,力避相激之言行,精诚合作,全国一切政治派别以及全体同胞都已抗日救国为第一义,各体公忠,全国合作","巩固统一,抗战到底,打倒全民族死敌的倭寇,为我伟大中华民族雪奇耻,为几十万死难将士同胞复血仇,打破千钧一发的危局,争取千秋万世的光明"。②

胡秋原对国民党的抗战功绩给予高度肯定,"国民党在民族革命运动上所尽牺牲与功绩之大,是不待说的",同时指出其应对国家的苦难承担责任,"国家政治之利弊,国民党也有最大的责任。因此,多年以来,国事至多非,

---

① 胡秋原:《肃奸与惩贪》,第 117 页。
② 胡秋原:《肃奸与惩贪》,第 118、119、120 页。

不能不说是由于国民党本身的若干缺点,更使国家的苦难愈见严重"。① 对国民党乐观者认为其"业已很好,毋庸复兴";许多悲观者则认为其"已经无用,无可复兴"。胡秋原认为:"如国民党无办法,中国决无办法;我不对祖国绝望,也就不对国民党绝望,然而国民党如有缺点,不可讳疾忌医。"他站在中间知识分子的立场上表示:"过去反对过国民党,直至今日为止,尚非国民党员。然我深知国民党无望之日,也就是我做亡国奴才之时!所以一息尚存,愿作复兴国民党之呼吁。"他希望国民党通过复兴担负起抗战重任,在中国各党派中唯有国民党才能成为抗战建国的民族中心力量,但无可讳言,国民党本身缺点的确太多了,缺乏面目一新的活动,缺乏自信,内部不够团结。② 在日寇强敌侵略面前,要破除"自私自利的观念,特别是乘国危而务私利的动机。这是亡国灭种之根,也是全国民气不能激发之本"。要使中国政治能走上正确轨道,全国军民必须群策群力,不能有半点离心倾向,国民党"必须奋然决然担当今日的重任,而赶快补缺图强,求所以担当这重任的方法"。③

为劝告各政党和全国军民团结统一,共同抗战,胡秋原以中间知识分子、长达10年反对国民党的身份和立场现身说法,更具有说服力。他希望国民党坚强有力地成为民族抗战的中心领导力量,担负起救国和建国的责任。他寄希望于"国民党应该更加巩固,统一,健全,充实其本身"。④ 他在追忆王礼锡的文章中表示:"我们和此外几个一向很熟的朋友曾谈到中国的问题。我们的意见虽不完全相同,但对于拥护政府抗战到底确信最后胜利是一致的。""自抗战以来,无条件拥护政府抗战,这是我们许多朋友共同的信念与决心。"⑤在他看来,中国的中心问题是"民族问题","抗日问题",但"今天有什么比打败敌人更值得快乐的,有什么比受敌人残害更悲痛的呢?""既是民族问题,照马克思主义说来,就需要阶级合作。就我个人而论,我为中国资产阶级说话,也为无产阶级说话,总之,为中国人说话。"⑥据他自述:"我是一自由主义者,我反对国民党有十年之历史。我的朋友曾有政治团体,但抗战一发生,我们认为国民第一事是拥护政府抗战,拥护政府作各种改革,各种改进。我的朋友也将其政治组织解散,不列'各党各派'之列。"⑦

---

① 胡秋原:《我想对国民党说的话》,《血路》第10期,1938年3月29日。
② 胡秋原:《复论复兴国民党》,《祖国》第5期,1938年11月3日。
③ 胡秋原:《中国革命根本问题》,第55页。
④ 胡秋原:《中国革命根本问题》,第57页。
⑤ 胡秋原:《记王礼锡先生》,《祖国》第23期,1939年9月15日。
⑥ 胡秋原:《关于第三种人之类》,《祖国》第38期,1940年5月1日。
⑦ 胡秋原:《再论宪政问题——附论"各党各派"问题》,《祖国》第33期,1940年2月18日。

"我不仅不是国民党员,而且是过去十年与国民党立于反对地位的。但国家到了今天,我不能不祈望一切忠实的国民党员团结起来,务其远大,复兴自己,来巩固健全今日民族中心力量之基础,突破这空前的国难了。"在他看来,"建立和健全民族中心力量,巩固民族统一团结,我们才能动员发挥加强延长我们的抵抗力,来进行长期抗战,也就是去完成革命,完成现代国家的建设"。①

针对有人指责他"曾有鲜明的政治集团为背景,以及随失败政党流亡国外等"。他进行回应并予以驳斥,"今天均成为旧事,我不妨将事实说明。当我在上海的时候,我及我的朋友政治兴趣是有的,政治组织是没有的"。至于"社会民主党"之称,"那是《社会新闻》主笔朱其华又名朱新繁者之'创作'"。1933年冬天,"我们有一个党,叫做'生产人民党',但这只存在了两个月的时间。以后这一党的人物组织了一个团体,名曰民族革命同盟,我不曾正式入盟,但以历史关系,当然支持之"。在说明"抗战发动以后,这同盟解散了"的原因时,他解释说:"我们中心主张是抗日。政府既领导抗日了,我们惟一天责是拥护政府抗日到底。"除此以外,"我们个人没有任何要求。以我而论,过去我有政治兴趣,今天更有政治兴趣。所不同者,过去党派观念尚深,而今天只有国家民族之一念。过去我有政治主张,今天更有政治主张。所不同者,过去尚有马克思主义色彩,今天只有祖国主张。我决不掩饰我的政治主张,反之,我坚信之,而且不断在祖国及其他地方鼓吹之,为什么?因为我相信它可以战胜日寇,富强中国"。② 他对指责其有党派背景的回应,既是澄清其参加政党的历程,表明其政治立场,又是呼吁各党各派放下成见,团结起来共同抗日。

他呼吁国民党"对于抗战时期一切内政外交的政策,应作一番精密的检讨。对于过去施政之利弊得失,国家受病之根源,应有一番彻底的反思"。他希望国民党通过革新成为"精明强干的民族中心力量,来领导民族斗争,而我们一定能巩固统一,充实政治,加强武力财力,动员人民,推动外交,以抗战到底,争取胜利"。③ 他认为"九一八事变"后民族意识日益高涨是中国一个最大的进步,对中共摒弃前嫌,为民族利益与国民党一起共同抗战表示赞赏,"一向将阶级超过民族的共产党人也宣言为民族主义努力,这也实在一个极可为中国庆幸的事实"。④ 他希望全国军民即便是流完最后的"血",

---

① 胡秋原:《中国革命根本问题》,第10、11页。
② 胡秋原:《关于第三种人之类》,《祖国》第38期,1940年5月1日。
③ 胡秋原:《我想对国民党说的话》,《血路》第10期,1938年3月29日。
④ 胡秋原:《民族中心与中心力量》,《血路》第6期,1938年2月19日。

也要让子孙走光明的"路"。①

1939 年,即便受邀加入国民党,他也表示喜欢自由,只愿作国民中的一分子,不愿加入任何党派。时任国民党中央宣传部部长的叶楚伧为其办理好入党手续,他声明国家民族利益高于党派利益,当二者冲突之时,只承认国家利益,得到应允后方才加入国民党。他认为当时"国人所关心者,为抗战之胜利,政治之清明,生产之发展,对党派问题实异常冷淡也"。"以政见而论,无论共产党及其他政治群,无论其主张何如,有不赞成抗日及抗战建国纲领者乎?"因此,政府应实行"抗战建国纲领,渡此民族空前大劫"。②

1940 年 12 月,胡秋原当选为第二届国民参政会参政员。针对当时国共之间的"摩擦",他呼吁团结统一,全民抗战。在国共两党出现摩擦之际,胡秋原撰写《国共论》,主张统一抗战,民主建国。"统一是国家生命的基础",告诫"谁破坏统一,就是民族之罪人"。③"吾人深信在抗战之中,如有破坏统一者,国人必群起而攻之。"④他以自己为例,劝告国共两党团结合作,统一抗战。他坦承自己"在过去对于国民党和国民政府有长期反对的历史,而且参加过武力反对的运动。但七七的炮声一响,我随着过去反国民党和政府的朋友,无条件的拥护统一,拥护抗战"。他在解释做出这种选择的原因时指出:"我们所争者是抗战","大敌当前拥护政府是国民大义","根据我们的观察与经验,内争的方式无益于中国政治之进步","由于抗战之需要以及抗战中国民知识之进步,使中国的政治问题有以和平的方式,得到解决之可能"。⑤

他对中共的奋斗精神进行分析并给予中肯评价:中共的"奋斗精神,应该使人怀抱敬意。中共之能得到许多人的同情,与其说由于其主义,不如说尤其奋斗精神"。他高度赞赏中共的抗日救国主张,"共产党对于抗日宣传,作了很大的努力。无论战前或战后,无论其动机如何,抗日宣传是没有坏处的"。中共"以抗日救国为主要口号,认定民族解放斗争为主要使命"。这与胡秋原一直以来的主张是一致的,他评价道:"在中国革命史上是很可庆贺的一页。血浓于水,民族问题毕竟比什么都还重要。"抗战以来,国共停止内争,一致对外,从救国家的角度而论,"抗战多了一个力量";从共产党的角度而言,"得有机会为抗战尽力,实在大可欣喜的"。"共产党发挥其精神与

---

① 胡秋原:《我想对国民党说的话》,《血路》第 10 期,1938 年 3 月 29 日。
② 胡秋原:《谈什么党派问题》,《血路》第 17 期,1938 年 5 月 7 日。
③ 胡秋原:《国共论》,第 4 页。
④ 胡秋原:《统一与抗战》,第 25 页。
⑤ 胡秋原:《国共论》,第 2 页。

作用,对国家政治为建设的建议,则贡献于中国前途者实在不浅了。"①

在他看来:"中国革命问题就是一个抗日问题,任何主义不能不抗日,任何阶级不能不抗日。因此,除了抗日之外,不应有任何壁垒。"②他赞赏共产党提倡的抗日民族统一战线,以及抗战救国十大纲领,这都是实现抗日救国的正确主张。"今天在民族主义高潮中,全民族流血抗战换来的胜利基础,不能为一党所夭折。万一由暗斗而至于明斗,非国家之福,更非共产党之福。"

他认为共产党若将"国家放在第一,问题必然是在统一的宪政中解决"。他盛赞"共产党的朋友们很尊重民主",同时提出"在重庆,有《新华日报》,倘在延安,还能容一个《中央日报》吗?"随着中共纠正教条化的错误倾向,以独立姿态探索中国革命道路,尤其是提出"马克思主义中国化"的命题,胡秋原高度肯定共产党更"民族化"、更"中国化"了,"这对于共产党的威信,只有利无害"。他表示:"我相信中国共产党人最善努力莫如尽瘁抗战,并赞助一个统一而民治的中国,在这中国,共产党人能藉其历史,合法的博取其更远大的政治之前途。"③

他建议国民党执政当局"厉行法治,振作纪纲"。"共产党所应争一个民治的统一,而不应争一个军事的割据。"他希望国民党强有力,并非要排斥共产党和其他政党。"我不独希望国民党健全,也希望共产党健全。有健全的政党,才有真正的民治。""国家进步,因而国共两党健全,必能团结,必能迅速完成中国革命,而在宪政之下,解决党派问题。""以中国之大,只要团结能够统一,两党决不为多,而互相督促,有使中国民治日益进步的,还有什么党派问题呢?"他始终认为在民主宪政框架下解决国共问题,"中国一定要统一的,也一定要实行宪政的,这是历史使命"。④

他后来回忆说这是"第一次公开的对两党问题表示意见",并表示"自信是很公道的",⑤且认为国共问题应在两个原则下解决:即政党公开与军令统一,也就是实行宪政,军队属于国家。据胡秋原自述,该文"对双方皆有温和的批评,劝中共不要自背《八一宣言》,劝国民党必须隐忍自重"。⑥ 事实上,这并非他第一次对国共两党表达看法,全面内战爆发后,胡秋原在武

---

① 胡秋原:《国共论》,第5、6页。
② 胡秋原:《国共论》,第22页。
③ 胡秋原:《国共论》,第9、10页。
④ 胡秋原:《国共论》,第15、16、18页。
⑤ 胡秋原:《〈在唐三藏与浮士德之间〉及其他》,1962年,第28页。
⑥ 胡秋原:《六十年来我的重要著作和主张》(上),《中华杂志》1990年12月号。

汉撰写《时代日报》社论中多次公开谈论国共两党问题,呼吁国共两党团结抗战,高度评价共产党的抗战宣言,对国民党领导抗战建国充满了期待。

在抗战胜利曙光到来之际,胡秋原认为当时国家的任务是"增强战力,解决日本",战后应"保持和平,速建工业"。他呼吁我们既要"保持国内的和平",也要"保持国际的和平,在和平之中迅速完成工业化"。如果"没有国内和平,便没保国际和平"。而"没有和平,就没有工业,没有工业,中国便永远贫穷愚昧,愚弱便也促进贪私,贪私导致暴乱。如此循环,结果仍归到亡国"。他的这种呼吁旨在希望战后国共两党能够继续团结合作,和平建国,通过实现民主政治,建设现代工业化国家。为实现这个美好愿望,他再次呼吁国民党进行彻底革新,肩负起建设现代民族国家的历史使命。

胡秋原呼吁国民党学习共产党的优势,"共产党可学者,如他们的坚毅,他们的刻苦,他们的认真,他们的自我批评。策略、路线、斗争、铁的纪律,以及党性。"同时他还批评国民党内缺乏自由讨论的空气,希望国民党"要扫除和预防党内不良现象,必须有自我批评。也唯有党员人人能表示意见,党的意志才能集中。今后尤必须特别鼓励自由讨论,以及其他民主精神,才能肃清党内之官僚习气和八股主义"。他还指出:"共产党的自我批评是可学的,但共产党的公式主义教条主义,动辄引经据典,以为一切马克思列宁说了即是天经地义,即是万不可学的。"事实上,共产党也意识到党内存在的党八股或叫作公式主义和教条主义等各种错误思想,通过延安整风运动已纠正了这些错误思想。胡秋原不可能不知道这些,但他在这里再次强调旨在希望国民党能够吸取经验教训,避免重蹈覆辙。他认为:"以党领政党到民间,彻底实行民主集权制;党内民主,爱护人才;国家第一;刷新成分。"这四个方面是革新国民党的基本理论问题,换言之,"应以新的方法,应付新的世局,输入新的血液形成新的力量"。①

4. 政治民主化的诠释

在参加"闽变"时,胡秋原提出中国的未来政治发展方向是政治民主化。流亡欧美期间,他考察西方民主政治,对之十分向往,公开宣称"我们是民主政治热心拥护者"。② 归国后,他一直呼吁国民党进行改革,实行民主政治和宪政治国,肩负起抗战建国的历史重任。全民族抗战爆发后,他认为:"目前的情势,实在是我民族亘古未有的危局",破解这个危局的"中心问题实在于政治之能否健全"。而要"政治健全,自然根本是要有健全制度。但今天

---

① 胡秋原:《国民党的过去现在与将来》,《民主政治》1945年第4期,1945年4月。
② 胡秋原:《兴党与建国》,第4页。

是要应急的时期,我们只有尽量集中健全的人才,来补制度之不足,来树立新制度的始基"。①

要使抗战发挥更大效力,为了能够持久抗战,中国政治需要大革新。胡秋原认为如果能够在抗战期间进行"一番改革,也就立下将来政治修明的根基,可以避免将来的纠纷,可以增加将来建设的便利"。正是由于此,"近来各方面都有改革政治机构,政治民主化,设立民意机关,以及发展民众运动的呼声"。政治革新主要集中在政治民主化和民意机关问题上,"只有政治民主化,才有政治机构根本改革的可能,政治民主化是绝对应该而必要的"。② 在他看来,"中国必以民治为目标","因为民治是政治的合理形式",而"专制独裁是落后,是非常变态形式"。③ 他公开"赞成政治民主化和抗日的民主自由,但这到民主政治,还有一段路程","相信民主政治是政治最好形式"。④ 同时,他指出:"中国要有真正的民主政治,恐怕只有中国独立以后。""如果今天中国政治不多少民主'化'一点,是很难发挥中国无限抵抗力量的。"中国政治之不健全,亟应进行革新,是公认事实。"治本之道,只有实现民主政治,但这在今天是谈不到的。"然而,"治标之计,却万不可缓"。⑤

在他看来,"将来议会中的舌战,报纸上的笔战,将代替过去的枪战与仇杀。工业发展了,国家事情复杂了,国民政治觉悟提高了,不仅有宪政可能,而且绝对必要"。对中国将来"会是怎样的一个民主政治呢?是否欧美式的民主政治呢?"他不仅否定了中国将来不会走欧美式民主政治道路这一说法,而且对中国将来"才有真正标准的民主政治"抱有信心。"民主政治,要各阶级或各种不同利益的人群,能普遍的选举其政党的代表到议会中,而以最多数的党主持行政。"

他呼吁全国军民团结一致,集中一切进行抗日,在政治上健全国民党和各级政府,调整党政关系,集中人才,提高行政效率,巩固充实后方,加强官民合作,组织训练民众,奠定将来民主政治的基础。"团结抗战到底,中国有无限光明的未来,而任何一个中国人都将为一个自由伟大尊敬的祖国之一自由的公民。"他相信抗战胜利后所要建设的新中国将是"一个自由统一的、民主宪政的、富强工业化的中国"。他还深信"中国可以由抗日战争发展到

---

① 胡秋原:《统一与抗战》,第69、71页。
② 胡秋原:《抗战建国之根本问题》,第34、35页。
③ 胡秋原:《民主政治ABC》,《祖国》第11期,1939年2月28日。
④ 胡秋原:《中国革命根本问题》,第18页。
⑤ 胡秋原:《抗战建国之根本问题》,第35、38页。

一种中国所能特有的一种政治民主,产业民主的美满社会制度"。①"将来中国一定是一个民主国家,而且是一个标准的民主国家。大家能够共存共荣,合作建国。"②政治上是"一个标准的民主政治国家,因为将来既不会有大资产阶级,而在抗日战后,也不会还有内战内争,因为长期对外战后一面要建设要和平,而都有功抗日,谁也不能压谁。一定是一个非常理想的宪政国家"。抗战胜利后建设的新中国是"一个无限光明和平富强的中国,一个自由的民主的工业化的中国,在世界上树一社会制度,以独特形态,开世界史上一新时期"。③而在大敌当前的形势下,中国的主要任务是抗战第一。民主政治并非一蹴而就,需要一个逐步实现的目标。"只有在抗战发展之中,由政治之逐步民主化达到真正民主政治之实现。"④

为推动以第二次国共合作为基础的抗日民族统一战线,广泛集聚民意共赴国难,动员全民族团结抗战,迫切需要一个全国性的民意机构。中共和各抗日党派、国民党内民主派以及无党派爱国人士,一致要求建立民主政治,1938年3月1日,中共正式提出了"建立民意机关"的主张。鉴于日寇深入国土,造成军事形势危急、外交孤立无援,以及日益高涨的民主呼声,国民党决定接受中共的主张。3月29日至4月1日,国民党临时全国代表大会通过《抗战建国纲领》,规定"组织国民参政机关,团结全国力量,集中全国之思虑与识见,以利国策之决定与推行"的意见,⑤决定"设置国民参政会,以统一民众意志,增加抗战力量",⑥民权之基础亦于此建立,为战后实行宪政奠定基础。4月12日,国民政府公布了《国民参政会组织条例》,确定以国民参政会作为民意性质的议政咨询机关,遴选第一届国民参政员,表明国民党顺应民意的政治姿态、团结抗日的意向。7月,国民参政会在武汉正式成立,成为国民党承认中共和各抗日党派的合法地位,采纳民意,体现战时民主,做出团结各党派共同抗日的一种民主姿态。国民政府主席林森致辞时指出:"国民参政会为抗战时期之人民参政机关,其最大使命,为集思广益,团结全国力量,其最大目的,在完成抗战建国之任务。"⑦抗战建国的目标是建民主宪政之国,即使不能在抗战期间彻底完成,但要为政治民主化

---

① 胡秋原:《统一与抗战》,第84、85页。
② 胡秋原:《中国革命根本问题》,第22页。
③ 胡秋原:《抗战建国之根本问题》,第69页。
④ 胡秋原:《统一与抗战》,第85页。
⑤ 邓文仪:《中国国民党之建设》,黄埔出版社,1940年,第178页。
⑥ 荣孟源主编:《中国国民党历次代表大会及中央全会资料》下册,光明日报出版社,1985年,第504页。
⑦ 孟广涵主编:《国民参政会纪实》上卷,重庆出版社,1985年,第161页。

奠定基础。7月16日,即国民参政会第一届一次会议闭幕次日,中共中央机关报《新华日报》发表社论称赞此会代表全国同胞第一次确定了"实行民主政治"的方针。①

国民参政会是"中国民治之初步和试验",依照条例选出的"民意"代表组成的"民意机关"。② 此会之成立,表明"全国之精诚团结,故无论有无党派者均应捐除成见,一德一心,巩固统一,抗战到底"。这不仅是"参政员最大之使命",而且是"国民最大之希望"。参政员负有"正式之言责",能够"传达民间疾苦,商讨政府之政策""以公明切实之主张,襄抗战建国之大计"。国民参政会的责任,既在"沟通朝野意见,促进民族团结,以利抗战建国政策之推行",又系"一到民治之初步,民主精神之培养,政治家风格之养成,颇赖此会为其倡导"。③ 抗战以来提得最响亮的一个口号就是设立民意机关,实行民主政治。对于民主政治和民意机构,胡秋原表示:"我们不赞成任何独裁的学说,我们是民治理想之坚决拥护者。""我们不是空想的民主主义者,也不爱廉价的民主政治。"④ 国民参政会是否是民主政治呢?胡秋原认为中国产业不发达,在抗战时期无法实行全民普选,缺乏实现民主政治的客观现实条件,但"民主精神之培植与养成",既是"设立国民参政会的意义",也是"其本身的责任"。民主政治是"政治制度中最好的政治形式,是无可怀疑的。将来中国一定有,而且一定要民主政治。但至少要一个由普选产生的人民代表充分行使其权力之时,才叫做民主政治"。国民党既没有真正做到以党治国,参政会也并无行政权力。

抗战期间成立战时民意机构,"虽不是民主政治,然如政府予以尊重,而慎重人选,则在今天能沟通朝野意见,举集思广益之效,更促进国力之集中与统一,而同时,也足以训练民主政治精神,为未来民主政治作一引子"。⑤ 成立国民参政会的亮点在于:"政府虚心诚恳接受他们的建议审议和咨询","参政员也真有建议审议近代国家政策的才能与器识"。⑥ "其意义与价值自然是极大的",但这种战时民意机关与胡秋原心目中真正的民主政治相差甚远,"我们愈爱民主政法,就愈不愿见民主政治之廉价,因这反而是会使真民主政治流产的"。⑦ 由此可见,他对国民参政会这种民意机构在培植和训

---

① 《国民参政会第一次大会的成功》,《新华日报》1938年7月16日社论。
② 胡秋原:《民主政治ABC》,《祖国》第11期,1939年2月28日。
③ 胡秋原:《道德与科学》,第85、86页。
④ 胡秋原:《道德与科学》,第149页。
⑤ 胡秋原:《中国革命根本问题》,第47页。
⑥ 胡秋原:《道德与科学》,第150页。
⑦ 胡秋原:《中国革命根本问题》,第28页。

练民主精神方面的作用与价值给予了高度肯定。在他看来,"抗战之结果的中国之前途",是"一个中国所特有的民主政治与国家资本主义"。他相信在将来对建国会有不同的见解,"任何主义与理想也可以在将来中国民主政治之机构以内去求其发展"。① 这表明他对抗战胜利后中国实现民主政治的乐观态度。

客观而言,在整个抗战时期,国民参政会在团结全国军民、坚持抗战建国纲领、坚持全民抗战、持久抗战、推进战时民主政治、促进战时经济建设、反对妥协投降、打击汉奸卖国贼等方面上发挥积极作用。这是国民党一定程度上开放民主的表现,在民主政治方面的一个重大进步,为中共和其他党派同国民党团结合作、共同抗日、批评时政、督促民主宪政实施、共同参与中国政治提供一个公开、合法、稳定的场所,有利于抗日民族统一战线的巩固。同时国民参政会在制度设计上有其局限性,并非民主选举产生,由国民党中央遴选,并不能完全代表全国人民的意志,职权有限,对政府施政监督没有多少约束力,流于形式,开议权为国民党执政当局所把控。实质上是"咨询机关",而非议会性质的"民意机关"。

1939 年,胡秋原撰文《民主政治拥护论》,阐述民主政治的理念,认为在抗战建国时期应先实现对内统一,打败日本侵略者并将其赶出中国,实现民族独立,发展生产,在此基础上,厉行法治,这样才能奠定宪政的根基。他认为在抗战时期,中国"既无实现真民治可能",又"不是高唱民治的时候"。然而,并非"今天就不要作将来民治之努力,今天抗日就是一切。只要抗战到底,执行抗战建国纲领,就是民治基础"。"不将敌人驱逐出中国,恢复主权,只有所谓'王道政治',不会有民主政治的。抗战第一,军事第一,民主第二。"他进而指出:"不抗战什么都谈不到,国都没有,还有民主?""我们不能等到抗战以后再来进行民治工作,犹之不能等到抗战以后再来建国一样。"然而,"今日对于民治所能做的,是取得其条件,充实其基础"。②

既然确定了民主政治的目标,就要努力创造实现的条件。第一,争取抗战胜利。抗战不胜,就只有日本的总督政治和汉奸政治,不会有民主政治。"抗日战是为民族而战,也是为民权而战。"第二,厉进建设。"没有民族工业,不会有现代民治。有工业基础之民治,才是坚实的民治。"第三,发展教育。"民治不仅要人民有表现意志自由,还要人民有表现意志能力。"第四,由于"乡村更落后,而乡村又是中国之基础,所以,必须特别发展地方自治"。

---

① 胡秋原:《中国革命根本问题》,第 46 页。
② 胡秋原:《民主政治 ABC》,《祖国》第 11 期,1939 年 2 月 28 日。

这既是民主政治的任务,又是民主政治的技术前提,更是抗战建国的基本工作。这四者不仅是实现民主政治的条件,也是抗战胜利的条件。今日争取抗战胜利即奠定民主政治之根基,"今天谈民治,是不能离开抗战建国环境的"。实行民主政治的途径是"以法治加强抗战建国效率,以抗战胜利保障民治完成"。①"如不实行法治,抗战建国纲领不能实现,不仅说不上民主政治,也说不上抗战胜利。"②

胡秋原指出"评论中国政治者,以中国政治之毛病在官僚主义",其实真正的病症"不在其本身,而在其无效率,在其腐败。中国要以民主政治代替官僚政治,但这不是一朝可以改革的。只有靠法治,靠用人行政之制度化,才能一面救济官僚主义的弱点,同时开辟民主政治的道路"。③ 尽管抗战期间没有实现民主政治的条件,但各地政府可以开展民主政治的实验,为抗战胜利后实行民主宪政创造条件。他呼吁革新国民党,使其成为现代政党,树立政党模范,承担民主政治的领导重任。对彻底的民主政治建设,做坚实严肃的努力。

针对国内出现的各种纷争与摩擦,无论抗战时期还是将来抗战胜利后,都"不容许以武力解决内政问题的行为",希望"断绝以武力解决内政问题的思想、感情、意志与企图"。在他看来,从政治意义上来说,"今天抗战是解除民治之障碍,建国是奠定民治之基础"。

他认为,为消除国共间的摩擦,国共两党领袖应保持经常性的联络,或"在参政会内形成一各党联席会,交换意见。绝对禁止公开党同伐异的宣传与文字"。同时,"任何政党,任何政治家,必须有责任精神,对国家民族负责"。倘若如此,"谁也不会以党派利益的成见,耽误今日抗战建国的效率,将来国家正常的进步与富强"。"即使有政见之不同,亦不会诉于不合轨道的方式。"总之,"国民不怕政见之不同,怕的党派的成见,贻误国事。国民不怕党争,怕的是不合轨道的方法"。他试图将当时国共两党间的摩擦纳入国策、国法和法理之中来解决,"违背国策国法,则所谓摩擦者,共应得之罪名,不仅于摩擦二字而已"。他对未来的新中国表现出乐观主义的看法:"一个独立的富强的现代的工业的民主的中国实现之日,人人享受合理的自由,发挥天才的抱负,是何等光荣和幸福?这样,今日河山破碎中的牛角之争,还有留恋固执之价值吗?"④

---

① 胡秋原:《民主政治拥护论》,《时代精神》第1卷第4期,1939年11月。
② 胡秋原:《民主政治 ABC》,《祖国》第11期,1939年2月28日。
③ 胡秋原:《民主政治拥护论》,《时代精神》第1卷第4期,1939年11月。
④ 胡秋原:《论毛泽东先生之谈话——我之国共问题观》,《祖国》第27期,1939年11月15日。

他还提出:"中国必须及早结束训政,实行宪政,此为全国一致之要求,亦现在当局已有诺言之事。要实行宪政,自须召集国民大会。"①在他看来,那种主张召开党派会议者,将无党派人士排除在外,是拖延和拒绝国民大会。唯有真正的国民大会,才是实行宪政民主的途径,而宪政民主是国家长治久安之计。人民行使权利和军民分治是宪政民主成败的关键,也是国家长治久安的根本问题。②他认为,"必须全体人民根据其自由意志,以投票方式,选举其代表,组织政府,依据宪法,行使治标之时,始为宪政"。抗战期间没有实行宪政的条件与可能,"战事烽火之中,那有如许功夫,办理选举,从事政争"?但"既要抗战建国同时并进,宪政也不能等到战后再来开始"。如果国民党"有意早日实行宪政,自属大可欢迎之事"。他呼吁国民党及各党派,"应以最大诚意,负责精神,谋中国政治之进步"。总之,"宪政是世界潮流,国家长治久安之道,自应促其实现"。③

1944年,《祖国》停刊后,面对抗战胜利迫近,胡秋原认为唯有实行民主政治,和平统一,建设国家,才能不辜负全国军民的惨重牺牲。基于这种认识,1945年1月,他创办《民主政治》月刊。他将该刊定性为"自由主义的政治杂志,以实现民主中国为目的,讨论中国与国际政治及其有关问题"。④在发刊词中,他指出保障胜利和工业化的条件,"巩固统一,实行民主。必须统一和民主,国家才能长治久安"。"无统一不能保障民主,无民主不能保持统一,两者都是至急之事。"他认为,破除当前的许多积弊和培养国民的智慧与力量,都需要民主政治。"实行民主政治,真是至急中之至急。"他认为民主政治就是"人人有权有责任谈国事的一种政治","中国之兴衰,不是一党一派之事,也不仅是各党各派之事,而是全体国民之事"。

他提出,民主政治"是一种基于公开的有组织的谈论之政治,公开讨论,多数决定而实行之"。"除了抗战到底的根本国策和民主建国的根本国策不容怀疑以外",其他问题都可以讨论。他认为,抗战胜利后,应继续巩固统一,实行民主。"自由与民主是人类之目标……中国建国的理想是民主……顺乎天理,应乎人情,适乎世界潮流……在一个自由世界建立一个自由中国,做一个自由公民,这是何等尊荣!"⑤该杂志成为参政会和文化界部分人士公开自由讨论的论坛,以讨论战后中国的种种政治经济问题为主。事实

---

① 胡秋原:《论党派会议之说》,《民主政治》第2、3期合刊,1945年3月。
② 胡秋原:《军民分治论》,《三民主义半月刊》第9卷第1期,1946年4月。
③ 胡秋原:《宪政答问》,《祖国》第28期,1939年11月30日。
④ 胡秋原:《民主政治·征文启事》创刊号,1945年1月。
⑤ 胡秋原:《民主政治·发刊词》创刊号,1945年1月。

上,《民主政治》与《祖国》内容相同,后者主张"巩固统一,抗战到底",也谈民主;前者主张"巩固统一,民主建国",也谈抗战。二者都谈论国际形势以及学术思想与文化问题。但与《祖国》相比,《民主政治》阵容更广,篇幅更长,影响更大。

抗战初期,国民党声望颇高,但因实行一党专政,且在"军事第一"的政策下,贪渎成风,军事上日趋衰微,引发国人不满。《民主政治》出版后,很多青年希望胡秋原出面组织新党。他认为当时的政治运动,唯有以民主运动造成一个新环境,以思想运动培养新人才;同时国民党缺点太多,在国共之外并无十分有力的第三势力,他认为与其另立新党,不如进入体制内从改革国民党着手,于是决定参与国民党的决策机构,他在国民党"六大"上当选为中央候补委员。抗战胜利后,国共两党提出各自的建国目标,并在政治上展开政争,军事上进行内战,文化上进行各自的统战工作。胡秋原呼吁:"政争必在国内解决,不能利用外力。所争既是国家大事,然此纯为内政,不可借外力自重,更不可倚赖外力自雄。""政争必须诉诸民意,不可诉诸武力。武力属于全体人民和国家,只能用于抵御外侮,不能用作对内推行政策之工具。"①内战不仅使民主改革和建设不可能实现,而且阻碍了和平统一进程,因此,他呼吁"政府和中共立即无条件恢复和谈并停止冲突。同时,我们必须以一致的舆论和有组织的努力,要求政治经济军事的全盘改革,来挽救国家的危亡"。②

他认为,中国抗战建国纲领之实行的目标是"建立新中国保障民族民权民生之自由平等富强之路"。③回思百年来之教训,"今天复兴的大路和奋斗之目标,便是:巩固统一,抗战到底。厉行法治,坚固国本。发展工业,富国强兵。研究科学,启发民智"。倘若如此,我们一定能够取得抗战的最后胜利。抗日胜利以后,我们不仅"可以重振民族的伟烈",而且"以众多勤劳之民族,复居物产丰富之土地,富能驾欧美而上,有什么可以怀疑的呢?"④这表明他对抗战胜利以后建设新中国的乐观与期望。"第一事是建设,建设必须统一和合作,不容许任何内战之发生与重演。"又因"在抗战中的经验及患难,大家一定同意采取民治的方式,使国家长治久安,且因人民力量之增加,国民亦必要求民治的推进"。尤其重要者,"战后产业之进步,因而民智

---

① 胡秋原:《政治之常道》,《民主政治》第2、3期合刊,1945年3月。
② 胡秋原:《为和平团结御侮而呼吁》,《民主论坛》第1卷第7期,1947年6月,《第二"九一八"至矣!》,《智慧》第25期,1947年6月。
③ 胡秋原:《兴党与建国》,第24页。
④ 未明:《百年来之教训》,《祖国》第15期,1939年5月3日。

之提高,更是统一及民治之坚强基础"。①

在回答抗战胜利后建设什么样的国家问题时,他认为要建设一个民族富强的国家,但国家建设事业千头万绪,"政治民主化"和"经济工业化"是两个要点。"经济工业化的促进,亦有待于民主政治的施行。今天实施民主完成宪政,是全国一致的希望,而民主政治亦有一定的常道,只要全国循常道努力,自不难完成中国民治之盛业。"②在他看来,抗战胜利后国家的第一要务是"复兴和建设",这需要和平环境和政治效率,根本方法是使"政府国家化,且民主化",成立"举国一致政府,一面保证选举之自由,一面促成军队之中立,并经由国民大会,成立宪政政府"。③"为了发展中国工业,必须保持中国之统一与和平,此必须在政治上行民主之制。"④

发展工业、建设现代民族国家的政治条件是"统一和民主","工业、统一、民主——是现代文明国家之三位一体"。三者相辅相成,缺一不可。"必须民主,才能促进工业,才能巩固统一。凡有背于民主者,一定不免于民族之自杀";"以统一保护民主,促进工业;以民主保育工业,巩固统一"。⑤"没有统一和民主,工业是无法开步走"的,而没有发达的工业,"统一和民主也不能有坚固的基础";"以统一和民主迅速完成中国的工业化,这是今后建国根本之根本"。⑥

1945年8月,胡秋原拜访周恩来,就时局问题交换意见,希望国共双方能对"政治民主化""军队国家化"表示最大诚意。在参政会上,针对毛泽东呼吁国共和各党派团结一致,建立和平、民主、团结、统一中国的言论,胡秋原发表和平建国的演讲予以响应,他赞同毛泽东、周恩来等中共领导人的主张。

他还明确表示,未来中国的民主政治道路,"没有绝对势力,没有金融寡头的民主,大家自由竞争,合法竞选,不是一个标准的民主政治么?中国有自己独特之路:不是苏维埃,不是法国,也不是欧美的民主政治,而是一个惟有中国特有的民族独立,政治民主与产业民主"。⑦ 实际上,他提出的未来中国的民主政治道路,既不同于苏联,也不同于欧美,而是适合中国国情

---

① 胡秋原:《国共论》,第25页。
② 公明:《时评:庆祝胜利之时》,《民主政治》第6、7期合刊,1945年11月。
③ 胡秋原:《论举国一致政府与国民大会·附记:国共问题之真解决》,《民主政治》第6、7期合刊,1945年11月。
④ 胡秋原:《一百三十年来中国思想史纲》,第162页。
⑤ 胡秋原:《今后建国之根本问题》,《军事与政治》第7卷第1期,1944年10月。
⑥ 胡秋原:《统一与民主》,《新中华》第2卷第9期,1944年9月。
⑦ 胡秋原:《中国革命根本问题》,第29、30页。

的独特之路。

为了给实行民主政治推波助澜,胡秋原等人继创办《民主政治》月刊之后,又发起创办"民主书报公司"。他认为民主政治既合乎国民之要求,又顺应世界之潮流,更应该是国家推行之政策。他指出:"民主政治者,舆论的政治,学问道德文章的政治,所以别于门第政治武力政治及金权政治也。是故民主政治之发达,必有赖于学术之进步,民智之提高。而书报杂志,遂为民主政治之基本武器。"①他希望所创办的书刊成为对民主政治进行学术探讨的阵地,以舆论来扩大社会影响,推进实现民主政治,这同样是"书生之见",最终未能逃脱失败的命运。

胡秋原推崇和醉心于民主政治,从理论上进行多方诠释,且付诸实际行动,发起成立"民主政治学会",表达对抗战胜利后民主建国问题的美好愿望,希望以此唤起政府推动民主政治,唤起国人共同推动民主大业。他认为:"民主政治为我国立国之一贯政策,亦世界潮流之必然趋势。"在抗战胜利后,"建国之根本问题,厥维实行民主政治,以修明内政,发扬民力,庶强国之地位可以保持,国民之福利得以增进"。

面对内战即将再起的暗影,胡秋原呼吁:"任何理由不得内战,谁为祸首即是公敌。""全国军民不惜任何代价任何牺牲血战苦斗以求者,不仅在解除日本之侵略,恢复领土主权之完整,且在解除日本侵略的威胁以后,建设一个统一的独立的民主的富强康乐的新中国,使全国人民都能享受自由的光荣的愉快的生活,并永远生存于世界之上。"各党派应团结统一,共同合作,"建设我们的国家,使全体人民在国际上政治上经济上文化上享受现代文明国家的文明生活,这是我们这一代的人义不容辞的责任"。中国政治是"实行民主,发达工业,发展国力,图致富强。我们的道路是民主。抗战时期我们一切归于战斗,建国时期,一切应归于民主"。② 他不仅将政治民主化视为建立新中国的政治目标,而且是建设现代民族国家和文明强国的应有之义。

自 1939 年重新加入国民党,至 1949 年国民党败退大陆前,胡秋原认识到国民党存在诸多不足,尤其是抗战胜利后,耳闻目睹国民党接收大员被沦陷区人民讥为"五子登科"的恶劣作风,他多次撰文呼吁改革国民党,③实行

---

① 胡秋原:《创办民主书报公司缘起》,《民主政治》第 5 期,1945 年 7 月。
② 本社:《对于当前国事之意见》,《民主政治》第 6、7 期合刊,1945 年 11 月。
③ 胡秋原:《最好不要谈党派问题》,《战斗周报》1938 年第 17 期;《国民党员奋起之时》,《中央周刊》第 7 卷第 6、7 期合刊,1945 年 2 月;《革新国民党的几个根本问题》,《经纬》第 3 卷第 1 期,1945 年 1 月。

宪政和政治民主化,其愿望终在种种因素的影响下而失败,但这种对民主的执着探索精神是可贵的。

5. 对外交政策的思考

"读书杂志派"十分关注外交政策,曾撰文呼吁建立独立自主的外交政策。王亚南指出:"由经济的国际分工,一方面加紧了各国间的相互接触,另一方面造出了各国间的相互依存。……经济在各国外交关系中,具有决定的作用,各国的外交政策,就大都以经济利益为旨归了。这种经济中心主义,构成了现代外交关系的一个显著特征。"①他通过梳理18世纪以来各国的外交政策,从经济视角揭示出现代外交关系。全面抗战爆发后,他积极参加上海知识界组织的抗日救亡活动,撰写抗战时评,从经济外交视角分析日本政局及其侵华原因,积极宣传抗日。②

王亚南通过分析日本国内反战运动,相信中国"持久抗战"的光明前途。③ 他认为:"我们愈抗战下去,就愈为有利,敌人则愈战争下去,愈为不利。"因此,"我们以'持久抗战'答复敌人的'速战速决',那是此次对日战争的最高指导原则,且是由事实证明其精确不移的原则"。他通过诠释日本"资本家阶级的'利润'要求,和军阀的'勋功利益'及'发扬国威'要求,表示了缓进与急进的参加和摩擦"这种"二元外交",揭露出日本侵华的"速战速决"策略失败后,会试图"自动以外交手段结束战争"的阴谋。在他看来,"全国上下抱定'抗战到底'的坚定国策",日寇的一切外交阴谋就无所施展了,为顺利推进战争并加速争取最后的胜利,要密切关注日寇的诡谲外交活动。日寇尽管在国际间散布欺骗宣传,在上海频作离间运动,"如其我们没有'内奸',我们全国上下均表示抗战到'最后一人,最后一寸土地',它的一切伎俩,就毫无所施了"。我们要以战至"最后一人,最后一寸土地"的决

---

① 王亚南:《现代外交与国际关系·序言》,第1页。
② 王亚南:《1936年的大破局》,《新中华》第1卷第22期,1933年11月;王渔村:《日本到何处去》,《新中华》第3卷第1期,1935年1月;王渔村:《经济恐慌中之货币问题与劳动问题的比重》,《新中华》第3卷第2期,1935年1月;王渔邨:《日本总选举与冈田内阁的前途》,《新中华》第4卷第4期,1936年2月;王渔邨:《日本法西主义势力与金融资本》,《新中华》第4卷第5期,1936年3月;王渔邨:《东京政变发生后的国际局势(国际时事谈话)》,《新中华》第4卷第6期,1936年3月;王渔邨:《日本马场财政论》,《新中华》第4卷第11期,1936年6月;王渔邨:《东北经济之殖民地化》,《新中华》第4卷第13期,1936年7月;王渔邨:《日"满"经济的调和与对立》,《新中华》第4卷第15期,1936年8月;王渔邨:《在军部政党夹攻下之广田内阁的奋斗》,《新中华》第4卷第18期,1936年9月;王亚南:《1936年之法西国家》,《新中华》第5卷第1期,1937年1月;王渔邨:《由广田内阁崩溃到林内阁成立》,《新中华》第5卷第4期,1937年2月;王亚南:《日本对华外交转换论》,《新中华》第5卷第6期,1937年3月。
③ 王亚南:《发动侵略战争后的日本国内反战运动》,《文化战线》第2期,1937年9月11日。

心,粉碎并消灭这种运动。①

自归国以来,胡秋原多次撰文阐释外交政策。"我们应该根本认识,抗战即外交。我们如不抗战,很少外交可谈,而我们抗战下去,自然要增加日寇与国际的矛盾,推动国际局势之有利展开。"国际形势总体而言对中国有利,我们能做的是加强与英美苏法的关系,"利用政府之外交,及国民之外交,以阻止各国不能援助日本且扩大国际对日经济制裁运动。而我们愈抗战胜利和抗战到底,必愈能取得同情与援助"。② 1938年,胡秋原清醒地认识到国际上的对华抗日援助十分有限,我们要进行长期抗战准备。③"自力抗战是主,国际援助是客。"④中国有坚持抗战到底的决心,取得抗战成效,才能获得国际社会更多的同情和援助。中国外交基本精神是"对内自存,对外共存,联合友邦,共同奋斗,循国际和平之路以前进"。中国立场是"普遍和平之立场","中国民族之现实利益就在世界普遍安全之理想利益之中"。因此,"中国是一切爱和平友邦之忠实朋友,是国际和约及和平机构之最忠实拥护者"。⑤

中国抗战胜利事关民族存亡与世界和平。王礼锡认为:"中国的仗,不仅是为中国民族独立自由而打,也是为了世界和平与安宁而打的仗。"⑥胡秋原指出:"不取消日本对华侵略,世界亦永无安宁之日,中国也是世界和平的堡垒。"抗战是"为祖国生存而战,为自己的生命财产子孙而战,为世界和平而战"。⑦"如果中国对穷凶极恶之侵略者不抗战到底,不仅将自堕于亡国之路,亦系为世界和平之罪人。中国惟有以长期圣战而救国,亦惟有以此自卫圣战而救世。"⑧

胡秋原认为国民政府的外交政策缺乏正确的态度和战略远见,抗战固然需要西方列强的援助,但将中国外交完全寄托于英美等国的调停是错误的,只有实行积极自主的外交才能维护中国利益。"九·一八以来,吾国对于外交,益见缺乏一正确坚实之态度。其始不免多一种依赖心理,以英美必

---

① 王亚南:《注意敌人的外交阴谋》,《文化战线》第6期,1937年10月21日。
② 胡秋原:《中国革命根本问题》,第48—49页。
③ 胡秋原:《目前国际援助之限度及其将来》,《中央周刊》第1卷第2期,1938年7月;《目前国际形势》,《民意周刊》第34期,1938年8月;《日本的命运》,《外交季刊》第1卷第1期,1939年10月;《欧战与中国抗战》,《时代精神》第1卷第3期,1939年3月。
④ 胡秋原:《国防与经济》,第6页。
⑤ 胡秋原:《雪耻与兵役》,第31页。
⑥ 王礼锡:《"一·二八"七周年论世界大战》,《全民抗战》第50号,1939年1月25日。
⑦ 胡秋原:《抗战建国之根本问题》,第8页。
⑧ 胡秋原:《肃奸与惩贪》,第52页。

能为我助,而不知今日之世界,决无一侠客的国家。失望之余,日寇又以所谓以夷制夷相讥,于是而有所谓'自力更生'之论。其实我以弱国当强国寇,非有外援不可,此亦弱国复兴之公例。"在世界各国的联系日益紧密、相继卷入第二次世界大战的背景下,中国不可能独善其身、置身事外,更何况中国抗战本身就是第二次世界大战重要组成部分。"今日任何国家不能'光荣孤立',何况我乎?"他在分析各国对中国抗战的态度时指出:"各国不免欲使中日战争限于中国境内,而调解之声常不绝于人耳也。各国之不愿参加中日战,盖各不愿首先投入世界战之漩涡。"各国外交政策都是从自身利益出发,不愿卷入中日战中,"日寇敢于大举攻我之故也"。① 中国外交政策应"以民族反日为中心","以促成中英美法苏之联合为目的","积极推动国民外交"。②

王礼锡、胡秋原都反对世界大战,将日本侵华视为世界大战之序幕。面对日寇疯狂侵华,他们指出日寇之暴行,"实为全人类之耻辱,不仅破坏中国,实足以危害世界文化之全体,现在第二次世界大战之危机,如箭在弦上,稍触即发,日本甘为戎首,暴厉恣遂,将来战局扩大,必致引起世界大战,则全世界人类均有身受此种灾害之危险"。世界大战迫在眼前,"日本进攻中国实为大战之导线,故必须全世界民众一致起来反对日本帝国主义侵略中国,使其迅速由中国撤兵,反对各帝国主义国家停止一切朋比日本瓜分中国之阴谋,尤必须全世界民众一致起来拥护中国革命,使中国民众能以自己力量完成革命。如此,一切纷争可以消灭,第二次世界大战可以预防,而世界民众所欣求之真正和平可以建立"。③ 他们认为,此举关系人类幸福,世界各国应共同抗日!

胡秋原表示:"吾人固绝对不愿见世界战争,然事实上日寇已点战争之火,吾人即不得不使此次之抗战成为世界大战之序幕。"面对西方列强对日本侵华作壁上观的态度,"吾人之战略,即一面尽量作持久战,至列强不得不联合今日之时,同时亦乾坤一掷大决心,尽量扩大中日战争之局势,掀动世界之大波澜,逼各国不得袖手旁观,隔岸观火"。中国"必须打破抗战以后之现状为目标,作一切破釜沉舟之大努力,决无所谓调解,绝无所谓顾忌,在九死中求一生,在世界大乱中求一出路矣"。④ 1939年3月5日,王礼锡在国

---

① 胡秋原:《统一与抗战》,第34、35页。
② 胡秋原:《国际变局与中国外交政策的再检讨》,《血路》第8期,1938年3月5日。
③ 王礼锡:《战时日记·过高调与过低调·附录〈致全世界著作者及文化团体书〉》,《读书杂志》第2卷第4期,1932年4月。
④ 胡秋原:《统一与抗战》,第36页。

民外交协会座谈会上,针对国内外许多人认为世界大战还未发生的看法,指出世界大战在"九一八事变"后就开始了,已抗战8年之久。日本侵华"不是单纯的中日战争,而是日本向列强挑战,是世界大战的前哨站"。中国"在阻止大战爆发中努力,他是为世界和平而战"。① 在他看来,中国抗战"使敌人永远在中国得不到什么,可以使抵抗的效果给世界证明,惟抵抗可以挽救世界全面战的惨祸"。结束世界战争的方式或"侵略者胜利,正义失败;或正义胜利,侵略者失败;没有妥协的中间路"。"结束世界大战,粉碎侵略者,只有一切反侵略国家的一致行动。"②

中国"以一弱国当强寇,惟有尽量作持久战争,一面消耗敌人之进攻力,一面推动国际局势之变动。……此种破釜沉舟之决心,乃抗战求存无二之生路"。③ 抗战到底在外交上的办法是实行积极自主的外交。"我们抗战到底,则第二次大战必爆发于中日战争之中。……中日战发生之时,也就是世界战开始之时。……已在世界战过程之中。"④他将中国抗战置于第二次世界大战的背景下进行审视,彰显出其具有宏大的世界眼光和全球视野。"日寇一面对中国侵略,一面对世界备战,一面以速战速决的战略进攻中国,而在中国逐步建立进一步进攻中国和世界的根据地。"中国的长期抗战既要打破"日寇所谓'征服世界'的迷梦",又"要打破日寇进攻中国的迷梦"。⑤

日寇"国际地位之孤立,没有如今日之甚的"。各国对日之武力压迫虽一时尚不可能,但英美苏俄军力之扩张及其合作之趋势日益鲜明。这种国际局势"不仅是对日寇之现实威胁,而且是在日益消耗日寇之财力,牵制日寇的军力。而日寇不自量力与列强竞争而甚至企图对世界挑战,也就将因为列强之扩军拖得日寇日益枯竭"。他认为,日本侵华战略的弱点"是其政治的弱点,其根源即中国问题是一世界问题"。⑥ 随着中国长期抗战策略的确立,日寇的战略弱点日益暴露,其外交孤立对其侵华是致命的影响,日寇必能败于中国之手。对中国而言,"既在日寇威胁之下不能不抗日求存,我们不赞成等待世界大战再抗,而必须主动的利用日寇之战略弱点,进行长期自卫抗战"。⑦ 通过对中日两国的比较分析,他对中国坚持抗战到底,抗战必胜,日本必败抱有坚定的信心。

---

① 王礼锡:《王礼锡诗文集》,第415页。
② 王礼锡:"一·二八"七周年论世界大战》,《全民抗战》第50号,1939年1月25日。
③ 胡秋原:《统一与抗战》,第2页。
④ 胡秋原:《统一与抗战》,第16页。
⑤ 胡秋原:《兴党与建国》,第74、75页。
⑥ 胡秋原:《中国革命根本问题》,第40、41页。
⑦ 胡秋原:《中国革命根本问题》,第43页。

南京政府希望依靠西方大国和国联来解决中日冲突,唤起国际正义舆论的谴责,使日本陷入国际孤立,以此来阻止日寇侵华,但欧美等西方大国采取作壁上观的态度,未能采取有效措施制止日寇侵华,中国的希望落空。彭芳草清醒地认识到:"以为有利的国际形势即英美法苏合作,共同制裁侵略者,或各有关国家单独出兵助我抗日,眼前的状况,自然不能令人满意了。……不仅英美尚不能以实力助我,就是对我最表同情的苏联,也还不肯单人匹马的持刀相助。"英美法苏虽然"不肯走集体制裁之路,或单刀援助之路",但"对我们的态度却依然友好,对我们的敌人,亦未勾结退让,我们以为这就是有利的国际形势"。在这样的国际环境中,"我们坚决勇敢地继续抗战下去,不必须有什么集体的国际制裁或别人出兵,便可以消耗尽敌国的人力物力,而将之击倒"。因此,"我们要存这个信念,抗战前途,只有中国自己才能决定,国际形势有利,也许能够增进我们获得最后胜利的速度,国际形势不如理想似的变化,我们也是可以获得最后胜利的,至多的影响,是使前进的程度稍微迟缓而已"。① 那种寄希望于欧美大国采取有效措施来阻止日寇侵华,对援助中国抗战起加速作用的想法是不可取的,要取得抗战的最后胜利还需要依靠中国自身团结统一,抗战到底。

胡秋原认为在全国空前统一抗战之际,"抗战到底亦已为全国一致,至少绝大多数之国论。倘'调解'忽云,则欲变举国抗战之国论为举国言和之国论,恐不可能"。如中国抗战而使西方"诸国卷入战争之时,则日寇崩溃之日,即吾国为太平洋主人之时。故曰:可战,可胜,可为世界政治上之一主人"。故此,"今日中国之歧路,因在于战与和,而实际在于能否充实政治发动民众及积极外交。然在自求生路与亡国灭种二者之间,吾人去取何在,不亦明乎?"由此观之,"今日惟有战为生路,和即死路。人非丧心,孰愿亡国?"对那种寄希望于国联调解中日战争的主张,"不出于短视无骨之见,即出于苟安自私之心。然吾人决不忍视全民族之生机断送于'调解',吾人不忍视我忠烈将士之英灵痛哭乎'调解'",亦不忍见"艰辛领导民族复兴事业,大功败于垂成。吾人亦知日寇之大陆政策与我民族生存发展之权利,亦决无'调解'之余地"。② 对德国大使陶德曼来华调停中日冲突,胡秋原指出"为国家之生存,不得不以必死之决心,为抗日之战斗"。尽管英美法苏的合作尚未具体化,然而其关系已大为改善。在这种国际局势下,中国更应坚决抗战,不应有调和之意,这是息事宁人的态度,必将会使有利于中国的局面

---

① 彭芳草:《抗战第四期的国际形势》,《祖国》第5期,1938年11月3日。
② 胡秋原:《统一与抗战》,第24、25页。

化为泡影。"今日陶德曼氏之提议必须绝对打消之,否则不仅足以动摇国内之人心,亦足以混淆国际之视听。"①

抗战会推动国际局势朝着共同抗日的形势发展,"国际形势之将来绝可乐观,即今日之形势亦渐入佳境,……外交上促进我与英美法俄之关系,并刷新我外交之阵容,扩大我国际之宣传,以推动国际联合对日之局势。吾人必须左右世界以求民族之生路,不必捉摸他人意旨,受他人之安排,自陷于不生不死之局"。②我们对抗战前途,"应有一种坚强的信念,外援决不会幸致,国际形势也不能突变,我们应该充实政治军事经济作艰苦卓绝的持久战,以推动国际形势之更有利的开展"。③

王礼锡呼吁英美法苏在经济上制裁日本,军事上采取行动,援助中国抗战。"假如在各国不于东方采取坚决行动,不久战争又将向西方燃烧,终久不免于一战。这一战是在侵略者所预期的时候打,反侵略者的命运会非常悲惨,即全世界的前途会非常黑暗的。"他借用"一·二八"的抗战教训来呼吁国人和各国爱好和平者,团结起来共同抗战。他既驳斥了武器万能论,又充分认识到唯有世界各国团结起来,才能战胜敌人。他的这种认识既嘲讽了日本侵略者三个月灭亡中国迷梦的破产,又批判了国内外对法西斯的让步、妥协和不抵抗政策。"一·二八"的教训是团结与抵抗,由于"中国接受了这教训","独立自由的基础已经逐渐奠定"。他还呼吁"全世界接受'一·二八'的教训,全世界的全面战祸才可避免,安全与和平才可求得"。④日寇对华侵略竟引发西方列强对中国权利私相授受,损害了中国利益。如何消除这种现象呢?"唤起世界舆论,制止国际上一切足以助长日寇凶焰之行为,且使欧美人士咸知:日寇贪欲无止境,而列强对日让步不能无止境。""惟有对中国能有效之援助,始足以缩短战争,保障各国权利。"⑤

日本侵华目的不仅"在'征服'全中国",而且"在'征服'全世界,至少也要独霸东亚,将英、美、法、苏的势力'驱逐'出外"。⑥因此,日寇既是"全民族的死敌,也是列强利益的公敌"。⑦中国"为自身生存抗战,同时也是为世界和平而战"。⑧西方国家"不要以任何行动鼓励和帮助日寇,或和日寇作

---

① 胡秋原:《统一与抗战》,第32页。
② 胡秋原:《统一与抗战》,第43页。
③ 胡秋原:《肃奸与惩贪》,第5页。
④ 王礼锡:《"一·二八"七周年论世界大战》,《全民抗战》第50号,1939年1月25日。
⑤ 胡秋原:《雪耻与兵役》,第18页。
⑥ 胡秋原、李建明合著:《领袖与抗战建国》,第6页。
⑦ 胡秋原:《抗战建国之根本问题》,第14页。
⑧ 胡秋原:《抗战建国之根本问题》,第11页。

不光荣之贸易,而应当帮助中国以军火与经济增强中国抗战力量,来驱逐共同的敌人"。① 做国际宣传时,既宣传日军暴行,更要宣传中国人的力量。"使世界充分认识中国抗战必胜,才能使他们更加拥护中国。必须使他们知道中国将来有无穷的希望,才能对中国愈加赞助。"希望各友邦援助中国抗战,停止援助日本。必须告诉英美法等友邦国家,再不要相信日寇的鬼话,也要"告诉苏俄,须怀唇亡齿寒之祸,莫让日寇各个击破之阴谋成功"。② 他还提出联合一切友邦,并将英美法苏等西方大国视为中国的最惠国,并"促成中国与英美法俄不侵犯条约与同盟",以此"刷新外交阵容"。③

胡秋原在诠释中国对友邦的态度时表示,凡是利于和平、合乎正义的,中国一定说是。"这不仅合乎中国利益,也合乎各友邦真实利益。"尽管国联权威遇到危机,我们还是要维护其权威,维护世界和平,维护人类公平正义,维护人类文明。"不承认以武力造成之既成事实,是我国家我民族之基本的铁的立场。"为争取西方大国从道义上援助中国抗战,"我们对英法等国政府说明中国人民的态度,完全是以中国国家及世界和平利益为依归"。希望各友邦,尤其是英美法苏对中国抗战进行声援,为和平"作正义之主张,勿使原则为权益所牺牲,以致原则永无复活之日!"④希望国际反侵略大会中国分会及各民众团体,声援国联中国代表之正义的呼声。这正义的呼声将为世界光明与和平增加光芒与希望。

1938年7月23日,王礼锡参加在巴黎召开的国际反轰炸大会,通过援助中国抗战的六大纲领。胡秋原表示,这是"恢复基本人道的集会,是人类反对野蛮吃人之集会。各友邦爱好和平之人士之崇高努力与呼声,不仅将永为中国人民所记忆,并且也将对理性与人这之胜利,增加了无限的力量。这是人类不灭之一线光芒,也是人性觉醒的第一声巨吼"。⑤ 在王礼锡等人的努力下,各国援华活动广泛开展起来,向有利于中国抗战的方向发展。"各国援华运动已经由各国零星行动到国际步调整齐,由各国国内少数同情者运动到深入普遍于全国民众,由人民援助到影响政府。英美法政府,已有进一步的觉悟,由旁观而趋于经济报复,由个别抗议到平行与一致抗议。"⑥胡秋原希望中国与欧美国家进行合作,建立国际抗日统一战线,共同维护世

---

① 胡秋原:《国防与经济》,第57页。
② 胡秋原:《雪耻与兵役》,第79、84页。
③ 胡秋原:《抗战建国之根本问题》,第26页。
④ 胡秋原:《雪耻与兵役》,第32、33页。
⑤ 胡秋原:《道德与科学》,第131页。
⑥ 王礼锡:《"一·二八"七周年论世界大战》,《全民抗战》第50号,1939年1月25日。

界和平。

胡秋原在国民外交协会发刊词中指出:"国民外交协会之宗旨,在本国民立场,联合一切反侵略之民族与国家共同奋斗,以促进世界和平保障正义并发扬中国文化。"①他撰写系列文章,诠释中国的外交主张。②欧战爆发后,胡秋原作若干温和批评,分析其原因、性质、发展趋势和利害关系,力言纳粹必败,主张中国应采取抗战到底、极力建设、联合友邦但不可信赖友邦的对策。③很多左派甚至驻苏大使邵力子都认为这是"奇谈"。"亲苏派""德意派"要求改变"英美派"的外交路线主张。自称"中国派"的胡秋原,撰文驳斥了这种主张,认为中国是一个足以自强自卫的强国,应有自己的外交政策。④"我们绝对不能依赖友邦,我们决不能托国命于友邦。"⑤针对许多人说"中国应走某某路线","我们不要参加世界战争,以免民族战争'变质'"的主张,他驳斥他们不知道中国"已不是国际傀儡",应"走自己的道路",应"为自己命运之主人,中国将依照自己的历史道路完成自己的独立和进步,今天的问题已不是中国必须向任何人乞怜求助,而是根据自己的需要,根据自己的利害,决定自己的政策"。⑥

中国革命和抗战的目的是"建立现代化中国,一个独立的工业的民主的中国,一切内政外交必须由这根本国策出发"。⑦对世界局势,"我们不是单看列强动向","而要有合于自己及世界共同利益之合理政策"。这不是"媚外主义""排外主义",不是"追随主义""孤立主义",也不是"世界革命""世界新秩序"。⑧今日之世,我们既"要能多听他人之意见",又"要能和他人合作",但"必须有独立思想独立行动的勇气和能力,而不可忘记中国之利益,

---

① 胡秋原:《发刊词》,《外交季刊》第1卷第1期,1939年8月。
② 胡秋原:《中国外交当前之限度与工作——中外经济合作》《日本的命运》《苏德条约观感》,《外交季刊》第1卷第1期,1939年8月;胡秋原:《从阿部到米内》,《外交季刊》第1卷第3期,1940年5月;胡秋原:《三国军盟与我国立场》《论大陆政策》,《外交季刊》第1卷第4期,1940年11月;胡秋原:《中国的太平洋》,《外交季刊》第2卷第1期,1941年7月;胡秋原:《论太平洋之战争与和平》《中美关系之过去现在与将来》,《外交季刊》第2卷第2期,1942年12月。
③ 胡秋原:《欧战论》,《外交季刊》第1卷第2期,1940年1月。
④ 胡秋原:《中国外交政策及变质问题》,《现代中国》第2卷第13、14期合刊,1941年4月。
⑤ 胡秋原:《论我们之作战目标》,《祖国》第46、47期合刊,1941年9月。
⑥ 胡秋原:《中国是太平洋时代之决战力:论太平洋之今昔,中国外交政策及"变质"问题》,《祖国》第40期,1940年12月31日。
⑦ 胡秋原:《我之国际观》(二),《祖国》第14期,1939年4月15日。
⑧ 胡秋原:《中国是太平洋时代之决战力:论太平洋之今昔,中国外交政策及"变质"问题》,《祖国》第40期,1940年12月31日。

才是万物之尺度"。① 实际上,这种主张中国要建立独立自主的外交政策,符合世界共同利益的时代潮流。

胡秋原认为:"百年不幸,乃世界帝国主义政策与中国愚弱之共同结果。"②如果东西方"过去的暌隔造成过去百年的不幸,则未来的历史,将由东西之平等合作来创造,这是我们的历史使命"。"在东西分裂的悲剧中,中国所受牺牲最为惨烈",因此,"中国对东西合作的希望,也最为强烈"。③ 中国坚持长期抗战,从外交上而言是"要以不停的抗战使侵略者不得休息,使绥靖主义不能苟安,打出一个世界的反侵略战线来"。④ 他从世界史角度分析中日两国现代国运之升沉原因:"最初关键只是一个不愿接受西方文明,一个迅速接受西方文明。一失足,顿成百年之恨!"因此,"以自信精神学习西方文明之长,发展中国的智能与力量,以平等态度与西方世界合作,安定东亚与世界的和平"。⑤

中国外交的目的是争取盟国支持,战胜日本,"这不是什么英美路线"。无论"亲某派""某某派""某某路线","一概是忘记自己的谬见,一概是有害的。我们只要一亲,即亲中国;只有一派,即中国派;只有一条路线,即中国路线。日本是我们的死敌,我们对各国态度,一视各国对中日战争态度而定"。⑥ 这既驳斥了对中国外交政策中英美路线的责难,争取各国特别是美英苏等国对中国抗战的支持,又明确提出了中国外交要始终以民族国家利益为核心,构建中国独立自主的外交路线的主张。

他认为就中国外交关系而论,最重要者除日寇外,主要有英美苏三国,在战后的中外关系中要立于平等地位。"我们希望西方诸国可仿效苏联,宣布过去所有反华不公开条约,并宣布其无效。"构建中西方新式外交关系,既要"取消不平等条约,订立平等条约",又要进行"经济合作"。⑦ 他高度评价"中美中英平等条约签订,这是举国同庆,举世同欢的事",拉开中国获得国际平等地位的序幕。"平等条约还是法律名分的平等",要获得真正的平等,

---

① 胡秋原:《看世界》,《祖国》第57、58期合刊,1943年3月30日。
② 胡秋原:《近百年来中外关系·自序》,重庆:中国文化服务社,1943年,该书于1946年在上海再版,于2004年由海峡学术出版社再版。
③ 胡秋原:《东西合作为世界和平之本——论中外关系之过去与将来》,《祖国》第55、56期合刊,1942年11月10日。
④ 胡秋原:《反守为攻——迎抗战第五年》,《祖国》第45期,1941年7月。
⑤ 胡秋原:《东西合作为世界和平之本——论中外关系之过去与将来》,《祖国》第55、56期合刊,1942年11月10日。
⑥ 胡秋原:《三国军盟与我国立场——论对敌宣战与准备参战》,《祖国》第39期,1940年11月30日。
⑦ 胡秋原:《论战后中外关系》,《祖国》第57、58期合刊,1943年3月30日。

"必须中国有和世界最先进国家同等的生产力、战斗力和智力"。站在学术文化立场上来审视,"如果我们的学问不能自立,技术不能独立,不能与世界最先进的国家并驾齐驱,我们还是不能实现国际平等的"。① 独立强大的中国,对苏联、美国、英国、亚洲乃至世界和平都是稳定的力量。"独立民治而强盛之中国,是太平洋之安定力。""一完全自由之中国,必能对于国际经济之合作,及国际正义之伸张以更大更多之力。"②学问独立、技术独立、拥有世界上最先进的生产力和战斗力是获得国际地位平等的基石,这种认识不仅对当时中国在外交上获得平等的国际地位具有现实意义,指出了中国外交政策努力的方向,而且也为当下中国的国际关系提供了丰富的思想资源,富有深远的历史意义和理论价值。

在谈到如何维护战后世界和平时,他表示应实行"民族平等,经济合作","帝国主义及殖民地度必须终结";重新确立"普遍的经济自由主义与合作精神",并认为这是世界和平基础。③ 针对西方有些人担心抗战中勃兴的民族主义,中国强大后是否会取代日本,甚至走向帝国主义对外侵略的疑虑,胡秋原予以驳斥。"独立与合作是中国两大目标","中国一贯希望西方合作,为了建设为了和平,不可不与西方合作,中国健全的民族主义,是东西合作之保证"。"我们有过一百年的错误与悲剧,到这一个新的时代的门口,这即是东西平等合作的时代。"在这个时代,"世界之事实与人类之普遍需求可使亚洲文化与欧美文化首次混合为一真正世界文明"。④

在他看来,"世界之合理关系必以各民族之自由平等与合作为基础。中国既无世界革命之需要,世界革命干涉各国之内政,亦徒足增国际之猜疑,殊不合自存共存之义"。这是战后中国内外关系之一般趋势,而这趋势既"合乎四万万人之利益,自亦应为任何政见所欢迎";又"合于世界之利益,亦必能得各国之赞助"。抗战胜利后,"中国必走上其历史的大路,以强固之国力,对内实行彻底的政治民主和经济民主,对外促进国际合作与世界和平"。⑤

胡秋原对中国外交政策的思考,最值得称道的是从中国民族复兴运动的视角来审视中苏关系,尤其是坚决反对《中苏友好同盟条约》。"十月革

---

① 胡秋原:《中西文化与文化复兴》,第65页。
② 胡秋原:《国共论》,第26、27页。
③ 胡秋原:《论战后中外关系》,《祖国》第57、58期合刊,1943年3月30日。
④ 胡秋原:《东西合作为世界和平之本——论中外关系之过去与将来》,《祖国》第55、56期合刊,1942年11月10日。
⑤ 胡秋原:《国共论》,第27、28页。

命对于中国最大的意义,是为中国去了一个可怕的敌人,而且为中国创造了一个亲爱的朋友。日本去了一个帮手,而中国添了一个友军。"这不仅是"东亚局势中的一大变化",而且是"中国民族复兴运动一个最大的有利条件"。他认为,列宁主义、斯大林主义是苏联"民族理想的结晶",也就是苏联的历史道路。在23年的血战苦斗之中,苏联首先完成其"历史使命",社会主义已在苏联"开花而且结实"。①

在他看来,"中苏两国国情不同,内政制度不同,目前强弱之势不同"。②中国对"苏联之革命自始抱有热烈之爱护与同情,二十几年来没有一个国家像苏联这样引起中国人民之兴趣的"。苏联对"中国自由统一及民治的斗争,同样具有远见爱护与热诚的同情"。特别是抗战后,苏联"做了中国政府与人民的患难之友,而世界上还有什么比患难中的友情更为尊贵的东西呢?"中苏各有其历史发展道路,"中苏友谊不仅建立于两国爱好和平的基本原则之上,并且是巩固于共同利害之中。中苏合作完全符合于两大民族的利益,完全符合于两国之历史使命"。③ 中苏合作不仅"有益于中苏两国,也有益于东亚永久和平及人类文明与幸福"。④ 中苏两国外交政策在力求和平、反侵略战争方面是一致的,但事实上,苏联是立足自身利益。抗战时期,胡秋原对苏联外交政策的这种认识是为促进中苏关系,呼吁苏联援助中国抗战的策略之举。抗战胜利后,他对中苏关系的认识可谓是入木三分,深刻揭露了苏联对华外交的强权主义。

胡秋原认为《中苏友好同盟条约》的签订既是一种强权主义下的不平等条约,又是美苏争夺世界霸权,损害中国利益的产物,更是中国外交失败的集中反映。1942年,苏联攻击中国"作战不力",胡秋原就开始意识到苏联不利于中国的企图。1944年,他撰文《告苏联人民书》,希望引起国家注意苏联对华动向。1945年5月,苏联大使馆向重庆各报刊索取战时合订本,意在收集情报,了解舆论动向。即便《祖国》于1944年底停刊,但使馆依然派人来索取杂志,引起他的警觉。他对来取杂志的人说:"尊重中国领土主权完整,乃促进中苏友谊之真正大道。"⑤为引起国家对苏联意图的注意,胡秋原在国民外交协会的演讲中提出"自由的和平的外交政策",对内团结统一,"实行民主和工业化"。他得知《雅尔塔密约》牺牲了中国权利后,大为震

---

① 胡秋原:《致苏联友人书》,《祖国》第39期,1940年11月30日。
② 胡秋原:《肃奸与惩贪》,第68页。
③ 胡秋原:《致苏联友人书》,《祖国》第39期,1940年11月30日。
④ 胡秋原:《我对苏俄之观感》,《祖国》第27期,1939年11月15日。
⑤ 胡秋原:《俄帝侵华史纲》,中华文化出版事业委员会,1955年,第295页。

惊。他不顾人微言轻,以一人之力上书最高当局,但无果而终;他又不顾个人安危,散发《参政员胡秋原对中苏谈判之声明》。①"蒋介石深表不满,由陈布雷出面找胡秋原,指出作为《中央日报》主笔公开反对中央的政策是不能许可的。"②因此,被最高统帅"免本兼各职"。他试图以个人努力呼吁舆论关注,引起参政员的注意和公愤,阻止该条约签字,然而,在现实政治面前,这种努力注定得不到最高当局的回应。同时,他致信美国驻华大使赫尔利,呼吁不应牺牲中国利益,向苏联妥协。他应邀赴美国大使馆与赫尔利展开辩论,"如美国今日为节约美国子弟之血,牺牲中国权利,安抚苏俄,不久将来,美国将付十百倍之血"。③ 他的这种举动被赫尔利称为"所见到的中国人中,罕见的勇者"。④

他反对《中苏友好同盟条约》,认为这是丧权辱国的行为。"他的主张显然与国民党决策人物'委曲求全'的意向是不相容的。尽管他在参政会大声疾呼,不少人也同意他的观点,但他'期期不可签署'的提案通不过;他写了慷慨陈词的反对文章,许多报刊公开表示不敢发表,好朋友们劝他不必冒此风险,甚至有位等同宰相的人物对他提出警告,他概不理睬;而是把他的反对意见印成传单,在参政会、在中央党部,……到处散发。结果,条约还是签订了,而他呢,只落得被免去了在中央的一切职务。"此后,在重庆和武汉,常有人谈及此事,结合他在"九一八事变"和"七七事变"中的"激情和不顾个人利益、敢于牺牲的爱国行动",多数人认为他"是个道道地地的'民族主义者'",也有人称其为"中国读书人的典型"。⑤

据胡秋原自述,不赞成该条约"并非根据单纯的民族主义",而是该条约"恶化中苏的友谊",将增加"中国的内争"和"国际强权政治的斗争",使中国"卷入国际霸权斗争之漩涡中而不能自拔"。⑥

《中苏友好同盟条约》是雅尔塔会议关于远东问题协定的延伸和衍生,国民政府在美英两国重压下与苏联签订这一条约,其内容大多在雅尔塔会议上确定,却未得到中国首肯。在当时的情况下,《中苏友好同盟条约》的签订"为苏联出兵东北对日作战铺平了道路,有效地防止了日本军国主义在战后的复活"。但是,条约的签订使外蒙古被独立出去,旅顺口被苏联

---

① 胡秋原:《参政员胡秋原对中苏谈判之声明》,张漱菡:《胡秋原传》,第1017页。
② 涂月僧:《我所知道的胡秋原》,《黄陂文史》第1辑,第163页。
③ 胡秋原:《〈在唐三藏与浮士德之间〉及其他》,第31页。
④ 张漱菡:《胡秋原传》,第1019页。
⑤ 徐怨宇:《我所知道的胡秋原》,《春秋》1988年第1期。
⑥ 胡秋原:《为和平团御侮而呼吁》,《民生论坛》第1卷第7期,1947年6月。

租借为海军基地,"使苏联恢复了沙皇俄国时期在中长路等地所强占的权益,严重损害了中国的主权和民族利益"。① 由此凸显出胡秋原反对中苏条约并非"书生之见",而是富有先见之明。对这种"不幸言中",他痛心疾首。1989年,邓小平与戈尔巴乔夫会谈时说:"十月革命后也还有侵略中国的事情",主要是通过《雅尔塔密约》《中苏条约》,"极大地损害了中国的利益"。② 这印证了当年胡秋原主张的合理性。

事实上,大国之间的外交关系都是以本国利益为主,对国共两党而言,斯大林首先考虑的是苏联利益。不论中国怎样精进,"两国强弱悬殊,中国处于受援国地位的现实状况,都不可能争取到真正的平等"。③

从1935年在莫斯科公开宣传全民抗战到1949年离开大陆,胡秋原在这段时期中从独立的"自由人"进入国民党的体制内,投身于现实政治,以书生问政,文章报国,在学术与政治之间阐释自己抗战救国的思想和理论主张。在比较中西文化史的基础上,他思考和探索中国的抗战建国之路,撰写了大量的哲学、历史和文化著作,将其与建国理论和对外关系的探讨结合起来。他提出"惟有民治的政府,才是合理的政府,因为民主政治承认主权属于全体人民,而贤者也易于在位"。④ 从中外历史来审视,"可以了解权力集中于少数人之手必使国家崩溃,思想之压制必使国民道德堕落。也可了解家族制度何以不存在于今日欧美,何以民主政治必随工业制度成长"。⑤ 他认为民主政治是理想政治,是中国政治发展之道。

在抗战建国理论上,"读书杂志派"很早就主张全民抗日。在处理国内问题时,他们提出政治民主化、军队国家化的主张。在经济问题上,他们反对统制经济,提出发展民族资本主义,实行"混合经济",逐步向经济工业化道路迈进的主张,比较符合当时中国的社会现实。据胡秋原自述:"中国之根本问题在工业化以脱离落后,具有与邻近国家势均力敌之国力,此必外除工业发展之障碍,此即必须抗战到底。然欲求胜利,必须团结,此即需法治民主。而内则必须解除中国人文化创造力之障碍,此则必须解除复古论、全盘西化论、本位文化论等之种种错误,循民族主义与科学精神创造中国新文化,发展每一个人的文化创造力,以自由中国促进自由世界之实现。""一个

---

① 龙新民主编:《中国共产党历史重要事件辞典》,中共党史出版社、党建读物出版社,2019年,第183页。
② 《邓小平文选》第3卷,第293页。
③ 杨奎松:《毛泽东与莫斯科的恩恩怨怨》,江西人民出版社,2011年,第254页。
④ 胡秋原:《历史哲学概论》,第99页。
⑤ 胡秋原:《历史哲学概论》,第128页。

国家最要紧的事,是要能自主其命运。发展国家的生产力,人民的创造力,以不断提高人民的生活水准,不逊于世界上其他国家。其方法是发展实业与教育,其前提是要有一个和平而自由的环境。"①"读书杂志派"对中西文化的比较研究和对中国现实的思考,使其对立国之道的思考最终归结为现代化问题。② 他们较早地提出中国要建立现代工业文明国家的主张,而不是"西化"或"俄化"。

"读书杂志派"是基于民族主义立场来思考抗战建国之道的,提出了"超越传统、超越西化、超越俄化而前进"的主张。这些极富学理色彩的思考和认识,指出了当时中国的发展方向,即便在今日看来,也深刻且又颇具现实意义。在当时的知识分子中,他们的思想相当敏锐和富于前瞻性。

第二节　比较中西文化　思考中国出路

鸦片战争使中国被迫纳入西方主导的资本主义体系之中,中国的根本问题变成"如何应付西方列强的压迫和侵略,以谋国家之生存"。③ 为寻求富强,学习西方科学技术,当时开明的中国知识分子提出"师夷长技以制夷""中学为体,西学为用"等变革主张,但均以失败而告终。新文化运动以来,中国传统文化在欧风美雨的强烈冲击下,在挽救民族危亡的重任面前显得力不从心,中国文化陷入危机之中。为实现民族独立,不得不从西方文化中寻求出路。苏俄十月革命胜利以后,许多知识分子以反对西方帝国主义为己任,以建设社会主义理想国的蓝图为目标。与此同时,一些西方资本主义国家却因面对欧战危机,束手无策而深陷战后政治、经济和社会文化的多重危机之中。这种态势使包括西方国家在内的许多知识分子对资本主义深感失望,转而对苏俄的社会主义充满向往和期待。巴黎和会上西方牺牲中国利益和苏俄的对华友好宣言形成强烈对比,使中国知识分子因失望于"西化"而转向"俄化"道路。在这种背景下,"读书杂志派"对社会主义的苏俄充满憧憬,然而大革命中的经历使他们思考苏俄的理论是否符合马克思主义。他们赴日留学,对马克思主义进行追根溯源的研究,"九一八事变"后,他们留在上海,高举民族主义大旗,投入抗日救亡的洪流之中。在组织推动

---

① 胡秋原:《古代中国文化与中国知识分子》,第 25 页。
② 马俊山:《现代自由主义作家与新文学人文合法性》,《文艺理论研究》1999 年第 1 期。
③ 胡秋原:《近百年来中外关系·台湾版自序》,海峡学术出版社,2004 年,第 16 页。

"中国社会史论战"和为"福建事变"摇旗呐喊的过程中,他们的思想日趋成熟,对"中国向何处去"这一问题的思考更为深化。在流亡欧美期间,他们博采西方文化,在全民族抗战爆发后回国,分析国内外政治大势,深入思考和研究中国传统文化,在比较中西文化的基础上,他们对近代中国的各种主流思潮进行辨析,提炼出新自由主义和民族主义,回应了中国文化前进的道路和中国向何处的时代问题。

一、基于民族主义的立场辨析西方文化的价值

在王亚南看来,新文化运动试图以"西洋的资本主义文化去克服并代替我们沿袭了几千年的封建文化,在封建文化所由存立的社会经济基础即封建制度没有经过大变革的限内,封建文化决无法彻底摧毁,同时资本主义的新文化新思想决无法确立"。"资本主义文化在落后的中国,虽然看得新鲜,而在泰西各国,却已成为保守的了,成为对于更新的文化的防壁",因此,"在他那初期极盛期的光辉面上已投射了黑暗之影,为十七八世纪启蒙思想所驱除的宗教的幽灵"。1926年达到极点的中国国民革命高潮"虽然不曾把旧来的封建制度封建文化完全彻底的摧毁,但已在解体过程中的封建制度与思想,却显然受到了那次革命高潮的严重打击",同时,"在这以前俨然形成了对抗前进思想的一大势力的玄学阵营,从此一直保守了'历史的'沉默"。因此,"1926年前后的大变动所导来的建设工作虽属寥寥",但在文化思想方面,"毕竟由一部分封建文化与没落期的资本主义文化思想的廓清,而为此后的文化界出版界开拓了一个新的途径,或者说中国新兴的文化思想从此乃在文化界出版界确立了支配的地位"。①

1932年8月,王亚南运用马克思主义理论,揭示资本主义经济恐慌或危机的根本原因在于生产与消费的失衡。他认为西方资本主义国家发动战争"不是为了抢夺市场,瓜分殖民地么?"苏联"与其说是在政治上与各资本主义国家以威胁,宁不如说是在经济上与他们以打击"。苏联经济的长足发展,致使"各资本主义国家不但失去了世界几分之一的市场,并且还增加一个最强狠有力的竞争者"。如果"苏俄经济状况依旧像十年前一样的贫弱困乏,那就任凭他怎样宣传鼓吹,资本主义国家是断然不会受到何等了不起的影响的"。总之,"如战争,如苏俄的存立,乃至如其他种种足以加重恐慌之严重性的动因,虽在有其促成资本主义制度崩溃的作用",但归根结底,"他

---

① 王渔邨:《中国出版界最近十年的几个演变倾向》,《大众论坛》第1卷第1期,1936年11月。

们不过是由生产消费不均衡的根本原因,所派生演化出来的罢了。生产消费不均衡所引起的经济恐慌的死症,随资本主义体制之日益羼弱而沉重,我们虽不能机械的预断其喘息停止的期日,我们却敢断言在资本主义的现存体制下,一定不能由曲解事实,掩饰事实,并制造事实的经济学者们,发现何等取死回生的妙方"。① 王亚南一针见血地揭示出资本主义经济危机的根源,这种见解很有见地,非常可贵。

1934年1月,王亚南离开香港,经马六甲海峡、印度洋、红海、地中海,经过两个月的海上航行,到达欧洲。在意大利走马观花地参观了几天后,他便转赴德国开始广泛研读西方经济学等,为翻译《资本论》奠定了坚实的理论基础。他在德国目睹了在纳粹独裁统治下,言论出版自由和民主法治遭到扼杀。他对德国摧残悠久历史文化传统,走向纳粹主义,自由民主被剥夺感到颇为不解,于是搜集资料,撰写《德国之过去现在与将来》,对德国历史、现状和发展趋势进行深入研究,该作成为一部研究现代德国的政治经济简史。在德国游学期间,王亚南"曾到伦敦住一个月,多雾的伦敦给他留下了杂乱的形象"。② 在王亚南待在伦敦期间,王礼锡、胡秋原到苏联参观游览,他们错失相聚机会。德国法西斯统治下恶劣的社会氛围和不断上涨的物价使王亚南产生"窒息感"和他乡流浪者的孤独心情,超负荷翻译、写作使其身心俱疲,处境艰难。据他自述:"资产阶级沉溺于奢华淫乐的腐朽生活,人与人之间的纯金钱关系……在西欧各国,则是赤裸裸地暴露在拟眼前。我看不惯或怎么也适应不了这种生活方式。"特别是"希特勒横暴统治下的各种灭绝人性的丑恶表演,一切进步书刊的全被禁止,只能引起我异常嫌恶的反感和思想上的窒息。而我殷切希望知道的有关中国社会的动乱消息,则几乎从它们那里的报刊得不到一点反映"。③

基于此,他决定取道苏联,前往日本与妻子团聚,然后再返回中国。1935年春,王亚南时隔4年再次到达东京,他深深感到"欧化的成分是更加多了,人物衣冠也倍形欧化了"。"那里总归可以展示你旧的执拗与新的追求的错综的情景",这种新旧杂糅相互交织的情景随处可见。在号称"文明的资本主义国家的首都,大抵还保留下了一种自由,那就是允许其一般小市民徜徉在高大建筑底下的宽敞马路旁边,饱尝一下'繁华'的眼福"。事实上,"这样'惠而不费'的自由也大受限制了"。在"帝都'净化'的口号下,有

---

① 王亚南:《恐慌学说之理论的检讨》,《文化杂志》创刊号,1933年4月再版。
② 蒋夷牧、王岱平:《生命的辙印》,第35页。
③ 王亚南:《自述》,转引自林坚:《王亚南传》,2021年,第81页。

碍观瞻的褴褛污秽的劳苦大众们，都要移至到隔离人间天堂较远的地带"。在"自由主义"倒霉的时代，日本的失业、贫困、犯罪、自杀非常普遍，成为难以漠视的社会问题。① 在东京期间，他依然关注时局，撰写了一些国际时评和世界经济的论文。随着国共两党酝酿合作抗日，对参与"闽变"骨干分子逐渐放松追究，王亚南如释重负，渴望回国。在东京时，他"被国内正在开展中的抗日救亡运动和进步书刊广泛流行的气氛所吸引和鼓舞"，于1935年底回到上海，"结束了准流亡生活"。② 回到上海后，王亚南投入翻译研究《资本论》等著作的工作之中。

1934年3月，王礼锡、胡秋原夫妇离开香港，经新加坡、印度、埃及、意大利等地，于5月到达英国。海外侨胞对其抗日主张怀有敬意，这使他们更加坚定了民族主义信念，决心团结同胞，为实现抗日救国共同努力。在印度目睹以自由民主相标榜的英国实行的殖民地文化，他们体会到东西方文化的差异，也认识到西方国家标榜的自由仅限于白人，这种自由是虚伪的、不彻底的。"在各国旅行中，处处表现民族主义是各国立国第一义。"③他们观察到并深深体验到中国人受西方人轻视，开始思考中国人的聪明才智不逊于西方人，何以中西差距如此之大。这使他们决心从文化层面探讨中国出路，更加坚定其民族主义立场。

在西行途中，他们既观察体验东西方文明的差异，又不断深入思考中国和世界的出路。他们试图通过比较中西文化，深入探索不同国家在发展路径上做出不同选择的根本原因。在考察欧洲历史遗迹时，他们开始思考西方文化是否会步罗马帝国的后尘，转向社会主义，或者变成当时的苏联，在古代长期走在西方前列的中国，近代以来何以被西方远远甩在后面，东方文明古国印度、埃及陷入衰败，而欧洲现代文明国家走向兴盛，形成这种强烈反差的原因何在。他们认为，文艺复兴以来，欧洲大国崛起引发世界格局演变，实际上是各国文化相互竞争、领导权转移的问题。欧战的爆发宣告西方文化陷入危机之中。继之而起的是苏、美、日，还有称雄欧洲的希特勒，那么，西方应向何处去？中国又该向何处去？1934年5月，王礼锡、胡秋原等人在伦敦大英博物馆深入研读西方文化哲学，试图从中寻求上述疑问的答案。

在巴黎体验夜生活时，王礼锡感叹道："多少资本家们在过着天使般的

---

① 王渔村：《东京的面面观》，《新中华》第4卷第1期，1936年1月。
② 王亚南：《自述》，转引自林坚：《王亚南传》，第82页。
③ 胡秋原：《八十年来——我的思想之来源与若干心得》，《中华杂志》1990年7月号。

生活,多少劳动者的膏血送进魔鬼的口中。""伟大的战争艺术! 伟大的对殖民地的掠夺的艺术!"①巴黎并未给他留下好印象,无论是咖啡馆还是大街上遍地的卖淫场所,还有作为法国在世界各地进行殖民掠夺的注解与见证的卢浮宫和凯旋门。20世纪30年代,波及整个资本主义世界的经济大萧条,造成严重的社会问题,大规模的失业,民众生活艰辛,这影响了他对法国的看法。在伦敦期间,王礼锡观察到,自诩为"世界上最好的"且是著名的绅士国家的英国,其守旧气是令人想象不到的。除"资产阶级性的工党报纸也同样替政府宣传外,其他工人的刊物,都不相信统治者的欺骗"。为了生存,不少年轻女性沦为娼妓,大量贫困的失业工人无家可归。贫富差距悬殊成为英国社会的一大弊端。他在揭露英国民主政治的虚伪时指出,尽管人民有投票权,但"他们所谓民主……是假的",徒具形式。②

在王礼锡看来,"世界外交的诡奇,国际间关系的变化,常常是从伦敦唐宁街伸出来的一只魔手在颠倒播弄"。在海德公园,演讲者"无所不讲,百无禁忌。这些在法西斯国家所梦想不到的自由——在行动上,虽是有限制的;在言论出版的表面上,却有自由——会使你嫉妒"。而"在伦敦充满了英国人的政治精神——所谓民主精神的,却是海德公园","一切党派都有人在那里发挥高论,各人卖各人的膏药,而一班平民却在那里上他们的政治常识课"。③胡秋原也常到海德公园听各种自由演讲,王礼锡认为"这种英国式的自由是一阶级一种族的自由,而殖民地或失去了职业的人是没有这种自由的"。④ 以自由自豪于世的英国却在中国租界的公园挂着"华人与狗不得入内"的招牌,在他们看来,这是帝国主义政策,这种自由是不彻底的,同时揭示出英国社会治理中存在各种问题。

胡秋原还参加了由多国学者参与的讨论,其中有马克思主义的信奉者,但不是苏俄革命的马克思主义。有人引用奥地利马克思主义者列纳尔(K. Renner)的《社会帝国主义论》的观点,认为"社会主义如果没有民主的基础,那就是最独占的资本主义。所以,这种社会主义要比资本主义更容易走向战争"。⑤ 这种观点实际上是不赞同苏俄革命的马克思主义,引发了其共鸣。参与讨论的印度学者谴责英国标榜自由民主,却既不让印度人自治,又不给其自由民主,实际上是殖民主义政策。这些讨论进一步加深了胡秋原

---

① 王礼锡:《王礼锡诗文集》,第142、145页。
② 王礼锡:《王礼锡诗文集》,第153、155页。
③ 王礼锡:《伦敦的面面观》,《新中华》第4卷第1期,1936年4月。
④ 王礼锡:《王礼锡诗文集》,第251页。
⑤ 张漱菡:《胡秋原传》,第673页。

对西方文化本质的认识。

王礼锡敏锐地观察到伦敦富人和失业工人之间存在严重的贫富差距,他不由感叹道:"假如一切财富都为生产财富的人去享用,把一切寄生虫铲去,这世界将变成怎样的世界。"挤在广大贫民窟的人,"有许多是虽蕴蓄了辉煌的力,而不合理的制度的魔鬼使之不能出之于身"。"寄生性的人口多于从事真正人类福利的生产者。"他发出质疑:"这相互拥来挤去的各种阶级各种身份的成千累万的人,难道不是同样性质同样力量,同样爱欢乐的人类吗?他们不是以同样的方法同样的手段去寻求快乐吗?但是他们拥来挤去似乎没有什么共同的东西,彼此了无关系,只有一点是彼此默认的,就是各人走着各人的路,不要妨碍对方走过来的人潮,而决没有那个在一度相视之下表示敬重对方的意思。"他进而指出:"这种残酷的各不相关,各个无情的孤立,只注意于其私人的利益,其情形之可憎愈甚,则这些个人越向这有限的区域集中。""这种个人的孤立与狭隘的自私,是我们的这个社会的基本原则,到处是一样,只是程度的差别而已。"个人主义在英国"发展到了极端"。在这里,他批判英国社会存在严重的贫富差距,在不合理的制度下,人与人之间缺少彼此敬重与温情,更多的是冷冰冰和"残酷的各不相关","个人的孤立与狭隘的自私"使个人主义走向极端,他以敏锐的洞察力,透视英国社会的深层矛盾,鞭辟入里地揭示出了其弊病。

西行以来的体验和观察使他们认识到英国虽标榜自由民主,但自由党执政时发动的鸦片战争将中国拖入了殖民地体系之中,当时自称社会主义者的麦克唐纳政府却又不承认印度独立自由。王礼锡既惊叹大英博物馆的世界文化蕴藏之富,感觉为之献身亦死而无怨;又对英国将侵华掠夺的中国文化艺术宝藏珍藏在大英博物馆而愤愤不平,珍藏于此的中国珍品和文献"在世界古文化上也是一个诚朴的老实人","决不是一两个星期即可一一过目"。① 西方自由主义在法国大革命中大放异彩,然而法国只是给予欧洲人自由,而决不放弃所属殖民地,更谈不上给予自由。尽管胡秋原和王礼锡等人承认西方近代文明和道德水准高于东方民族,但西方国家"对殖民地、次殖民地没有道德观念,西方道德只是行于国内的,强国对于弱国,就不看重人权,不看重其自由平等了"。② 他们认为欧洲的自由主义是狭隘的、不彻底的、自私的、虚伪的、背弃了自由原则,因而开始崇尚新自由主义。基于此,他们认为西方资本主义不是中国及世界未来的发展道路。在此期间,胡

---

① 王礼锡:《伦敦的面面观》,《新中华》第4卷第1期,1936年4月。
② 胡秋原:《中西文化与文化复兴》,第29页。

秋原曾拜访英国提倡社会民主主义和政治多元主义的思想家拉斯基,拉氏认为"社会主义是自由主义的发展"。① 这与胡秋原认为社会主义不能否认自由的思想这一观点相一致,由于笔者学识所限,查阅胡秋原留下的资料,还未发现其在多大程度上受到拉斯基思想的影响。在日本留学期间编著《唯物史观艺术论》时,他对德国女革命家柴特金的观点表示认同,社会主义是"自由主义之当然的发展和变型"。② 这些为胡秋原的思想认识提供了理论支撑。

通过对西方历史的研究,王礼锡和胡秋原均认为中西文化无根本不同。新文化运动以来,西化派、传统派高谈中西文化之间的差异。实际上,西方文化的本质是工业社会和工业文化,英国是典型的工业国家,恰恰正是被马克思当作代表所批判的对象。马克思所揭示的西方社会有阶级区别和阶级斗争,使他们对马克思主义和西方社会有更加深入的认识。西行之后的观察和思考,进一步增强了他们的民族主义意识。他们对西方文化的解析是基于民族主义立场,考察西方文化的目的在于寻求自己民族文化的发展方向,确立前进道路。

在对中西文化的思考和认识上,胡秋原比王礼锡更进一步,他对西方文化的认识与五四前后的中国学者不同。在中国近现代学术思想史上,有些学者将西方文化视为"动"的文化,长于物质文明。胡秋原认为这种认识是对西方文化的误解,不符合事实。西方文化并非重物质、轻精神,而是双重并进,在物质文明和精神文明上都有优秀的传统和成果。他在比较中西文化的基础上指出:"精神文化之中……中国过去在文艺上诚有很高的成就……西洋人之文艺,也决不劣于我们。……先秦哲学水准并不超过希腊,而中国固有哲学,也决没有超过培根、笛卡尔以后的水准,更不要说康德和斯宾塞了。"由此可见,他对西方文化的解析。

胡秋原在比较中西文化中,最有价值、最值得称道的是纠正了中国学界对于西方道德文化的误解,较为准确地诠释了西方道德文化的价值。在他看来,中国学界对西方道德非难的论据主要有二:"个人主义"和"功利主义或所谓唯物主义"。将个人主义视为"自私自利",和将功利主义视为"唯利是视"是一种误读,而这正是西方的核心价值。个人主义是"全体国民各尽其义务,各享其权利。现代西方人尊重个人权利,同时尊重个人责任。个人

---

① 张漱菡:《胡秋原传》,第685页。
② [德]克拉拉·柴特金(Klara Zetkin)著,胡秋原译:《艺术与无产阶级》,胡秋原:《唯物史观艺术论——朴列汉诺夫及其艺术理论之研究》附录二,第706页。

的自由与财产不容他人侵犯,然个人对于全体,必尽其应有义务"。他对西方个人主义的诠释,是将权利、义务和责任三者统一起来,契合西方个人主义的内涵。这是西方民族随着社会的发展进步,在克服"家族主义、地方主义和教派主义"的基础上形成的文化观念。个人主义实际上是民族主义的另一面,"民族主义保护个人权利,个人对民族国家尽其义务"。西方个人主义与国家、民族的观念紧密相连,与之相比,中国人过分强调家族集体的观念并用以否定个人主义,因此近代中国尚未形成超越西方个人主义的道德文化观念。建立在这种认识基础上,胡秋原认为不能简单否定西方的个人主义。"如果我们不否认中国家族主义在政治上发生极大流弊,而国家对人民之保护并更普遍而有效,我们就不要望文生义地反对个人主义。""西方的个人主义爱国,除个人外,就是国家;而中国的非个人主义则爱家,因家对于个人主义最为亲切。"①他对西方个人主义的诠释、对中西文化的比较,都有其理论价值。

在近代中国学术思想史上,中国学界对西方功利主义同样存在误解,特别是将功利主义简单地视为"唯利是视"。事实上,功利主义是理想主义的另一面,既尊重个人利益,又尊重社会利益。"没有共同利益,也就没有个人利益。"在现实生活中,如果人人尊重个人利益,国家保护个人利益,"损人利己"就没有市场。"功利主义尊重个人幸福,但尊重个人幸福以不侵犯全体幸福为条件,在个人利益与全体利益不调之时,更要牺牲个人利益。"基于此,胡秋原认为"功利主义的真精神是求最大多数之最大幸福","功利主义诚以误解而生流弊,然他提高了人格观念,推广了社会福利制度,是不可否认的功劳"。他驳斥对个人主义和功利主义的误解,"个人主义提高了人格观念,消灭了主奴观念。功利主义提高了职务精神,增进了人生福利,而因人权之提高,使压迫他人为非法"。"最大多数之最大幸福""人格""人权""法治国家"等观念恰恰是中国社会文化中所欠缺的。"西方道德的真精神在人权观念与责任观念。因为前者,就没有法律以上的特权身份,因为后者,就没有敷衍苟且的下等作风。"从这个意义上来说,"现代西方精神文化与道德水准决不低于我们,而甚至高于我们"。胡秋原利用同期比较法,比较中西文化异同,并与不同民族社会的历史联系起来,他对中西文化差异的理解和做出的判断较为合理。中西文化的差异既不能简单地以"物质"与"精神"来划分,又不能以"进取"与"保守"、"法治"与"人治"、"征服自然"与"调和自然"、"向前"与"持中"来划分。二者的根本区别在于"文化进化

---

① 胡秋原:《中西文化与文化复兴》,第29、30页。

阶段之不同"。古代中欧文化"纵有地方色彩和国民色彩之差异,但大体相似;而今日中西文化之不同,只是西方现代化了,而我们尚未现代化之故"。换言之,近代中国衰落的根本原因是人类文明进入工业时代,我们在技术上落后于欧洲,因而受到强敌侵略,引起经济政治上的崩溃,精神文化的颓废和物质文化之衰落。因此,当前欲求民族复兴,就是求中国之现代化,求现代化就必然走向工业化,为抗战建国奠定基础。

作为现代形态的西方文化,其"根本精神是理性精神或合理精神","个性观念和法则观念"是最主要的两个要素。前者要求"独立自尊观念",后者要求"科学方法与态度"。现代文明的各种成就表现为"个性精神与法则观念""合理精神";而应用到政治上,就是培养"健全的国民""建立法治的国家""实现国家的独立"和"维护国际秩序"。一个民族应做"自己的主人,而同时不能侵略别国,这便是民族主义的本义"。"人民权利有充分保障,而人民对国家有不可逃的义务,这便是民主政治的根据。"不难发现,胡秋原将合理与合法看作现代西方文化的根本精神,同时将"合理与合法"视为"我们今天检讨自己和改进自己的一个标准"。① 实际上,这透露出他所理解的现代中国文化的前进方向。沿着这个方向向前迈进,使中国工业化并建立中国自己的现代文化与文明是我们的建国目标和历史任务。从他对西方现代文化价值的辨析中,可以清晰地看到其秉持的民族主义立场。

胡秋原不仅从学理上客观地辨析西方现代文化的价值,而且指出了西方现代文化的危机。在日本留学期间,其学术思想由文化史转向唯物史观,研读有关历史哲学与文化问题时,他对西方文化危机有所认识。19世纪70年代,西方资本主义从自由竞争进入垄断阶段后,自文艺复兴以来形成的政治经济自由、个人主义、理性主义和科学主义等西方文化传统开始出现危机。当时,欧美资产阶级哲学家承认西方文化与精神存在"危机",欧战爆发以及由此带来的灾难性后果,将西方文化和社会中固有的弊端完全暴露出来。德国历史哲学家斯宾格勒的《西方的没落》的出版,使西方人普遍感受到西方文化的没落或衰败,胡秋原不仅从西方哲学著作中了解到西方文化危机的本质,而且在日本体验到西方文化危机的影响。他在批判西方文化危机时指出:"资本帝国主义已成为最反革命反文化的制度了,资本主义文化也到了最后阶段了。于是有现代文化之危机,颓废,反动。帝国主义以其没落文化维持其文明的假面。""随资本主义之腐朽与危机之增大,现代资本主义文化亦表现非常之危机与堕落。""资本主义敲了最后的丧钟。从必然

---

① 胡秋原:《中西文化与文化复兴》,第32、33、34、35页。

王国向自由王国之飞跃的全人类全世界解放运动,是新的文化之前提。"他在批判西方文化危机时,指出未来共产主义社会才是创造合理新文化的社会。只有"在未来无产阶级专制也消灭的共产主义社会,才有真正合理的文化的创生,文化也才是全人类的。这才是人类真正历史的开始,也是真正纯文化历史的开始"。在革命过渡时期,"有社会主义文化,在将来共产主义社会,有科学的共产主义文化"。①

欧战的爆发宣告西方社会和文化陷入危机之中,社会主义成为最时髦的思潮。包括无政府主义、基尔特社会主义、民主社会主义在内的各种社会主义对西方民主政治发起挑战。尤其是苏联将批判西欧资本主义社会的马克思主义加以改造,"变为布尔塞维克的共产主义,根本否定西方民主"。② 1929年,肇始于美国并蔓延至西方世界的经济恐慌,将西方文化危机推向高潮。苏联宣称建立公平正义的社会主义理想国,先为东西方思想界所欢呼,后又演变为世界性的暴力革命。欧战中的战败国煽动民族仇恨,将民族主义演变为专制独裁,利用现代科学技术,集全国之力挑战战胜国,西方文化精神成就之个人尊严、理性观念和民主政治自然受到冲击。西方由精神文化危机演变为全面社会危机,最终爆发第二次世界大战。西方文化中的思想、制度、帝国主义、民族主义、资本主义、社会主义、独裁主义、领袖崇拜等,随西方文化危机的出现而在全世界范围内产生模仿和反击。作为世界文化中的一环,中国受到西方列强侵略,遭遇自身文化危机,同时受到西方文化危机的影响,因此寻求中国出路变得更为复杂。

胡秋原批评西方文化背离了其自由民主原则,是造成西方民主主义危机和西方文化危机的根源。"文艺复兴以来代表西欧文化正统的民主主义,在今天世界大战中表示其无力",于是,独裁主义横行于世界。"民主主义之劣势,不是因为独裁主义之强,而只是民主主义的战斗技术与战斗精神落后。""民主主义的失败,只能说由于其本身的疾患,由于其本身一时堕落了战斗的技术和精神,才不能适应战斗的时代。"何以民主主义在保守主义和独裁主义进攻面前呈现出麻木的状态呢?根本原因在于"民主国家之不彻底,民主主义不愿充分发挥其原则。民主主义以人类生存和进步为目的,民族的政治的经济的自由平等为手段,是顺天应人的制度"。然而,"民主国家在国际上及政治经济上并未使民治原则彻底,仅以安于现

---

① 胡秋原:《为反帝国主义文化而斗争》,《文化杂志》创刊号,1933年4月再版。
② 胡秋原:《一百三十年来中国思想史纲》,第40页。

状为已足"。① "因西方之压迫东方,西方文化亦逐渐失其自由主义的灵感而表现腐化征象。""第一次世界大战和独裁主义的兴起,即因自由主义理性主义之衰老而来。"② 这既是民主主义危机之根源,也是西方文化危机发生的根源。

胡秋原认为西方国家正是由于不忠于自由民主政治的原则,对外扩张,侵略东方的殖民主义随之而起,造成东西方同时堕落。西方随之出现虚无主义、独裁主义、纳粹法西斯主义等,而在东方则产生种种崇洋媚外主义。"现代的民族主义和民主主义,实以科学及工业为骨干。""民主主义以自由平等为根本理念,如果国际上以及政治上经济上能够贯彻民治的原则,这世界无疑趋于光明。"然而,由于"帝国主义发生,西方民主主义堕落,并阻碍东方民主主义的发展"。帝国主义对外发动战争进一步增强了其力量,争夺更多的殖民地,增加了反民主的力量,阻碍了东方进步,民族战争、阶级战争频发,使东西方同时堕落。

胡秋原指出:"民主主义如要免于灭亡,要证明自己优于独裁主义,必须获得等于和超过侵略者的战斗技术和精神。"西方民族国家有超越独裁的人力、物力,关键问题在于"民主国家能否迅速充分动员,亦即在民主国家对于现在,对于将来,对于自己有无充分的觉悟和信心"。为何旧民主主义在保守主义攻击下显得如此麻木呢?他将原因归结为"旧民主主义之不彻底。民主主义不愿充分发挥去原则,只好以现状自安"。尽管如此,我们仍然相信"民主主义的原则,合于人类生存和进步的需要"。而独裁主义"只以少数专制为目的,盲目信仰偶像崇拜,好勇斗狠为手段,伤天害理的独裁主义是无法成功的"。"衰弱的保守的不彻底的旧民主主义亦无存在之理由,我们为民主主义而战,不是恢复旧民主主义,而是创造最彻底的更忠于其原则的新民主主义。"何为新民主主义呢? 在他看来,"以全人类的普遍幸福为目的,给我们以无限光明崇高的远景,而这一光明远景,是全人类的希望"。故此,"他有必胜之理由,我们自信有无限斗志,来保障其生存和永生,如果陷于迷惘,是一种精神之败北"。唯有"民主国家充分动员,勇敢作战,一定能够击溃独裁国家,创造更文明的世界"。中国的任务是既要"自力作战立于不败之地",又要"将自己的实力,加入民主战斗的天平中,挽救并再造民主主义"。无论世界"如何混乱,如何变演,有一事是绝无可疑的,即是四万万人的中国必须强大,必须能够战斗,才能生存"。"中国强有力,没有人能消

---

① 胡秋原:《中西文化与文化复兴》,第178、180—182页。
② 胡秋原:《论中西文化与创造中国新文化》,《读书杂志》第1卷第11期,1945年12月。

灭我们","仿照中国的意见,改变这个世界,使其更适合中国的生存,这是根本之根本"。①

无论是对西方文化价值的肯定,还是对西方文化危机的揭露和思考,胡秋原都是为了让中国学界对西方文化有更理性客观的认识。同时,这是对全盘西化派片面的西方文化观念的一种纠偏,他试图站在超脱的中间立场对中西文化的冲突和激荡进行思考,并将中国文化放置在世界近代文化发展的大背景中,反思中西文化危机,树立民族自信心,迎头赶上西方的科学技术,不做现代的奴隶,而要做现代的主人,"不抱残守缺,不模仿皮毛,一面抵抗中国文化复兴的敌人日本,一面建立中国自己的现代文化与文明",②以此寻求中国文化复兴与中国社会的现代转型,最终为中国探索出一条走向现代化强国之路。这表明他不仅具有世界文化视野,而且具有现代学人的文化自省精神。

二、对苏俄革命的马克思主义的认识与思考

苏俄十月革命的胜利,在西方资本主义体系中撕开了一个口子,建立了第一个社会主义政权,西方许多知名学者纷纷前往一探究竟。对苏俄的观察和认识,主要有以英国哲学家罗素、法国作家罗曼·罗兰与纪德为代表的3种不同类型。罗素既是一位著名的社会主义者,又是一位具有人文主义精神的自由主义思想家。十月革命后诞生的世界上第一个社会主义国家,罗素对其不抱好感。他认为俄共不赞成民主,"此为俄与欧西各国不能融洽的一大原因",虽然相信共产主义是"一种好学说"和"文化的进步",但"须用循次渐进的方法来实行这主义","不必用强硬手段压迫他们"。③ 著名左翼作家罗曼·罗兰向往社会主义,亲自赴苏联考察后,将其观感写进生前不愿公开批评的《莫斯科日记》。既是自由主义者,又多年苦读马克思主义的纪德访苏归来后极为失望,公开批判苏联的社会主义。从根本上而言,这3种类型的知识分子与西方主流媒体敌视苏联的态度不同,其主张富有学理性。在中国,无论是倾向苏俄革命的左翼激进知识分子,还是深受西方民主政治影响的自由主义知识分子,抑或是受自由主义和马克思主义影响的中间知识分子,都对苏联颇为向往。王礼锡、胡秋原的苏联之行,使其在思想上产生了更大的变化,政治见解随之调整。

---

① 胡秋原:《思想上之"不变应万变"论》,《祖国》第54期,1942年6月10日。
② 胡秋原:《中西文化与文化复兴》,第32、33、36—37页。
③ 罗素:《布尔什维克与世界政治》,《民国日报》(上海)1920年11月3日。

1934年8月,胡秋原与王礼锡一起赴苏联考察。王礼锡生病,苏联知名医生未查出病因,最终还是在德国医治好的。他们瞻仰被誉为"俄国马克思主义之父"的普列汉诺夫的遗物,对普氏长期流亡国外,最后客死他乡的悲剧表示同情。尽管他们以游客的身份对苏联的了解是浮光掠影的,但在经济工业化、科技发展进步等方面,他们深深感受到西欧远远领先于苏联的现实。在大革命时期,受时代思潮影响,他们向往苏俄革命。但大革命中种种激进的非人道主义,促使其思考苏俄暴力革命是否适合中国。带着这种疑问,胡秋原对马克思主义进行追根溯源的研究,在研究普列汉诺夫时,对苏俄历史文化尤其是苏俄社会主义革命进行考察,加深了其对苏俄革命的认识和思考。

在"文艺自由论辩"时,胡秋原注意到苏联党中央更激进的文艺政策,"左翼作家之得势与发展,同路人只是阶级之动摇与苦闷,以及批评界文艺底政论的抬头"。换言之,"就是更'左些'了"。"何以在喜沉思好自由的俄国民族艺术上专制主义的气味这么浓厚呢?"①世界上几个大文豪接连游历苏联,对苏联表示无限的同情,这出乎胡秋原的意料。他认为讴歌东方文化的泰戈耳翁、身为实验主义者的杜威,以及作为社会民主主义者的萧(伯纳),也对苏联表示好感与赞美,不得不令人有点意外之感。萧伯纳当着苏联文坛很多领导人的面说:"我明白共产主义,研究社会主义也有五十年。然而,来到这里的,是要观察:以如何方法实现社会主义,以及诸位正确理解马克思主义到何种程度,而且有如何的谬误。"②

王礼锡作为中国代表参加国际代表作家协会会议,并进行了关于中国文化的报告,在中国文化遭受到历史上空前的威胁之际,他希望国际代表作家进行抗议。王礼锡推崇的多年来最勇敢的为正义而战的斗士威尔士先生指出:"在苏俄,作家的知识自由'完全'被压迫了,因此,'没有知识生活'。"王礼锡指出威尔士的认识"恐怕是俄国人造成这个错误,由于他们没有使威尔士先生认识在那些共和国中的很强的精神生活"。在作家大会上,苏联政府代表宣布"在苏联每一个作家尽管自由去写他所高兴的,只是不能自由去写坏东西"。王礼锡又指出"苏联早年的错误是正在纠正中,非黑即白的概念已经被排除了"。他称赞苏联作家及其作品中反映与人民大众的密切关系,"作家的可怕的孤立已经被破除了,作家很密切地与人民联系着生活,人民很密切地与作家及其作品联系,这不但从献身于大会的工人,农民,士兵

---

① 荻原:《最近世界各国文坛之主潮·苏俄》(三),《读书杂志》第1卷第6期,1931年10月。
② 秋:《著述界消息(一)·访问苏联之伯纳萧》,《读书杂志》第1卷第6期,1931年10月。

的很多代表中表示出来,并从各工厂中对于大会的热烈讨论中表示"。①

在评价苏联为什么为一般旅行者所惊奇的问题时,王礼锡指出:"在那里,生活的表面并没有变,变的是生活的里面,是人与人之间的生产关系。他们在以各尽所能各取所值的关系生活着,而不是以剥削与被剥削的关系生活着。他们没有自己的房子,没有自己的生产工具",在苏联,"人与人之间没有多大的贫富的差别"。对苏联有不是地狱就是天国两种极端对立的看法,"在我们这世界里的人真不知道他们是怎样生活法?"在有高楼大厦以及消暑避寒的庄子的人看来,那种生活是"枯燥无趣,既不能享受生的沈醉,也不能享受生的闲逸,那不是地狱是什么?"在风餐露宿者看来,"那里无疑是天国"。王礼锡评价道:"不管它是天国是地狱,总之是另一个世界。有人想去看看地狱里面是些什么鬼怪,那里的罪过的灵魂是在受些什么虐罪。有人想去看看天国里的天使们是在如何快乐地翱翔。无论他们是想去看地狱或天国的,他们都是带着很高的惊奇的情绪。"王礼锡、胡秋原乘坐的由英国驶向苏联的船是苏联制造的,"船上多少可以看出这另一个世界的情调,就物质说起来,一切设备自然比较简单,不像英、法、意、美诸国邮船设备的豪奢"。②

王礼锡通过与不同的人交流后感叹道:"我当初以为这些'同路人'大都是同情俄国的,哪知其中竟有这样一些滑稽的人物。"在这些旅行家看来,苏联一定是令人失望的。"那里没有二三十层的洋楼,没有好莱坞,没有金迷纸醉的巴黎之夜,也没有那些皇帝皇后之类所参加的各种可以上电影的盛典。一切人都和自己差不多,都在过着和自己差不多的生活,假使没有参加生活的内部,那有什么可羡的呢?"在离开他们乘坐的苏联船前,"那些从资本主义国家来的小姐太太们,成天在想象这个国家是如何的 terrible, horrible(可怕,恐怖),今天为了不要在最后一餐饭掏钱,也对这块要展开在眼前的国土增加几分好感了"。③ 王礼锡的观察,道出不同人群对苏联这个充满神秘的世界上第一个社会主义国家的不同态度,以及诸多面相。

当王礼锡和胡秋原进入苏联境内,住进旅馆时"完全不觉得是到了另一结构的国度",这里专门为旅客提供的设备,既有华丽的客厅卧室,也有就餐时的乐队奏乐,又有出入时门卫的鞠躬礼节。不同之处在经济上,"好像到处不用小账,吃饭是由旅行社办公处分发餐券,凭券进餐,餐券遗失了,就

---

① 王礼锡:《王礼锡诗文集》,第 243、244、245 页。
② 王礼锡:《王礼锡诗文集》,第 261、262 页。
③ 王礼锡:《王礼锡诗文集》,第 265 页。

只好饿肚子,很难通融的"。① 苏联在经济上废除私人营业,旅行社由国家经营,旅行社定下游览的程序不能改变,让游客产生苏联官方指定以宣传立国的感受。王礼锡的这些观察和感受,既揭示出苏联计划经济下,政府依靠行政命令通过硬性计划手段对资源配置和生产经营进行分配的状况,又披露了苏联各行业工作刻板、不够灵活、不够人性的情况。

王礼锡、胡秋原到列宁格勒后进行全城观光,游览夜景时看到的是这样的景象:"路上行人非常少,我们的汽车所通过的地方,很少成群的人。除电车及公共汽车以外,也很少车在路上奔驰。""街上很少看见商店","没有街头徘徊的人群,自然就不拥挤了。街上的色彩非常素朴,没有现代都市的肉的味的流溢"。"行人的衣服在第一眼看来,似乎表现着贫穷。但普遍一比较,马上可以看出贫富差别极小的特点。把财富平均享用,自然美丽的衣饰就减少了,并且第一个五年计划的重心是重工业,所以衣服美观的成分的缺乏是当然的。"② 无论是从路上的行人车辆,还是从大街上的色彩格调,抑或是行人的穿戴来看,与经过工业革命在现代化建设上取得巨大成就的西方国家相比,苏联在经济方面与英美诸资本主义先进国家还相差甚远,缺乏现代色彩。尽管王礼锡从服饰上称赞苏联民众贫富差距极小,但这是因物质缺乏而普遍贫穷的一种外在表现。

王礼锡通过对英国与苏联进行对比,感受到了更大的东西方差异。到英国像是另一个世界,而苏联在欧洲是富有东方气息的,到苏联境内像是回到东方一样,感受到"友谊"的气息。在英国,"人与人间的关系,是机器的一个牙轮,一根链条的关系,人与人间的机械联锁很密切,但是冷的,硬的,礼貌的,离索的,总之是无友谊的"。苏联却不然,"原因当然不是由于人种的差异,或地理的差异,而因为英国是资本主义的老巢,俄国则资本主义没有浸透就变革了"。③ 他揭示出苏联关起门来搞建设出现的各种问题,"苏俄为了关门建设,所以对旅客的许多不便是难免的。譬如用钱,旅客不能用卢布"。外国旅客在苏联却不能用卢布交易,不仅为旅客带来很大不便,而且必将对苏联经济发展、对外贸易和国际交往带来消极影响。"譬如带东西,检查非常严,可从外国带进俄国的书籍是很少的。为了要把外面一切思想物质等等隔开,自己创造一个世界,自然不能不严防奸细混入。"将其他国家的一切思想物质拒之门外,防止奸细混入等都是为确保苏联意识形态的

---

① 王礼锡:《王礼锡诗文集》,第 275 页。
② 王礼锡:《王礼锡诗文集》,第 277 页。
③ 王礼锡:《王礼锡诗文集》,第 279 页。

纯洁性,保卫苏联社会主义国家安全的举措,但却暴露出苏联缺乏宽容和开放胸怀,具有盲目排外的保守思想和严重的民族主义甚至民粹主义倾向。他认为,为了经济的稳定,苏联应撤除经济之防。"俄国是由锁关而开放,其他各国则由自由贸易而高筑关税的堤防,这是一个明显的趋势。"①

王礼锡高度称赞了苏联社会主义文化建设取得的成就,"苏联自革命后,为了文盲之扫除,普及教育之推行,高等教育之增进,多量的书籍、杂志、报章之要求,自然随之而起"。② 从报刊上可以看出,"苏联社会、经济、文化是一个整体,无论文化、经济,哪一个小部门没有不在总的组织中向前突进,这是一个特色"。报纸上"没有那些虚占篇幅徒然为了别人底低级消遣而设的奸淫邪怪的所谓'社会消息'"。他评价道:"它真是横断面的历史,是生产者社会的报告,是未来的计划书。"③通过对苏联各类报刊的考察,他认为出版界的"商业气味完全消灭了"。政治上"对从前受压迫的真正绝大多数人是无限制的","没有愚民的书籍,没有阻碍人类向上的学问,没有欺骗群众的报纸,尤其是没有残害代表群众说话"的惨剧发生,成了"文人之乐园"。④

王礼锡在国内从事出版编辑宣传工作,深知在国民党加强文化专制和严格舆论控制的背景下,知识分子发声受到种种制约。流亡英国期间卖文为生的艰辛,与苏联的"文人乐园"形成鲜明的对比,让他切实感受到资本主义制度下"读书人为稻粱谋"的艰难。他通过将苏联之行与英法等国比较,高度评价了苏联文化管理模式,而对欧洲资本主义和国内文化舆论界表现出强烈不满,甚至把苏联社会主义制度下的文化出版事业视为其向往之地。

通过对中国、西方资本主义国家、苏联新旧时代妇女地位的对比,尤其是在列宁格勒参观考察结婚、离婚登记局后,王礼锡认为苏联提高妇女社会地位,从法律上完全解除了束缚妇女的锁链。"婚姻的束缚解除了,妇女在家庭里面才不是奴隶,而是与男子平等的'人'。""一踏进苏俄的国境,马上就会令你感到妇女在这个国度里面是活过来了。"在苏联的各种工厂企业中都有女工参加工作,男女不仅工资平等,而且对女人有合理的优待。在世界的经济恐慌无计解决时,西方国家"正把女工排挤于生产工作之外,要她们从事于非生产的工作,从工厂驱回厨房,而苏俄的女人反而从厨房到工厂。这是怎样一个对照!"由于把女人从家庭中解放出来,"个人主义的小家庭生

---

① 王礼锡:《王礼锡诗文集》,第281页。
② 王礼锡:《王礼锡诗文集》,第305页。
③ 王礼锡:《王礼锡诗文集》,第309页。
④ 王礼锡:《王礼锡诗文集》,第312、313页。

活一天天破坏,女人便从最非生产的,最野蛮的,最艰苦的家务重压之下解放出来了"。苏联的女人不仅"参加集体农场的工作,而且不少的女人做了集体农场的领袖,指导与组织很多缺乏集体工作经济的人们工作"。① 王礼锡认为这一切应归功于苏联社会主义制度。他对苏联社会生活和移风易俗的观察和称赞,更多的是建立在感性认识层面,而没有上升到理性认识层面。他在苏联时间很短,语言不通,在莫斯科因病卧床不起,对苏联的认识和观察更多来自官方宣传,对苏联潜在的问题和危机更没有进行深入思考。

王亚南高度评价了苏联的经济建设成就,与同期资本主义陷入经济危机形成了鲜明的对比。在资本主义经济恐慌开始前后,苏联着手进行了第一个五年计划的建设。"五年计划在四年中完成了,苏俄已奠定了它的社会主义的基础。"在此基础上,"它又发动了第二个五年计划。苏俄在工业上、农业上、尽管无限的增大生产,但它没有生产过剩的现象,它没有一个失业的劳动者,资本主义各国日趋于凋落,它则日进于繁荣"。这种鲜明的对照"不但使各资本主义国家感到恼羞成怒,同时,且使它们感到危悚不安"。而且,"苏俄式的政治经济外交的活动,更使各帝国主义者对于其国外殖民地的统治,与国内劳工阶级的控制,大感困难,殖民地与劳动者随恐慌加深与压迫加重而逐渐变成了资本主义阵营的'汉奸',和苏俄的奥援"。各帝国主义的生存受到威胁,"它们不能不彼此求得谅解的途径,而共同服膺苏俄"。② 1935年八九月间,王亚南经苏联赴日本途中,在莫斯科简短停留时,特意参观了红场,观察到"年轻的'赤都'虽然显得肮脏和杂乱,但他却从过往行人们匆匆的步伐和自信的目光里,看到了这个国家的生气和希望"。③

通过实地考察、体验和研究,胡秋原既高度肯定了苏联的革命建设成就,又不赞同暴力革命学说,同时认为苏俄革命违背了马克思主义的人道主义,他对苏俄革命的认识主要体现在三个方面:

首先,胡秋原高度评价了苏联革命建设取得的成就。据他自述,目击苏联之进步,"我在那里看见新俄的工业,农业,艺术,坦克和飞机"。对苏联革命建设之观察,其意见"与一般的看法,以及世界上许多苏联评论家的看法,或者不甚相同。许多人将苏联看作一个新奇之存在,他们对于苏联社会制度以至党案,均以好奇的眼光视之,于是而加其主观的爱恶之批评。我则将今日之苏联,看作是旧俄之一伟大的必然的革新和进步。不懂旧俄历史,宗

---

① 王礼锡:《王礼锡诗文集》,第316、318页。
② 王亚南:《1936年之大破局》,《新中华》第1卷第22期,1933年11月。
③ 蒋夷牧、王岱平:《生命的辙印》,第36页。

教,文学者,决不能理解新俄。沙皇主义实在是世界上最黑暗最腐败的制度,对内如此,对外尤然"。他高度赞赏十月革命"在世界六分之一的土地上摧毁了最反动的罗曼诺夫统治,对于全人类是一莫大的功绩"。对俄国民族而言,"是一伟大的进步,沙俄是一农业国,苏俄变为一工业国了"。他通过对新旧时代内政外交政策的比较,彰显出苏联制度的成就。"沙俄在外交上,是法国的附庸,对外进行冒险的侵略,而苏俄采取了独立的和平政策。沙俄对内是血腥的统治,而苏俄则扶助被压迫的大众。""今天苏俄民族主义日益高扬,家庭制度,私有权益日益被尊重,统一节日庆祝之恢复,以及生育与科学之奖励,将日使苏俄曾为人视为特殊之标志者,逐渐退去。"

苏联"国家日益富强,民生日益安乐。许多人对苏联的社会制度由特殊的观感。而我以为,今日苏联的经济政治,是在是沙俄工业化民主化之一特殊形态"。"苏联在工业制度上亦有相当改革。"他赞叹苏联革命建设的成就,"在苏俄一年多,印象最深的,是其真正日新月异。平心而论,苏俄今日技术水准,还不及西方,然其日新又新,实在前途无量。""苏俄之出现,对俄国是一进步,对世界是一光明。"他希望中国学习苏联的奋斗精神,"苏联革命建国之经验,足资观摩启发之处实在不少。中苏国情虽然不同,两国各有其当然道路,但苏俄英勇刻苦的奋斗精神和实际艰苦的事业精神,值得我们铭感取法"。他也希望苏联支援中国抗战,同时,中国可以借鉴苏联工业化建设道路的经验,探索中国自身的革命建设道路。"苏俄同情援助我国抗战是我们全国好友,而其奋斗与务实精神,日新又新的进步,又足为我们的益友和畏友。"因此,"我们应站在民族立场之上,研究苏俄,并促进两大民族永久而坚实的邦交。尤其应该知道'有为者亦若是',努力为中国之富强与安乐而奋斗"。①

其次,胡秋原不赞同列宁的暴力革命论,更倾向于通过普列汉诺夫主张的议会斗争方式来进行社会主义革命。胡秋原认为马克思、恩格斯曾主张通过阶级斗争来进行无产阶级专政,但他们在晚年实际上已经放弃暴力革命,转向通过议会和平斗争的手段来实现社会主义革命。通过理论研究,他认识到"近代俄国社会思想与运动的历史,共产党的由来,乃至俄共在马克思主义中的真正地位"。② 他更不赞同斯大林对托洛茨基"罗织"罪名,为争权夺利不惜诉诸恐怖行为。对苏联推行的世界革命,他认为是"荒唐观念",

---

① 胡秋原:《我对苏俄之观感》,《祖国》第27期,1939年11月15日。
② 胡秋原:《"自由主义的马克思主义"之形成》,《民主潮》第10卷第13期,1960年7月。

"不合事实"。①

最后，胡秋原留学期间阅读了许多西方文化、哲学与经济名著，尤其是《马克思恩格斯全集》，使他视野开阔，了解到西方学界对马克思主义、苏俄革命的评论。联系到在大革命中"以俄为师"的各种非人道见闻，他认为苏俄革命中缺乏人道主义，不承认自由民主思想。"真正的马克思主义，其实是人道的，而且应该是自由的。""社会主义原是自由、平等、博爱观念的发展。"②他之所以在理论上孜孜探求，著书立说，阐述其思考和认识，目的在于让国人充分了解苏俄革命理论和实践的真相。

王礼锡、胡秋原两度赴苏联，王亚南在赴日途经莫斯科时在红场曾短暂停留。他们对苏联的观感既有相同的一面，也有不同的一面。王礼锡、王亚南既肯定苏联的建设成就，又批判其存在的问题。胡秋原尽管高度肯定苏联的建设成就，特别是五年计划使其步入工业化进程之中，但他更多的是批判苏联存在的问题和潜在危机。造成这种差异的根本原因主要有以下几个方面：

第一，时间长短不同。王礼锡、王亚南在苏联参观游览的时间很短，胡秋原在苏联近两年时间，有更多时间和机会深入了解苏联建设的真实情况。

第二，身份不同。王礼锡、王亚南仅仅是以游客身份，大多数时候是按照苏联国营旅行社的既定路线参观游览，走马观花、浮光掠影，看到的都是苏联政府希望游客看到的光鲜亮丽的场景，服务于宣传的需要，而胡秋原是中共驻共产国际代表团的座上宾，其地位和待遇远非王礼锡、王亚南可比，他能够看到更多苏联潜在的、不易被普通游客看到的问题。

第三，思想深刻程度不同。胡秋原观察分析问题的角度、视野和思想深刻程度并非王礼锡、王亚南可比。王礼锡在批判资本主义国家失业、贫困、妓女、贫富分化等社会问题极为严重的同时，盛赞苏联社会主义制度有效地解决了这些问题，对西方批判苏联的观点，他极力辩驳。他对苏联充满向往，呈现出乐观主义精神，甚至带有乌托邦色彩。他看到的是苏联的最美好一面。胡秋原对苏联的观察体验和思考呈现出批判意识和理性思考，他揭示出苏联的阴暗面：物质贫乏、分配不公、贫富差距、个人崇拜、新生"红色贵族"特权、简单粗暴的专制官僚作风、言论思想的不自由等现象等。他从理论和实践相结合的角度，无论是对苏联的革命建设成就的赞赏，还是对其进行的揭露和批判，始终站在民族主义立场上，揭示出苏联社会主义建设的

---

① 胡秋原：《我对苏俄之观感》，《祖国》第27期，1939年11月15日。
② 张漱菡：《胡秋原传》，第341—342页。

真相,希望中国能够学习和借鉴苏联工业化建设的成功经验,避免重蹈苏俄覆辙,探索符合中国国情的社会主义革命和建设道路,其中充满了深沉的爱国主义情怀。

客观而言,在20世纪30年代的中国知识分子中,像他们这样执着于马克思主义理论研究的人为数不多,这正是其可贵之处。据中共早期理论家瞿秋白自述:"我的一点马克思主义理论的常识,差不多都是从报章杂志上的零星论文和列宁几本小册子上得来的。"① 冯雪峰对胡秋原说:"我们都承认马恩文献,你读得比我们多,我们无人比得上你。"② 左翼"只是看了基本马克思、列宁的著作译本",③"几乎没有人好好研究俄国历史,好好研究马克思主义"。④ 对于"究竟什么是社会主义,马克思主义、列宁主义之同异,同样是迷迷糊糊的"。⑤ 相对而言,胡秋原比当时许多左翼理论家对马克思主义的理解要更深一些,与当时盛行的把马克思主义教条化不同,他并未陷入这种盲目崇信的潮流中,而是从学理上初步厘清了马克思主义在苏联的流变。据他自述:"列宁主义乃马克思主义之苏联化,一分不多,一分不少。"⑥"苏俄的马克思主义乃是拒绝自由主义的,所以我的马克思主义自然与他们不同。"⑦"当时认真相信",他的"马克思才是真马克思"。⑧ 经历"中国社会史论战"和"福建事变"后,他认为中国问题是民族斗争,而不是阶级斗争,中国的出路是"由抗日而实现独立,民主化、工业化";⑨"先发展民族资本,然后进入社会主义"。⑩ 上述对苏联革命和中国前途的认识是从理论研究中得出的,1934—1936年在苏联一年半的见闻使他更坚信这些认识。

胡秋原、王礼锡对苏联的研究是否有价值?他们与左翼理论家的分歧为何如此之大?究竟谁更符合马克思主义?苏联经验是否可以为中国仿效?1934年赴苏联之前,胡秋原对苏联的认识,是在共产国际指导下的中国革命实践过程中的见闻中构建起来的,对其质疑更多的是源于理论上对普列汉诺夫和马克思主义的研究。在苏联的实地考察体验,从实践上印证了他的这些认识和质疑。"影响胡秋原一生生活与思想最大的,第一是日本

---

① 瞿秋白:《赤都心史》,广西师范大学出版社,2004年,第176页。
② 胡秋原:《〈在唐三藏与浮士德之间〉及其他》,第12页。
③ 胡秋原:《胡秋原演讲集》,第374页。
④ 胡秋原:《论马克思主义与中国问题》,《中华杂志》1987年12月号。
⑤ 胡秋原:《文化复兴与超越前进论》,第1260页。
⑥ 胡秋原:《论社会主义之前途》,《华侨先锋》(香港)1941年10月16日。
⑦ 胡秋原:《两个谈政治的朋友》,《民主潮》第11卷第4期,1961年2月。
⑧ 胡秋原:《世纪中文录》,第602页。
⑨ 胡秋原:《〈在唐三藏与浮士德之间〉及其他》,第18页。
⑩ 胡秋原:《哲学与思想·自序》,第13页。

九一八侵华,第二便是欧洲和苏俄之行。"①

在共产国际和中共建立抗日民族统一战线的背景下,1934年12月,中共驻共产国际代表团委托中国作家胡兰畦致信胡秋原,邀请其赴莫斯科,希望"借助大才,随时请教",胡秋原回信表示:"所谈事,原则上可以从命,惟我希望知道令友的用意",并声明"令友有要事要和我谈论,如意见相同,我可以留下,但若意见相左,我即回来"。总之,"我的要求来去自由,这一点,我需要你来函保证,始能做最后决定。"胡兰畦在回信中声明:"保证邀请你来是出于至诚,至于你的条件要来去自由,敝友也保证绝无问题,请放心。"②事实上,中共邀请胡秋原旨在借助其精通日文和办报经历的优势来帮助翻译日文资料,编辑期刊宣传抗日。据他自述:"我受一个报馆的委托,做驻莫斯科新闻记者。"③据胡兰畦回忆,李立三在谈到邀请胡秋原来苏联时指出:"不能简单地看成是私人朋友的来往,这对于抗日反蒋联合战线具有深远的意义。""主要是为了完成建立联合战线的任务。"④据他自述,他们"知道我是反日的,并通日本文,希望我能帮助他们作全民抗战的运动"。当时中共"只说'民族抗战','全民'二字是我提出的,共(产)党采用"。⑤"希望我与他们一道鼓吹抗日,这件事情。我赞成,便在中共最危急之时,做了他们的朋友。"⑥"他们拿出种种秘密和公开文件证明诚意。这与我本意相符。我即提出,我愿在全民族抗战的原则下,略尽所能,但这不涉及我个人此外的思想言论之自由。"⑦虽然在"中国社会史论战"时,胡秋原与中共的观点不尽相同,甚至可以说是论敌,但在全民抗日问题上是一致的,这是他接受邀请并尽力帮忙的根本原因。

胡秋原协助中共编辑《救国时报》《全民月刊》,宣传抗日。《全民月刊》这个名称是胡秋原的建议,其寓意是放弃阶级观念和内争,以全民族利益为依归。在宣传抗日的同时,他还研究苏联的历史文化和革命的马克思主义,通过深入研究发现了苏联马克思主义的真相。苏共党内不仅存在特权阶层,而且其高高在上对民众态度蛮横恶劣。民众"买东西动辄要排长龙不知浪费了多少时间",社会贫富差距悬殊,毫无平等自由可言。苏联

---

① 《中华杂志》编辑部:《胡秋原先生之学问思想及其意义》,《中华杂志》编辑部编著:《胡秋原先生之生平与著作》,第327页。
② 张漱菡:《胡秋原传》,第744—745页。
③ 胡秋原:《记王礼锡先生》,《祖国》第23期,1939年9月15日。
④ 胡兰畦:《胡兰畦回忆录(1901—1994)》,第283页。
⑤ 胡秋原:《〈在唐三藏与浮士德之间〉及其他》,第18页。
⑥ 胡秋原:《世纪中文录》,第783页。
⑦ 胡秋原:《〈在唐三藏与浮士德之间〉及其他》,第18页。

将外蒙划入其版图和在中东路事件中的对华不利行为,使胡秋原"警觉其为帝国主义者"。① 由此他对苏联的印象日渐恶劣,开始怀疑其中国政策,甚至对其同情中国抗日运动带有戒心。据他自述:"苏俄在经济上比西方落后不足奇,使我惊奇者,是斯大林崇拜,莫斯科大审。"②1935 年,曾是列宁左右手、共产国际首任主席的季诺维也夫与曾任国防会议主席的加美涅夫被控"叛国",而随后的"布哈林叛国案"也波及面极大,令他"极为惊异和怀疑"。③ 1956 年,赫鲁晓夫在苏共二十大的报告中,揭露这些都是斯大林一手制造的冤狱,在台北的胡秋原立即将这个报告翻译出版,④在海峡两岸学界中,他是较早翻译者之一。

在莫斯科,他与王明等中共要人相处融洽。据他自述:"除食行薪水稿费外,我也受到很礼貌的待遇。他们甚至在一次集会上高呼'胡秋原万岁'。"⑤在与普通中共党员交往时,他了解到他们本来相信国际主义,但发现大俄罗斯的民族成见比欧洲人更甚。他们向胡秋原诉说遭受到的欺侮,及感觉到的无意中流露出的"俄人的优越感",希望全民团结抗日,使中国强盛起来。为感谢胡秋原的帮助,王明委托当时在莫斯科的中国作家萧三和苏联作家协会联系,为其办理到该协会专用避暑胜地黑海的手续,黑海的克里米亚半岛曾是沙皇和贵族避暑之地。胡秋原在为期一个月的游历中,体验到苏联干部免费享受的特权,还趁机对苏联进行了考察。在黑海,"遇到许多鞑靼人(蒙古后裔)表示对俄人不平等待遇的愤慨",他们在教育、就业等方面受到歧视,在农业集体化中有几百人被杀。胡秋原对此表示怀疑,后经斯大林的谈话证实,事实上被杀者达数千人之多。这让他在感到震惊的同时,了解到苏联民族政策的真相。在此地,他还了解到欧亚大陆游牧民族的迁移对世界历史的影响。他认为"在历史的大潮流中,民族团体和战争攻守的力量,要比阶级与经济的力量或更为重要,这也是唯物史观不能说明历史的证明!"⑥

根据马克思关于社会主义以高度资本主义发展为条件的理论,胡秋原指出落后的俄国没有实行社会主义的基础,苏俄"在生产力不足的情况下,用暴力补充";党成为"革命职业家之团体,以军事机密方式进行革命"。⑦

---

① 胡秋原:《六十年来我的重要著作和主张》(上),《中华杂志》1990 年 12 月号。
② 胡秋原:《哲学与思想·自序》,第 14 页。
③ 李敏生主编:《胡秋原学术思想研究》,第 36 页。
④ 胡秋原译:《赫鲁晓夫秘密演说全文》,自由世界出版社,1956 年。
⑤ 胡秋原:《〈在唐三藏与浮士德之间〉及其他》,第 18 页。
⑥ 张漱菡:《胡秋原传》,第 783 页。
⑦ 胡秋原:《论马克思主义与中国问题》(上),《中华杂志》1987 年 3 月号。

由于"俄国无产阶级力量之薄弱,应该巩固工农联盟";"实行一党专政和独裁,没收一切财产"。胡秋原认为,苏俄革命宣称以马克思主义为指导,实际上却有悖于马克思的意愿。1923年在德国社会民主党总部发现的马克思于1881年给俄国女革命家查苏利奇的信中说:"资本主义制度之历史必然性只限于西欧国家。"1894年,马克思曾说根本无意使唯物史观成为"普遍的历史哲学"。① 马克思表示其"学说不能应用于西欧以外,不能应用于俄国,他也不曾主张苏维埃"。② 事实上,马克思、恩格斯在晚年都放弃了暴力革命,主张通过议会这一和平方式来实现社会主义,"有人问恩格斯何谓无产阶级专政,答复是看巴黎公社好了。巴黎公社实行的是民主的多党制度,而且有言论自由。""马克思主义在政治上实即社会民主主义,而这是从事和平合法斗争的。"③这就与左翼宣传区别开来了。在苏联的中国作家胡兰畦评价道:"科技水平比先进国家落后几十年。"④这些评价印证了胡秋原对苏联观感的合理性。

胡秋原虽然高度肯定苏联"五年计划"取得的辉煌成就,但强调苏联落后于西方资本主义强国的事实。他认为,苏联通过"五年计划"由农业国变为工业国,正处在伟大的工业化的进程和进步之中。"今天当然无人不羡慕苏联建设及其国威,今日苏联一蹴而为世界强国。东欧诸国几乎只有俯首听命,然而这是五年计划之功,所谓五年计划实际是国防工业计划。"⑤苏联"在目前的状态下,是日益进步(这是苏俄真特点),然在今日,苏俄一般技术水准,一般生产能率,一般的国民程度,毕竟还远在英美之后"。"苏俄二十年间也有许多教训,万不可孔趋亦趋,孔步一步而忘记自己民族之立场。我反对对苏俄的恶意成见,但假如有人以苏俄就是人类社会之目标,也是不正确的观察。"⑥在当时对苏联的一片赞扬声中,胡秋原发出不同于左翼的"另一种声音"。

三、对中国近代文化危机的思考

近代以来,西方列强依靠坚船利炮强行打开古老中国的大门,中国走向沉沦,中国的传统制度和社会不断地遭到破坏、解体,难以为继,中国文化发

---

① 胡秋原:《马克思主义、共产主义的总批评》,《幼狮学志》第7卷第1期,1968年1月;《马克思恩格斯全集》第19卷,第130、131页。
② 李敏生主编:《胡秋原学术思想研究》,第37页。
③ 胡秋原:《哲学与思想》,第255、256页。
④ 胡兰畦:《胡兰畦回忆录(1901—1994)》,第275、283页。
⑤ 未明(胡秋原):《谈"建设"与"现代"》,《祖国》第25期,1939年10月15日。
⑥ 胡秋原:《中国革命根本问题》,第30—31、32—33页。

展遭遇严重危机。为寻求富强,挽救民族危机,中国知识分子沿着从器物到制度再到思想文化的轨迹向西方学习。在新文化运动的沐浴下成长起来的胡秋原,将近代以来中国文化的遭遇概述为"二重文化危机",即中西文化各自都遭受到危机。随着近代工业文明的发展和科学技术的进步,西方文化获得飞跃发展,但工业文明在带来巨大物质基础的同时,导致人欲横流与道德伦理价值沦丧等种种社会弊端。西方科学技术的发展推动其对落后地区进行侵略,从而引发东西方文化体系的冲突与碰撞。在此背景下,中国文化不可避免地卷入世界文化的激荡之中。

在西方的强势文明进攻下,中华民族及其文化呈现出颓废态势。在胡秋原看来,"中国近代的历史,是一个堕落、衰颓、腐败的历史"。中华民族"过去的光荣伟大日就萎顿,今天我们是在新生"。然而,"想到过去的耻辱,想到未来的腐败,可为痛哭,可为战栗。我们到今日为止,堕落到如何程度,自己不可不知"。他将堕落的根本原因归结为,客观上由于"技术及武备的落后",主观上由于"政治失修与民族精神的消失",以致"野族入主中原,而这又加深了中国的病痛,使中国民族更趋与颓废"。① 16 世纪的中西学问水准大体相似,之后却渐行渐远,根本原因在于中国的八股文禁锢自由思想,海禁闭关成为沟通中西文化交流的障碍,中国由开放走向保守,这是受到西方国家侵略的思想根源。西方自文艺复兴以来发展迅速,成为几百年来世界文明的中心。"前者乃自由思想之魔鬼,后者则为自由思想之先驱。人类文明必赖自由精神,而八股则毁灭知识之桎梏。"在中国,学问大多是代圣贤立言和谋高官厚禄,在西方则是为社会大众谋福利。"西方人智日益前进,而中国始终在八股和考据中作茧自缚,人智几垂垂已尽。"②中华民族近代以来堕落的原因自然是极其复杂的,但根本上是"由于技术之落后,民族精神之消失"。③

他认为清初的统治者采用"性理、八股和鸿博、考据,麻木了中国人的神经",文字狱则更是"摧残思想"。这种反动政策"阻碍了中国现代文化的运动"。④ 中国的现代文化运动,不得不迟至鸦片战争以后才发展起来。随着西方列强的入侵,"在传统文化不能保持之后,中国应走什么道路?中国应当在当代世界中建立一个如何形态的国家,才能适合中国的需要,保障生存、发展和荣誉?我们的一切痛苦和忧患之由来,就是没有对此题目做出正

---

① 胡秋原:《中国文化复兴论》,第 7 页。
② 胡秋原:《思想·道德·政治》,新中国出版社,1948 年,第 16 页。
③ 胡秋原:《中国文化复兴论》,第 9 页。
④ 胡秋原:《中西文化与文化复兴》,第 55 页。

当的答案,而世界则不顾我们的迟钝而不断迅速的变化"。① 即"整个中国民族之独立的生存与生活已失去保障问题,是传统的文化学术及立国治国之道、已经不如、不敌西洋,中国人立国何去何从,如何在世界上保持自由平等的问题"。②

从鸦片战争至五四时期,何以中国现代文化运动没有继续进步呢？胡秋原认为现代文化之消沉原因有三：第一,"是政治上的内争";第二,"是经济上工业家力量的薄弱";第三,"是忘却中国文化之真精神,反而为许多末学所绊住"。五四运动之所以没有完成民族运动的历史任务,"主要原因是现代产业的幼稚,而多年来马克思主义之流行,主要由于民族之内争,使烦闷的知识分子只好在马克思主义中寻其安慰"。国民党无真知定见,也是无可讳言的。"这一切的不幸,结果不仅是民族的虚无主义,而且是文化与民族的需要脱离,形成文化贫血,社会无知。一个有深长文化传统的民族竟逐渐丧失其理智信心和创造力,是何等的可悲？"③由此,他呼吁在复兴民族的抗日救亡中,担负起复兴民族文化的责任。

许多人将东西文明对立,认为中国文明长于精神,西方文明长于物质,这种二元对立的观点既不符合事实,又是极端错误的。中西文明都有优秀的物质文明和精神文明,我们不能抱残守缺,将二者割裂开来。中华文明长期走在世界文明前列,近代以来面对强势的西方文明,中华文明节节败退,但其内在合理的精神能够为世界现代文明提供启示。"中国之哲学与思想,其精华的部分和优秀传统",可以说是与"人类最优秀的思想相通,足为治国和指导世界的最高原理的"。④

对中国固有之文化与文明,有两种相反的评价。第一,"由纯技术的观点出发",认为"中国文化只是农业社会文化,或所谓封建社会文化,即在今日业已落后陈腐的文化！"在今日"只有历史的价值而已"。许多社会学者或革命家以及多数西方人士支持这一观点。第二,"由感情的精神的观点出发",认为"中国文化至高无上,而甚至是人类文化之前程"。第一次世界大战以后,因"欧洲对工业文明之幻灭,颇有倾向返于东方者","西方文明衰落"喧嚣一时。而"中国之抱残守缺,高谈所谓东方精神文化"。⑤ 这两种评价都是片面的。

---

① 胡秋原：《一百三十年来中国思想史纲》,第 2 页。
② 胡秋原：《论马克思主义与中国问题》,《中华杂志》1987 年 12 月号。
③ 胡秋原：《中国文化复兴论》,第 13—14 页。
④ 胡秋原：《中国文化复兴论》,第 4 页。
⑤ 胡秋原：《中国文化复兴论》,第 1—2 页。

如果"以历史的科学的眼光来看中国文化",我们可以说,"在农业手工业的技术水准上,中国文化在各国之先,且达到这一水准上人智最高点。只在工业技术上,中国一般落后,但这种落后,并非决定性之事,一种新技术之获得,不是困难的"。在现代技术上面所建筑的文化,"已发生流弊,我们不仅要学习他,还要救济他"。要救人必须胜过他人,"一国文化总是一国自己的产物,自己传统之改革翻新。我们的祖先在他们的技术水准上,留给我们无数宝贵遗产,这正要我们以新的技术方法去发扬,去扩充,去再创造,并再造世界之文明"。在人类文明史上,中国"在物质技术方面,表现创造力","在精神文化方面,表现伟大的精神"。然而,"过去每因政治腐败而衰退,近百年来因技术落后而颓败。我们无以自立,自亦无以立人。自己受强暴侵凌,而世界蛮风大长"。我们"要想自保生存,匡扶世运,必须恢复自己的创造力,恢复自己的伟大精神,扫除自己的弱点,克制自己的恶疾,并获得现代立国必备的技术知能和条件,使中国在新技术水准上发扬其创造力,发扬其伟大精神,使中国永远屹立于世,而且使这世界日益光明"。① 这既是我们应当承担的义务,又是我们应当肩负的历史责任。

胡秋原对中西文化危机的认识是建立在中西近代史的比较研究,以及对欧美苏考察的基础之上的。他认为"到了整个文化发生危机,那也便是整个思想和政治经济制度有改变之必要"。② 在整个人类文化史中,中西文化皆发生过危机,中国的春秋战国时期、西方的文艺复兴,乃至马克思主义的诞生都是应对文化危机之举。新文化运动是中国文化危机之顶点,是中国人自鸦片战争以来自知文化不足,向西方学习寻求中国出路的高潮。他认为新文化运动是"中国应付现代世界的一种民族的,国民的建国运动",但并未"形成一个更新的思想运动","来巩固和推进国民运动,求国家统一、独立和实业之发达",③成为"现代世界中一个富强而文明的新的国家"。④ 这是中国文化发展的方向,理应是各派共同致力的奋斗目标,在这种意义上,胡秋原以新文化运动的继承者自居,但他并不认同激烈地否定传统文化的做法。

胡秋原在思考中国文化的发展路向时,不仅从大历史的角度总结中国文化危机产生的原因,而且明确提出中国文化前进的方向——创造中国新文化。他将应对文化危机的不同文化取向划分为西化派、传统派、折衷派和

---

① 胡秋原:《中西文化与文化复兴》,第43—44页。
② 胡秋原:《西方文化危机与二十世纪思潮·前记》(上),第3页。
③ 胡秋原:《一百三十年来中国思想史纲》,第42页。
④ 胡秋原:《西方文化危机与二十世纪思潮》(下),第1032、1033页。

俄化派,对其思想脉络进行考辨,分析其利弊得失。西化派是中西文化冲突和激荡中最先登场的,他将其分为五个时期:鸦片战争至甲午战争时期——师夷长技以制夷,甲午战败至辛亥革命时期——变法与革命,新文化运动与五四运动时期,《新青年》分裂后西化派的分化与转化,变种西化论(法西斯主义)与全盘西化论时期。他认为《新青年》成为中共理论刊物标志着"八十年来整个西化运动之失败"。西化运动开启中国近代文化向现代工业文明的发展方向,对于摆脱以天朝上国自居的心态,提高国人的世界意识具有筚路蓝缕之功。西化派对于西方现代民主政治文明的介绍,以及与其他各派的辩论激发了中国思想文化界的活力。

值得注意的是,他对西化派全盘否定传统文化,尤其是法西斯主义和全盘西化派提出强烈批判。前者主张独裁、后者主张以全盘西化来创造中国新文化,解决中国面临的问题。在他看来,法西斯主义是受当时德意法西斯所呈现出来的强势对中国知识界和思想界产生的冲击的影响,国民政府也有效法德意政体以救国的意图;而全盘西化论者只看到西方文化的长处,并未认识到其内容和精神及其危机与弊端,忽视了文化创造者自身的创造才能。中国传统文化,尤其是自身存在的价值,并非西化派宣称的一无是处。"全盘西化与创造新文化不是一回事",①"如果西化指工业化现代化机械化",②他表示赞同,工业化和现代化与他对中国出路探索中的思想诉求相一致。

与西化派对立的当属传统派,这种对立是中西文化史上普遍的现象。胡秋原将传统派分为两种类型:一种是梁漱溟代表的绝对传统论,另一种是熊十力代表的具有折衷论色彩的传统论,其他的传统论者多在二者之间。前者将世界文化分为3种类型,各有自身的发展路径。中国"有其本来面目","有不变之传统","中国根本不能工业化",因此"不能欧化、俄化"。人类文化"无东西根本不同,而有易地则皆然者;各国传统都是有发展的,非不变的","中国应该而亦可能以自己的方式进行工业化"。后者"以为必知自己本来面目,而后可以外化;意谓科学、民主、社会主义早已开端于六经,故温故可以和会新知"。后者"忽于学问之功在继续创造,非以和会为能事"。将近代西方文化中的科学、民主、社会主义等新事物昭示于六经之中,"并无超胜之成就自见,又何以见六经之广大精微耶?"③胡秋原对传统派抱有同

---

① 胡秋原:《一百三十年来中国思想史纲》,第32页。
② 胡秋原:《中西文化与文化复兴》,第128页。
③ 胡秋原:《一百三十年来中国思想史纲》,第64、70页。

情之理解,既认同其坚守传统文化精神,又主张对传统文化应采取扬弃的态度。但他认为可以把科技和学术看作天下之公器,进行中国现代化建设,最终走出文化危机的现实困境。

在中西文化、新旧文化之争之中,折衷调和派的出现又是一种必然,胡秋原在反思自己的学术思想时,承认一度有折衷派的倾向。调和折衷说"以为中西文化,各有高明,吾人当融合贯通以造一新文化"。此说"骤视之似乎无可厚非,然不知融合贯通之道,适成其乱杂无章节而已"。五四运动以后,"由于西方崇拜之反动,由于欧战以后西方学者偶为神往东方之论的影响,以及对于马克思主义之反动,不断有人为调和之说,然大抵杂凑附会为多,而政治亦颇受其害"。他将折衷调和派分为三个时期:"中体西用"论、孙中山的三民主义和"本位文化建设"论。中体西用论"以为中国固有道德政教是根本,不过船舰利炮不如他人而已"。① 这种主张的错误在于"将中西文化看作两个对立的,并且永久不变的东西"。他认为在中西文化的对抗与冲突中,"中体西用"论者没有认识到中西文化皆有"纲常名教","西学西艺,也是中国可以创造的","体用之说,意义含糊,易于增加思想混乱,变为'古已有之'论"。② 将"中学"的纲常伦理与"西学"的科学技术进行折衷调和,是"一种常识的态度,最易为中国人所接受,也能雅俗共赏"。该派在政治上呈现出"一种实用的态度"。折衷调和派的出发点也是寻求中国文化的出路,但容易集两种文化糟粕于一身,从而导致文化畸形,其根源是"折衷论的毛病在于缺乏创造的意义,不能真正形成一种新文化"。而三民主义由于没有具体实施的细化办法,又因国民党内争、与中共斗争及抗日救亡民族斗争的压力,三民主义只是"原则,而缺乏整个的条理和实行办法;只有种种理论上政策上的折衷,没有一个全新的文化理想"。③ 胡秋原认同孙中山通过兴办实业来实现中国现代化的建国目标,这与他一直主张的经济工业化是一致的。

1935年,由何炳松等十位教授联合发起的《中国本位文化建设宣言》,实际上代表了当时国民党的态度。胡秋原认为该宣言的用意是在思想纷乱之际,"提供一种反省态度,不无功劳",④"提出一个思想方向作为建设方针"。该宣言既不赞成"全盘西化",也不赞成"德意的法西斯主义和苏俄共

---

① 胡秋原:《论中西文化与创造中国新文化》,《读书杂志》第1卷第11期,1945年12月。
② 胡秋原:《中西文化与文化复兴》,第127—128页。
③ 胡秋原:《一百三十年来中国思想史纲》,第24、77页。
④ 胡秋原:《中西文化与文化复兴》,第129页。

产主义",但其"论点不确""意义不明",①未能明确指出中国当时之急需。"中国本位文化"的不足在于"忽略了创造,对创造之意义似没有深切了解,无创造则无建设",实际上是忽视了中国文化的创造力。"中国之特殊性何在,何者当吸收何者不当吸收,该宣言也未指出。"但"在思想纷纭之际提供一种反省态度,不无功劳"。②"不免忽于治本,忽于长期目标。"由于当时抗日救亡成为治本之计,一切治标都成为治本的一个环节,这是"本位文化"建设论者所欠缺的。当时有人批评其"亦趋于支离浮泛,依然变为新旧、中西之争之重版之故"。③ 这种忽视本民族文化创造力的文化理论,很难在民族危机深重之际,对当时现实的文化建设发挥有价值的指导作用,因此,其在随后的全面抗战中销声匿迹。不可否认,本位文化论者实际上提出的是中国文化如何从"世界化"转向"中国化",具有重要的思想价值。

"俄化"是指倾向苏俄革命的马克思主义派,该派发端于《新青年》同人的分裂,《新青年》成为俄式革命的马克思主义宣传阵地。近代以来,为挽救民族文化危亡继而起的西化派、传统派和折衷派提出的救国方案接连失败,在批判西方文化危机时应运而生的马克思主义,更容易为急切救亡的国人所效仿。在时代思潮的影响下,胡秋原一度醉心于马克思主义,由于大革命中的经历,他对苏俄革命的马克思主义产生怀疑,经过对马克思主义进行追根溯源的研究,他发现苏俄革命的马克思主义与马克思的思想体系有差别。在俄化派看来,"西方资本主义文化已衰,唯苏俄代表最新文化。唯有社会主义,唯物辩证法,以及苏俄的一切,始为最新潮流"。④

胡秋原批评俄化派提倡的"学术中国化"的主张,他认为,将马克思主义中国化通俗化,本身并没有错,任何国家的学术研究都是为本国建设发展服务的。但"这些讲'学术中国化'的人在拼命喊'汉字拉丁化'。假如文字也是学术之一端,那是'学术拉丁化',而不是'学术中国化'了"。⑤ 中国文化建设的"俄化"倾向,自然使他认为"俄化"是对中国文化的侵入,会使中国步其后尘、重蹈其覆辙,他毕生都未改变这种看法。他批评"学术中国化"是站在民族主义立场上的,建立在对苏俄革命的马克思主义认识的基础上,以求重估马克思主义的价值。

无论是抱残守缺,还是中体西用,抑或是全盘俄化或全盘西化,都不是

---

① 胡秋原:《一百三十年来中国思想史纲》,第144、145页。
② 胡秋原:《中西文化与文化复兴》,第129页。
③ 胡秋原:《一百三十年来中国思想史纲》,第145、146页。
④ 胡秋原:《论中西文化与创造中国新文化》,《读书杂志》第1卷第11期,1945年12月。
⑤ 胡秋原:《中西文化与文化复兴》,第131页。

解决中国新文化建设的正当路径。"问题不在如何接受西方现代文明,而在如何发展自己的文明,如何在自由主义的路线上迅速前进,创造中国自己的现代文明。"①在考辨中国现代学术史的上述四派文化的建设理论源流后,胡秋原指出他们从各自的视角比较中西文化的异同,在西方文化的冲击下,呈现出普遍的自卑心理。"西化"和"俄化"抛弃传统文化,"传统派"认为传统文化中有西方自由民主价值的胚胎。他们有其自身的认识误区、片面性和理论局限,其共同缺点主要体现在两个方面:第一,"对于学术文化之内容妄分界限";第二,"不了解重要的问题要中国创造自己的新学术,适应世界的水准,能有益于中国之富强"。② 作为毕生思考中国文化建设和出路问题的思想家,胡秋原是如何提出现代文化的出路的呢? 在不同时期,他的思考有所不同,在抗战建国时期,在批评各种文化建设理论后,他提出学术重点是"战时化、深刻化和普遍化"。战时化即"一切学术要集中于抗战建国之需要,这只是缓急轻重的调整之意"。深刻化即"专门化之意,专始能精。直至今日为止,我国所谓现代学术,较之同时代的国际水平,只是常识皮毛而已"。普遍化者是指广大民众,"党国要人以至'文化人'"都要学习研究。他还指出:"提高民族精神,科学精神,以加强抗战建国力量及效率,使我们能达到现代水准,这是今日一般任务。政治经济军事都应如此,学术也应如此。"③

客观而言,胡秋原在抗战时期主张的"民族精神""科学精神"、对当时中国学术"现代水准"的认识,提出的学术研究的重心应放在抗战建国的任务上,以及对国人需要学习研究历史和科学的呼吁,符合中国实际。虽然他对"学术中国化"的批评不无偏颇,在当时苏俄革命的马克思主义成为思想界时髦思潮之际,他批判早期马克思主义者对苏联采取的教条主义态度和学术政治化的做法,认为应回到民族主义立场上来思辨、比较中西文化的价值,寻求中国出路。这呈现出他不盲从、不畏权势的理论批判勇气,其独特观点在思想史上具有不可忽视的学术价值,"左"倾错误以及历史发展证实了胡秋原主张的思想价值。

如何使中国新文化走向现代化? 胡秋原认为,中国革命、抗战和建国都是为建设现代化奠定基础。我们必须恢复民族自信心,废除种种不平等条约之束缚,战胜日寇的侵略,建设自由中国,进行自由创造。从文化意义上

---

① 胡秋原:《论中西文化与创造中国新文化》,《读书杂志》第1卷第11期,1945年12月。
② 胡秋原:《中西文化与文化复兴》,第133页。
③ 胡秋原:《所谓学术中国化》,《时代精神》创刊号,1939年8月。

来说,抗战建国是"精神之大解放运动,恢复中国固有才能智力再造中国新文明的运动"。① 在文化建设理论上,他主张"超越论","会通超胜",通过民族文化的复兴和创造,"由手工业文化发展到工业文化","清算专制主义和威权主义,发展民主主义理性主义的文化",实现中国现代文化建设,"这是我们历史的道路,也是我们建国的目标"。② 现代化是"工业化,机械化","民族工业化","中国必须现代化,才能生存于现代国际环境中"。中国建设的现代文化,"在形式是民族的,在内容上是科学的"。民族独立和科学发达后,建设新文明是"由中国创造,为中国之进步,表现中国之特点之现代文明",不是"旧文明的复活",也并非"全盘西化或苏维埃式的文明"。

胡秋原坚信"巩固统一、抗战到底;树立法治,发展工业"是建设现代文化的根本之道。如何让抗战建国与文化建设形成良性循环并彼此促进呢?他将"发扬民族主义"和"发展科学技术"作为现代文化建设必须坚持的方向,在复兴民族文化和建设现代文化时,他始终基于民族立场,他不是文化保守主义者。"民族主义是今日抗战建国之中心精神,也是我们文化运动的中心精神。我们要有为民族所有,为民族所造,为民族所用的文化。"他进而指出:"许多人至今还在缠夹于民族主义与国际主义之间";"个人平等,才有社会主义。真正的社会主义和真正的国际主义是一个东西。民族不能独立,一切都是空谈空想"。③ 在创造民族新文化时,既要摆脱自卑心理,又要以平和的心态与世界不同文化进行平等交流。"以自由思想和理性精神学习古今经验,建设我们的民主和工业,这是建国任务,也是创造文明的道路。"④他对建设现代文化的内容和途径的观点,对当下民族文化的复兴提供了有益的借鉴和思考。

对中国现代文化建设的思考,在胡秋原的一生中是一以贯之的。在不同时期,他对中西文化价值的思辨不尽相同,但审视他的中国现代文化建设的思想脉络,民族主义和科学精神是其基本立场。不可否认,他对中西文化的比较研究及其文化思想有局限性和值得商榷之处。首先,胡秋原对马克思主义的批判,这主要是针对"左"倾教条主义者的全盘俄化倾向,将苏俄革命的马克思主义视为"放之四海而皆准"的真理而发。其次,在对中西文化危机进行思考和比较研究时,他将中国文化纳入世界文化的发展体系之中,在民族危亡的严峻形势下,批判误解中西文化的各派,呼吁复兴中国民族文

---

① 胡秋原:《中西文化与文化复兴》,第120页。
② 胡秋原:《论中西文化与创造中国新文化》,《读书杂志》第1卷第11期,1945年12月。
③ 胡秋原:《中西文化与文化复兴》,第58、60页。
④ 胡秋原:《论中西文化与创造中国新文化》,《读书杂志》第1卷第11期,1945年12月。

化,恢复民族自信,寻求中国文化走向现代化的途径。他在驳斥将中西文化进行物质与精神方面割裂的观点时,认为西方文化在精神方面不在中国文化之下,但他对此并未进行深入的比较研究。最后,胡秋原吸收中西文化中的优秀思想,在思想上呈现出开放多元的特点,但也导致其自相矛盾,在批驳其他文化派别时难免出现偏颇。

第七章 "读书杂志派"民族主义思想的历史影响与当代价值

在全球化时代的民族主义兴起的大背景下,中国正处在民族文化复兴的关键期,"读书杂志派"坚守中道、理性的立场,以及文化民族主义思想,寻求民族复兴与国家富强的思想理念和政治诉求,对当下树立文化自信,构建中国精神、中国价值、中国力量,为中国社会现代化转型、建设现代化强国、实现民族复兴、建设中华民族现代文明提供了可以借鉴的思想和理论资源。我们在借鉴其民族主义思想中的有益文化成分的同时,要正视其重学理、轻现实的历史局限性,客观评价其历史影响、历史定位。

第一节 "读书杂志派"民族主义思想的历史影响

"福建事变"失败后,王礼锡、陆晶清、胡秋原、王亚南等人流亡欧洲,理想与现实的巨大反差使处于迷茫中的他们再次陷入困惑。他们苦苦求索中国的出路。日本侵华态势加剧,国家命运到了生死存亡的危急关头。流亡海外的"读书杂志派"一面以民族主义相号召,积极参与和推进全欧华侨抗日会的活动,为救亡图存尽微薄之力;一面利用流亡西方国家的便利,站在民族自觉和文化自强的立场,将中国置于世界变动的大背景下,重新思考和比较研究中西文化,试图寻求中国的出路究竟走向何方。在流亡欧美期间,他们近距离观察、思考和研究西方资本主义、苏俄革命的社会主义,并与中国文化进行比较。此时的"读书杂志派"由于有以往的经历和教训,又通过对不同地区和国家不同发展路径的观察和思考,在思考国家出路时,开始自觉摆脱原先不是"西化"就是"俄化"的思维方式,他们的思想有明显的升华。通过比较研究,他们寻求中国文化复兴和现代社会转型,提出"超越传统、超越西化、超越俄化而前进",建设现代化强国。全民族抗战爆发后,王礼锡、陆晶清、胡秋原等人先后回国,投身于抗日救亡之中,将上述思考付诸现实的政治实践之中,呼吁全民抗日,实行民主政治。该学派的民族主义思想诉求,彰显出近代知识分子寻求民族独立和国家富强过程中的多元化的思想理念和探索路径。

一、"读书杂志派"民族主义思想审视

作为毕生以民族复兴为志业、具有道义担当精神的知识分子群体,"读书杂志派"对近代中国遭遇的中西"二重文化危机"有深刻的体察和精辟的分析。自工业革命以来,西方列强通过资本输出和武装侵略发展成为帝国主义国家,为向对外扩张提供理论支撑,在学术上发展出科学帝国主义。东西方文化发展的不平衡造就了西方列强的对外帝国主义侵略政策,科技的片面发展导致的科学帝国主义造成了学术发展的不平衡。二者的结合最终导致虚无主义,蔑视道德和人之价值。这又加剧了帝国主义的对外殖民政策,对殖民地实行经济掠夺和霸权主义,对内则实行独裁主义与阶级对抗,这是两次世界大战爆发的原因。西方背离自由民主原则,是西方民主主义和西方文化危机产生的根源。

面对中西"二重文化危机",胡秋原呼吁中国学术界要担负起创造新的民族文化的重任,"在创造新的民族文化,所谓新者,是科学的,所谓民族者,对外而言是中国自己的,对内而言是各族共有的",即"形式是民族的,内容是科学的,这是新民族文化的特征"。"必自立始能独立,必自强始能自由。"中国要具备"世界最先进国家同等的生产力战斗力和智力",才能在国际关系中实现真正的平等。他站在学术文化立场上来审视,认为"如果我们的学问不能自立,技术不能独立,不能与世界最先进的国家并驾齐驱,我们还是不能完成国际平等的"。那种主张"凡古皆好或凡洋皆好"的观点,都是没有民族自信心的体现。[1] 中国学术落后与堕落的原因在于,"客观上由于国家没有现代化,而主观上则由于缺乏民族主义与科学精神"。提高中国学术水准"要吸收世界学术思想,要中国化,公式主义八股滥调要休息,知识分子生活研究需要严肃"。[2] 我们既要破除中国学界存在的各种弊端,又要树立民族文化的自信、自省、自尊,更要深刻揭露西方文化危机的本质,以及对中国产生的不利影响,对其进行科学分析和批判。"独裁主义只以少数专制为目的,以盲目信仰、偶像崇好勇斗狠为手段,伤天害理的独裁主义是无

---

[1] 胡秋原:《新民族文化的创造问题》,《经纬》1943年第10期。
[2] 胡秋原:《介绍一个"浅薄""偏狭""狂妄""无赖"的标本》,《祖国》第13期,1939年3月30日。

法成功的,但衰弱的保守的不彻底的民主主义,亦无存在之理由。"中国"为民主主义而战,……创造最彻底的更忠于其原则的民主主义;这民主主义以全人类的普遍幸福为目标,给我们以无限光明的崇高的远景"。① 百年以来,中国文化运动的目标不外乎"富强"二字。在一切价值必被重新估定的时代,中国的任务是要依靠健全的理性与勇气,不迷失自己,加入民主阵营,挽救并再造民主主义,这样才能从黑暗走向光明。

当一国固有文化与外来优势文化相遇时,发生"传统"与"外化"之争,在世界文化史上是普遍现象。要在"新""旧"之争中寻求自立自强的立国之道。要了解中国遭遇的危机,必须将近代中国置于世界史和中西"二重文化危机"的背景下,这样才能认清危机的根源,提出解决危机的方案,既要"发扬中国民族固有的光荣尊严的德性和伟大的创造精神",又要"充实民族力量,要补救自己弱点,要现代化,要科学化"。② 他批评中国学界普遍存在的中国文化重精神,西方文化重物质的主张,这种将中西文化对立起来的二元论的观点,既不符合事实,又违背中西文化的本质,因而是错误的。他反对全盘西化,主张学习和吸收西方文化来弥补中国传统文化的不足,但反对中国从而化之。面对以英美为代表的西方资本主义文化,以苏联为代表的社会主义文化,他站在民族主义立场上审视,既排斥全盘"俄化",又反对全盘"西化"。"一百年来中国思想界的根本问题是民族自由平等问题,而这一问题,也归结于对西方文化的态度问题。单纯的复古主义,干脆拒绝西方文明的论调。""直到现在流行的意见,还有不是正确的。"③

1. 中国革命是民族革命

王亚南认为抗日具有全民族意义,呼吁全民共同抗日,他创办的《大众论坛》就是带着民族意义和任务产生的,期望争取民族自由平等。④ 他站在民族革命的立场上倡导创建"中国经济学",改造和变革中国经济。中国资本主义不发达,"这种经济与殖民地经济通是属于资本主义的经济体系,或可说是现在资本主义制度下之一派生经济形态"。⑤"中国民族获得解放,才能自主地发展我们的国民经济。"时人评论指出:"依作者的意见……中国当前的问题是民族问题,政治问题,而不是单纯的经济问题。"⑥西方经济学不

---

① 胡秋原:《中西文化与文化复兴》,第182页。
② 胡秋原:《战局与欧局》,第58页。
③ 胡秋原:《论中西文化与创造中国新文化》,《读书杂志》第1卷第11期,1945年12月。
④ 王渔邨:《中国出版界最近十年的几个演变倾向》,《大众论坛》第1卷第1期,1936年11月。
⑤ 王渔邨:《中国经济读本》,第22页。
⑥ 赵异:《书报介绍:介绍〈大众论坛〉》,《申报》1936年11月22日第21版。

但不能指导中国经济改革和分析经济现实,反而是"我们理解世界经济乃至中国经济之特质的障碍"。我们把西方经济学上的理论作为教义,"无疑承认自己是他们的代言人"。作为文化武器,他首创"中国经济学",是为"扫除有碍于中国社会经济改造的一切观念上的尘雾","反对封建落后意识,反对帝国主义文化侵略"。他大力提倡"以中国人的资格来研究政治经济学",①"站在中国人立场上研究经济学"。② 同时,他反对把马克思主义和苏联革命道路教条化,批判学界对马克思主义经济学,"或断章取义,或轻描淡写的点缀而已"的现象,③以摆脱对苏联经济学的依赖。梅龚彬认为:"挽救中国经济总崩溃之危机,其最大前提,必须排除国际帝国主义之压迫",④唯如此才能实现民族独立。在王礼锡看来,"中国的仗,为中国民族独立自由而打"。⑤"中国民族的抗日战……要以全中国的一切力量合起来和日本作战。"⑥

由于在苏联的亲身考察和真实体验,胡秋原、王礼锡等人认为马克思主义是西方文化危机的产物,本是治疗西方病态文明的药方,然而苏联的社会主义与马克思设想的相差甚远,不是治疗,并非真正的社会主义。胡秋原认为:"共产党并非不断革命论者,但认为国民革命以后,还有所谓社会革命共产革命。他们认为国民革命不过是社会革命之一种手段,而民族斗争不过是阶级斗争之一附件。"尽管他并未对"社会革命共产主义是否必然"做出评论,但"这一理论,是以西方无产阶级为主而言,而不是站在中国民族立场立论的"。那种主张"今天是国民革命,明天是共产革命之理论",主要错误"在其倒宾为主,在其没有自信心,在其不知中国问题应由亦只能由中国解决"。

苏俄革命理论未必适合中国国情,"使用于苏联的理论,未必能适用于他国,除非另一国家其历史地理条件完全同于苏联"。"根据共产主义公式来决定中国民族之前途,说到最好,亦难免照搬之说。世界尽管有许多问题类似的国家,但决无一切问题相同的国家。"因此,"断无一国革命方案能为另一国家适用的",全盘照抄照搬苏俄革命道路难以适用于中国。"中国革命中国人自己能够完成,自己能有办法。""我们只须根据中国需要,研究如

---

① 王亚南:《经济科学论丛》,中华正气出版社,1943年,第167—172页。
② 王亚南:《中国经济原论·序言》,经济科学出版社,1946年,第2页。
③ 王亚南:《经济学史·序言》,民智书局,1933年,第2页。
④ 梅龚彬:《中行民国二十一年度营业报告书之研究——破产过程中国之国民经济》,《新中华》第1卷第8期,1933年4月。
⑤ 王礼锡:《"一·二八"七周年论世界大战》,《全民抗战》第50号,1939年1月25日。
⑥ 王礼锡:《论准备》,《救国时报》1936年5月25日。

何达到富强康乐的目的。""世界上任何思想家都有研究以及取材的价值,但钉在任何一个人来解释中国问题,一定徒劳无功,甚至无益有害。"这实际上是提醒中国知识分子在探索中国革命道路时,需要有宽广的世界眼光和全球视野,不能局限于以某种理论来诠释中国问题。他反对照抄照搬苏俄革命道路,认为中国革命是苏维埃革命和阶级斗争,更应该立足民族立场,探索适合中国国情的革命道路。他认为中国革命是民族革命,"中国革命是国民革命不是苏维埃革命,如果中国洞察中国历史和群众之要求,便应当断念苏维埃革命努力完成国民革命"。"国民革命亦得国共两党之全心全力之参加而增其力量,提早完成,不独是全国人民之幸福与光荣,也是共产党之幸福与光荣。"①

对俄化派主张的土地革命以及中国革命道路,胡秋原从理论上与其进行商榷,提出不同见解。"独立的资产阶级之基础,是工业化,是产业之发展。"如果不抗日,中国无工业化之可能,抗战建国为实现工业化扫除障碍,经过资本主义的充分发展,为走向社会主义和工业化奠定经济基础。"将土地革命和民主革命同义"的主张是不正确的,"土地革命本来译法应作农业革命,它确是民主革命之一节目,而甚至是其前提。""民主革命之基础是工业革命,没有农业革命,工业革命不能完成;但没有工业革命,农业革命根本没有结果。"农业革命包含"所有制之变革"和"技术之变革",土地革命或农业革命是工业革命的前提和基础,工业革命又是民主革命的基础,没有土地革命和工业革命,更遑论民主革命。

针对主张"农业不革命,则农民贫困,大多数人无购买力,产业就无法发展"的观点,胡秋原指出:"他们忘记中国是一半殖民地。"中国既无"自己管理的市场",又无"自己的近代工业,若中国自己不能有市场和工业,即令农民的购买力提高,不过是为帝国主义提高购买力而已"。这恰恰是"加深中国之殖民地化,而不是中国革命之目的"。"中国革命是民族革命,其目的在求中国市场归于中国。必须达到这一步,中国产业才能发展,而农业革命才必要而可能。"如果要"解决中国农业问题,必先解决工业问题"。抗战胜利后,"土地问题必定能够解决,因为那时已有解决的条件"。②"惟有工业化以后,中国才有农业革命之前提。"将来"中国土地自然是从私有制到国有,而实行农业机械化,这是最进步的土地制度"。③

---

① 胡秋原:《论中国革命之道路》,《祖国》第44期,1941年6月30日。
② 胡秋原:《中国革命根本问题》,第14—15页。
③ 胡秋原:《中国革命根本问题》,第24页。

由于中国是西方列强的半殖民地,中国革命的目的首先是摆脱半殖民地的地位,通过民族革命实现民族独立,破除西方列强对中国市场的垄断,实现市场自主,这样一来产业发展才能为解决农业问题和工业问题开辟道路。随着产业的发展,必须"开拓中国国内市场,而地主亦可转化为投资者或农业资本家。地主阶级应该消灭,但消灭方法不是肉体上消灭以驱逐,而是经过一种阶级转化。革命与阶级斗争不是要杀人"。"以为必须杀尽地主或没收地主才算土地革命者,是根本不对的。"①他并不反对土地革命,而是反对以残酷的斗争,从肉体上消灭地主,他主张通过阶级转化,将地主转化为投资农业的企业家,这样既可以发挥地主在解决农业问题中的积极性,又能够利用土地资源积累资金为革命所用,更能够减轻革命对立面的力量,这种主张蕴含着可贵的人道主义精神。由于王明"左"倾教条主义错误成为中共主导思想,在开展"残酷斗争无情打击"的氛围下,这种可贵的人道主义精神注定成为"书生之见"。

遵义会议结束了王明"左"倾教条主义错误在中共中央的统治,中共开始独立自主地探索中国革命道路。胡秋原对中共"自《八一宣言》后,放弃其偏爱的土地革命政策"表示赞成,并相信这非因"他们要讲联合战争而让步,或是一种权宜之策,而应该是对中国问题更深刻的思索,更丰富的体验而来"。事实上,中共并未放弃土地革命政策,而是调整了策略。在他看来,"一个真正马克思主义者,大概不会在原则上放弃所谓社会主义的前途或无产阶级革命理想的"。面对强敌日寇,抗战时谈"社会主义等于梦话"。② 一个民族工业不发展的国家,"什么地方有社会主义的基础呢? 有之,只是知识分子由外国书上翻译过来的口号而已"。③ 抗战时民族工业不发达,没有建设社会主义的基础,应集中全民族力量共同抗击日寇,抗战胜利后才有实行社会主义之可能。"一个还没有工业文明的中国,早熟的接受这种工业文明之批评的思想,便耽误了自己正当的发展。民族主义与科学精神遂在不知不觉之间受到极大的冷淡,而甚至于反对。"五四以来,"我们在文化上个别的说虽不无相当进步",但由于政局动荡、思想混乱,缺乏战斗的民族主义和严肃的科学精神。"到九一八才逐渐转向,民族抗日的思想起来。""到此次抗战,我们才痛切的了解民族主义和科学的重要。""我们的文化将随我民族复兴的战争和建设而复兴! 而且也必须复兴!"④

---

① 胡秋原:《中国革命根本问题》,第 15 页。
② 胡秋原:《中国革命根本问题》,第 16 页。
③ 胡秋原:《继续五四运动未竟之业》,《祖国》第 15 期,1939 年 5 月 3 日。
④ 胡秋原:《中国文化复兴论》,第 13 页。

正因为抗战建国是全民族的共识，"过去还有人提倡工人无祖国，但今天决没有无祖国的工人"。"不管民族主义够不够"，"在全世界人人各爱其国各爱其族之时"，"国人第一天职即是爱护中华祖国"。为战胜强大的日寇，我们既要联合友邦，更重要的是"民族第一"。只有"不知民族至上者，才是时代的落伍者"。①"中国共产党人不谈社会主义而为民族主义斗争"，是必然的，也是应该的。如果"社会主义者不抗日，那才不仅是背叛中国，也是背叛社会主义"。针对那种认为"抗日是资产阶级的"看法，胡秋原驳斥道："他们不知道今日中国无产和资产阶级是同其命运"，"我们必须克服这一类的民族虚无主义"，高扬民族主义，才能实现全民族抗战和民族革命的胜利。

胡秋原表示这并"不是说社会主义不好"，"我尊重社会主义的理想，这是人类文明以来的一个伟大理想，世界一切大教主大思想家，无论孔墨耶佛都有社会主义的思想，自由平等博爱的思想"。"我现在相信马克思主义"，"马克思主义之价值，不仅在其为社会主义，而在其指出如何才有社会主义以及如何才能达到社会主义。我不相信民族不自由工业不发达的中国能有社会主义，所以我赞成社会主义"。"我不是说资本主义好，但如果在我们没有它，不够资格反对它，而它一定要来的时候，我们也就没有办法不迎接它。"②"我承认社会主义思想中包含着许多真理，例如自由平等博爱的思想，人道主义，国际主义，以及工业主义等，这都是我们能赞成的。"在他看来，进行社会主义革命的首要条件是实现民族独立，"必先实现民族平等与国际和平"，然后"才能实现各国的政治民主，有了政治民主才能实现经济的民主"，实现经济民主才能走向社会主义。③

在胡秋原看来，俄国革命领袖创立第三国际，"为世界革命的总参谋部，策动各国工人及其支部"，实行无产阶级专政。毫无疑义，"这一个鼓动无产阶级的世界革命运动是不合理的。一个最根本的理由，就是各国有各国的问题，各国有各国的道路，各国有各国的历史与民情"。对苏联而言，"共产制度行于其国内，能得其国民的赞成，且提高其国家的生产力，他是合理的"。然而，"一国脱离了正常的外交之道，倾其国力于世界革命，要其他国家也实行无产阶级的独裁，则是不合理的"。④

苏俄主导下的第三国际，"先在西方后在东方策动世界革命"，换言之，

---

① 胡秋原：《国族至上科工万能》，《祖国》第38期，1940年5月31日。
② 胡秋原：《中国革命根本问题》，第16—17页。
③ 胡秋原：《论社会主义之前途》，《华侨先锋》1941年10月16日。
④ 胡秋原：《不合理者不存在》，《祖国》第62、63期合刊，1943年12月。

即"策动世界之'俄国社会主义化'。然至1927年,此项工作完全失败"。如果"苏联决行国际社会主义,则苏联政府应为一各国社会主义者之国际政府,始能号召各国社会主义者之同情"。然而,"自始至终,第三国际不过苏联对外政策之一附件"。如欲"以苏联一国策动世界革命,无异帝国主义,决无成功之理。苏联之人民亦决不能欢迎各国社会主义以彼等之土地财富作此冒险之试验"。第三国际既然"完全苏联化,固使苏联在各国有忠实之同情者","各国共产党完全服从苏联之国际,既非民族主义,亦非国际主义,只能作苏联政策之解释,因之决不能在各国发生力量,因有背民族之义故也"。① 他批评苏联将第三国际视为其推行世界革命的工具,各国共产党完全服从苏联主导下的共产国际,这样既使各国共产党放弃了民族立场,丧失了民族革命的独立自主,又不是国际主义,会导致各国共产党在进行民族革命道路时脱离国情并陷入困境,这种情况自然使其很难有说服力。每个民族、每个国家都有其自身独特的历史和民情,在探索符合自身国情的民族革命道路时,不能照抄照搬苏俄革命道路。更重要的是,他希望中国能够摆脱苏联和第三国际对中国革命的遥控指挥,独立自主地探索适合中国国情的革命道路。

事实上,早期的中共确实成了共产国际的下属国际支部,不仅照抄照搬苏俄革命道路,将马克思主义教条化,而且一度提出"武装保卫苏联"的宣传口号。随着对中国民族革命斗争的深入认识,逐渐摆脱苏联和共产国际的干涉,中共开始独立探索中国革命道路,认识到"中国共产党的靠山却不是共产国际,而是中国的人民"。②"每个国家革命成功以后,都有它本身的莫斯科。"③毛泽东在六届六中全会上首次提出"马克思主义中国化"命题,认为必须通过中国的民族形式来实现。"在抗日战争中,一切必须服从抗日的利益,这是确定的原则。因此,阶级斗争的利益必须服从于民族斗争的利益,而不能违反抗日战争的利益。"④1940年3月,毛泽东又提出:"实行民族主义,坚决反抗日本帝国主义,对外求中华民族的彻底解放,对内求国内各民族之间的平等。"⑤在民族危机空前严重之际,中共从革命初期单纯强调"阶级"分野、世界无产阶级的整体利益出发来思考中国革命问题,逐渐转向

---

① 胡秋原:《论社会主义之前途》,《华侨先锋》1941年10月16日。
② 周恩来:《在延安欢迎会上的演说》,中共中央统战部:《民族问题文献汇编》,中共中央党校出版社,1991年,第721—722页。
③ 杨奎松:《马克思主义中国化的历史进程》,河南人民出版社,1994年,第343页。
④ 《毛泽东选集》第2卷,第525页。
⑤ 《毛泽东选集》第2卷,第752页。

肯定"民族"与"国家"利益，旗帜鲜明地表明坚定抗日的立场和决心，通过发动、组织与整合全民族抗战，从民族平等的立场出发，号召全国各党派、各阶层，"人不分老幼，地不分南北"，团结一致、共同抗击日寇的侵略。以现代民族国家话语体系来思考中国民族革命的现实问题，在实现民族独立，建设现代民族国家的目标上，"读书杂志派"与中共是一致的，共同构成了抗战时期普遍追求民族独立和民族复兴思潮的民族共同体。

由于缺乏现代产业与技术，中国遭受日本的侵略。"如果不抗战，不逐日寇出中国，我们就无法建设。""抗日胜利，中国建设将飞跃发展"，通过建设现代产业实现工业化和国强民富的目标。无论是民族革命，还是全民族抗战，必须动员民众。"真正要工农解放，首先要民族解放，也要工农努力民族解放。"抗战胜利之后，通过不断推进工业化建设，中国才能真正成为一个现代国家，政治清正廉明，经济繁荣发展，"一切社会之立法与社会事业之进步，农业改革之实行，工农生活自有根本改善之可能了"。① 只要坚决彻底抗日，取得民族革命的彻底胜利，实现民族独立，才能为建设现代民族国家和社会主义建设奠定基础。

基于此，胡秋原在自述其思想转变时指出："余昔尝为自由主义之爱好者，亦为马克思主义之爱好者。凡所为文，本斯二义。二者皆吾所喜，故曾为马克思主义的自由主义之说。"流亡欧美之后，他深信二者"有合作必要，但无合一可能"。他认为"倘无民族自由，则一切自由均为梦幻"。因此，"余今日仅为一纯民族主义者，或民族的自由主义者"。② "我在根本思想上是一自由主义者"，在政治上，"我是一民族主义者民主主义者"。在经济上，"我是一民族资本主义者"。但在今天，"由于我忠于祖国，忠于我的主义，我只是一民族主义者"。抗战时"如有人还讲所谓世界革命之类，不仅是荒唐的抱负，也是有害的思想"。倘若不能为民族抗日而奋斗，不仅"不能算一个中国之人民"，也"不配谈任何主义"。③ 无论他的思想如何转变，他始终站在民族主义立场上，为民族革命奔走呼号，呼吁全民族共同抗战，为实现民族独立，建设现代民族国家而共同奋斗。

"读书杂志派"在肯定苏俄革命取得的伟大成绩的同时，从理论上揭示苏俄革命和第三国际革命理论的真相，且对俄化派提出的中国革命理论进行商榷和质疑，其初衷在于提醒俄化派在探索中国革命道路时，注意中苏国

---

① 胡秋原：《中国革命根本问题》，第17—18页。
② 胡秋原：《中国革命根本问题·自序》，第3—4页。
③ 胡秋原：《中国革命根本问题》，第20页。

情的差异,苏俄革命道路未必适合中国,不要照抄照搬其革命道路,由此提出对民族革命的不同见解。由于当时的中共还处在早期阶段,对中国国情和民族革命道路不够了解,在认识上存在偏差,特别是在王明"左"倾教条主义错误主导中共中央期间,在革命斗争中开展的过火的、残酷无情的阶级斗争,使中国革命走向绝境。这引发中共党内有识之士的反思和批判,同时受到包括"读书杂志派"在内的中间知识分子的批判。"读书杂志派"在反对西方列强,特别是日寇侵华的殖民逻辑、民族扩张和资本霸权,追求民族平等和民族解放,团结统一,全民族共同抗战,通过民族革命来实现民族独立,建设现代民族国家,走向社会主义,并实现民族复兴等问题上,他们与中共殊途同归。由于实行全民族抗战,实现了民族力量的团结统一,中国现代民族革命才取得最后的胜利。

2. 站在民族文化立场上辨析如何创造民族新文化

王亚南认为新文化运动试图以"西洋的资本主义文化去克服并代替我们沿袭了几千年的封建文化","资本主义文化在落后的中国,虽然看得新鲜,而在泰西各国,却已成为保守的了,成为对于更新的文化的防壁"。国民革命虽未完全彻底摧毁封建文化,但在文化思想上廓清了封建文化与没落期的资本主义文化思想,为"中国新兴的文化思想从此乃在文化界出版界确立了支配的地位"。①

在胡秋原看来,文化包括学术、政治经济和精神状态。在学术和政治协调发展时,是"民族精神最清明发扬的时代",否则,是"一国文化发生内在危机之时"。三者之中,"政治是最决定的因素,政治可以昌明学术,作兴精神,亦可败坏学术和民气"。在政治最坏的情况下,"唯有学术和精神合力救治之"。一个民族的外患内乱"不是因为文化落后,即是因为文化发生内在危机"。"一国之学术与人才是一国国力之根本之根本,也是一国强弱盛衰之测度。一国学术发达人才辈出,大家有眼光,有才能,一定国运兴隆。"反之,"学术不振,人才不出,智虑浅短,不学无术,是世衰道微之日,而人心风俗,亦必江河日下。世人每以人心风俗之陷溺,是国家衰败的根源,其实无真学问真人才,是无法正人心,厚风俗的"。

在现代世界中,"能在学术上立其霸权之国,定是富强之国";反之,"弱小国家一定是他国的文化殖民地"。一个民族的"创造力发扬,为学笃实切实,必能发皇国力";反之,"创造力萎缩,士气虚浮,即是学术国运之衰落"。

---

① 王渔邨:《中国出版界最近十年的几个演变倾向》,《大众论坛》第 1 卷第 1 期,1936 年 11 月。

一个国家"在学术落后,国势陵夷之余,精神之崩溃随之"。要谋求"学术国家之独立,必先精神独立,并作独立之奋斗",然后"以国家之力量,振兴学术,亦必能后来居上"。① 胡秋原将近代中国落后于西方的原因,归结为民族文化不能适应世界大势而发生内在危机,学术不振,不能独立,缺乏创造力,未能扮演挽救民族危亡的重任,由此中国才成为西方文化的殖民地,继而国运衰落。我们必须赶上西方,振兴学术,摆脱对西方文化的依附,使民族精神独立,创造民族新文化,引领民族走向复兴。

西方文化背离了自由原则,对外侵略,走向帝国主义。正是由于认识到这种自由主义的不彻底,他将其根本见解命名为"新自由主义"。新自由主义者,乃有"别于十八九世纪之旧自由主义而言"。西方"旧自由主义之弊,首在其不彻底。一即只知西方之自由,忽视东方之自由。二即重视少数人之自由,忽视全体之自由"。而他"所谓新自由主义者,则以祖国之自由为枢纽,外以争人类自由,内以保国民自由"。此新自由主义既是"民族主义之灵魂",又是"民主主义之基础"。尽管"近世中国文化固以落伍",然而,"西方文化亦见枯衰。独裁恶焰,由此而来"。因此,"必有新的精神,始能复兴世界之文运。此新精神为何? 新自由主义"。② 在政治上,"自由主义便是民族主义与民主主义",而我们提倡的"新自由主义,即民族本位的自由主义"。③

胡秋原反对"全盘西化",是因为西方文化尚未摆脱危机,更重要的是中国新文化建设须建立在民族传统文化的根基之上。"问题不在于如何接受西方现代文明,而在如何发展自己的文明,如何在自由主义的路线上迅速前进,创造中国自己的现代文明。"西化派"深知吾人固有文化不能立足于今日,可是认为必全部舍己从人而后可"。新文化运动之时,"吾人一时对西方学说,不胜羡慕。及调和之说未厌人心,有全部西化之论。不知文化均为各民族自己的创造。舍己从人,乃不可能之事。全盘西化,必亡国而后可"。④

胡秋原站在民族文化的立场上批判那些误解中西文化的主张,守旧者"不知世变之亟,刻舟求剑",喜新者"不知文化进步必靠自己创获,日唯临渊驱鱼,不事退而结网"。那些将中西文化视为"对立典范之错误实无异,由此而来推论之有害亦相同"。中西文化所不同者,"只在现代这一阶段,大体说来只是十七八世纪以来"。中西文化"并非有何本来之对立,而只是进化

---

① 胡秋原:《中西文化与文化复兴》,第 115、116 页。
② 胡秋原:《中西文化与文化复兴·自序》,第 4 页。
③ 胡秋原:《中西文化与文化复兴》,第 146、147 页。
④ 胡秋原:《论中西文化与创造中国新文化》,《读书杂志》第 1 卷第 11 期,1945 年 12 月。

过程上一时的参差"。"在中西相遇之际时,双方创造的成绩有高下之分。"中国文化要完成其历史的进步问题,"我们要由手工业文化发展到工业文化,我们要清算专制主义和威权主义,发展民主主义理性主义的文化"。这是中国历史发展的道路,也是抗战建国的奋斗目标。中国对西方文化的态度成为问题,是因为"在目前西方文化代表了世界先进的规模",是"我们的模范,并非我们的目的"。学习西方文化,并非要抛弃固有文明。"如果离开自己的过去,等于无根,等于悬空,这比停滞不前还要有害。一个西方人不能离开本国的传统来学习他们的现代文化,我们也没有方法离开自己的历史来创造新的文化。"①"我们不知道新文化是要以科学为基础,参考他人造就,发扬自己的知能,使中国在二十世纪国际文化水准之下,完成不逊于任何国家的精神创造,不是乞求古人模仿西人所能了事的。"②

由于我们不够明晰"创造自己新文化的目标,自从与外国文化接触以后,我们始终在彷徨之境"。中华文明长期走在世界文明前列,我们有"可以自豪的创造"。到了近代,西方列强入侵中华,中国"一再失败,我们不能不变了"。然而,"我们原不大愿意承认他人文化的进步,于是只好将文化分为两截。如张之洞以为西学之长,不过制造,至于学术义理,则中国已极精微,非外人所能梦见",这便是"中学为体西学为用论"的根源。甲午战争和庚子国变以后,"我们知道西人之长不仅船坚炮利,而法制政教亦有不及,采行西法西政了",然而,由于"政治之积弊过深",对"西法之了解甚浅","守旧之势力仍盛","进步依然很慢"。特别是庚子国变以后,"民族信心丧失殆尽,对于西方文明不论感情如何,内心究有崇拜之感"。因巴黎和会的外交失败,"发生一大民族运动,也变成一个新文化运动,外国知识大量介绍到中国。我们不独以为外国的工艺政教胜于中国,即文艺哲学,也都胜于中国了"。我们"在学术上失去了最后一点自信心"。

欧战后一时流行的国际主义、社会主义传播到中国,"共产党运动和读经运动在中国是并行的"。在中国呈现出两派聚讼的极端现象:"凡古均好","凡外均好"。近年来,虽有"本位文化"和"学术中国化"的呼声,但并"未对这问题作充分解决"。我们的目标"是学术之独立,或创造自己的新文化。凡古皆好或凡洋皆好都是没有自信心,认自己不如古人,不如洋人。折衷论者亦复如是。但今人决无不如古人的道理,中国人决无不如外国人的道理。我们应该超过古人,赛过外人"。近代以来,由于认识到中国落后

---

① 胡秋原:《论中西文化与创造中国新文化》,《读书杂志》第 1 卷第 11 期,1945 年 12 月。
② 胡秋原:《中西文化与文化复兴》,第 65 页。

于西方的严峻现实,向西方学习奋起直追,"我们现在只有西式文化尚无新式文化"。①

在胡秋原看来,在人类社会文化的长距离竞走中,中国长期走在世界前列,"只是三百年来渐次落伍","当前大事,是急起直追,做一个打破纪录的世界选手"。中国是"一个有长期文化传统的国家,曾经不断在世界文化社会中拿出新的货色。只是到了近代,相形见绌,无所表见"。我们要"创造新中国的新文化","即要创造一种新的生活方式,使其对我们能永保富强,于人类则促进世界之和平与繁荣"。我们"要以此为标准,来改革,来创造"。但根本问题"是要保障中国自己。必须己立始能立人,必须中国有可为他国仿效的资格,且有自保之实力,始能以中国之力,左右世界"。② 抗战胜利后,"将来一定有一种新的中国风的工业的民治的与和平的文化,在中国开花结实",然而"我们一定要在今天开始播种与培植"。中国能够自信自强,"赶上和超过他国"。中国"已在百年痛苦教训之中知道自己应走之路",中国不仅有"维护正义实行民治的决心",而且有"为独立自由而战之实力,而独立自由奋斗,便是文化复兴的摇床与养料"。③

无论是复兴民族文化,还是培植创造民族新文化,抑或是民族复兴,都需优良的士风和学风。胡秋原在评价中国士风与学风时指出,想起古人"为天地立心,为生民立命,为往圣继绝学,为万世开太平"的襟怀,"外国人所谓改造社会改变世界的理想,我们的士风,是显得何等的萎缩!""最有深长之恶影响的,是我们的士风学风之东倒西歪,没有自主自立的精神。"就根本原因而言,客观上是"我们经济政治之不自主",主观上是"知识分子之主观薄弱",学术不能自立。"在精神上是不自觉的做洋人之俘虏","妄自尊大的夸大狂和妄自菲薄的低劣感,造成中国学风之不良气息"。许多人以为"中国不走法西之路就要走共产之路,仿佛世界之大不归于杨即归于墨"。其实,"中国何尝没有自己的路,又如何走外国人的路?"

他批评中国学界的教条主义、公式主义时一针见血地指出:"目下街市上许多唯物辩证法教本课程之类,多自日本重译而来",但"原书在今日俄国,多已绝版,废弃,或认为反动的,然依然流行于中国,且广告为最正确的书,这实在是自误误人"。不仅如此,"有许多人还不惮搜取书中名词,生吞活剥敷衍成文,而说是由唯物辩证法看世界看中日问题云云"。马克思主义

---

① 胡秋原:《中西文化与文化复兴》,第 66 页。
② 胡秋原:《中西文化与文化复兴》,第 122、123 页。
③ 胡秋原:《中西文化与文化复兴》,第 125—127 页。

"本来也是一个博大的体系",但这样一来,就"变为戏书了"。我们须知"没有实际知识,一切公式是无用的"。① 这种士风学风对中国青年产生极为恶劣的影响,"最近几年间,有许多青年只满足于皮毛公式,或'概论''大纲'和基本小册之类,不去深入,不去专攻,而甚至有少数青年几乎束书不观,游谈无根"。因此,他希望中国青年"锻炼为坚强笃实的民族革命的战士"。多年来,"中国文化界虚浅的新闻主义代替了严肃的研究,抽象的公式主义代替了实证的科学知识,非民族主义之裨贩,代替了民族国家之立场"。这自然"需要国家和学术界的努力和振作","中国青年能够将民族主义的热情和坚实的科学精神结合起来","为自由统一富强的中国而奋斗"。②

为消除公式主义的不良影响,引导中国青年创造青年中国,希望士风学风"独立自主",有"刚健坚毅的士风","严肃笃实的学风"。③ "故步自封和半瓢水的欧化,都是不可为训的。树立独立自主的精神,保持艰苦公诚的美德,发挥民族革命的热情,学习现代的技术与科学,而以抗日救国视野为依归,这是我们对于今日一切知识分子的期望。"知识分子应"以国家民族为念","以民族利益为中心……为民族自由而战斗","树立培养以民族为中心,以实用为目的的严谨的学风,笃学的人才,也是将来文化建设之基础"。④

基于此,"中国学术界之任务,在创造新的民族文化,所谓新者,是科学的;所谓民族者,对外而言,是中国自己的,对内而言,是各族共有的"。换言之,"形式是民族的,内容是科学的。这是我们所要创造的新文化之特点"。要创造"形式是民族的,内容是科学的"新文化,就要学术独立。文化自立学术独立,"不是说我们的文化学艺可以关门自慰","亦非不受外人影响"。对"世界学术,不仅接受,而且给予"。"学术独立,就是要能自己制造,自己思索。"运用"古人的经验",学习借鉴"西方的全部科学",⑤以文化自立、学术独立来创造新民族文化,才能真正解决问题。

无论是全盘"西化",还是全盘"俄化",都是移植西方国家和苏联的经验,将中国亦步亦趋地"外化"或"异化",抛弃中国固有文明,既不可能成功,又不可能创造新文明。"历史和现实都表明,一个抛弃了或者背叛了自

---

① 胡秋原:《士风与学风》,第48、49页。
② 胡秋原:《战局与欧局》,第70—72页。
③ 胡秋原:《士风与学风》,第49页。
④ 胡秋原:《士风与学风》,第53—54、57页。
⑤ 胡秋原:《中西文化与文化复兴》,第70—72页。

己历史文化的民族,不仅不可能发展起来,而且很可能上演一场历史悲剧。"①胡秋原认为唯有树立民族自信心和民族精神之独立,才能破除崇洋媚外思想的制约,免于陷入不是"西化"就是"俄化"的二元对立选择之中,才能独立探索适合中国国情的革命道路。近代以来,许多"政见也多是传译自西人,每因师承不同,自相诟病。许多说英美怎样,德意怎样,苏联怎样,因此中国应该怎样"。在探索中国革命道路时,既不能漠视国际环境,也不能对西方发展道路不闻不问,否认其合理性及其借鉴参考价值,"必须自己作主,注意其时间与空间。各国都值得借镜,但也没有一国可以照抄"。②

每个国家实现什么样的政策,是根据自身历史文化传统和时代需求做出的选择。"苏联革命理论,根于苏联之事实,不是随时随地可以照演的。""俄化论"者"以为只有苏维埃才能救中国,以为苏联有十月革命,中国也应有十月革命,苏联打倒富农,于是也要在中国打倒富农,甚至苏联有一个高尔基,也必须在中国找出一个高尔基,而美其名曰'中国化'"。实际上,这既背离中国国情,也是对马克思主义中国化的歪曲。"西化"论者"鉴于独裁制度的勃兴,有意的或无意的接受独裁主义的政治与经济口号,或感染于英美之传统之力量,以为英美之一切,均可依样葫芦"。凡是"简单类推与教条主义,均违背科学态度,而他们竟陷于此种明白错误者,根本由于他们缺乏自信心,于是不知己也不知彼"。无论是"俄化"论,还是"西化"论,在思想上都患上了严重的"民族文化悲观主义",对民族文化缺乏自信心,陷入迷失自我的困境之中。他们不知道"中国应该而且能够走自己的道路,于是不知道中国自己的需要与环境,应该采取何种政策,也不知某国之行某种办法,乃根据各国之需要与环境"。我们要"立国于现代世界,当然要采取他人经验",但"必须有自己的立场,才能充分适当的利用他们的经验"。③ 唯有"我们自己进步,才真正能保存固有文明。而能发展固有文明,亦必能达到西方人智之同等水准。不由本国历史出发,是不能长达的"。④

近代中国,"外国按照他们自己的样子形塑中国",而"中国也是按照东西洋的样子打扮自己,今后中国人一定会按照自己的需要与愿望来改造自己,改造世界"。事实上,"全国国民已有充分的自觉与自信,领导国民的人如果还是根据奋时落伍的信念与老套来指导民众,也将为国民所弃"。中国"任何政党政见是不能脱离中国民众的",否则必将走进历史的坟墓。"抗

---

① 习近平:《在哲学社会科学工作座谈会上的讲话》,人民出版社,2016年,第17页。
② 胡秋原:《论中国革命之道路》,《祖国》第44期,1941年6月30日。
③ 胡秋原:《论中国革命之道路》,《祖国》第44期,1941年6月30日。
④ 胡秋原:《论中西文化与创造中国新文化》,《读书杂志》第1卷第11期,1945年12月。

战胜利,建国成功,自然国泰民安,凡各国所能做到的一切合理成就,中国亦无不可以做到。无需苏维埃运动,亦不稀罕他人理论。""一切个人团体只有尽力完成中国走自己的道路这一功课,才算尽了国民的使命,也才能得到民众的赞助。"如此,"还有什么不能使我们统一到底抗战到底建国到底的理由呢?"①

中国固守传统文化,"不足适应当前世局,而追随他人,必终落他人之后","必在现代标准上创造中国之新文化,以保国家之生存,生民之福利",才能立足于现代。"提高民族精神,科学精神,以加强抗战建国力量及效率,使我们能达到现代水准。"②"发扬先哲经世精神,并鼓舞信心以征取最新学艺,此即文化创造之本末,而民族主义之实行,即在于是。"中国落后西方"已三百年于兹",寻求"学术之进步文化之恢复",树立"尊理性""重自由""尚创造"的风气。③

在抗战建国时,如何复兴文化和创造新的民族文化,并使这黄金时代迅速来临呢?"为复兴民族而奋斗之日,也是为复兴民族文化而奋斗之时","客观上也是在复兴文化之过程中"。抗战胜利要"加强主观努力,巩固统一,抗战到底;树立法治,发展工业",这一切"就是复兴文化的根本之道"。但就文化本身而言,"主观上我们应作些什么努力,才能使抗战建国过程中文化更为进步",并且"更能使文化帮助抗战建国之事业呢?"

第一,"发扬民族主义"。民族主义是"抗战建国之中心精神,也是我们文化运动的中心精神。我们要为民族所有,为民族所造,为民族所用的文化"。许多人"至今还在缠夹于民族主义与国际主义之间","真正的个人主义,与真正的社会主义是一个东西。民族平等,才有国际和平,才有国际主义"。④ "惟有各民族都能独立,即民族主义完全实现之时,才有国际主义可言,而各民族都能平等互惠,和平合作,才算得是国际主义。为欧洲列强撑门面的国际联盟,为苏俄一国工作的共产国际,都不算真正的国际主义。"必须"人人自由,才有真正平等;必须真正平等,才能增进自由。各民族都有自由平等,全人类必能博爱"。因此,"国内之自由平等,与国际之自由平等,便是人类努力的目标"。⑤ 唯有真正民族独立,民族平等,才有真正的国际主义。无论是国际联盟,还是共产国际,不能使各成员国真正平等,不是维护

---

① 胡秋原:《论中国革命之道路》,《祖国》第44期,1941年6月30日。
② 胡秋原:《中西文化与文化复兴》,第133页。
③ 胡秋原:《中西文化与文化复兴·自序》,第2,3页。
④ 胡秋原:《中国文化复兴论》,第16页。
⑤ 胡秋原:《历史哲学概论》,第123页。

各民族公平正义的国际主义。民族主义的文化运动,"发扬我民族经世致用的精神,刚健勇武的精神,反对那些空虚浅薄的精神,阴私懦弱的精神"。学习借鉴西方文化时,"不要忘记独立的精神,是我们的文化之动力"。"不可忘本国之立场,作皮毛之模仿。一切学问,都是为了我民族之生存与进步的。""不爱自己民族,也一定不配谈国际主义。"

第二,"发扬科学技术"。科学文明为现代文明奠定了坚实基础,"我们完成了民族工业,一定能发展我们的科学文明"。"一切从事于文化教育事业者,也必须立志做中国文化花园中的一个辛勤的园丁,用心血来灌溉未来中国文化之根苗。同时用自己赤诚与热血,贡献于国民精神之铸造。"① 他将发扬民族主义和弘扬科学精神视为复兴民族文化,进而创造中国新的民族文化的基本途径,会为抗战建国奠定文化基础。

值得注意的是,胡秋原在诠释创造新的民族文化时,提出既要学习借鉴西方文化,又要继承民族优秀传统文化,更重要的是将边疆民族文化建设纳入其中。民族文化是民族的魂魄,而文化认同则是民族团结的根脉。此举旨在从根本上为增强民族文化认同,凝聚中华民族共同体意识奠定坚实的基础。创造新的民族文化,"加强内部的融合","普遍提高到国际的水准"。就政治上而言,"融合汉与非汉之区别,成为一现代的中华国族"。实际上,这蕴含着打破民族隔阂和界限,积极培养中华民族共同体的意识。中国建设事业经纬万端,边疆建设在推动民族地区经济社会发展,维系中华民族多元一体格局中无疑是最重要的一环。"边疆不仅是民族的生命线,也是新民族文化之要素。""边疆是我们立国建国的基础,是中国复兴的舞台。"②

中国文化建设的根本目标,"是要建设一个新国族文化",既"要发挥中华民族共同固有的智能道德,并学习现代西方的科学和技术",又"要发挥各地域文化的优良传统,并使其成为全民族的共同财产"。我们"怀想我们祖宗开拓缔造的艰辛,一定要克绳祖武,惨淡经营,使今日荒凉的边疆,变为锦绣山河,打定我们复兴民族的万世基地"。③ 胡秋原从维护中华民族多元一体格局的高度,重视边疆地区的经济社会发展,将边疆地区的民族文化作为创造新的民族文化的重要文化资源,又将其视为"复兴民族的万世基地"。其中的目的在于增强中华民族的文化认同和道义归属,维护民族团结,建设中华民族的共同精神家园,构建中华民族命运共同体。

---

① 胡秋原:《中国文化复兴论》,第16—20页。
② 胡秋原:《中西文化与文化复兴》,第74页。
③ 胡秋原:《中西文化与文化复兴》,第76页。

3. 高扬民族主义以实现民族复兴

"读书杂志派"认为中国革命是民族革命,抗战时期无论是创办的报刊,还是撰写的文章,都是为民族主义而战,呈现出强烈的民族主义色彩。王亚南指出抗战是"中国民族主义与日本帝国主义直接的大规模的正式搏击",为战胜强大的日寇,要践行"民族利益高于一切"的原则,"一切社会阶层,同等的担负责任"。① 王礼锡认为"抗日反帝是目前中国的惟一出路",以此"求得中华民族的独立生存"。②"抗战到底只有一个前途——中国的独立自由。抗战与团结是达到中国独立与自由的双轮,缺一则此大业必定中道夭折,凡是中国人都应尽一切力量推动这两轮迈进。"③抗战是"救民族的全民族抗战",④民族利益高于一切,他公开谴责国民党,盛赞中共为"祖国生命而战"。在民族存亡之际,他呼吁以民族利益为重,摒弃党派成见,竭力为抗日救亡奔走呼号。

据胡秋原自述:"我祖国之同胞乎,尔当自豪为中华之子女,而努力于伟大祖国中复兴。"⑤"民族间之不自由,实为世界不自由之根本。人间最惨痛之事,莫过于亡国灭种,而尤莫过于文明国家优秀种族之为野蛮国家残暴种族所夷灭也。""世界之不自由也,以民族不自由始,而将以民族之自由终。自由民族为世界之前提,而民族自由实国际自由之起点。"如"民族不得解放,则阶级伐阅男女间之抑缚,亦无解决之日,惟有民族间之平等博爱立,始能保证阶级之自由平等与全人类之博爱也"。百年以来,"我民族日受侵凌,几于不国。大汉声沉,灵光惨淡,今更河山半裂,倭焰披猖,千百倍于晋宋明季之惨者,已迫于眉睫,而今日之亡国,即万古之沉沦"。"凡我黄帝之子孙,自均应首为祖国之自由而奋战也。"他撰写的论著以民族主义为核心,聚焦抗战建国,呼吁全民"必能憬然有所悟于自救自强之道,而为自由中国,自由世界之谋"。⑥

胡秋原在撰写《中国革命根本问题》时道出心声:"余草此书之微意也,盖鉴于国论之纷纭,个别主张及民族虚无主义之有害,欲使国人均一心于民族之战争,增信于将来之光明。"在他看来,"中国革命无他,即民族革命,而民族革命任务无他,即抗日。中国问题均可由抗日解决,今日应为抗日而战

---

① 王亚南:《战时经济问题与经济政策》,第1、10页。
② 王礼锡:《国际经济政治年报序》,《读书杂志》第2卷第6期,1932年6月。
③ 王礼锡:《团结抗战是向中国独立自由迈进的双轮》,《祖国》第9期,1939年1月25日。
④ 王礼锡:《王礼锡诗文集》,第260页。
⑤ 胡秋原:《中国革命根本问题·自序》,第3页。
⑥ 胡秋原:《中国革命根本问题》,第72、73页。

争同时为抗日而建国,而今日抗战建国之道,即将来长治久安之道"。故此,"抗日就是一切,一切归于抗日"。这不仅是"中国问题之特点",而且"今日应有一纯民族主义之运动者也"。这就要"发愤图强","勠力抗战","复兴民族之精神","获取科学之知识,作持久之战争,作建国之伟业","以吾人所爱之祖国为基础,进而助世界之复兴"。① 在中国民族革命进程中通过复兴民族精神,为"建国之伟业"奠定基础。

中国革命之目的,"在求民族之统一独立,以建立现代的民族国家,工业化和民主政治国家"。然而,"在中国民族生存与发展之前,有凶残的日寇之死敌。在中国建国运动之路上,有丑恶的日寇之阻碍,日寇是以沦中国为其殖民地为其根本国策的"。中国"民族不独立,就无法真正建国,不驱逐日寇,国将不保,焉能建国? 抗敌是为了救国,救国是为了建国,抗敌是除去建国之障碍,也就是建国之发端"。为实现抗战建国,"为了还我山河,为了复兴民族",②要振奋民族精神,团结抗战到底,为最终实现民族复兴奠定坚实的基础。

胡秋原从推翻帝国主义压迫,实现民族独立的视角来诠释中国革命是民族革命。随着帝国主义侵入,中国发生两个过程:一是"殖民地化的过程",一是"现代化的过程"。帝国主义"带来了新的技术与工具,使我们有现代化之可能",然而,"帝国主义之经济军事政治之压迫,一切不平等条约以及条约外的束缚,阻碍了中国之发展"。因此,"中国问题只是一个反帝国主义问题,并无其他。中国革命只是一个民族革命,并无其他"。在"福建事变"爆发时,他认为"中国革命之实际目的,即在求中国之现代化"。换言之,"在经济上求中国自身之工业化,在政治上求民主政治之实现"。"帝国主义是中国工业化之阻碍,所以中国革命问题归结于反帝问题,中国革命问题就是民族革命。"他在《抗战建国之根本问题》中再次明确指出:"中国革命的根本就是一个民族革命,中国近代的一切革命运动,自太平运动以至今日之抗战,无论其缺点优点,都是反映民族主义的要求。"③

他们认为民族主义是"救世之弊,应时而兴"的最佳主张,"民族主义精神太不够了","不能不特别提倡纯民族主义"。中国革命"是一民族革命。一个民族革命时代的思想,应该是民族主义"。抗战时,"民族主义应该是共同信仰之标准",④要有"一种纯民族主义的精神,一种绝对的民族主义的精

---

① 胡秋原:《中国革命根本问题·自序》,第3、2页。
② 胡秋原:《战局与欧局》,第47、48、51页。
③ 胡秋原:《中国革命根本问题》,第2、3页。
④ 胡秋原:《兴党与建国》,第66页。

神,一种彻底的民族主义精神"。鉴于中国"没有坚实的现代民族国家之基础,民族主义的精神,爱国主义的精神,一般确是非常缺乏"。这一方面是因"没有近代的物质条件,铸成一个民族的共同体";另一方面是因"没有一个完全坚实健全的中心力量与清明的政治,来凝结和维系那一盘的散沙"。① 因此,"我们主张民族主义,就是不许外人侵略中国,不做外国的奴隶"。② "只有巩固统一抗战到底,以驱逐日寇,来复兴民族,复兴文化。"③ 同时,"不能专靠遗产立国的,必有科学和工业,才能求胜于今日,立国于将来。不能再低徊于东方文明,更不能梦想以农立国了"。科学与工业,一方面"靠教育",一方面"就要集中力量建设工业"。④

他们从近代中国面临的复杂多变的国内外思潮变动的时代背景视角,揭示出中国民族主义缺乏的原因。"中国在没有变为一个自立的现代国家之前,就遇着一个国际思潮非常复杂的时代",特别是"五四以后,正是欧战后欧美思想界最光怪玄虚的时期,中国没有建立起民族的思想,就为许多外来思想所目炫了"。此外,"外来思想之输入,又多经过日本一番经纪,于是中国之所谓新思想也就更其片段了"。不管"我们的缺点之多与遗产之弱如何,今天在思想界应该发扬民族主义"。⑤ "国家民族的观念还太薄弱,这根本原因自在于我们还只是一个半现代的国家。"正因为如此,"我们必须提倡一种绝对的民族主义,奖励为国牺牲,贬斥自私自利"。⑥ 他们高扬民族主义"不是狭隘的爱国主义,而正是广义的中正的爱国主义"。"纯"民族主义是"绝对的彻底的,建设的战斗的,自卫的创造的民族主义","不忍狭隘的爱国主义为民族主义,侵略的民族主义是沙文主义"。

抗战时"要把中国失去了的民族主义,恢复起来"。列强"恐怕我们有这种思想,主张用世界主义来煽惑我们,说民族主义过于狭隘,太不适宜"。中国新青年"主张新文化,反对民族主义,就是被这种道理所诱惑,但这种不是受屈民族所应该讲的"。作为受列强侵略压迫遭受屈辱的民族,"要把我们民族自由平等的地位恢复起来之后,才配得来讲世界主义"。"我们要知道世界主义是什么地方发生出来的呢?是从民族主义发生出来的。我们要发达世界主义,先要民族主义巩固才行。如果民族主义不能巩固,世界主义

---

① 胡秋原:《中国革命根本问题·附录:纯民族主义》,第59页。
② 胡秋原:《战局与欧局》,第34页。
③ 胡秋原:《战局与欧局》,第14页。
④ 胡秋原:《国族至上科工万能》,《祖国》第38期,1940年5月31日。
⑤ 胡秋原:《中国革命根本问题·附录:纯民族主义》,1939年,第60页。
⑥ 胡秋原:《战局与欧局》,第8页。

也就不能发达。"中国人爱好和平,由于"失去了民族主义,所以固有的道德文明,都不能表彰,到现在便退步。至于欧洲人现在所见的世界主义,其实就是有强权无公理的主义"。①

抗战建国是抗日工作的两面:"为抗日而战争,亦为抗日而建国,为建国目的而抗日,而建设亦以抗日为中心。今天的战争是民族主义的战争,今天的建设也是民族主义的建设。""中国民族主义除日寇侵略政策以外,与任何主义不相冲突。没有民族主义也不会有世界主义(国际主义),也不会有自由主义,社会主义。"即便是"世界主义者自由主义者社会主义者也不妨将民族主义看作他们的主义之前提",在抗战建国时所有中华儿女都"应真诚彻底的为民族主义奋斗",因此,"今日思想是最应该而且最能够统一于民族主义的"。② 民族主义是"要实现一个自由独立统一和富强的中国",就是"要实现一个现代化的中国"。③ 面对日寇侵华所造成的日益严重的民族危机,他希望通过激发强烈的民族主义情感,搁置内部矛盾来团结统一,在这种情况下,共同抗日成为民族大义,抗战建国、建设现代化中国成为民族共识和时代最强音。

如何统一民族主义旗帜以建立现代化的中国呢?第一,"以民族国家利益为中心,以民族国家利益高于一切"。第二,"有对民族的信心,对未来光明的信心及对民族国家的责任心"。解除日寇的束缚,中国"能自由独立发挥其人力武力","将为世界上一个最文明而最富强的国家"。第三,"集中民族力量"。第四,"要充实民族力量,要补救自己弱点,要现代化,要科学化。没有现代科学技术武装起来,这民族主义是空洞的"。第五,"要对日抗战到底","民族主义是体,抗日主义是用"。这是"一种绝对的彻底的,建设的战斗的,自卫的创造的民族主义。假如今天思想应该而且能够统一的话,那就是统一于民族主义"。④

他从经济学角度诠释民族主义,"中国民族主义的基本意义就是中国市场归中国。没有中华民族和中国市场的"自由独立和统一","中国便不能富,不能强"。⑤ 民族主义的根本要求是经济工业化和政治民主化,中国革命的目的是把中国"由一个农业国家变为一个工业国家,由一个官僚政治国家变为一个民主政治国家"。唯有"中国市场归中国,才有工业化及民主政

---

① 胡秋原:《兴党与建国》,第66—68页。
② 胡秋原:《兴党与建国》,第69、70页。
③ 胡秋原:《抗战建国之根本问题》,第9页。
④ 胡秋原:《中国革命根本问题·附录:纯民族主义》,第60、61页。
⑤ 胡秋原:《抗战建国之根本问题》,第9页。

治的基础。也才能在这基础上产生真正的民族复兴和文化复兴,建立新的技术,制度,科技与文明"。① "我们的祖宗曾一时使中国为世界最富强最文明的大国,我们也要光复我民族的潜在的伟大创造力。"②

唯有打败日本侵略者,取得抗战胜利,才能打破和收回被列强垄断的市场,为实现工业化和民族复兴奠定基础。"必须中国市场归中国自治,中国才能发展中国的工业;中国工业能自给,能以现代工业武装起来,才能完成中国为一个现代国家的规模,完成中国的民主政治,建立新中国的文明。"中国如"经济上不能独立,便无法免于帝国主义之侵略。列强在远东的斗争,实质上是为中国市场瓜分而斗争,而中国的革命,实质上是为中国市场独立而斗争。中国革命是反帝革命,便由于此"。中国要立足于现代世界,"最低限度要有自己的工业","日寇是中国现代化的死敌,虽然其他列强之压迫,也阻碍了中国之工业化",然而,"中国工业化与其他高度资本主义国家还有合作之必要与可能"。"中国工业自给,即日本资本主义市场之消灭,亦即日本帝国主义之破产。"③

"九一八事变"以来,日本不断加快侵华步伐,"想根本斩断中国独立而工业化以及抵抗的可能",中国革命问题变为抗战建国的民族问题。日寇提出的中日"经济合作就是要剔除中国工业化的可能性,永降中国为农业国,阉割中国民族生机"。因此,"今日我们不仅以抗日为根本国策,而且全国决心抗战到底了。抗日不仅是求生存问题,也是革命问题。不抗日就是寻死,也是反革命"。④ 通过集中民族力量,"提高实现国家独立,并生产力与战斗力,达到世界最进步的水准之政策",同时,"为保障中国独立安全起见,为建设一个和平的东亚,首先消灭日寇"。这是"我们在百年的彷徨探索之中,经过无数的失败和教训,终于达到最后的结论"。⑤

胡秋原通过分析近代中国国情,明确指出通过高扬民族主义,中国社会各阶级应统一于民族主义之下,共同联合起来,为建立现代民族国家而奋斗。中国革命是"全民的革命,即民族的斗争"。⑥ 他"希望劳资双方亲密合作,共同为民族为抗战而增加生产","希望政府保护产业,资本家优待工人,而工人努力生产,三位一体的合作,建立抗战力量之源泉"。⑦ 他认为,为战

---

① 胡秋原:《中国革命根本问题》,第3页。
② 胡秋原:《抗战建国之根本问题》,第9页。
③ 胡秋原:《中国革命根本问题》,第3页。
④ 胡秋原:《中国革命根本问题》,第6、7页。
⑤ 胡秋原:《中西文化与文化复兴》,第185—186页。
⑥ 胡秋原:《中国革命根本问题》,第7页。
⑦ 胡秋原:《战局与欧局》,第9、10页。

胜日寇这个强敌,民族利益高于一切,国共两党的阶级利益要让位于民族利益。

近代以来,中国政治经济文化制度处于衰颓之中,旧秩序正在崩溃,新秩序尚未建立,但民族复兴并非到了绝望之时。通过"政治与教育的鞭策与训练……启发其国家观念与民族责任",在"国家社会环境改造后,形成民族意识之自然的兴起"。真正"能负担民族复兴责任之人"比较少,甚至"连民族中坚份子也麻木起来"了。我们的"小我,常高于民族,大我。我们小集团的利益常急于民族的利益"。我们今天不仅"到了民族生死,国家存亡荣辱的关头",而且"到了民族精神最衰颓的境地,这是多么深刻严重的危机"啊!① 当时,人们对西方有一种低劣感,呈现出"勇于私斗而怯于公战"的态势。"文化界亦多裨贩几个新的名词,而不去作严肃的研究。我们没有资产阶级的古典文明,这是中国思想界之致命伤。"②

在胡秋原看来,"我们只有一种民族感,而无深烈的民族意识"。"随时随地以国家民族利益为中心,而从心所欲不踰(原文如此)民族利益之矩的现代民族意识,一般是并不深切著明的。"即便"在优秀的知识分子中间,也不免一种民族虚无主义",或者因为"误解马克思主义,认为只有阶级而无民族",或者因为"对现状之不满而认为国家对于人民并无好处"。必须"有近代产业技术之基础","有近代国民经济体系之形成,才能构成民族的连带心"。然而,"在现代国家的物质基础还没有建立起来以前,必须国家能有民族政策,保护和调节民族的利益;树立一个民族力量的中心"。"在教育和宣传上,激励民族的战斗精神。""才能集中和发挥我们的抵抗力量,才能完成救国的任务。"③"民族自由是一切中国人一个共同的生存线","今日除抗日外,没有其他问题,除了民族国家利益以外,亦无其他利益"。因此,"今日任何人思想行动,必须是以抗日为本"。④

抗战以来,国人对立国之根本问题,已认识到应自救、应独立、应富强,建设现代民族国家,实现民族复兴,这是近代以来中华民族共同追求的目标。中国民族之自觉在血战中新生,"中国民族之文化,也在抗战中走上复兴之路"。为战胜日寇,就要增强民族自信,不断提升民族自觉意识。第一,要增强"民族的自信心与自尊心"。中国不能受他国的裁判和指导,中国一切的物质精神权利不容他国侵害和干涉,要根据自身利益,决定自己的命

---

① 胡秋原:《道德与科学》,第138—140页。
② 胡秋原:《中国革命根本问题》,第9页。
③ 胡秋原:《中国革命根本问题》,第61、62页。
④ 胡秋原:《中国革命根本问题》,第21页。

运。中国要争取政治经济的独立,树立精神之独立。第二,"民族国家利益高于一切",全体中国民族都应团结在民族主义之下共同奋斗,团结抗战。第三,"要生存,必战斗,而战斗的武器便是工业与科学"。近代以来,中华民族沦落为西方嘲笑的"病夫""睡狮""傀儡",是被"瓜分与共管的阴谋之对象,是被侮辱与被损害之可怜虫"。抗战以来,随着民族自觉意识和民族精神独立意识的增强,在内政外交上,中国有了自己独立的政策,在学术文化上,一扫过去"不如人感"与"追随主义",逐渐能根据自身需要,"重新估定一切价值","重新创造新的文明"。我们今日的任务是"建立独立的民族国家与国民经济",在文化上建立"独立的国民文化"。马克思主义者的"学术中国化"和"民族形式"也是朝着这一方向努力而呈现出来的积极态势,这是民族自信心提高的表现。①

  民族自信心在文化意义上,既是发扬民族文化传统,又是"发挥民族文化固有创造力",不是"自信中国固有文化可以自足",而是"自信中国人民有这种聪明才力,能驾驭和创造现代文明"。全民族抗战爆发后,在血的教训中,我们更深切地认识到,中国失败的主要原因在于工业落后、技术落后,中国还不是现代民族国家,在经济上没有经过工业发达的革命阶段。因此,在政治上需要民族主义的中心力量,领导民族革命与国家建设,完成民族主义的任务。随着民族危机空前加剧,民族主义走向高涨,地方主义、阶级主义和分离主义让位于民族主义,抗日救亡、抗战建国、建设现代民族国家、实现民族复兴成为时代强音。然而,"以国际主义代替民族主义"和"以各党各派之小集团的联盟代替民族之统一"等思想,还不能使整个民族形成一个坚强的战斗体,需要倡导并普及"国家至上民族至上"的精神,②体现现代意义上民族主义的立场及其突出强调国家至上的价值取向。中国尚未实现国家独立民族自由,"此时便不能倚赖国际主义",事实上,"今日世界上也还没有有效的国际主义"。我们首要之事是"实现独立中国,为中国独立斗争,是民族主义,也是国际主义"。唯有实现民族独立,我们才能"更有力的维护国际和平,这是中国对于世界的义务"。

  中华民族在世界文化史上有发言权,"于国家图致富强,于人类促进文明",这样才能保证并增进中国在世界上之地位。③ 中国民族之自觉,不仅是"中国复兴之保证,亦是世界安宁之保障"。"我们今后的任务,便是要弘

---

① 胡秋原:《中西文化与文化复兴》,第 166、168 页。
② 胡秋原:《中西文化与文化复兴》,第 169 页。
③ 胡秋原:《历史哲学概论》,第 124、125 页。

扬民族的战斗精神,清算落伍的意识。""使我们民族的战斗观念,更普及于民间",而且使其与全国民众的行动一致。① 要高扬战斗精神和民族主义,实现抗战建国,使国家富强,人民安居乐业,建设现代民族国家,最终实现民族复兴的目标。

4. 如何创造中国新文明

胡秋原认为:"民族没有复兴,抗战建国没有成功,中国文化自然不能根本复兴。中国如果没有完成一个现代国家,就不能完成自己的文明。"他将文化视为"抗战建国的辅导工具",即便"我们还不能建立我们的现代文化,我们能学习他国的现代文化,运用现代精神与方法,来促进我们现代化的工程"。随着抗战建国事业的进步,我们能够"在客观上逐渐提高我们文化的水准,奠立新文化的基础"。② 我们的"新文明也将是我们精神上的'国货',让腐朽的消灭,而文明买办们破产罢! 在民族工业基础上的文明也是我们自己的新文明"。中国传统文化如不能"用现代技术武装起来",既"不能保障民族的生存和进步",也"不能开发我国家的富源,启发我们固有的智慧和创造力"。我们曾经"对世界文明作过伟大的贡献","做过世界最富强最文明的国家"。中国"一旦民族独立,驾驭现代技术,而由这现代技术而来自现代精神之鼓励,与我们固有的美德与天才结合,将要开如何的美花,如何的硕果?"③他对用现代精神与现代方法来推进中国现代化,建设现代新文明充满信心。

抗日胜利后,中国"将是一自由独立的,民主宪政的,富强工业化的,共和联邦的现代中国"。④ "中国革命的目的,在于建立现代化的中国",抗战"要打破现代化的障碍",建国是"建设现代化的中国之基础"。抗战胜利后建立的新中国,"一定向现代化的路上飞奔,将来中国就是一个现代国家"。在他看来,"现代化不是别的,就是工业化,机械化的意思,就是民族工业化的意思"。⑤ 中国唯有现代化,"才能生存于现代国际环境中,才能洗刷我们的落后和污蔑,浅薄和玄虚"。现代化是"中国自然前途","在现代的基础上,一定有中国的现代文明"。⑥ 我们要"作超人的奋斗,将来就可在世界上造一新社会,世界文化史上开一新时期。过去欧美社会学家无人能预见到

---

① 胡秋原:《中西文化与文化复兴》,第 178 页。
② 胡秋原:《中国文化复兴论》,第 1 页。
③ 胡秋原:《中国文化复兴论》,第 15 页。
④ 胡秋原:《中国革命根本问题》,第 36 页。
⑤ 胡秋原:《中国文化复兴论》,第 14 页。
⑥ 胡秋原:《中国文化复兴论》,第 14 页。

中国将能建设的新社会是如何美丽和合理的"。在这新社会基础上,"中国及东方一切最优秀的文明,和西方最优秀的文明,也将融合而产生一特殊优美壮丽的文明与制度"。这既是"我们对国家的义务",也是"我们对世界的责任"。①

为使中国现代化,"我们必须用现代方法来应付现代世界,我们必须根据现代文明的指示来改造自己"。用适合中国国情的现代办法,"改造国情,使适应现代环境"。② 建立现代民族国家,"不在复祖制而在行新法,不在好高骛远而在以民族为本位,作当前之努力,合理思维,合法行动"。我们要将"古老散漫萎靡贫弱的国家,变为一个现代统一尚武实际富强的国家,首先要用现代办法来改造国家"。③ 在实现现代化的路径上,他既不固守中国传统,又不照抄照搬西方现代化模式,而是主张用现代方法来改造中国,建设现代文明。

中国现代文明既不同于西方文明,也不是苏维埃文明,更不是固守中华传统文明。"所谓现代文明者,在形式上是民族的,在内容上是科学的。现代文化之建立——是自徐光启以至五四运动所追求之目的。民族独立和科学发达之后,我们的文化一定能发挥和继续过去的光荣,建立我们自己的新文明。"这是"由中国所创造,为中国之进步,表现中国之特点之现代文明"。这种"新文明不是过去中国旧文明之复活,没有现代化的武装,没有现代化的血液,中国旧文化不能生存,而且一定腐朽"。这不是"所谓全盘西化或苏维埃式的文明",我们必须将"西式"和"新式"分开。"今日我们有西式东西,即是输入的洋货,但这不是我们自己创造的。"④

新文化运动以来,无论是西方文化,还是苏联文化,抑或是中国本位文化,在中国知识分子中都有其受众。因此,中国思想文化界呈现出多种文化相互交织激荡的态势,既有"神往于苏联的五年计划而自己却轻视生产"的"俄化派",也有崇尚西方文明的"西化派",又有固守中国传统文明的"传统派"或"本位文化派"。我们"今天需要一种新学术运动,这运动在于提高民族主义与科学知识"。"民族主义"也是"国民主义"。民族主义"含有对外保护民主对内保护民权的二重意义","民族主义及科学精神是现代精神之坐标"。⑤ 现

---

① 胡秋原:《中国革命根本问题》,第36页。
② 胡秋原:《中西文化与文化复兴》,第141、142页。
③ 胡秋原:《中西文化与文化复兴》,第144、145页。
④ 胡秋原:《中国文化复兴论》,第14、15页。
⑤ 胡秋原:《中西文化与文化复兴》,第15、11页。

代的"民族主义和民主主义,实以科学及工业为骨干"。① 他主张站在民族主义立场上,运用现代科学精神,对中国传统文明、西方文明和苏俄文明进行全盘审视,进而创造中国新文明。

抗战的胜利、建国的成功,"尚待我们完成,但民族复兴与文化复兴的基础,已因抗战而奠定"。中国民族运动的目的,"是要建立中国统一的民族国家,国民经济和国民文化,并使其内容不低于现代世界上最高水准"。中国被西方压迫百年之久,实现民族复兴,"必须恢复民族自信心","在战争中能除种种不平等条约之束缚","自由中国之自由创造"。因此,"抗战在文化意义上也是精神之大解放运动,恢复中国固有才能智力再造中国新文明的运动"。"中国新文化之完成有待于新的政治经济之确立","亦必以新文化的运动,来促进新中国之建立"。我们对于新文化之建立、新文明之创造,"必须有一种正确的观念,才不至彷徨无主,浪费精力"。②

谈论中国新文化者,常缠夹"复古""西化"之间的主张都不正确。"西化、复古之说,不独在逻辑上为不通之词",根本错误在于"不知创造之义,甘于作古人或外人的奴婢,将自己之成就限于古人或外人已有之成就"。任何民族文化"均有其优良传统,否则该民族必已灭绝"。我们对人类共有财产之优良传统,应"取精用宏,亦无取乎中西之辨","并非杂凑折衷之意,而是加以融洽,并加入新的材料,再加锤炼,铸造出更新的东西。天地之所以贵乎有我辈,不是守成,亦非贩新,而在能对人类文明的宝库加入新的财宝"。还有人"将文化判为精神与物质,或农业与工商,而以为世界将来必为新的精神文明,或新的农业文化"。此错误"在根于对文化之虚浅分析","在对工业之真义缺乏了解"。更大错误"在于将人类文明限于现有水准"。将来领导世界的国家,"一定是在技术上最先进的国家,社会组织最巩固的国家"。而"最能安定世界和平的国家也一定是国力最强大,而眼光最远大的国家"。③

有人以为中国将来的文化"一定是西方社会主义的文化",也有人以为"世界会回到一个新战国时代"。其共同错误"在于对人文进化之认识不足",他们都是"以不完全归纳的历史图式来看中国的将来"。这些"图式的本身,是没有经过充分证明的"。照抄照搬西方社会主义说的"特殊错误在于不知各国有不同的历史条件,有不同的历史问题,世界没有孪生国家,也

---

① 胡秋原:《中西文化与文化复兴》,第 206 页。
② 胡秋原:《中西文化与文化复兴》,第 120 页。
③ 胡秋原:《中西文化与文化复兴》,第 120、121 页。

没有一国会走另一国家道路的"。新战国说的"特殊错误在于不知历史绝非轮回式,纵有曲折,总是逐渐前进的"。"我们的任务,在于创造自己的新文化,走自己的道路。"①

中国革命"要建立以独立的,统一的,现代的民族国家"。② 我们要"依靠全民族的智慧、力量和战斗",走符合中国国情的民族之路,"创造一个独立富强的中国"。③ 中国"有自己独特之路:不是苏维埃,不是法国,也不是欧美的民主政治,而是一个惟有中国特有的民族独立,政治民主与产业民主"。我们"有中国自己的民族之路,即中国的民族的民主之路,不必也不应走非民族之路,非中国的路"。④ 西方"民主国家正以血洗其智力衰退之病",我们学习西方的目的,"不是恢复那旧的业已失去活力的文明而已,而是要创造新的文化"。这新的文化"要能指导我们现在的生活,并能指导我们将来的生活"。将来的文化"固然是综合从来人智之合理发达,然其远景,必能超过前所未知的地平线"。⑤

在胡秋原看来,"我们已在抗战中完成现代中国之骨骼的力量,将来就是丰富其骨肉"。这些基础是将来建设现代民族国家并开创新文明的基点。"一个近代国家立国必要的资本都被日寇抢去了,中国工业化的命脉握在日寇之手了。"抗日胜利以后,"这些近代的工业在政府之手"。他认为,将来"在工业上是重工业国营,轻工业私营"⑥"是国家资本主义","还要看政权在谁之手"。如果"在无产阶级之手,将如苏俄";如果"在资产阶级之手,将如德意"。在一个民主政权之手,那么,就是"世界上最开明最进步的国家资本主义了"。⑦ 在他看来,无论是苏联还是德意,都不是中国的立国之道,我们要走符合中国自身国情的发展道路。

不少人认为抗战胜利后中国会走苏联模式的社会主义,他相信"中国将走而且应走自己的路"。针对有人担心是否会走英美式资本主义,"有无变为私人资本主义之可能"的质疑,他明确否认这种可能性。"发展下去,将是国家资本逐渐吞并私人资本,以至于私人资本之比重日益减小","也可说是社会主义之萌芽"。中国"由抗日战逐渐和平发展到一种合理的生产和分配

---

① 胡秋原:《中西文化与文化复兴》,第 122 页。
② 胡秋原:《中国革命根本问题》,第 27 页。
③ 胡秋原:《中西文化与文化复兴》,第 186 页。
④ 胡秋原:《中国革命根本问题》,第 30、31 页。
⑤ 胡秋原:《中西文化与文化复兴》,第 196 页。
⑥ 胡秋原:《中国革命根本问题》,第 22、23 页。
⑦ 胡秋原:《中国革命根本问题》,第 30 页。

制度的",称为"社会主义亦无不可"。① 他认为经过长期战争,抗战胜利后的中国没有立即走上社会主义的经济基础,而是要通过发展国家资本主义逐渐和平过渡到社会主义。中国既不应走苏联模式的社会主义道路,也不会走英美式的资本主义道路,而应走中国自身的发展道路。中华人民共和国成立后,中共中央实现了对资本主义工商业的社会主义改造,逐渐过渡到社会主义的历史印证了这种主张的合理性。

胡秋原表示无论现在或将来,中国都应当以"美俄为友邦",但"不赞成对于欧美苏俄过于崇拜以至忘记自己"。中国文化界"受俄国影响有时未免过度,固然中俄是患难道义之交,在世界文化史上,苏俄也创造了一个新的典型"。他高度评价"俄国的五年计划也是一种建国运动,建设现代国家的运动"。同时指出,"苏俄二十年间也有许多教训,万不可孔趋亦趋,孔步亦步而忘记自己民族之立场。我反对对苏俄的恶意成见,但假如有人以苏俄就是人类社会之目标,也是不正确的观察"。我们将来建国,"有我们的特殊之点,不必也不能仿效苏俄。而我深信,我们也能有更伟大更适合我国国情之建国规模。我欣赏苏俄之奋斗与建设之成绩,而更愿中俄两大国家能亲密合作,然我更深信我惟一最关心之祖国,还有更美满之前途"。因此,"无论在中国,在世界,民主主义的前途是光明的。我们不会有左右极端,也不要这些东西。中国在将来工业化及民主政治的基础上,也有一新的文化,新的制度之建立,而在世界放空前之异彩"。② 在探索建设新中国和创造新文明上,他始终站在民族主义立场上,反对左右两个极端,希望在建设中国工业化和实行民主政治的基础上,创造新文化、新制度,构建中华新文明,在人类文明史上大放异彩。

我们要创造中国现代文明,树立自信精神,学习古今经验,进行理性思考。"商量旧学,涵养新知。"前者是"我们正确的出发点的优良的遗产",立足民族文化立场,优秀传统文化是中华民族的"根"和"魂",创造新文化不能割裂和背离民族文化,否则就会变成无源之水、无本之木。后者是"西方超过我们固有文明之处"。学习借鉴西方文明,了解"自由理性精神是一切文化的生命,尤其是西方文化所以能特别盛大的根源"。

徐光启指出:"欲求超越,必须会通,会通之前,先须翻译。"我们"先有超越之志,所得或仅与人相等;倘仅以追随为能事,则终古无自立之期亦"。在胡秋原看来,无论是亦步亦趋地追随西方,还是照抄照搬苏联经验,抑或

---

① 胡秋原:《中国革命根本问题》,第 24 页。
② 胡秋原:《中国革命根本问题》,第 32、33 页。

是固守传统文化,都不是创造我们自己新文化的路径,更不能创造现代新文明,立国于现代世界。纵观人类社会发展史,无论是中国还是西方,要想取得文化进步,离不开"政治上的和平与开明",为经济繁荣、工业发展、民主政治提供根本的政治保障。因此,"以自由思想和理性精神学习古今经验,建设我们的民主和工业,这是建国任务,也是创造文明的道路。建立现代国家和创造现代文明是一件事,而对于西方文化态度,也就在此解决了"。①

胡秋原认为西化派、俄化派和传统派,都未认清中国文化危机的根源,西化派和传统派"抱残守缺",俄化派从马列主义寻求思想资源,三者都未对中外文化的兴衰成败进行全盘审视,更多的是在"维持现状"和"外化或同化于他人"之间做出选择。这些都是门户主义之见,缺乏对中西文化兴衰成败的历史和世界变局的整体性研究,更多的是盲从之道,不能为解决中国面临的"二重文化危机"和中国向何处去的问题提供有效方案。中国既不能"外化",也不能"异化",必须探求中国自身的立国之道。实际上,胡秋原已初步提出"超越西化、超越俄化、超越传统而前进",为后来正式提出"超越前进论"奠定了基础。王亚南批评学界存在的门户主义成见,认为启蒙运动带来了学习上的"百科全书主义的倾向",使学术界"对新文化新知识的吸收是多方面的,是探索的,是尝试性的"。他批评那种"把自己局限在不能专精的小天地之中,那就是'作茧自缚'"。"与百科全书精神相关联的,必然是自由的气质,关门主义是百科全书性研究所最嫌忌的。狭隘的宗派的超时代的绝对标准,在研究领域内,一直是应当排斥的。""我们的启蒙阶段,似还不会完全过去,而我们的百科全书精神,我们的自由气质,却似太早熟的收敛了。用门户之见,代替研究,成了一种时尚。"②他们主张从学术文化上树立独立精神,摆脱门户主义的束缚,会通中西俄三种文明,超越前进,走中国自身的历史发展道路。

胡秋原对各派探索解决近代中国危机的努力及救国之心和爱国热情表示理解与同情。他认为近代中国的失败,是由于"缺乏独立精神,对世界学术,世界形势缺乏真知,因而对立国之道不内行之结果",因此"中国问题归结于创造和发展中国文化问题",要"由精神独立始,学术独立终"。精神独立是指在思想上从传统派、西化派、俄化派中解放出来,在外交上从闭关锁国、崇洋媚外中解放出来。学术独立即"求中国人之知识技术、工业不逊于

---

① 胡秋原:《论中西文化与创造中国新文化》,《读书杂志》第1卷第11期,1945年12月。
② 王亚南:《记得我在大学的时候》,《公余生活》第3卷第4、5期合刊,1945年8月。

人,乃至有胜于人。为了保存国力之团结,应该在政治上实行民主"。① 他虽批判西化派、俄化派和传统派,但并非否定中国传统文化、现代西化文化和马克思主义,而是学习借鉴三种优秀文化,进而创造中国新文化。他既对中国传统文化充满温情和敬意,又立足传统文化来创造中国民族新文化,呼吁学习现代西方文化之长,建设中国现代文化。他高度评价马克思主义和社会主义,提出的中国社会发展前途是社会主义。超越前进是立足学问,超越民族、阶级、党派和意识形态的偏见,打破门户主义之见,摆脱左右各种纷争,探索解决中国问题的正确道路,独立创造中国新文明,使人类文明走向更高级的发展之路,到达人类普遍自由平等、和平统一之路。

胡秋原从大历史视角出发,在对中西"二重文化危机"进行剖析和批判的基础上,提出未来新文明的特点。第一,"将来文化之出发点,是正义,是公道。反乎公道和正义,不独祸及社会安全,而且灾及文化本身"。所有思想技术必须"结束帝国主义及各种寡头制度,裨益于国际及社会正义之树立,才能有保障人类文明新生之可能"。第二,"未来文明一定有一种平衡综合的发展"。过去哲学进步缓慢,是由于"思想家缺乏深思的勇气与能力,批评谴责其赖以生存之社会的种种成见,不得不甘于糊涂"。在正义基础之上,以各种科学知识为依据,"勇敢的研究现代各种问题,必能树立真正新时代之哲学,指导人类生活,并促进各种科学之进步,使人类之技术及社会制度,相偕并进于无疆"。第三,"未来文明在内容上一定是科学精神之高扬,自由与理性是科学之灵魂"。一旦"自由与理性之权威确立,科学必能有更意想不到的成就"。第四,"未来文明在形式上是一种国际的文明"。一方面,"各民族各国家均得自由利用现代方法与技术在其固有之基础上,完成其合理发展";另一方面,"各民族各国家之过去及将来之文化成就,亦必成为全人类之共同财产"。要紧的是,"将来世界必立于公道之上。唯有公道,才能保永久和平。使人类而无战争,以扩军费用来发展教育增进福利,并以费于战争之精力从事克服天然消灭疾病与贫穷。人类文明的发展,还可限量吗?"②

胡秋原深信中国学界肩负着创造中国新文明的民族使命,承担着构建未来文明的历史使命。既要"提高自信心",又要学习借鉴"西方文化之长"。新文明"必建立于公道之上,亦即人道之上"。"凡是研究学问的人,要知道一个民族历史的使命。"其意义在于:其一,"我们将整个人类文化史

---

① 胡秋原:《一百三十年来中国思想史纲》,第219—220页。
② 胡秋原:《中西文化与文化复兴》,第196、197页。

放于心中,当一种文明形态到了某一阶段遇着故障之时,必须开创一条新路"。其二,"再次开创之际,历史上常有某一民族作开路先锋,而一个民族亦必对于世界文运成继往开来之功,才能在世界史上有其地位"。这一历史使命"已经轮到中国了,这就要中国学界有负荷的自觉,决心和气力——而这也就是说,我们的伟大不仅在过去,光荣不是在现在,壮丽确实在将来"。①

在比较研究中西文化的基础上,胡秋原思考近代中国危机,从文化层面对中国学界的各种学派进行综合分析考察。其宗旨是冲破百年以来各执一端的门户主义,构建新理论以解决中国向何处去的问题,创造新文明。在当时中国复杂的现代化转型和日益凸显的社会危机的背景下,这种"超越前进论"对破除门户之见,超越非左即右的思想纷争提供了有益启示。"读书杂志派"始终坚守民族主义立场,这种"超越"含有超越政治立场和意识形态,民族国家利益高于党派利益之意。

胡秋原从学术独立层面上提出会通中西俄三种文明超越前进的主张,尽管存在值得商榷之处,但其扬弃传统派、西化派、俄化派的主张而提出的超越前进的方向是正确的,在理论上把文化研究推向了更高层次。有学者评价道:"胡先生能够从传统与西化的百年门户之争中超脱出来并认识到这种门户之争的严重危害,是他的识见过人处。他对中国文化发展方向的一些构想以及对西方文化的评价态度,反映了他在此类问题上的理智和冷静。"②胡秋原从比较文化的视角提出会通中西俄文化,超越前进,创造新文明的主张,启示后人要以开放的心胸,通过深入的学理来探讨中国文化和中西文明问题。

二、"读书杂志派"民族主义思想评价

在人类文明的历史长河中,中华文明长期走在世界前列,在世界秩序中,拥有"万国衣冠拜冕琉"的"天朝的荣光",成为世界文明中心之一。自鸦片战争以来,在西方列强的侵略下,中国由"天朝上国"被动地卷入西方资本主义殖民地的体系之中。面对鸦片战争引起的中国社会的急剧变化和严重的民族危机,遭遇"三千年未有之大变局",中华文明单一线性的历史发展逻辑被打破,不得不经历剧烈变革的阵痛。面对呈现勃勃生机的西方工业文明,古老的中华农业文明在立国之道上似乎已日暮穷途,难以承担挽救民

---

① 胡秋原:《中西文化与文化复兴》,第199、201、202页。
② 崔卫东:《六十年代台湾中西文化论战述评》,《清华大学学报》(哲学社会科学版)1989年第3、4期。

族危亡的重任。正是这种中国文化的弱势地位催生出文化民族主义的心态,这与中华文明传统天下主义的心态形成矛盾,滋生出或崇洋媚外,或故步自封的心态。在西方强势文化的进攻下,中国传统文化显得力不从心,不得不步步退却,经过华夷、体用的辩论并对西方文化的进攻抵抗后,不得不承认中国落后于西方的现实。西方列强侵略瓜分中国领土、奴役中国人民的强盗行径,使中国人感受到民族国家认同危机。"近代中国民族主义是一种被逼出来的自尊、自强和救亡图存思想。它是在中国传统农业文明对西方资本主义工业文明的巨大劣势下显现出来的。"①西方工业文明成为中国近代民族主义者的价值追求。在传统天下秩序的映照下,近代中国落后挨打的屈辱形成巨大的民族心理落差,引发近代中国的民族主义思潮。

为寻求富强,挽救民族危机和文化危机,中国"开眼看世界"的开明人士重新审视民族文化的地位和出路,开始学习西方的先进思想,特别是凝聚起近代中国有价值共识的民族主义,使其成为19世纪末20世纪初在中华大地上广为传播的共同话语。民族主义意识不断觉醒、发展、壮大、高涨,成为中国人民反抗西方列强的精神武器,重视文化复兴和民族复兴成为各派知识分子探索中国出路的共识。"近代中国被西潮入侵,屡战屡败,创巨痛深,朝野震动,于是接受以强弱定文野的观念,自认野蛮,由原处'天下'之中而退居'世界'的边缘。""今日'我国在世界上现居何等位置',将来如何'顺应之以谋决胜于外竞之道',是每一个国民应当关注和思考的一个基本问题。""近代中国的走向世界,其目的当然是国家民族的复兴。"②

近代以来,中华民族最大的梦想在于建设新国家、新社会,实现中华民族伟大复兴,这是中国人民矢志不渝的理想追求,但"民族复兴"思潮经历了19世纪末20世纪初的萌发,到五四新文化运动时期的发展,再到1931年"九一八事变"之后高涨的历史进程。随着日本侵华步伐的加快,中国陷入空前严重的民族危机,中国人民尤其是知识分子不断强化对国家主权丧失、领土完整分割和民族危亡的危机感,对内建设现代民族国家和对外维持国家独立的紧迫感,巨大的国耻"成为了对中国社会的广大民众进行民族主义思想和体验之教育的最好教员",③不断激发国人的民族认同感和责任感,

---

① Laitinen Kauko, *Chinese Nationalism in the Late Qing Dynasty: Zhang Binglin as an Anti-Manchu Propagandist*, London: Curzon Press, 1990, p.43.
② 罗志田:《国家目标的外倾——近代民族复兴思潮的一个背景》,《近代史研究》2014年第4期。
③ 王柯:《中国民族主义的形成与近代中日关系》,《文化纵横》2014年第3期。

民族复兴思潮由此蓬勃兴起。① 1937年"七七事变"发生时,"中华民族到了最危险的时候",亡国灭种的现实危险使抗日呼声一浪高过一浪。在民族存亡之际,民族复兴思潮成为时代强音。"中华民族空前觉醒,民族复兴思潮持续发展并不断深化、不断高涨,成为支持全民族抗战的强大精神力量。"② 面对日寇的疯狂侵略,中国人民表现出"必死的民族抵抗"。

在民族复兴思潮和民族主义高涨成为时代强音的背景下,"谁占据了民族主义的制高点,谁就占据了民族的制高点"。③ 在民族大义面前,各党派摒弃前嫌,各族人民共同抗日、并肩作战,结成最广泛的抗日民族统一战线。面对空前严重的民族危机,为提升民族凝聚力和向心力,在民族主义旗帜下团结战斗,实现民族复兴,各派知识分子都深切感受到建立一个统一强大的现代民族国家的迫切需要。这就需要树立民族精神,需要民族文化作为支撑。由于新文化运动对传统文化的冲击,占主导地位的儒家文化受到西方文化的严重挑战而日渐式微。伴随着欧风美雨席卷中国思想文化界,西风压倒东风,西方的各种社会思潮、学说和知识在中国迅速传播开来,逐渐占据主导地位,构成现代社会的多元文化,但在共同体底线和政治观念问题上缺乏价值共识,文化多元的"无序"意味着中国陷入文化危机之中,如何重建文化以复兴民族是亟待解决的重大时代课题。有论者评价道:"在近代中国,文化危机是更为深刻的民族危机,国人亟亟谋文化重建,以复兴民族;近代志士仁人之文化忧思,志在谋复兴民族之道。"④

在"民族复兴"话语下,思想理论界就如何挽救民族危机、中国应走向何方、如何以文化复兴来实现民族复兴等问题进行激烈讨论。是本位文化还是全盘西化,是民主政治还是独裁政治,是计划经济还是自由经济,是以农立国还是以工立国,是社会主义还是资本主义,这些都是讨论的话题。当时的思想理论界既"讨论了如何将中国从一个传统的没有王朝的'王朝国家'建设成为一个近代的'民族国家'",又"讨论了未来建成的'新中国'究竟是一个什么样的性质的国家的问题"。⑤ 从文化上探讨民族复兴问题的文化民族主义是民族复兴思潮的重要表现之一,其实质是以复兴民族文化来实现民族复兴。

---

① 郑大华:《中国近代民族复兴思潮研究》上册,中国社会科学出版社,2017年,第31页。
② 俞祖华:《近代中日关系与中华民族复兴观念及历程》,《河北学刊》2014年第2期。
③ 许纪霖:《共和爱国主义与文化民族主义——现代中国两种民族国家认同观》,《华东师范大学学报》2006年第4期。
④ 郑师渠:《近代的文化危机、文化重建与民族复兴》,《近代史研究》2014年第4期。
⑤ 郑大华:《"民族复兴"话语下"抗战建国"的讨论》,《中国文化研究》2017年第1期。

在高扬阶级斗争和党派意识的思想语境下,西方各种思潮和从苏联传播到中国的马列主义成为中国思想界的主流思潮,"读书杂志派"坚守中道、理性立场,高举文化民族主义大旗,寻求民族复兴与国家富强的思想理念和政治诉求,提出抗战胜利后建设的新中国是经济工业化、政治民主化、独立自由的现代宪政国家。即在经济上,发展民族资本使中国工业化;在文化上,创造形式上是民族的,内容上是科学的新民族文化;在政治上,建设民主政治的现代宪政国家;在外交上,建设民族独立、主权统一的新中国。这是一种超越左右两翼意识形态的束缚,立足学术文化的视角,客观理性地站在中间立场来探索建立现代民族国家的一种努力。"读书杂志派"将建立现代民族国家置于追求经济工业化、政治民主化的目标之下加以理解,通过发扬民族精神,创造民族新文化,动员和整合民族力量,来实现现代民族国家建设目标。尽管他们认识到抗战时没有实现民主政治的条件,但也要努力争取为实现民主政治创造条件,奠定基础。他们并未意识到在缺乏民主政治传统与法治程序的中国,政治集团为利益驱使而走向集权的观念根深蒂固,集权体制如何顺利转向民主政治体制,既是一个需要从学术理论上进行深入探讨,提供理论方案的问题,又是一个极为复杂的政治实践问题。他们的主张符合时代发展潮流,但得不到现实的回应。

"读书杂志派"既不认同西化派,即将民族文化视为实现现代民主政治的障碍,激烈地反传统,主张彻底肃清传统文化遗毒,割裂历史,全盘西化,走向文化激进主义,进而将西方文化视为中国文化的本体、未来核心文化;也不赞同俄化派,即将苏俄文化视为未来中国文化的样板;更不同意保守派把中国传统文化视为立国之道的思想。他们认为西化派和俄化派的主张将中国本身忘掉了,失去了文化主体和民族国家本位,而传统派是固守中国文化本位,拒绝接受西方文明。创造民族新文化,既不能总是将眼光转向西化或俄化,忽略中国自身文化传统的主体性,也不能回归传统,固守中国传统本位文化,故步自封。"读书杂志派"试图通过重整"文化河山"来摆脱"文化殖民",以民族文化复兴为核心,举起一面文化民族主义旗帜,在全球化时代进行"价值竞逐"。他们关心的是如何建立起民族自信和文化自信,思考重心最终落在民族文化本位和创建民族新文化上,民族主义表现出强烈的文化民族主义色彩。美国著名学者艾恺认为文化民族主义是一种文化危机的产物,"它意表了在外来文化重大影响下,一种'自我认同'的急迫追寻"。①

---

① [美]艾恺:《世界范围内的反现代化思潮——论文化守成主义》,贵州人民出版社,1991年,第23页。

在新文化运动沐浴下成长起来的"读书杂志派",深受近代西方以自由、平等、民主、科学为核心观念的文化精神的影响,尤其是胡秋原、王礼锡等人思想底色上是自由主义,虽然高扬文化民族主义,但并未在价值层次上彻底放弃自由主义。他们主张立足中国文化,创造民族新文化,创造新文明的思想,不仅没有激进民族主义的盲目排外与文化保守,反而强调以开放的心胸不断吸收和借鉴西方现代文明,发展自己的文明,通过民族革命求得民族独立,在自由主义的理念下迅速前进,走上经济工业化、政治民主化的坦途,进而创造中国现代文明。他们与不少知识分子共同倡导"民族至上""国家至上",发扬民族精神,唤起民族意识,提高民族自信,谋求民族独立,目的在于重建民族文化,使历经历史大浪淘沙的中华文明能够"摆脱了一切'颓萎'色彩而卷土重来再创出一个壮盛的、活泼的、更丰富的体系",①创造中国新文明。

近代中国民族主义是在国家面临生死存亡的危急关头产生发展起来的,为捍卫国家主权独立和领土完整,中华民族自强不息,团结统一,共同抗战,民族至上、国家至上的民族主义是中华民族的整体诉求。"读书杂志派"力主民族至上、国家至上的理念,体现了具有现代意义的民族主义的立场,他们突出强调国家至上的价值取向,既与国民党执政当局的文化形态接轨,又是近代中国解决"二重文化危机"的现实需要,更与中共抗战时的文化观有异曲同工之妙。中共根据抗战建国的需要,针对重新审视和重构传统文化的价值,援引优秀传统文化资源,为增强民族凝聚力和抗战建国提供精神动力,发展、提高和升华民族精神,动员全民族团结抗战,体现出民族意识和国家意识的高度一致。

胡秋原、王礼锡等人主张"民族至上""国家至上",是源于日益严峻的民族危机的现实需要,但与其坚守的自由民主的价值如何共处而不发生冲突呢?个人主义与民族主义在理念上可以携手共进,但在现实中有很大反差,过于理想化。那么,民主政治与传统文化如何接轨呢?答案就是将自由民主视为传统文化固有价值,从传统文化中寻找资源。传统文化中虽然有丰富的民本思想,但与西方自由民主的价值不可同日而语。由此可见,他们并非摆脱了中国文化的自我优越感。他们既要追求民族独立、融合近代西方文化精神,以重建民族文化的价值,又要在救亡图存、抗战建国、实现民族复兴、建设新文明中放弃个人自由。这种两难的尴尬处境正是近代中国文化民族主义思潮的重要特征之一。他们的文化民族主义思想"掺杂了民族主义和重估传统文化的自由主义","将自由主义、民族主义……融于一炉而

---

① 林同济:《形态历史观》,《大公报·战国副刊》(重庆)1941年12月3日。

不致彼此冲突、抵消并非易事,民族主义的主张有可能局限自由主义思想伸展的可能性"。① 他们从政治到文化再深化到学术层面,构成逐步追问"中国向何处去"的民族主义思想历程。在政治上,国家至上论聚焦于国家利益会走向国家主义,从而必然会遮蔽自由民主。在文化上破坏多而建设少,未能提供操作性强的文化建设方案,如何确立文化前进的方向性呢? 在学术上注重知识分子的作用,忽视社会力量在建设现代民族国家的意义,带有唯智论的色彩。② 这些都使其民族主义思想带有明显的时代局限性,他们对"中间道路"的探索走向失败,具有历史必然性。

在如何创造民族新文化上,"读书杂志派"实际上呼吁走融会创新路径,"必须一方面吸收输入外来之学说,一方面不忘本来民族之地位"。③ 他们将会通中西,"沟通东西学术",超越前进,创造中国新文明,走中国自身的历史发展道路,视为肩负"一代文化所托命"的历史使命。④ 这种良苦用心值得赞赏和敬佩。"读书杂志派"从比较中西文化的视角,提出会通中西,超越西化、超越俄化、超越传统而前进,创造中华新文明的思想,启发我们要树立全球视野,以更加开放的胸襟来探讨中西文化问题。他们认为,必须基于科学态度与客观认识的方法进行立体化审视和深入分析中西文化问题,"既不存心呵护,也不故意曲解"。⑤ 这为当代中国探讨中西文化问题,建设社会主义文化强国,提升国家文化软实力,创造中华新文明提供了有益的启示。我们需要立足中国,放眼全球,站在人类文明发展史的高度上,从宽广的世界学术思想视野全面审视中国文化,既摆脱"廉价的论争方式",又突破"传统与西化"的固有框架,将中国文化和中华文明置于世界文化史和人类文明史变迁与相互交流激荡的背景中,避免情绪化色彩。中国既不能"外化",也不能"异化";既不是"传统的",也不是"俄化的",更不是"西化的",而是具有独创性的,是对传统、"俄化"、"西化"的扬弃、突破和超越,我们要立足中国主体本位,只有适合中国国情,顺应时代发展潮流,才能开创出一条中国式现代化新路,建设现代化强国,实现民族复兴,建设中华民族现代文明为人类社会提供中国新文明。

---

① 肖宝凤:《自由之轭:从胡秋原参与的两次论战说起》,《汕头大学学报》(人文社科版) 2009 年第 1 期。
② 何卓恩:《胡秋原民族主义论的三个面相及其评析》,《江苏社会科学》2010 年第 6 期。
③ 陈寅恪:《冯友兰〈中国哲学史〉下册审查报告》,《金明馆丛稿二编》,生活·读书·新知三联书店,2001 年,第 284—285 页。
④ 陈寅恪:《大乘稻芊经随听疏跋》,《金明馆丛稿二编》,第 255 页。
⑤ 韦政通:《巨变与传统》,杨国枢、金神宝主编:《现代化与民族主义》,中国论坛社,1980 年,第 56 页。

第二节 "读书杂志派"民族主义思想的当代价值

在思考抗战建国问题时,胡秋原认为"抗战建国始终是复兴中国文化问题,系统研究中国文化、思想的起源、发展和兴衰的演变过程,是复兴中国文化的基础"。因此,"新文化建设问题,是新中国建设的理论依据"。① 新中国是独立自由、政治民主化、经济工业化的国家。"读书杂志派"的文化观与中国马克思主义者有某些共识,新中国文化的终极目标是推动中国建设以工业化为基础的现代文明。这种文明既不是"旧文明之复活",也不是所谓"全盘西化"或"苏维埃式的文明",而是"由中国所创造,为中国之进步,表现中国之特点的现代文明";"形式上是民族的,内容上是科学的"。② "西方的物质文明二千年前就已经伏下了种子,民主政治也早已结胎,不是一日可几;至于我们东方自有我们东方的生活态度,文明趋向,不能随便跟着别人跑。"③他们实际上提出的是"超越传统、超越西化、超越俄化而前进",走中国自己的发展道路的思想。

他们提出以文化复兴来实现民族复兴,构建中华新文明。"中国近百年的危机,根本上是文化的危机。""民族复兴本质上应该是民族文化的复兴。"④实现民族复兴就要立足国情,复兴民族文化。近代以来,救亡图存迫在眉睫,在强势的西方文化的步步紧逼下,中国传统文化始终未能进行充分调适,更遑论文化复兴。中国知识分子对西方文化和苏俄文化未能客观理性地审视,亦步亦趋地成为学习者、追随者和模仿者,欧美的各种现代思想文化和意识形态呈现出你方唱罢我登场的态势,以中国为试验场,不断撕裂中国社会,否定中华传统文化的价值。思想理论界呈现出要么全盘西化,迷恋西方文明,要么"一面倒"地向往苏俄革命文化,痴迷苏俄文明;要么是固守传统,陷入盲目排外或全盘否定的陷阱。对中国传统文化则未能进行全面深刻的检讨,呈现出固守传统的保守主义倾向,不知从价值上回归传统以重塑中华文明,以至于一再错失民族文化复兴的时机。

近代以来,在思想文化界的西方文化优于中国文化论调一度喧嚣尘上,对中国文化束之高阁与对西方文化顶礼膜拜形成鲜明的对比,中国艰难曲

---

① 霍贺:《追寻"自由人"的思想历程——胡秋原思想再评价》,《学术月刊》2014年第5期。
② 胡秋原:《中西文化与文化复兴》,第57—58页。
③ 王礼锡:《王礼锡诗文集》,第175页。
④ 贺麟:《文化与人生》,商务印书馆,2015年,第5页。

折的发展史就是最好的注脚。无论是全盘西化还是全盘俄化,不仅是"以洋为尊""以洋为美""唯洋是从",而且忽视了中国历史文化传统,不加分析地照抄照搬导致"食洋不化",误入歧途,这正是20世纪以来中国思想文化界偏向的体现。"若昧失了中国历史文化之固有特性而仅就世界形势来求中国问题之解答,则不仅会阻碍中国之前进,而且将更添世界之纠纷。"① 文化复兴是要使中国文化走向现代化,既要立足历史文化,又要不断与时俱进,既不是抱残守缺的因袭,也不是生吞活剥的模仿,更不是中体西用的折衷,而是要坚持民族文化的主体创造性,顺应时代发展潮流,创造民族新文化。

"读书杂志派"的文化民族主义不是文化保守主义,抗战建国的诉求是要实现经济工业化、政治民主化,建设现代民族国家,实现民族复兴,创造中华新文明。实现这些目标需要立足中国历史文化传统,借鉴吸收西方文化,这样才能挽救中国文化危机和民族危机。他们认识到需要肩负起复兴文化的历史使命,推动传统文化与时俱进,以新的民族精神推进民族复兴大业。他们认为中国要实现现代化,建设现代民族国家,创造民族新文化,就要立足民族文化,对传统文化心存敬意,反对全盘否定传统文化,也反对固守传统文化的文化复古主义。同时,他们又看到中国文化落后于西方文化的现实,主张面向世界,胸怀天下,吸收世界现代文明。其视野是宽广的、深远的,其立场是民族的、现代的。他们站在以民族认同、复兴文化来复兴民族的立场上,思考民族命运和国家前途,值得尊敬和理解。他们为民族文化争取世界文化的地位,为创造中华新文明和争取世界文明的良苦用心,值得赞赏、令人敬佩。

"读书杂志派"所坚守的文化民族主义思想,实质上是在坚持中国文化本土价值的基础上,坚守文化自信,在传统文化、西方文化和苏俄文化之上探索出一种适合中国发展的现代化民族强国之路。他们对三种文化进行理性思考和学理批判。尽管他们的思想底色是自由主义,但对传统文化始终怀有温情和敬意,重新思考和全面审视传统文化的价值。他们希望构建以本土价值为认同的文化共同体,且超越西方文化和苏俄文化,重构民族文化,建立认同民族文化的民族共同体,将个人自由置于民族文化之中加以理解,力图构建一个以个人自由精神为基础的民族文化,即对传统文化的返本开新,而这正是其文化民族主义思想的核心所在,也是他们为解决社会政治秩序,探索中国出路开出的一剂药方。他们高扬民族主义旗帜,在抗战救亡、维护国家利益、探索建设现代民族国家、实现民族复兴等方面,与中共异

---

① 钱穆:《研究所计划纲要》,《新亚遗铎》,生活·读书·新知三联书店,2004年,第64页。

曲同工、殊途同归,共同构成当时普遍追求民族独立思潮的民族主义共同体。他们秉持这种超越左右激进意识形态的中道、理性的立场,以及文化民族主义思想,为当代中国建设文化强国,提升国家文化软实力提供了有益启示,以及可资借鉴的思想资源。从提升国家文化软实力的视角来审视,在国际竞争日益激烈的当下,文化价值和文化软实力能够超越经济军事等方面的硬实力,具有不可替代的精神魅力和穿透力。

20世纪90年代以来,知识分子从苏东剧变中看到社会停滞或不变革会导致社会解体,民族主义成为化解危机的锐利武器。有论者评价道:"经济的迅速成长,不仅使西方由一个令人羡慕的模仿者变成一个现实的竞争者,而且,随着经济的迅速增长,由屈辱的历史和长期贫困所窒息的民族自尊和自信心也迅速复苏。然而值得注意的是,在这样的条件下复苏的不仅仅是民族的自信和自尊,在一部分人那里转变为一种膨胀心理。这就为民族主义注入了一种更为深厚的社会基础。"①

改革开放以来,中国经济实力已发展到稳居世界第二大经济体,为5 000多年中华文明古国的重新崛起奠定了坚实的物质基础,制造出前所未有的历史契机,标志着中国经过一百多年的挣扎,终于找到通往工业化和现代化的转型之路,昏睡百年的"睡狮"终于醒来,步入一个文明型国家的"超大型崛起"。民族复兴进入了不可逆转的历史进程中,中国日益走近世界舞台中央,极大地增强了民族自尊心、民族自信心和民族自豪感,希望一举扫除近代以来的百年耻辱和民族悲情,屹立于世界民族之林,赢得世界各国的尊重,实现民族复兴,成为让世界敬仰的文明强国。

近年来,民族主义和民粹主义思潮在全球泛滥,喧嚣尘上。民族主义是世界上最能激发民族激情、最强有力的意识形态,被英国著名历史学家汤因比视为"17世纪宗教衰落以来在西方盛行的三种世俗宗教之一"。② 民族主义是一把双刃剑,理性和非理性交织在一起。在近代中国反抗外来侵略的进程中,民族主义能够凝聚民心、团结民众、共同抗击敌人,但在和平年代可能会变成威胁社会稳定、损害国家利益的因子。在经济全球化、贸易一体化背景下,人类生活在共同的地球村家园中,各民族日益发展成为你中有我、我中有你的命运共同体,国际合作成为时代发展潮流,如果把民族主义视为国家发展最高的唯一价值,无疑是回到自我封闭的孤岛,从国际社会中独立

---

① 孙立平:《汇入世界主流文明》,李世涛主编:《知识分子立场——民族主义与转型期中国的命运》,时代文艺出版社,2000年,第375—376页。
② [英]汤因比、[日]池田大作著,荀春生、朱继征、陈国梁译:《展望21世纪:汤因比与池田大作对话录》,国际文化出版公司,1999年,第358页。

出去。因此,应树立理性的民族主义,控制非理性的民族主义,防止越过合理界限,特别要警惕走向极端民族主义,强化文化认同、国家认同和对人类命运共同体的认同。

在中华民族伟大复兴战略全局和世界百年未有之大变局相互交织的时代背景下,无论国际局势如何风云变幻,我们要始终保持战略定力,积极融入人类现代文明的世界之中,坚决反对和摒弃非理性的民族主义叫嚣,避免在逆全球化思潮和非理性民族主义的迷思中陷入新冷战的"修昔底德"陷阱。随着中国经济实力和综合国力的不断提升,中华民族站在了文化复兴的转折点上。在文化复兴中,中国民族主义的传承有其自身独特而又深厚的文化底蕴,需要构建更温和、中道、理性,更具宽容心态的民族主义。创造新的民族文化既是民族的、世界的,我们可以此来实现中华文明复兴,进而建构各民族命运与共的新文明形态。

在全球化浪潮的时代背景下,尽管进入地球村时代,但作为传承5 000多年的中华民族优秀文化,既不能被外来文化特别是西方文化"同化",也不能被"异化",而是要发扬民族精神,坚定文化自信。在激烈的国际竞争中,文化自信为民族复兴提供了最根本、最深厚的力量支撑。文化民族主义对传承中华文化,培养民族新精神,凝聚民族文化认同,提高国家文化软实力,提高中华文化的国际传播力和国际影响力,以及实现民族复兴,走近世界舞台中央具有无可替代的作用。在以中国式现代化全面推进中华民族伟大复兴的历史进程中,坚持民族文化的价值,不仅是建立在历史自信和文化自信的基础上,而且更重要的是对西方现代化本身的理性思考,及其负面效应的全盘审视。针对西方现代化暴露出来的各种弊端,中国通过深刻总结经验教训,立足民族文化和中国国情进行批判,批判并非决绝地否定西方现代文明,而是在综合分析的基础上,探索更加符合中国自身发展道路的现代化,旨在创造超越西方文明并为人类文明做出贡献的中华新文明。我们要构建现代性的民族主义,就要立足中国,放眼世界,置身于全球性现代化的时代大背景中。历史和现实已充分证明,将以西方文化为标准的现代化视为通往现代化的"华山一条路",必将会导致多姿多彩的世界历史文化的多元格局的终结,任何一个具有悠久辉煌的历史文化的民族都应理直气壮地拒绝这种灾难性的后果。作为人类文明史上唯一从未中断,延绵5 000多年且独树一帜的中华文明,我们要建设的现代化是中国式现代化,打破西方对现代化的垄断权,创造人类文明新形态。

随着中国社会转型和全面深化改革的深入推进,各种思想文化相互交织激荡,文化多元化、价值多元化和不同社会思潮,通过网络等新媒体的便捷平台,相继发声,在舆论场域形成"乱花渐欲迷人眼"的景观,在纷繁复杂的海量信息和众多喧闹的声音中,如何保持理性和清醒,以抵制各种极端民族主义、民粹主义和历史虚无主义,不陷入困境之中呢?"读书杂志派"比较中西文化超越前进的思想,为我们提供了有益的借鉴启示和新的思考维度。现代文化民族主义运用"和合"思想对传统文化、马克思主义和自由主义三种思想文化进行文化重组,立足中国优秀传统文化,借鉴并吸收西方现代文明,且与中国文化深度融合,进而超越前进,创造中国新文明。文化民族主义为实现其融合提供了可能,进而使文化民族主义的兴起成为必然。现代文化民族主义是在中国传统文化"和合"思想,以及营造文化开放包容的社会生态中,通过思想文化的碰撞、激荡、融合和扬弃,重组文化基因和重建价值,重塑中华民族的道德理想,呈现出一种会通中西超越前进的学术理路和对"再造文明"的坚守。

复兴民族文化的内在合理价值,是中国在文化多元和价值多元的世界文化激荡中立足之根基。习近平总书记强调:"中华优秀传统文化是中华民族的突出优势,中华民族伟大复兴需要以中华文化发展繁荣为条件,必须大力弘扬中华优秀传统文化。""不忘本来才能开辟未来,善于继承才能更好创新。""中华传统文化是我们民族的'根'和'魂',如果抛弃传统、丢掉根本,就等于割断了自己的精神命脉。"①21 世纪的中国,政治民族主义的基本诉求已基本得到满足,文化民族主义则成为民族主义的主要表现形式。进入新时代,文化民族主义不仅具有"传统功能",而且在实现与全球现代化接轨过程中,能够帮助中华民族在全球范围内整合资源,从而提升中国国际竞争力。中华优秀传统文化既是中华文明的智慧结晶和精华所在,也是中华民族的"根"和"魂",是中华民族在世界文化激荡中站稳脚跟的根基。习近平总书记指出:"古往今来,中华民族之所以在世界上有地位、有影响,不是靠穷兵黩武,不是靠对外扩张,而是靠中华文化的强大感召力和吸引力。"②作为当代中国主流意识形态口号的"中华民族伟大复兴"蕴含着文化民族主义。封闭、保守、排他的极端文化民族主义,不仅会演变成毫无理性的道德激情和暴力攻击,还会演变为粗鄙不堪的反西方、拒绝现代文明的种族主义,可能会给中华民族带来灾难性后果;而且会丧失文化民族主义的开放包容性,进而影响乃至中断建设现代化强国和实现民族复兴的历史进程。在

---

① 习近平:《创造中华文化新的辉煌——关于建设社会主义文化强国》,《人民日报》2014 年 7 月 9 日第 15 版。
② 习近平:《在文艺工作座谈会上的讲话》,《人民日报》2015 年 10 月 15 日第 1 版。

全球化时代,要尊重世界文明多样性,各种文明相互依存、相互竞争,以文明交流超越文明隔阂、文明互鉴超越文明冲突、文明共存超越文明优越。

作为一个崛起的新兴大国,现代文化民族主义的复兴是一个很好的选择,中国文化如果能够得到更多民族和国家的认同,文化软实力和经济硬实力共同构成中国独特的优势,可以为世界提供有别于西方现代化模式和西方大国崛起的新途径。全球化时代赋予了现代文化民族主义新的生命,文化民族主义超越国界,在全球范围内整合资源,在激烈的全球竞争中立于不败之地。现代文化民族主义的要旨是通过文化复兴,建设民族新文化,实现民族复兴,构建中华新文明。文化复兴不等于文化复古,而是通过兼收并蓄来实现"中西合璧"。文化民族主义并非抱残守缺、故步自封、夜郎自大,而是主张保持社会的连续性,以求得渐进的、稳健的变革。继承传统文化,并非要固守传统,而是要进行扬弃。否定"全盘西化"并非拒绝一切西方文化,而是要在吸收借鉴西方优秀文化的同时保持民族精神。

"文化民族主义既是植根于民族自恋的文化情结,它便无可避免浸染着非理性的情感色彩,即包含着虚骄尚气、封闭自足的消极因素"。[①] 对此,我们要时刻保持警惕,破除传统文化中"天下之中"、君临天下的心态,避免陶醉于"万国来朝,风景这边独好"的傲慢与偏见,防止其在民粹主义鼓噪下高扬文明优越论和中心论,对风云变幻的世界格局置若罔闻,沉浸在天朝大国的美梦之中食古不化,防止演变为盲目自信的文化排外主义,摒弃封闭心智、固化心态的狭隘民族主义立场,以开放、包容、大度的现代精神和大国文化心态与各种文明相互交流,维护人类文明的多样性。

在国际传播话语体系中,破除道德绑架,以全球视野和大国竞争的角度来面对世界百年未有之变局。既对狂热民族主义、国家主义、民粹主义进行批判和抵制,又要防范和克服社会的整体性麻木,麻木就会失去反思,狂热就会陷入沉醉。我们要胸怀天下,从世界大历史和全球视野,摆正中华文明与世界文明发展趋势的关系,理性认识中国已由"天下中心"变为"天下一员",在全球坐标体系中寻求中国定位,积极参与世界性的"百家争鸣",站在全球视野而非以自我为中心的视角对中华文明进行科学的自我批判、反思并不断完善。破除"非此即彼""你死我活"的对立,超越社会制度、意识形态和历史恩怨,更理性、更平和地审视变动中的全球化时代,以更开放、更亲和、更大度、更具长远性的战略与灵活多样的政策来处理日益复杂、相互

---

① 郑师渠:《近代中国的文化民族主义》,李世涛主编:《知识分子立场——民族主义与转型期中国的命运》,第 278—279 页。

缠结的国际关系。①

在逆全球化思潮发酵和民粹主义卷土重来,世界变得扑朔迷离、变幻莫测之际,我们要保持战略定力,坚持理性思考,克服浮躁焦虑的心态,避免思维的极端化,对不同声音采取宽容、理性、温和的立场,形成开放、多元、健康的文化心态和恢宏的文化气度,凝聚共识,形成积极向上的民族精神。在"新""旧""中""西"文明激荡中改革创新,破解"古今中西之争",在走出中西差异或古今对立的思维模式中建设中国文化展现出来的现代图景,以全球化理念和世界情怀使中国文化世界化、世界文化中国化,通过合作式对话、互镜式学习、共生式融通,创造出熔铸古今、会通中西的新的文化生命体。在走向世界中心主义的道路上,"再造"中华文化并将其推向更高、更成熟的境地,在贯通古今、融通中西中绘就人类文明新画卷,为多姿多彩的世界贡献中华新文明,为多元文明共生并进的人类社会发展增添更多色调、更多范式、更多选择,彰显文化自信。

作为新兴大国,我们要超越狭隘的民族主义和虚假的普遍的世界主义,树立大国风度和大国气势,塑造开放包容的国家形象,为构建人类命运共同体,推动全球治理体系变革朝着更加公正合理的方向发展贡献中国智慧。"读书杂志派"会通中西、超越前进的文化民族主义思想,对当代中国建设文化民族强国,建构一套完整、理性、开放、包容的文化民族主义话语,进而促进中国社会现代化转型和实现民族复兴,提供了可以借鉴的思想价值和理论资源。

在世界百年未有之大变局中,中华民族要秉持"周虽旧邦,其命维新"的精神,以更大的决心将全面深化改革进行到底,以博大开放的心胸拥抱世界,顺应时代潮流,中华民族这艘巨轮才能乘风破浪,顺利驶出"历史三峡",实现中华民族的伟大复兴!日益走近世界舞台中央的中国,在解决了"挨打""挨饿"的问题后,着力解决了"挨骂"的困局,构建话语体系,改变中国在世界上"有理说不出、说了传不开"的被动局面,提升国际话语权和文化软实力,创造出会通中西的中华民族现代文明,这样才能实现文明崛起,为世界新秩序提供新天下主义、新世界主义、全球主义的价值支撑。百年以来,中国现代性建构并非止于国家富强,而是要构建中国现代文明新秩序,这是19世纪末以来,历经20世纪的未竟之业,也是21世纪要继续探索完成的跨越3个世纪的宏伟大业。唯如此,中国才能在世界文明坐标体系中"强起来",为现代化转型画上完美的句号,成为受世界各国景仰的现代文明国家。②

---

① 霍贺:《中华民族从站起来、富起来到强起来》,广西人民出版社,2022年,第251页。
② 霍贺:《中华民族从站起来、富起来到强起来》,第253—254页。

参考文献

一、民国期刊

《东方杂志》、《动力》、《独立评论》、《读书杂志》、《国魂》、《钢铁界》、《复兴月刊》、《公余生活》、《华侨先锋》（香港）、《红色中华》、《军事与政治》、《建国青年》、《救国通讯》、《经纬》、《抗日旬刊》、《抗战文艺》、《理论与现实》、《民族战线》、《民主政治》、《民主论坛》、《民主与统一》、《民意周刊》、《全民抗战》、《前途》、《日本评论》、《时代精神》、《时代生活》、《世界文化》、《时事月报》、《社会新闻》、《三民主义半月刊》、《天下文章》、《文风杂志》、《文化建设》、《文化评论》、《文化杂志》、《文艺新闻》、《文艺月刊》、《外交季刊》、《现代文献月刊》、《血路》、《西南实业通讯》、《新中国》、《新中华》、《现代》、《现代中国》、《中国与世界》、《中国论坛》、《中央周刊》、《智慧》、《战斗周报》、《政论》、《祖国》

二、报纸

《北平晨报》、《大公报》、《国闻周报》、《光明日报》、《红旗周报》、《解放日报》、《救国时报》、《救亡日报》、《江声报》、《民国日报》、《人民日报》（1933年福州）、《人民日报》（北京）、《申报》、《时代日报》、《时事报》、《社会科学报》、《中华读书报》、《中央日报》

三、档案及相关资料集

1. 王礼锡等编辑：《中国社会史的论战》第1辑，上海：神州国光社，1932年。
2. 苏汶编：《文艺自由论辩集》，上海：现代书局，1933年。
3. 国民党中央宣传委员会：《文艺宣传会议录》（1934年3月），南京图书馆藏：MS/G121/4。
4. 《国家总动员会议工作报告》（1942年9月12日—1943年2月3日），台北："国史馆"藏，国民政府档案，档案号：001-047330-00003-000。

5. 中国人民政治协商会议全国委员会文史资料研究委员会编:《文史资料选辑》第9辑,北京:文史资料出版社,1960年。
6. 张其昀主编:《蒋总统集》第1册,台北:"国防研究院",1961年。
7. 中国人民政治协商会议广东省委员会文史资料研究委员会编印:《广东文史资料》第1辑(下),1961年。
8. 中国人民政治协商会议福建省委员会文史资料委员会编辑室编:《福建文史资料选辑》第1辑,福州:福建人民出版社,1962年。
9. 中国人民政治协商会议全国委员会文史资料研究委员会编:《文史资料选辑》第37辑,北京:文史资料出版社,1963年。
10. 中国人民政治协商会议广东省委员会文史资料研究委员会:《广东文史资料》第23辑,广州:广东人民出版社,1979年。
11. 中国人民政治协商会议全国委员会文史资料研究委员会编:《文史资料选辑》第59辑,北京:中华书局,1979年。
12. 中国革命博物馆、湖南博物馆编:《新民学会资料》,北京:人民出版社,1980年。
13. 陈瘦竹主编:《左翼文艺运动史料》,南京:南京大学学报编辑部出版,1980年。
14. 中国人民政治协商会议上海市委员会文史资料工作委员会编:《文史资料选辑》第2辑(总第36辑),上海:上海人民出版社,1981年。
15. 吕思勉、童书业编著:《古史辨》第7册(上),上海:上海古籍出版社,1982年。
16. 薛谋成、郑全备选编:《"福建事变"资料选编》,南昌:江西人民出版社,1984年。
17. 高军编:《中国社会性质问题论战(资料选辑)》,北京:人民出版社,1984年。
18. 福建省档案馆编:《福建事变档案资料 1933.11—1934.1》,福州:福建人民出版社,1984年。
19. 廖全京、文天行、王大明编:《作家战地访问团史料选编》,成都:四川省社会科学院出版社,1984年。
20. 上海市中共党史学会编印:《纪念抗日战争胜利四十周年论文集》,1985年。
21. 荣孟源主编:《中国国民党历次代表大会及中央全会资料》下册,北京:光明日报出版社,1985年。
22. 中共中央党史资料征集委员会、中央档案馆编:《遵义会议文献》,北京:

人民出版社,1985 年。
23. 上海社科院历史研究所编:《"九·一八"——"一·二八"上海军民抗日运动史料》,上海:上海社会科学院出版社,1986 年。
24. 中国人民政治协商会议合肥市委员会文史资料研究委员会编印:《合肥文史资料》第 3 辑,1986 年。
25. 中国人民解放军国防大学党史党建政工教研室编:《中共党史教学参考资料》第 15 册,北京:国防大学出版社,1986 年。
26. 周子东等编:《三十年代中国社会性质论战》,上海:知识出版社,1987 年。
27. 涂月僧:《我所知道的胡秋原》,《黄陂文史》第 1、2 辑,1988 年。
28. 民革中央宣传部编:《陈铭枢纪念文集》,北京:团结出版社,1989 年。
29. 王礼锡著,王士志、王元理编:《王礼锡文集》,北京:新华出版社,1989 年。
30. 中国人民政治协商会议福建省委员会文史资料委员会编印:《福建文史资料》第 22 辑,1989 年。
31. 中共中央文献编辑委员会:《毛泽东选集》第 1—4 卷,北京:人民出版社,1991 年。
32. 中共中央统战部:《民族问题文献汇编》,北京:中共中央党校出版社,1991 年。
33. 中央档案馆编:《中共中央文件选集》第 3、4、5、8、9 册,北京:中共中央党校出版社,1991 年。
34. 瞿秋白:《瞿秋白文集·政治理论编》第 4 卷,北京:人民出版社,1993 年。
35. 王礼锡:《王礼锡诗文集》,上海:上海文艺出版社,1993 年。
36. 中共中央文献编辑委员会:《邓小平文选》第 3 卷,北京:人民出版社,1993 年。
37. 中共中央马克思恩格斯列宁斯大林著作编译局编译:《马克思恩格斯全集》第 1、19 卷,北京:人民出版社,1995 年。
38. 李敏生主编:《胡秋原学术思想研究》,北京:社会科学文献出版社,1996 年。
39. 毛铸伦、刘国基合编:《志业中华——胡秋原学术思想研讨会论文集》,台北:海峡学术出版社,1996 年。
40. 陆晶清著,潘颂德、王效祖编:《陆晶清诗文集》,成都:四川大学出版社,1997 年。
41. 李敖:《李敖新文集》(四),吉林:时代文艺出版社,1999 年。
42. 中共中央文献研究室编:《毛泽东文集》第 7 卷,北京:人民出版社,

1999年。
43. 钱江潮等合编：《胡秋原先生八十·九十寿辰纪念文集》，台北：海峡学术出版社，2001年。
44. 宋原放主编：《中国出版史料》（现代部分）第1卷上册，济南：山东教育出版社，2001年。
45. 全国政协文史资料委员会编：《文史资料存稿选编·十年内战》，北京：中国文史出版社，2002年。
46. 毛铸伦编：《人格的自由与学问的尊严：中国当代民族主义思想家胡秋原先生逝世周年纪念文集》，台北：海峡学术出版社，2005年。
47. 鲁迅：《鲁迅全集》第5、13卷，北京：人民文学出版社，2005年。
48. 《联共（布）、共产国际与中国苏维埃运动（1931—1937）》（第15卷），北京：中共党史出版社，2007年。
49. 中共中央党史研究室第一研究部编：《共产国际、联共（布）与中国革命档案资料丛书》第14、16卷，北京：中共党史出版社，2007年。
50. 中国社会科学院历史研究所等编：《"封建"名实问题讨论文集》，南京：江苏人民出版社，2008年。
51. 潘颂德编著：《王礼锡研究资料》，北京：知识产权出版社，2010年。
52. 中共中央文献研究室、中央档案馆编：《建党以来重要文献选编（1921—1949）》第10、11册，北京：中央文献出版社，2011年。
53. 中共中央马克思恩格斯列宁斯大林著作编译局编译：《马克思恩格斯选集》第2卷，北京：人民出版社，2012年。
54. 雷海宗：《雷海宗世界史文集》，天津：天津人民出版社，2014年。
55. 彭卫、杨艳秋：《马克思主义史学思想史》第3卷，北京：中国社会科学出版社，2015年。
56. 邓一帆主编：《记忆中的淞沪抗战·一二八淞沪抗战》（上卷），上海：上海科学技术文献出版社，2017年。
57. 中国井冈山干部学院主编：《斗争》（苏区版）第2辑，北京：中国发展出版社，2017年。
58. 中共中央马克思恩格斯列宁斯大林著作编译局编译：《马克思恩格斯全集》第28卷，北京：人民出版社，2018年。
59. 中国人民政治协商会议广东省委员会文史资料研究委员会编印：《广东文史资料》第1辑（下），1961年。
60. 龙新民主编：《中国共产党历史重要事件辞典》，北京：中共党史出版社、党建读物出版社，2019年。

四、著作

1. 蓝玉光编：《第三党讨论集》，上海：黄叶书局，1928年。
2. 王礼锡：《李长吉评传》，上海：神州国光社，1930年。
3. 胡秋原：《唯物史观艺术论：朴列汗诺夫及其艺术理论之研究》，上海：神州国光社，1932年。
4. 陶希圣：《中国政治思想史》，上海：新生命书局，1932年。
5. 朱伯康、华振中：《十九路军淞沪血战史》，上海：神州国光社，1933年。
6. 郭湛波：《近三十年中国思想史》，北平：大北书局，1933年。
7. 王亚南：《经济学史》，上海：民智书局，1933年。
8. 王亚南：《现代外交与国际关系》，上海：中华书局，1933年。
9. 王渔邨：《德国之过去现在与将来》，上海：中华书局，1936年。
10. 王渔邨：《中国社会经济史纲》，上海：生活书店，1936年。
11. 何干之：《中国社会史问题论战》《中国社会性质论战》，上海：生活书店，1937年。
12. 王渔邨：《中国经济读本》，上海：一般书店，1937年。
13. 王亚南：《战时经济问题与经济政策》，汉口：光明书局，1938年。
14. 胡秋原：《统一与抗战》《肃奸与惩贪》《士风与学风》《战局与欧局》《兴党与建国》《雪耻与兵役》《国防与经济》《道德与科学》，汉口：时代日报社，1938年。
15. 胡秋原：《抗战建国之根本问题》，重庆：时代日报社，1938年。
16. 胡秋原：《欧战论》，重庆：建国印书馆，1939年。
17. 胡秋原：《中国革命根本问题》《中国文化复兴论》，重庆：建国印书馆，1939年。
18. 王礼锡：《在国际援华阵线上》，重庆：生活书店，1939年。
19. 李超英编著：《抗战建国纲领研究·经济篇》，上海：独立出版社，1939年。
20. 邓文仪：《中国国民党之建设》，重庆：黄埔出版社，1940年。
21. 胡秋原、李建明合著：《领袖与抗战建国》，重庆：独立出版社，1940年。
22. 胡秋原：《国共论》，重庆：求是出版社，1941年。
23. 胡秋原：《近百年来中外关系》，重庆：中国文化服务社，1943年。
24. 胡秋原：《中西文化与文化复兴》，重庆：祖国出版社，1943年。
25. 侯外庐：《中国古典社会史论》，北京：五十年代出版社，1943年。
26. 王亚南：《经济科学论丛》，赣县：中华正气出版社，1943年。

27. 胡秋原：《宋元学案明儒学案节补》，重庆：中央周刊社，1944年。
28. 胡秋原：《民族文学论》，重庆：文风书局，1944年。
29. 侯外庐：《中国古代社会史》，上海：新知书店，1948年。
30. 胡秋原：《思想·道德·政治》，南京：新中国出版社，1948年。
31. 胡秋原：《历史哲学概论》，上海：民主政治社，1948年。
32. 王亚南：《中国经济原论》，上海：生活书店，1948年。
33. 联共（布）中央特设委员会编：《联共（布）历史简明教程》（中文版），北京：人民出版社，1954年。
34. 胡秋原：《世纪中文录》，台北：今日大陆社，1955年。
35. 胡秋原：《俄帝侵华史纲》，台北：中华文化出版事业委员会，1955年。
36. 胡秋原译：《赫鲁晓夫秘密演说全文》，台北：自由世界出版社，1956年。
37. 胡秋原：《〈在唐三藏与浮士德之间〉及其他》，台北：胡秋原自刊本，1962年。
38. 胡秋原：《反对诽谤及乱戴红帽》《此风不可长》《诽谤集团公然煽动政治清算问题》，台北：学术出版社，1963年。
39. 胡秋原：《中西历史之理解》，台北：中华杂志社，1966年。
40. 胡秋原：《复社及其人物》，台北：学术出版社，1968年。
41. 胡秋原：《胡秋原演讲集》，台北：学术出版社，1973年。
42. 郑学稼：《第三国际史》，台湾：商务印书馆，1977年。
43. 丘国珍：《十九路军兴亡史》，台北：文海出版社，1977年。
44. 吴玉章：《吴玉章回忆录》，北京：中国青年出版社，1978年。
45. 郑学稼：《社会史论战简史》，台北：黎明文化事业股份有限公司，1978年。
46. 龚楚：《龚楚将军回忆录》，香港：明报月刊社，1978年。
47. 逯耀东：《中共史学的发展和演变》，台北：时报文化出版事业有限公司，1979年。
48. 胡秋原：《文化复兴与超越前进论》，台北：学术出版社，1980年。
49. 杨国枢、金神宝主编：《现代化与民族主义》，台北：中国论坛社，1980年。
50. 《中华杂志》编辑部编著：《胡秋原先生之生平与著作》，台北：学术出版社，1981年。
51. 王亚南：《中国官僚政治研究》，北京：中国社会科学出版社，1981年。
52. 胡秋原：《西方文化危机与二十世纪思潮》（上、下），台北：学术出版社，1981年。
53. 陈公博：《苦笑录》，北京：现代史料编刊社出版，1981年。
54. 蔡廷锴：《蔡廷锴自传》，哈尔滨：黑龙江人民出版社，1982年。

55. 胡秋原：《一百三十年来中国思想史纲》，台北：学术出版社，1983年。
56. 王顺生、杨大纬：《福建事变——1933年福建人民政府始末》，福州：福建人民出版社，1983年。
57. 郑学稼：《我的学徒生活》，台北：帕米尔书店，1984年。
58. 孟广涵主编：《国民参政会纪实》上卷，重庆：重庆出版社，1985年。
59. 胡光凡：《周立波评传》，长沙：湖南文艺出版社，1986年。
60. 蒋夷牧、王岱平：《生命的辙印》，福州：海峡文艺出版社，1986年。
61. 程中原：《张闻天与新文学运动》，南京：江苏文艺出版社，1987年。
62. 李云汉：《从容共到清党》，台北：及人书局，1987年。
63. 李泽厚：《中国现代思想史论》，上海：东方出版社，1987年。
64. 胡秋原：《民主统一与国家再建》，台北：学术出版社，1988年。
65. 胡秋原：《古代中国文化与中国知识分子》，台北：学术出版社，1988年。
66. 张广志：《奴隶社会并非人类历史发展必经阶段研究》，西宁：青海人民出版社，1988年。
67. 张漱菡：《胡秋原传》，台北：皇冠出版社，1988年。
68. 伍修权：《回忆与怀念》，北京：中共中央党校出版社，1991年。
69. 吴振声：《国民政府时期的地方派系意识》，台北：文史哲出版社，1992年。
70. 卞杏英：《蔡廷锴将军——从淞沪抗战到福建事变》，福州：福建人民出版社，1994年。
71. 梅龚彬著，梅昌明整理：《梅龚彬回忆录》，北京：团结出版社，1994年。
72. 唐宝林：《中国托派史》，台北：东大图书股份有限公司，1994年。
73. 胡秋原：《哲学与思想》《文学与历史》，台北：东大图书股份有限公司，1994年。
74. 金立人、李华明、李小苏：《王明"左"倾冒险主义在上海》，上海：远东出版社，1994年。
75. 杨奎松：《马克思主义中国化的历史进程》，郑州：河南人民出版社，1994年。
76. 王大鲁、刘清云：《黄琪翔传》，北京：中国文史出版社，1994年。
77. 顾一群等：《王礼锡传》，成都：四川大学出版社，1995年。
78. 胡兰畦：《胡兰畦回忆录(1901—1994)》，成都：四川人民出版社，1995年。
79. 赵庆河：《读书杂志与中国社会史论战》(1931—1933)，台北：稻禾出版社，1995年。
80. 唐德刚：《李宗仁回忆录》，上海：华东师范大学出版社，1995年。
81. 王士权：《爱国诗人王礼锡传》，南昌：江西人民出版社，1996年。

82. 戴向青、罗惠兰：《AB 团与福田事件始末》，郑州：河南人民出版社，1996 年。
83. 晁福林：《夏商西周的社会变迁》，北京：北京师范大学出版社，1996 年。
84. 陈光明：《劲旅之亡——十九路军兵败福建纪实》，北京：解放军文艺出版社，1996 年。
85. 朱宗震、汪朝光：《陈铭枢回忆录》，北京：中国文史出版社，1997 年。
86. 曹聚仁：《曹聚仁书话》，北京：北京出版社，1998 年。
87. 许纪霖：《许纪霖自选集》，桂林：广西师范大学出版社，1999 年。
88. 朱晞：《为马克思辩：原始社会向奴隶社会发展是一种伪马克思学说》，上海：学林出版社，1999 年。
89. 晏绍祥：《古典历史研究发展史》，武汉：华中师范大学出版社，1999 年。
90. 中国社会科学院近代史研究所编：《中国社会科学院近代史研究所青年学术论坛》1999 年卷，北京：社会科学文献出版社，2000 年。
91. 朱伯康：《往事杂忆》，上海：复旦大学出版社，2000 年。
92. 马克思：《1844 年经济学哲学手稿》，北京：人民出版社，2000 年。
93. 李世涛主编：《知识分子立场——民族主义与转型期中国的命运》，长春：时代文艺出版社，2000 年。
94. 陈寅恪：《金明馆丛稿二编》，北京：生活·读书·新知三联书店，2001 年。
95. 杨尚昆：《杨尚昆回忆录》，北京：中央文献出版社，2001 年。
96. 王士权、王世欣：《爱国女作家陆晶清传》，南昌：江西人民出版社，2002 年。
97. 张广志：《中国古史分期讨论的回顾与反思》，西安：陕西人民出版社，2003 年。
98. 陈早春、万家骥：《冯雪峰评传》，北京：人民文学出版社，2003 年。
99. 温乐群、黄冬娅合著：《二三十年代中国社会性质和社会史论战》，南昌：百花洲文艺出版社，2004 年。
100. 王凡西：《双山回忆录》，上海：东方出版社，2004 年。
101. 胡秋原：《近百年来中外关系》，台北：海峡学术出版社，2004 年。
102. 瞿秋白：《赤都心史》，桂林：广西师范大学出版社，2004 年。
103. 钱穆：《新亚遗铎》，北京：生活·读书·新知三联书店，2004 年。
104. 吴明刚：《1933 年福建事变始末》，武汉：湖北人民出版社，2006 年。
105. 冷溶主编：《中国社会科学院马克思主义研究论丛（史学编）》，北京：社会科学文献出版社，2007 年。
106. 许纪霖、朱政惠编：《史华慈与中国》，长春：吉林出版集团有限责任公司,2008年。
107. 裴高才:《台海"破冰"第一人:胡秋原全传》,北京:中国文联出版社,2008年。
108. 叶文宪、聂长顺:《中国"封建"社会再认识》,北京:中国社会科学出版社,2009年。
109. 许小年:《自由与市场经济》,上海:上海三联书店,2009年。
110. 陈峰:《民国史学的转折——中国社会史论战研究(1927—1937)》,济南:山东大学出版社,2010年。
111. 冯天瑜:《"封建"考论》,北京:中国社会科学出版社,2010年。
112. 杨奎松:《"中间地带"的革命:国际大背景下看中共成功之道》,太原:山西人民出版社,2010年。
113. 樊振编著:《邓演达年谱会集》,北京:中国言实出版社,2010年。
114. 杨奎松:《毛泽东与莫斯科的恩恩怨怨》,南昌:江西人民出版社,2011年。
115. 孙伯鍨、张一兵主编:《走进马克思》,南京:江苏人民出版社,2012年。
116. 张一兵主编:《当代国外马克思主义的哲学思潮》,南京:江苏人民出版社,2012年。
117. 贺麟:《文化与人生》,北京:商务印书馆,2015年。
118. 冯雪峰:《冯雪峰全集》第9卷,北京:人民文学出版社,2016年。
119. 杨奎松:《国民党的"联共"与"反共"》,北京:社会科学文献出版社,2016年。
120. 习近平:《在哲学社会科学工作座谈会上的讲话》,北京:人民出版社,2016年。
121. 谢远笋:《胡秋原》,西安:陕西师范大学出版总社,2017年。
122. 郑大华:《中国近代民族复兴思潮研究》上册,北京:中国社会科学出版社,2017年。
123. 林坚:《王亚南传》,厦门:厦门大学出版社,2021年。
124. 霍贺:《中华民族从站起来、富起来到强起来》,南宁:广西人民出版社,2022年。

五、论文

1. 李鸿哲:《"奴隶社会"是否社会发展必经阶段?》,《文史哲》1957年第10期。
2. 胡秋原:《青年时代思想之回忆》,《民主潮》第9卷第13期,1959年

7月。
3. 胡秋原:《家庭教育与学思之始》(上),《民主潮》第9卷第14期,1959年7月。
4. 胡秋原:《家庭教育与学思之始》(二、三),《民主潮》第9卷第15、16期,1959年8月。
5. 胡秋原:《家庭教育与学思之始》(四),《民主潮》第9卷第17期,1959年9月。
6. 胡秋原:《北伐时期》(下),《民主潮》第9卷第22期,1959年11月。
7. 胡秋原:《综论北伐到九一八时期》(一、二),《民主潮》第10卷第3、4期,1960年2月。
8. 胡秋原:《始逃上海卖文记》(上),《民主潮》第10卷第9期,1960年5月。
9. 胡秋原:《由上海到东京》,《民主潮》第10卷第12期,1960年6月。
10. 胡秋原:《"自由主义的马克思主义"之形成》,《民主潮》第10卷第13期,1960年7月。
11. 胡秋原:《入学及回国》,《民主潮》第10卷第14期,1960年7月。
12. 胡秋原:《回乡记》,《民主潮》第10卷第16期,1960年8月。
13. 胡秋原:《上海往来》,《民主潮》第10卷第17期,1960年9月。
14. 胡秋原:《再到东京之读书生活》,《民主潮》第10卷第21期,1960年11月。
15. 胡秋原:《两个谈政治的朋友》,《民主潮》第11卷第4期,1961年2月。
16. 李敖:《胡秋原的真面目》,《文星杂志》1962年10月。
17. 胡秋原:《伟大的爱国者和思想家黄梨洲》,《中华杂志》1967年6月号。
18. 胡秋原:《顾亭林之生平及其思想》,《中华杂志》1967年7月号。
19. 胡秋原:《马克斯唯物史观及其批评》,《中华杂志》1967年10月号。
20. 胡秋原:《马克斯主义共产主义的总批评》,《幼狮学志》第7卷第1期,1968年1月。
21. 翰青:《陈铭枢搞闽变的症结所在》,《春秋》(香港)1968年9月。
22. 胡秋原:《关于一九三二年文艺自由论辩》,《中华杂志》1969年1月号。
23. 胡秋原:《关于〈红旗〉对胡秋原先生的诽谤及文艺自由与统一救国等问题》,《中华杂志》1972年8月号。
24. 胡秋原:《马克斯之〈资本论〉》,《自我割让问题与当代思想》,《中华杂志》1973年2月号。
25. 蒋君章:《爱国老人丘念台先生(二)》,《传记文学》(台北)第26卷第2

期,1975 年 2 月号。
26. 黄现璠:《我国民族历史没有奴隶社会的探讨》,《广西师范学院学报》1979 年第 2、3 期。
27. 胡秋原:《论马克斯〈1844 年经济学哲学手稿〉与外化超越论》,《中华杂志》1979 年 9 月号。
28. 胡秋原:《马克斯〈1844 年经济学哲学手稿〉》(一、二),《中华杂志》1979 年 10 月号、12 月号。
29. 周元良、胡培兆:《王亚南传略》,《晋阳学刊》1980 年第 3 期。
30. 胡秋原:《马列主义之将来》,《中华杂志》1981 年 1 月号。
31. 俞巴林:《关于神州国光社的情况》,《古旧书讯》1981 年第 3 期。
32. 郑学稼:《中国社会史论战五十周年感言》,《中华杂志》1981 年 10 月号。
33. 炎炎:《社会史论战五十周年访严灵峰先生》,《中华杂志》1981 年 10 月号。
34. 方殷:《写在〈王礼锡日记〉前面》,《新文学史料》1982 年第 2 期。
35. 《王礼锡日记——记"作家战地访问团"1939 年 6 月 18 日—8 月 12 日》,《新文学资料》1982 年第 2 期。
36. 胡秋原:《论鲁迅并说到周扬》,《中华杂志》1982 年 11 月号。
37. 丁玲:《"九·一八"和"一·二八"期间我在上海参加的几次抗日救亡活动》,《党史资料丛刊》1983 年第 3 辑。
38. 胡秋原:《马克斯死后百年之社会主义与马克斯主义》,《中华杂志》1983 年 12 月号。
39. 陈克俭:《"以中国人的资格来研究政治经济学"——王亚南对〈资本论〉的学与用》,《福建论坛(经济社会版)》1984 年第 3 期。
40. 张大明:《坚持舆论一律 保留个人风格——编〈周扬文集〉札记》,《文艺评论》1985 年第 3 期。
41. 朱晞:《要正确理解马克思、恩格斯关于奴隶制度的论述》,《南开史学》1986 年第 2 期。
42. 叶山:《古代中国奴隶制的比较历史研究》,《中国史研究》1986 年第 4 期。
43. 胡秋原:《论马克斯主义与中国问题》(上、中、下),《中华杂志》1987 年 3、9、10、12 月号。
44. 甘民重、林其泉:《王亚南传略》,《党史教资料与研究》1987 年第 4 期。
45. 徐怨宇:《我所知道的胡秋原》,《春秋》1988 年第 1 期。

46. 张晓东：《中国社会性质问题论战与福建事变》，《福建论坛》（人文社会科学版）1988年第2期。
47. 《社会形态：历史理论研究的热点——1988年全国史学理论讨论会综述》，《史学理论》1988年第4期。
48. 《1988年全国史学理论讨论会纪要》，《中国史研究动态》1988年第9期。
49. 沈长云：《关于奴隶制几个基本理论问题的商讨》，《历史研究》1989年第1期。
50. 崔永东：《六十年代台湾中西文化论战述评》，《清华大学学报》（哲学社会科学版）1989年第3、4期。
51. 何兆武：《历史研究中的一个假问题——从所谓中国封建社会的长期停滞论说起》，《百科知识》1989年第5期。
52. 汪大钧：《王礼锡论》，《江西师范大学学报》1990年第4期。
53. 李国权：《〈胡秋原传〉读后》，《中华杂志》1990年5月号。
54. 吴大琨：《重视"亚细亚生产方式"的研究》，《社会科学》1990年第6期。
55. 胡秋原：《八十年来——我的思想之来源与若干心得》，《中华杂志》1990年7月号。
56. 胡秋原：《六十年来我的重要著作和主张》（上），《中华杂志》1990年12月号。
57. 杜正胜：《中国古代社会史重建的省思》，《大陆杂志》第82卷第1期，1991年1月。
58. 甘民重：《王亚南对社会五形态递嬗程式的批判及其对亚细亚生产方式历史考察的意义——纪念王亚南诞生90周年》，《中国经济问题》1991年第6期。
59. 周广礼：《孙倬章》，《巴乡村》1992年第1期。
60. 潘颂德：《夫妇作家 比翼齐飞——王礼锡与陆晶清生平和创作道路述略》，《东疆学刊》1992年第3期。
61. 蒋建农：《神州国光社与十九路军》，《史学月刊》1992年第3期。
62. 陈铭枢遗著：《〈神州国光社〉后半部史略》，《中华杂志季刊》1993年3月号。
63. 梅方义：《回忆〈神州国光社〉与〈时代周报〉》，《中华杂志季刊》1993年12月号。
64. 朱伯康：《王礼锡与社会史论战》，《档案与史学》1994年第3期。
65. 潘颂德：《王礼锡的诗论》，《东疆学刊》1993年第3期。
66. 王锦厚：《王礼锡与郭沫若》，《郭沫若学刊》1994年第3期。

67. 郑豫广：《王礼锡与〈王礼锡日记〉》，《河北图苑》1994 年第 4 期。
68. 邢天生：《神州国光社回忆片断》，《编辑学刊》1995 年第 2 期。
69. 强剑衷：《夫妇作家王礼锡和陆晶清》，《民国春秋》1995 年第 5 期。
70. 沈寂：《郑超麟与胡秋原的〈隔海书简〉》，《世纪》1998 年第 6 期。
71. 马俊山：《现代自由主义作家与新文学人文合法性》，《文艺理论研究》1999 年第 1 期。
72. 贾植芳：《平生赤血卫中华——应当全面地认识王礼锡》，《党史纵横》1999 年第 2 期。
73. 胡秋原：《我反对蒋介石割让蒙古的经过》，《文学与传记》1999 年 4 月 15 日。
74. 晓歌：《风火锻炼真豪杰——王礼锡生平事略》，《党史纵横》1999 年第 2 期。
75. 王建平：《王礼锡抗日前线的"笔游击队长"》，《文史春秋》1999 年第 2 期。
76. 陈思清：《中国现代文学史上的白族女作家——陆晶清》，《云南民族学院学报》1999 年第 4 期。
77. 《社会形态与历史规律再认识笔谈》，《历史研究》2000 年第 2 期。
78. 梅向明、梅昌明、梅建明：《父亲梅龚彬的革命生涯》，《湖北文史资料》2000 年第 2 期。
79. 殷育文：《发生在江西的国民党党派纷争内幕》，《党史文苑》2000 年第 2 期。
80. 《普列汉诺夫的政治遗嘱》，《马克思恩格斯列宁斯大林研究》2000 年第 2 期。
81. 周英才：《诗人战士——记王礼锡先生》，《文史精华》2000 年第 11 期。
82. 石蕴玉：《论王礼锡的爱国主义精神——纪念爱国诗人王礼锡诞辰一百周年》，《鄂州大学学报》2001 年第 2 期。
83. 杨尚昆：《我在中央苏区》，《百年潮》2001 年第 10 期。
84. 何兹全：《我所认识到的唯物史观和中国社会史研究的联系》，《高校理论战线》2002 年第 1 期。
85. 蒋建农：《陈铭枢与神州国光社》，《百年潮》2002 年第 5 期。
86. 罗新慧：《读书杂志与社会史大论战》，《史学史研究》2003 年第 2 期。
87. 谢琰：《殉职在抗日前线的诗人王礼锡》，《炎黄春秋》2003 年第 9 期。
88. 史承钧：《老舍和王礼锡、陆晶清夫妇》，《上海师范大学学报》2003 年第 1 期。

89. 何庆华：《胡秋原先生生平事略》，《传记文学》第 85 卷第 2 期，2004 年 8 月。
90. 《马克·布洛赫〈封建社会〉中译本出版笔谈》，《史学理论研究》2004 年第 4 期。
91. 周英才：《王礼锡与神州国光社》，《文史精华》2004 年第 9 期。
92. 李勇：《"中国社会史论战"对于唯物史观的传播》，《史学月刊》2004 年第 12 期。
93. 童清峰：《两岸知识界的传奇 展现读书人的良心与胆识——耿直敢言的胡秋原去世》，《亚洲周刊》第 18 卷第 23 期，2004 年 6 月 6 日。
94. 段忠桥：《对"五种社会形态理论"一个主要依据的质疑》，《南京大学学报》2005 年第 2 期。
95. 邢占国、张静：《略论德里克的"中国社会史论战"研究》，《历史教学》2005 年第 10 期。
96. 陈峰：《马克思主义史学研究的海外视角——评〈革命与历史：马克思主义历史学的起源 1919—1937〉》，《史学理论研究》2006 年第 2 期。
97. 马贵凡：《关于福建事变的重要档案文件》，《中共党史资料》2006 年第 4 期。
98. 许纪霖：《共和爱国主义与文化民族主义——现代中国两种民族国家认同观》，《华东师范大学学报》2006 年第 4 期。
99. 陈维裕：《秉承庐陵气韵谱写爱国诗篇的王礼锡》，《兰台世界》2006 年第 21 期。
100. 王谦：《杰出的国民外交家王礼锡》，《钟山风雨》2007 年第 1 期。
101. 冯天瑜：《秦至清社会形态再认识笔谈》，《湖北社会科学》2007 年第 1 期。
102. 王学典：《唯物史观派史学的学术重塑》，《历史研究》2007 年第 1 期。
103. 鲁克俭：《"古典古代"等于"奴隶社会"吗？——重新解读马克思的"古代生产方式"》，《哲学动态》2007 年第 4 期。
104. 熊辉、刘丹：《论白族女诗人陆晶清诗歌的感伤情结》，《云南师范大学学报》2007 年第 4 期。
105. 金敏：《〈读书杂志〉与中国社会史问题论战》，《浙江学刊》2007 年第 5 期。
106. 季正矩：《国内外学者关于"亚细亚生产方式"理论研究观点综述（一）》，《当代世界与社会主义》2008 年第 1 期。
107. 冯天瑜：《封建译名与中国封建社会笔谈》，《史学月刊》2008 年第

3 期。

108. 郑大华、谭庆辉：《20 世纪 30 年代初中国知识界的社会主义思潮》，《近代史研究》2008 年第 3 期。

109. 周石峰、陈波：《民众形态与福建事变》，《党史研究与教学》2008 年第 3 期。

110. 荣剑：《论"中国封建主义问题"——对中国前现代社会性质和发展的重新认识与评价》，《文史哲》2008 年第 4 期。

111. 周建伟、陈金龙：《亚细亚社会理论在中国社会史论战中的命运及启示》，《华南师范大学学报》(社会科学版)2008 年第 4 期。

112. 周英才：《王礼锡在国际援华阵线》，《党史文苑》2008 年第 5 期。

113. 陈峰：《中国社会史论战学术定位再认识》，《山东大学学报》2009 年第 1 期。

114. 肖宝凤：《自由之轭：从胡秋原参与的两次论战说起》，《汕头大学学报》(人文社科版)2009 年第 1 期。

115. 鞠新泉：《论神州国光社的政治意图与文化策略(1930—1933)》，《历史教学》(高校版)2009 年第 2 期。

116. 熊辉：《陆晶清：新诗史上不该被忘记的白族女诗人》，《民族文学研究》2009 年第 2 期。

117. 刘志琴：《请为"封建社会理论研究"松绑！》，《读书》2009 年第 6 期。

118. 谢宝成：《学术史视野下的社会史论战》，《学术研究》2010 年第 1 期。

119. 肖自力：《十九路军从拥蒋到反蒋的转变》，《历史研究》2010 年第 4 期。

120. 胡治洪：《超越西化——论胡秋原的西方文化观及其意义》，《齐鲁学刊》2010 年第 5 期。

121. 何卓恩：《胡秋原民族主义论的三个面相及其评析》，《江苏社会科学》2010 年第 6 期。

122. 吴敏超：《"中国经济派"考》，《近代史研究》2010 年第 6 期。

123. 陈峰：《在学术与意识形态之间：1930 年代的中国社会史论战》，《史学月刊》2010 年第 9 期。

124. 李维武：《胡秋原哲学思想的心学特征》，《孔子研究》2011 年第 1 期。

125. 何刚：《"革命"与"学术"的双重变奏——中国社会史研究 80 年》，《党史研究与教学》2011 年第 2 期。

126. 朱庆跃：《中国马克思主义者对亚细亚生产方式理论态度的变迁》，《江南大学学报(人文社会科学版)》2011 年第 2 期。

127. 俞吾金：《社会形态理论与中国发展道路》，《上海师范大学学报》2011年第2期。
128. 《"秦至清社会性质研究的方法论问题"笔谈》，《史学月刊》2011年第3期。
129. 朱慈恩：《波克洛夫斯基与中国史学》，《俄罗斯学刊》2012年第3期。
130. 杨文圣：《"奴隶社会"概念的马克思文本考察》，《社会科学家》2013年第2期。
131. 石雪峰：《隐蔽战线上的卓越战士梅龚彬》，《湖北文史》2013年第2期。
132. 涂成林：《世界历史视野中的亚细亚生产方式——从普遍史观到特殊史观的关系问题》，《中国社会科学》2013年第6期。
133. 俞祖华：《近代中日关系与中华民族复兴观念及历程》，《河北学刊》2014年第2期。
134. 霍贺：《1930年代初"第三种人"对中国出路的探索——以胡秋原与神州国光社为中心的考察》，《江汉论坛》2014年第2期。
135. 王柯：《中国民族主义的形成与近代中日关系》，《文化纵横》2014年第3期。
136. 罗志田：《国家目标的外倾——近代民族复兴思潮的一个背景》，《近代史研究》2014年第4期。
137. 郑师渠：《近代的文化危机、文化重建与民族复兴》，《近代史研究》2014年第4期。
138. 霍贺：《追寻"自由人"的思想历程——胡秋原思想再评价》，《学术月刊》2014年第5期。
139. 乔治忠：《20世纪30年代中国社会史论战问题探实》，《天津社会科学》2014年第5期。
140. 钟俊昆：《论王礼锡的抗战思想与实践》，《江西社会科学》2014年第12期。
141. 张越：《社会史大论战与中国马克思主义史学建立论析》，《陕西师范大学学报(哲学社会科学版)》2015年第4期。
142. 黄华、郭琳波：《受创的个体生命体验——陆晶清诗歌创作论》，《中国诗歌研究》2016年第1期。
143. 沈长云：《新时期中国古代社会形态问题讨论的回顾与前瞻》，《史学月刊》2016年第6期。
144. 霍贺：《胡秋原的"苏俄经验"与思想调整》，《兰台世界》2016年第

7 期。
145. 霍贺：《海内外胡秋原研究综述》，《民国研究》2017 年第 1 期。
146. 陈民镇：《奴隶社会之辩——重审中国奴隶社会阶段论争》，《历史研究》2017 年第 1 期。
147. 郑大华：《"民族复兴"话语下"抗战建国"的讨论》，《中国文化研究》2017 年第 1 期。
148. 洪永淼：《站在中国人的立场上，用现代方法研究中国问题，用国际语言讲述中国故事》，《经济研究》2017 年第 5 期。
149. 盛邦和：《"亚细亚"理论在中国，及民国时代的一场论战》，2018 年 11 月 15 日，https://www.aisixiang.com/data/113618.html。
150. 李金花：《20 世纪 30 年代胡秋原与左翼论争再思考》，《东岳论丛》2018 年第 6 期。
151. 聂志红：《20 世纪 40 年代官僚资本批判思想勘析——以王亚南先生的研究为主线》，《理论月刊》2018 年第 9 期。
152. 卓光平：《白族作家陆晶清、陆万美姐弟与鲁迅的交往考》，《上海鲁迅研究》2019 年第 1 期。
153. 左玉河：《政治学与学术性：中国社会史论战的双重特性》，《史学月刊》2019 年第 7 期。
154. 黎虎：《中国古史分期暨社会性质论纲——兼论中国传统社会的主要矛盾问题》，《文史哲》2020 年第 1 期。
155. 叶翠、钟俊昆：《王礼锡抗战思想的形成和影响》，《江西广播电视大学学报》2020 年第 2 期。
156. 马绍玺、高倩：《陆晶清文学年谱简编》，《新文学史料》2020 年第 2 期。
157. 徐义华：《中国古史分期问题析论》，《中国史研究》2020 年第 3 期。
158. 付文军：《论"中国人的资格"与新时代中国特色社会主义政治经济学》《贵州师范大学学报（社会科学版）》2020 年第 3 期。
159. 董泽芳、纪平：《王亚南的高等教育思想及对高等教育强国建设的启示》，《华中师范大学学报（人文社会科学版）》2020 年第 3 期。
160. 张继平、翟方：《王亚南的大学之道及对"双一流"建设的启示》，《华中师范大学学报（人文社会科学版）》2020 年第 3 期。
161. 吴述桥：《胡秋原与普列汉诺夫文艺理论在中国的传播和接受》，《中国文学批评》2020 年第 4 期。
162. 聂志红：《半殖民地半封建社会经济运行的思想——以王亚南的〈中国经济原论〉为主线》，《政治经济学研究》2021 年第 2 期。

163. 郑刚、姜澄、叶文：《王亚南的教育强国思想及其现代启示》，《教育研究与实验》2021年第2期。
164. 陈民镇：《文明比较视野中的奴隶制与奴隶社会》，《中国史研究动态》2021年第3期。
165. 邱士杰：《〈中国经济原论〉研究方法的形成》，《中国经济史研究》2021年第4期。
166. 赵庆云：《试论中国封建社会的主要特点》，《史学理论研究》2021年第4期。
167. 张越：《中国马克思主义史学的形成与社会史论战》，《近代史研究》2021年第5期。
168. 李月华：《郭大力、王亚南与〈资本论〉第一个中文全译本的诞生》，《百年潮》2021年第7期。
169. 林坚：《王亚南：传播马克思主义的壮丽人生》，《中国高等教育》2021年第20期。
170. 董泽芳、张继平、张尧：《从"象牙塔"启航——论王亚南与中华大学的学术情缘》，《教育研究与实验》2022年第1期。
171. 杨继国：《"以中国人的资格来研究政治经济学"辨析》，《中国经济问题》2022年第1期。
172. 左玉河：《中国社会史论战与马克思主义史学的崛起》，《历史研究》2022年第2期。
173. 邹晓东、李自强：《"亚细亚生产方式"的前世今生——〈文史哲〉杂志人文高端论坛之十侧记》，《中华读书报》2022年6月1日第6版。
174. 邱士杰：《王亚南与20世纪30年代中国经济学界的互动》，《开放时代》2022年第5期。

六、译著

1. ［俄］佛理采著，胡秋原译：《艺术社会学》，上海：神州国光社，1930年。
2. ［英］克赖士著，王亚南译：《经济学绪论》，上海：民智局书，1933年。
3. ［德］缪勒利尔著，王礼锡、胡东野译：《家族论》，上海：商务印书馆，1935年。
4. ［德］维尔纳·桑巴特著，李季译：《现代资本主义》，上海：商务印书馆，1936年。
5. ［美］温群汉著，胡秋原译：《迫近的世界大战》，上海：中华书局，1937年。
6. ［德］卡尔·考茨基著，郑学稼译：《论无产阶级专政》，台北：黎明文化事业股份有限公司,1975年。

7. [日]伊藤虎丸、刘伯青、金川敏编:《日本学者研究中国现代文学论文选粹》,长春:吉林大学出版社,1987年。

8. [美]艾恺:《世界范围内的反现代化思潮——论文化守成主义》,贵阳:贵州人民出版社,1991年。

9. [美]柯伟林:《中国的国际化:民国时代的对外关系》,《二十一世纪》(香港)1997年总第44期。

10. [德]罗梅君著,孙立新译:《政治与科学之间的历史编纂——30和40年代中国马克思主义历史学的形成》,济南:山东教育出版社,1997年。

11. [日]周伟嘉:《中国革命と第三党》,东京:庆应义塾大学出版会,1998年。

12. [英]汤因比、[日]池田大作著,苟春生、朱继征、陈国梁译:《展望21世纪:汤因比与池田大作对话录》,北京:国际文化出版公司,1999年。

13. [德]罗莎·卢森堡著,殷叙彝等译:《论俄国革命·书信集》,贵阳:贵州人民出版社,2001年。

14. [德]奥托·布劳恩:《中国纪事》,上海:东方出版社,2004年。

15. [美]阿道夫·德里克著,翁贺凯译:《革命与历史:中国马克思主义历史学的起源,1910—1937》,南京:江苏人民出版社,2005年。

16. [美]费正清、费维恺编,刘敬坤等译:《剑桥中华民国史》(下卷),北京:中国社会科学出版社,2006年。

17. [美]田辰山著,萧延中译:《中国辩证法:从〈易经〉到马克思主义》,北京:中国人民大学出版社,2008年。

七、硕士博士学位论文

1. 吴安家:《中国社会史论战之研究,1931—1933》,台湾政治大学东亚研究所博士论文,1986年。

2. 曹顺发:《平生肝胆留天地,旷代文章振聩聋——中国现代作家王礼锡事迹考略》,西南师范大学硕士论文,2001年。

3. 伍利亚:《陆晶清生平与创作简论》,西南师范大学硕士论文,2002年。

4. 韦曙林:《中国市场经济发展的制度障碍探源——王亚南经济思想的启示》,厦门大学博士论文,2004年。

5. 毛剑:《"左联"时期马克思主义文艺理论的引进与发展研究》,山东大学博士论文,2006年。

6. 梁银妹:《政治·学派与学术——20世纪30年代"亚细亚生产方式"的论争》,华南师范大学硕士论文,2007年。

7. 谢远笋:《胡秋原思想初探——以历史哲学为中心的思考》,武汉大学博士论文,2010 年。
8. 刘端生:《反省与重建——胡秋原文化思想研究》,湖北大学硕士论文,2012 年。
9. 陈妍:《王礼锡文学创作与文学著作研究》,西南大学硕士论文,2013 年。
10. 霍贺:《从"自由的马克思主义"到"新自由主义"——胡秋原思想研究》,南京大学博士论文,2014 年。
11. 介江岭:《胡秋原现代化思想研究》,武汉大学博士论文,2014 年。
12. 姜辉:《出版与救国——神州国光社研究》,山东师范大学硕士论文,2015 年。
13. 冯鲁希:《王亚南〈中国经济原论〉及其对当代中国经济学研究的启示》,厦门大学硕士论文,2017 年。
14. 高倩:《漂泊与成长——白族女作家陆晶清文学创作研究》,云南师范大学硕士论文,2018 年。
15. 安然:《1912—1949 年中国旅欧游记中的欧洲形象》,上海大学博士论文,2018 年。
16. 叶翠:《王礼锡的抗战主张与实践》,赣南师范大学硕士论文,2021 年。

八、英文参考资料

1. Hu Chow-yuan, "The Nineteenth Route Army", *Amerasia: A Review of America and the Far East*, vol.1, no.3, May 1937.
2. C.M. Wilbur, "Slavery in China during the Former Han Dynasty, 206 B.C.—A.D.25", *Publications of the Field Museum of Natural History*, 1943(34).
3. E.G. Pulleyblank, "The Origins and Nature of Chattel Slavery in China", *Journal of the Economic and Social History of the Orient*, vol.1, no.2, Apr. 1958.
4. D.N. Keightley, *Public Work in Ancient China: A Study of Forced Labor in the Shang and Western Chou*, Ph.D. Diss., Columbia University, 1969.
5. Adam Schaff, *Marxism and the human individual*, New York: McGraw-Hill Book Company, 1970.
6. J. Vogt, *Bibliographie zur antiken Sklaverei*, Bochum: Verlag Buchhandlung Brockmeyer, 1971.
7. Hu Chow-yuan, *The Prospect of Chinese Communism and The Third World*,

A Lecture Given at St. John's University, Jamaica, February 19, 1972.

8. Robert C. Tucker, *Philosophy and myth in Karl Marx*, Cambridge: Cambridge University Press, 1972.

9. Leszek Kolakowski, *Main currents of Marxism*, Oxford: Clarendon Press, 1978.

10. D.F.B. Tucker, *Marxism and individualism*, Oxford: Blackwell, 1980.

11. Moses Israel Finley, *Ancient Slavery and Modern Ideology*, New York: The Viking Press, 1980.

12. M.I. Finley, *Ancient Slavery and Modern Ideology*, New York: The Viking Press, 1980.

13. Moses Israel Finley, *Economy and Society in Ancient Greece*, New York: The Viking Press, 1982.

14. R. Osborne, *Demos: The Discovery of Classisal Attika*, Cambridge: Cambridge University Press, 1985.

15. B.G. Trigger, *Understanding Early Civilizations: A Comparative Study*, Cambridge: Cambridge University Press, 1985.

16. E.M. Wood, *Peasant Citizen and Slavery: The Foundation of Athenian Democracy*, London: New Left Books, 1986.

17. Laitinen Kauko, *Chinese Nationalism in the Late Qing Dynasty: Zhang Binglin as an Anti-Manchu Propagandist*, London: Curzon Press, 1990.

18. D.N. Keightley, "The Shang: China's First historical Dynasty", in M. Loewe and E.I. Shaughnessy, eds., *The Cambridge history of Ancient China: From the Origins of Civilization to 221B.C.*, Cambridge: Cambridge University Press, 1999.

19. R.D.S. Yates, "Slavery in Early China: A Socio—Cultural Approach", *Journal of East Asian Archeology*, vol.3, nos.1 - 2, 2001.

20. Donald A. Jordan, *China's Trial by Fire: The Shanghai War of 1932*, Ann Arbor: University of Michigan Press, 2001.

21. S Ye, "Wang Yanan's Economic Thought During the Period of Democratic Revolution", *Review on History of Economic Thought*, 2007(1).

22. D.N. Keightley, *Working for His Majesty: Research Noteson Labor Mobilization in Late Shang China (ca.1200 -1045 B.C.), as Seen in the Oracle-Bone Inscriptions, with Particular Attention to Handicraft Industries, Agriculture, Warfare, Hunting, Construction, and the Shang's Legacies*,

Berkeley: University of California Press, 2012.

23. R.D.S. Yates, "The Changing Status of Slavery in the Qin-HanTransition", in Y. Pinesetal., eds., *Birth of an Empire: The State of Qin Revisited.*, Berkeley: University of California Press, 2014.

24. Noel Lenski and Catherine M. Cameron, ed., *What Is a Slave Society? The Practice of Slavery in Global Perspective*, Cambridge: Cambridge University Press, 2018.

25. Olga Borokh, "Wang Yanan and the Concept of Chinese Economic Science", *Far Eastern Affairs*, Volume 45, Issue 002, 2017.

26. Lu Jiang, Yang Ge, "Das Kapital and Political Economy in the Broad Sense: A Review on Wang Yanan's Research", *China Political Economy*, Volume 1, Issue 1, 2018.

后　　记

　　本书是我承担的国家社科基金后期资助项目：《"读书杂志派"民族主义思想研究（1931—1945）》的结项成果，也是对我的博士论文《从"自由的马克思主义"到"新自由主义"——胡秋原思想研究》的延续、扩展和深化。人生天地之间，如白驹之过隙。自2011年步入中国近现代思想文化史研究领域，至今已近14个春秋，博士毕业已逾10年。从最初对胡秋原思想的逐步深入，到如今对"读书杂志派"民族主义思想的兴趣盎然。其间，我一直从事相关研究，也发表了一些论文。"十年磨一剑"，虽不能至心向往之。本书所研所论关乎甚大，颇感其难，追求全面搜集资料之外，复有谨慎之虑，不得不数易其稿，时至今日，书稿才得以正式出版。

　　在申请国家社科基金、查阅资料和撰写本书过程中，承蒙很多人的关心、帮助和指导，在此深表感谢！

　　首先，感谢博士生导师申晓云教授多年来对我的关心和指导。她既以宽广的胸襟不择细流，将我招入门下，给我特别宝贵的求学机会，又以独到的学术眼光指引我步入中国近现代思想文化史研究领域的学术研究之路。申老师深邃的学术眼光、深厚的理论功底、严谨的治学态度、乐观的处世心态，深刻影响着我的求学和研究之路。她又在百忙之中，放下手头其他的研究任务，欣然为本书作序，甚为感谢！同时，感谢南京大学历史学院的李玉教授，无论是攻读博士期间，还是毕业后申报国家社科基金项目期间，李老师的关心、鼓励、帮助和指教都使我深受感动，让我铭记于心！

　　其次，十分感谢五位匿名评审专家在国家社科基金后期资助项目立项时，对本书提出的宝贵意见和中肯评价，他们的意见和建议使我能够从更宽广的学术视野进行多维度思考和研究。同时，非常感谢三位匿名评审专家在结项时提出的宝贵意见以及给予的肯定和褒奖。正是由于他们的支持和帮助，才使我得以有幸承担国家社科基金后期资助项目，并顺利结项。

　　再次，感谢上海社会科学院出版社提供的机会和平台，感谢总编辑唐云松老师等人在审稿时提出的宝贵修改意见，尤其感谢本书编校人员的大力支持,不厌其烦地沟通交流,正是他们严谨、精湛、细致的审稿和编辑工作,才使本书以现在这种形式出版。

最后,感谢父母的养育之恩,感谢家人一直以来无私的关心、支持和包容,他们的理解和支持是我克服前进道路上的各种阻力、不断前行的动力!还要感谢一直以来给予我支持和帮忙的师长、亲人、朋友和同仁!

霍 贺

2024 年 12 月 16 日午夜于郑州寓所